Criança,
Adolescente,
Trabalho

Andrea Saint Pastous Nocchi
Gabriel Napoleão Velloso
Marcos Neves Fava
Organizadores

Criança, Adolescente, Trabalho

EDITORA LTr® SÃO PAULO

ANAMATRA
ASSOCIAÇÃO NACIONAL DOS MAGISTRADOS DA JUSTIÇA DO TRABALHO

Dados Internacionais de Catalogação na Publicação (CIP)
(Câmara Brasileira do Livro, SP, Brasil)

Criança, adolescente, trabalho / Andrea Saint Pastous Nocchi, Gabriel Napoleão Velloso, Marcos Neves Fava, organizadores . — São Paulo : LTr, 2010.

Vários autores

ISBN 978-85-361-1638-9

1. Direito do trabalho 2. Direito do trabalho — Brasil 3. Menores — Trabalho 4. Menores — Trabalho — Brasil I. Nocchi, Andrea Saint Pastous. II. Velloso, Gabriel Napoleão. III. Fava, Marcos Neves.

10-12436 CDU-34:331:362.748(81)

Índices para catálogo sistemático:

1. Brasil : Adolescentes e crianças : Direito do trabalho
34:331:362.748(81)

2. Brasil : Crianças e adolescentes : Direito do trabalho
34:331:362.748(81)

Produção Gráfica e Editoração Eletrônica: R. P. TIEZZI

Ilustração de Capa e Miolo: JÓTAH

Finalização de Capa: FABIO GIGLIO

Impressão: CROMOSETE

LTr®

EDITORA LTDA.

Rua Jaguaribe, 571 — CEP 01224-001— Fone (11) 2167-1101
São Paulo, SP — Brasil — www.ltr.com.br

LTr 4358.7 **Dezembro, 2010**

Sumário

Entrevista

Mensagem do Presidente

Com a edição desta obra, a Anamatra dá continuidade ao compromisso de estimular, sistematizar e divulgar a produção científica de temas relacionados ao mundo do trabalho. Além de contribuir para que a lacuna doutrinária sobre o tema seja superada, pretendemos afirmar o reconhecimento do trabalho infantil como uma das piores formas de violação de direitos humanos que precisa ser combatida, denunciada e erradicada no Brasil e no mundo.

A escolha do tema Criança Adolescente Trabalho é fruto das experiências institucionais que a Anamatra tem vivenciado na sua trajetória e da participação no Fórum Nacional de Prevenção e Erradicação do Trabalho Infantil. O contato direto e sistemático com a realidade da infância submetida ao trabalho determinou várias ações e projetos da associação com o objetivo de conscientizar e sensibilizar o juiz do trabalho e colaborar na denúncia do problema para toda a sociedade. Unindo esforços com outras entidades, entre elas OIT, Fundação Abrinq, Comitê Betinho, Fundação Roberto Marinho, ANPT, FNPTI e outras, a Anamatra tem se ocupado da organização de eventos, da publicação de artigos, acompanhamento de projetos legislativos e iniciativas do Poder Executivo, incorporando nas práticas diárias da entidade a preocupação constante com propostas visando à construção de alternativas. O Prêmio Anamatra de Direitos Humanos, que foi instituído como símbolo da importante luta pelos direitos humanos e que neste ano atinge sua terceira edição, tem recebido inúmeras inscrições de projetos e ações concretas de combate ao trabalho infantil, valorizando a educação e o aprendizado lúdico.

São ações e atitudes que a Anamatra prestigia e estimula e que podemos encontrar nesta obra multidisciplinar.

Visões diferentes, jurídicas ou não, que têm em comum a certeza de que crianças e adolescentes precisam viver plenamente sua infância e adolescência, na escola, na família, no lazer e no acesso à cultura. Ainda, a certeza de que todos somos responsáveis por milhares de crianças e jovens que são submetidos às mais diversas formas de trabalho. Que este livro sirva como um instrumento de reconhecimento e conscientização. Que sirva para romper com qualquer passividade ou indiferença e estimule a construção de soluções concretas e definitivas.

Boa leitura.

Prefácio

Uma das piores formas de exploração do trabalho do homem é a que envolve crianças e adolescentes.

Isto porque a prática ultrapassa os limites da exploração direta da força de trabalho do cidadão, que de tão acirrada e cruel, exigiu a criação do direito do trabalho, na virada do século XVIII para o XIX, logo após a primeira revolução industrial, constituindo um ciclo negativo, vicioso e perverso.

Perverso, porque abstrai da criança e do jovem parcela irreversível de sua formação pessoal, apagando tempos de brinquedos, aprendizado e gozo, e escrevendo no lugar a tortura — *tripalium* — do corpo e da alma. Exigir responsabilidades de adulto, força de adulto, submissão de adulto, maturidade de adulto, para o cultivo dos primeiros trabalhos, é crime fatal contra a constituição individual de cada cidadão. Irreversível. Irretratável. Irrecuperável. O tempo sonegado da formação pessoal, como as águas que passam sob a ponte, não se recuperam. É pôr preso pássaro livre, cortando-lhe as asas. Não as amarrando, porque os prejuízos são definitivos, perpétuos, graves. Roubar a infância é aniquilar a fase adulta, trazendo ao ser humano vilipendiado dores intransponíveis, a torná-lo um adulto pior.

Vicioso, porque estabelece uma rota infinita em torno de si mesmo, fazendo com que o jovem-criança que inicia sua vida profissional a destempo, não se forme adequadamente, não tenha acesso à educação mínima, convertendo-se em mão de obra desqualificada, que, ao formar família, transferirá para seus sucessores a ideia capenga de que o mundo do trabalho é mesmo um constante conformar-se com a miséria que está estampada no quotidiano, sem saída. O trabalhador-mirim de hoje é o pai que aceitará, amanhã, a precoce inauguração da vida profissional de seus rebentos, que, por seu turno, repetirão este moto contínuo avassalador, a criar gerações e gerações de homens-sem-infância. Homens-sem-estudo. Meios-homens. Meios-cidadãos.

Negativo, porque impõe à sociedade a mitigação de valores supremos e inalienáveis, como a autoestima, a dignidade pessoal, o valor social do trabalho, a imprescindibilidade da educação, o prazer da brincadeira, em tempos de brinquedo, a crueldade da rotina de obrigações prematuras e exigentes para além da conta física. Trabalhadores infanto-juvenis construirão uma sociedade mais pobre, menos solidária, menos justa, menos livre, na contramão da ordem imposta pela Constituição da República.

Crianças e jovens trabalham, cada vez mais, antes da hora.

Em razão da distribuição indecente de renda, da falta de informação quanto aos direitos fundamentais, da falta de alternativas. Da miséria, da opressão, pela constituição de um povo marcado, como gado, pelas durezas do não acesso ao *mínimo minimorum*.

Do trabalho artístico prematuro à exploração dos carvoeiros-mirins. Das modelos, meninas-mulheres esqueléticas, às domésticas de 12. Dos quebradores de brita, aos guardadores de carros. Dos carregadores de compras nas feiras, aos catadores de papel. A perversidade contamina todas as camadas do tecido social, sem distinção de credo, cor ou estatuto pessoal e familiar.

Admitir a existência dessa mácula no seio da comunidade é o primeiro passo. Superar a negação, o imediato.

Adiante, vêm as políticas públicas, a reação do Judiciário, a atuação do Ministério Público. A atuação das organizações não governamentais. A reação da igreja.

Tudo se cerca e não prescinde de pedra angular fundamental: a educação.

Informar, divulgar, debater: educar.

Crianças, jovens, adultos, sociedade civil organizada, o povo, os operadores do direito. As autoridades dos três poderes.

A busca desta obra consiste num canto mínimo desta pedra angular. Com a reunião de textos multidisciplinares, de psicólogos, artistas, educadores, procuradores, advogados, juízes, jornalistas, este livro estabelece diálogo com a sociedade e suas lideranças, visando apenas suscitar o debate, derramar informações, propagar reflexão, propor saídas.

Registre-se a gratidão necessária aos bravos colaboradores, com seus preciosos artigos, extirpados do ausente tempo de cada um, pela força do compromisso individual de que esta sociedade necessita avançar, para se tornar solidária, livre e justa.

Que a leitura seja útil!

Porto Alegre, Belém, São Paulo, novembro de 2010

Andrea Saint Pastous Nocchi
Gabriel Napoleão Velloso Filho
Marcos Neves Fava

Introdução

A Luz do Brasil

Marcelo Canellas(*)

"São faxineiros,
balançam nas construções.
São bilheteiras,
baleiros e garçons.
Já nem se lembram
que existe um Brejo da Cruz,
que eram crianças
e que comiam luz!"
Trecho de Brejo da Cruz — de Chico Buarque

Há casos em que a verdade aparece de supetão, num jorro só, elucidando o caos repentinamente, como se toda a confusão e o engano desaparecessem num sopro mágico. Foi o que aconteceu comigo naquele já distante 24 de fevereiro de 1997. Jamais pude esquecer o dia preciso em que, finalmente, compreendi a condição da infância no Brasil.

Eu estava em Paragominas, no sul do Pará, e fazia uma reportagem sobre o insalubre trabalho nas carvoarias do município. Fui surpreendido ao encontrar dezenas de crianças misturadas aos operários, enfiando os pés no chão em brasa, empurrando carrinhos de mão abarrotados de lenha, respirando fumaça, estivando carvão em jornadas de 9 ou 10 horas, e recebendo por isso a paga ínfima de R$ 7,50 ao dia.

(*) Repórter especial da Rede Globo desde 1990. Com a equipe de jornalismo da emissora participou de coberturas marcantes como o impeachment de Fernando Collor (1992), o assassinato de Paulo César Farias (1996), o massacre dos sem-terra em Eldorado dos Carajás (1996) e o desabamento do edifício Palace II (1998). Acabou se especializando na cobertura de temas ligados aos direitos sociais e aos direitos humanos. É autor de algumas das séries de reportagens mais premiadas da televisão brasileira como: "Fome" (2001 — Jornal Nacional), "Cerrado" (2004 — Jornal Nacional) e "Terra do Meio: Brasil Invisível" (2007 — Bom dia Brasil). Ao todo, são 40 prêmios jornalísticos no Brasil e no exterior. Dentre eles, os prêmios Vladimir Herzog, Ayrton Senna, Embratel, Caixa de Jornalismo Social, Nuevo Periodismo Iberoamericano, Rey de España, Boerma/FAO e Every Human Has Rights Media Awards. É, desde 2002, Jornalista Amigo da Criança, diploma concedido pela Agência de Notícias dos Direitos da Infância (ANDI) aos jornalistas que se destacam na defesa dos direitos das crianças.

O escândalo infame e ultrajante que tanto me chocou não era mais do que a rotina banal de uma atividade cotidiana. A cidade polvilhada de carvoarias não se importava com a tragédia de oferecer seus filhos àquele inferno fumegante. Por quê? Decidi acompanhar um dos garotos ao final do expediente. Denis tinha as mãos enfaixadas com trapos encardidos de fuligem para esconder as bolhas e as queimaduras. Morava num barraco de compensado e teto de zinco com o pai, a mãe e outros cinco irmãos, bem perto de onde vendia sua labuta. Perguntei qual era a idade do garoto. Ele não sabia. Ninguém naquela casa sabia a idade de nenhuma das crianças.

— Como? — perguntei, pasmo. Pedi para ver a certidão de nascimento. O pai então subiu em um toco de madeira para alcançar o cume do único móvel da sala, um armário tosco onde a família punha uma caixinha com uns poucos papéis amarelecidos. Pedi licença para revirar os documentos até encontrar a informação desconcertante logo na primeira linha da certidão expedida pelo cartório de registro civil de Paragominas. Li em voz alta para poder acreditar:

— Denis Manhaens, nascido em 24 de fevereiro de 1986.

Fez-se silêncio. O pai, a mãe, Denis e todos os seus irmãos olhavam para mim como se eu fosse um extraterrestre. Talvez eles não tivessem compreendido — pensei. Resolvi esclarecer:

— Hoje é 24 de fevereiro. O Denis está fazendo 11 anos hoje! É o aniversário dele!

Permaneceram todos imóveis, do jeito que estavam, sem esboçar reação, sem aparentar qualquer resquício de comoção, fosse um meio-sorriso, surpresa ou desconforto. Tentei dar um abraço no menino, que se encolheu instintivamente como a fugir de uma atitude fora de contexto, esquivando-se de uma aproximação descabida. Meu constrangimento era diferente do deles. Denis e os seus simplesmente não entendiam a perplexidade de um desconhecido diante de um papel velho. Mas, para mim, havia o incômodo de uma revelação terrível: o embotamento das emoções compulsoriamente imposto pela miséria retirou daquela família qualquer possibilidade de percepção sobre o significado de uma celebração. Que razão haveria para regozijo? Que data era aquela? A violenta supressão dos ritos da cultura que conferem humanidade às relações de afeto me foi escancarada pelo olhar assustado, submisso, acuado de cada um dos integrantes da família Manhaens.

Minha cabeça de classe média evocava balões, doces e um bolo de aniversário ornado com velinhas coloridas. E o que havia ali era a crueza de uma iniquidade social que envergonha o Brasil, e que é sustentada pela apatia de um fatalismo cínico: o mundo é assim mesmo, os seres humanos são diferentes uns dos outros, alguns nasceram para sofrer e nada podemos fazer além de sentir pena deles.

É fácil acusar o pai de Denis, um operário analfabeto que trabalha desde os cinco anos de idade, de desleixo e abuso, ameaçando-o com a intervenção do conselho tutelar. Assustamo-lo, mas não lhe mostramos o caminho, não apresentamos alternativa ao beco sem saída de sua condição. O Estado brasileiro já tinha, em 1997, um instrumento fabuloso para amparar Denis e sua família. Caso tivéssemos assumido o Estatuto da Criança e do Adolescente como lei viva, desvencilhando-o da letra fria para torná-lo um instrumento efetivo de justiça, talvez este livro que o leitor tem em mãos pudesse tratar menos de desafios e mais de conquistas. Infelizmente, e muito ao contrário, em vez de aprofundar a radicalidade das salvaguardas do Estatuto, não são incomuns as tentativas de revê-lo e de rebaixá-lo, como se tivéssemos que engendrar uma lei menos justa apenas para nos adequar à nossa incapacidade de aplicá-la em sua totalidade ideal.

A grande tarefa dos operadores do Direito neste momento — sejam magistrados, promotores, defensores públicos ou servidores do judiciário em geral — é proteger o ECA para que o ECA possa proteger as crianças. Como fazê-lo? Este livro aponta algumas providências. Uma delas é urgente, inadiável: deixar de aceitar o inaceitável, deixar de tolerar o intolerável. Por que aceitamos crianças oferecendo-se nas praias de nossas cidades turísticas, sob a vista de todos, fragilizadas diante de pedófilos impunes? Por que toleramos meninos nos sinais de trânsito comerciando quinquilharias ou pedindo esmolas debaixo de sol? Por que não nos indignamos com a degradação da infância pela miséria, pela cola e pelo crack nas praças de nossas metrópoles? Qual foi o passante que nunca viu uma cena dessas? Que motorista não presenciou tamanho absurdo protegido pelo vidro de seu carro? "Que judiação!" — dizemos, para depois acelerar o carro e seguir com nossa vida.

O Estado e a sociedade brasileira estão de mãos dadas compartilhando da mesma omissão. Não existe um só político ou cidadão deste país que não acolha a retórica da defesa da infância, recorrendo ao conhecido jogo de palavras vazias despidas de ação, servindo apenas para encobrir a demagogia, o sentimento de culpa ou, no máximo, para oferecer caridade paliativa.

Há, contudo, nessa mesma sociedade amortecida pela inércia, sementes de inconformismo, de recusa ao fatalismo, e de ação propositiva, solidária e generosa. Um exemplo concreto é a trajetória do Fórum Nacional de Prevenção e Erradicação do Trabalho Infantil, uma fascinante experiência de protagonismo e cidadania que está na vanguarda da luta pelos direitos das crianças e dos adolescentes. Tal iniciativa nos enche de esperanças de que, um dia, elegeremos a infância como prioridade número um, como mote principal de uma estratégia de combate à desigualdade e à concentração de renda, como escopo de um projeto de país.

Nesse dia, então, talvez eu encontre o menino Denis de Paragominas já adulto, mas quem sabe consciente das perdas que teve, dos jogos que não jogou, das pipas que não empinou. E mesmo tardiamente, ainda que nunca se extinga a dívida enorme que temos para com ele, Denis possa ao menos lembrar que era criança e que comia luz.

Visão Geral

O Trabalho Infantil:
um balanço em transição

Zéu Palmeira Sobrinho(*)

1. Introdução

O objetivo geral do presente texto é analisar o trabalho infantil a partir do debruço sobre as relações que vinculam a exploração do labor do menor e os desdobramentos sobre a sua saúde e integridade física, tomando como referências as estatísticas apresentadas pela Organização Internacional do Trabalho (2010) em seu sítio na internet. A abordagem privilegiará as singularidades sócio-históricas e jurídicas que emergem como sintoma do estágio de desenvolvimento do processo de acumulação capitalista.

O caráter recorrente da importância do debate sobre o trabalho infantil é fundamental para se ter a compreensão da reprodução dos fenômenos sócio-históricos que, sob o regime de acumulação vigente, evidenciam as alternativas do capital à resistência do conflito decorrente do controle sobre a mão de obra adulta.

No contexto do conflito entre capital e trabalho nem sempre é fácil perceber-se o fenômeno do trabalho infantil como uma racionalidade automática e palpável. Isso ocorre porque, ao longo do tempo, a exploração do labor de menores continua a existir, por vezes, de modo mais sofisticado e oportunista, já que tal prática por um lado evidencia que as crianças trabalhadoras são manipuláveis, seja pela docilidade, seja pela imaturidade destas. Por outro lado há uma realidade que se irrompe e que revela a sobrevivência de menores que, submetidos ao risco social, continuam a conviver com a miséria extrema e o abandono material.

A coação econômica que afeta a família é algo absorvido pelo menor, haja vista que este introjeta a responsabilidade única ou compartilhada de prover a sua subsistência e a de seus familiares. Tal pressão acarreta para o trabalhador infantil a necessidade de manter-se integrado ao mercado de trabalho a qualquer custo, mesmo em situação prejudicial a sua saúde. A realidade de tal coação mantém relação direta

(*) Juiz do Trabalho, mestre e doutor em ciências sociais, professor da Universidade Federal do Rio Grande do Norte — UFRN.

com a necessidade-pressão de o capitalismo inovar na forma de apropriação do capital, seja em países periféricos, a exemplo do Brasil, seja em países centrais, a exemplo de Itália e Espanha, que, a despeito de terem uma progressista legislação de proteção à criança, tinham 400 mil crianças no mercado de trabalho informal, em 2002 (OIT, 2010).

Os números apontados nos países centrais revelam que a exploração do trabalho infantil está disseminada em todos os recantos da terra. Tal constatação evidencia a importância do tema consoante se depreende das estatísticas apresentadas pela Organização Internacional do Trabalho — OIT. Segundo os dados da OIT, em 2007 existiam no mundo 218 milhões de crianças trabalhadoras, sendo 130 milhões trabalhando na agricultura e 10 milhões no trabalho doméstico. Desse número 300 mil crianças laboravam como soldados, a serviço de exércitos e milícias, e quase 1,8 milhões eram exploradas pelo chamado turismo sexual. A OIT não soube dizer, porém, a quantidade de crianças que são utilizadas para alimentar o tráfico de órgãos e a chamada adoção ilegal.

No final do século passado, conforme ainda as estatísticas da OIT, o Brasil era o terceiro país da América Latina em exploração do trabalho infantil, perdendo para Haiti e Guatemala.

O Brasil, porém, vem demonstrando razoável queda do número de trabalhadores com idade entre 5 e 17 anos. Em 1992 havia 8,42 milhões de trabalhadores infanto-juvenis. Em 2007 os números caíram para 4,85 milhões e em 2008 foi reduzido para 4,5 milhões, 993 mil desse total era de crianças de 5 a 13 anos.

Apesar dos avanços, não há muito do que se comemorar, posto que a PEA no Brasil, segundo dados de 2008, é de 93.623.900 pessoas. Isso significa que pouco menos de 20% da PEA é composta de trabalhadores com idade inferior a 18 anos.

Impõe-se constatar que se houve avanço esse ainda é insuficiente, tendo em vista que os menores integrantes da população economicamente ativa continuam sendo uma força de trabalho nada desprezível, em razão do baixo custo e da facilidade de adestramento e resignação de tais trabalhadores.

Os números apresentados evidenciam que o trabalho infantil é ainda um dos fenômenos centrais que, embora permeado de complexos, serve de sinalização para a compreensão das relações sociais. Cuida-se de fenômeno relativamente invisível, haja vista que não parecem confiáveis as estatísticas divulgadas no tocante a quantidade de crianças trabalhadoras no mundo, seja em face dos casos de terceirização da produção, seja ante a relação que há entre o envolvimento da família e a dissimulação da relação de exploração. A sua plasticidade torna quase impossível se ter uma dimensão absoluta do número de trabalhadores infantis, mesmo porque tal relação de exploração tende a ocultar-se ao público quando situado na atividade doméstica ou na atividade econômica informal.

Apesar de tal plasticidade, a sociedade não necessita empanturrar-se de números ou de um discurso sensacionalista para perceber a gravidade que representa o trabalho do menor. Afinal, quantos abusos precisam ser reconhecidos ou cometidos ainda para que efetivamente a sociedade política adote uma postura mais consequente de combate ao trabalho infantil?

Se o número de trabalhadores infanto-juvenis não fosse por si suficiente para evidenciar a relevância da questão, o fato em si de um menor ser explorado e submetido ao risco de dano à sua saúde ou integridade física por si já é o bastante para deixar patente a gravidade decorrente de tal relação de trabalho.

A análise seguirá com uma abordagem sobre a caracterização e a construção histórica do conceito de trabalho infantil.

2. O TRABALHO INFANTIL COMO CATEGORIA SÓCIO-HISTÓRICA

O trabalho infantil é toda prestação de serviço por parte de pessoas que, em razão das condições socioambientais e fisiológicas que antecedem ou que são simultâneas ao estágio da puberdade, são potencialmente vulneráveis aos riscos sociais que resultam em danos à saúde e à integridade física, moral e psicossocial.

Os estudiosos sobre as relações de trabalho das crianças e adolescentes debruçam-se diante do questionamento sobre a caracterização da exploração do trabalho infantil enquanto categoria analítica e sobre o conceito do que é criança e adolescente.

Segundo a literatura médica, a criança é a pessoa humana que se encontra em estágio de desenvolvimento no período compreendido entre o nascimento e o advento da puberdade. O adolescente é a pessoa que, sob os aspectos psíquicos e fisiológicos, encontra-se em estado de amadurecimento e aprendizado a partir da puberdade.

O Estatuto da Criança e do Adolescente classifica como criança a pessoa de até 12 anos incompletos, ao passo que o adolescente é a pessoa dos 12 aos 18 anos. A Constituição Federal brasileira proíbe o trabalho ao menor de 16 anos, salvo na condição de aprendiz a partir de 14 anos.

Como tal caracterização pode oscilar conforme o direito positivo, discutem-se quais os elementos que podem servir para a identificação da relação que torna inadequado o trabalho infantil. O UNICEF fornece alguns parâmetros para serem levados em conta no processo de análise da relação de exploração do trabalho infantil. Assim, o órgão mencionado estabelece um conjunto de questionamentos, a saber:

a) A criança trabalha com dedicação exclusiva?

b) A idade da criança é demasiado baixa?

c) A criança trabalha e vive na rua?

d) O salário recebido pela criança é inadequado?

e) O trabalho realizado provoca estresse físico, psíquico ou social?

f) A criança assume responsabilidades em demasia?

g) O trabalho impede o acesso da criança à escola?

h) Há violação à dignidade da criança?

i) O trabalho impede o pleno desenvolvimento do menor?

Observe-se que as instituições de estudos e pesquisas laborais levam em conta o conceito negativo de trabalho infantil a partir de elementos como idade, condições de trabalho, remuneração, acesso à educação e respeito à subjetividade e imagem do menor trabalhador. A OIT faz a distinção entre trabalho infantil (*child work*) e a força laboral infantil (*child labor*), sendo que esta última denominação tem aspecto negativo e quer referir-se ao trabalho degradante da condição humana da criança.

Os elementos que emergem na configuração do trabalho infantil foram modificados ou ressignificados na processualidade histórica. A princípio, o labor do menor foi culturalmente explorado em diversos modos de produção, principalmente na agricultura e nas artes, setores em que os pais e mestres repassavam ensinamentos, despertando o senso de disciplina, responsabilidade e difundindo os valores considerados imprescindíveis à formação da subjetividade das crianças.

No modo de produção feudal o trabalho da criança era culturalmente aceito como resultado de uma solidariedade mecânica e de uma forte vinculação moral entre os pais e os filhos ou entre os mestres e os aprendizes. Esse *ethos* foi de certo modo apropriado e pervertido pelo capitalista que intensificou a exploração da força de trabalho infantil a partir dos chamados sistemas de fábrica, que se tornaram comuns a partir do século XVIII. O que era antes uma relação moral tornou-se o seu contrário, reduzindo-se a uma relação econômica, que se generalizou desde o advento da Revolução Industrial.

Para ilustrar esse processo de generalização no século XX, mencione-se que em agosto de 1934, no Estado norte-americano de Connecticut, foi realizada uma pesquisa com as 129 famílias da região, conforme discorre Leo Hubermann (1986, p. 117). Observou-se que em 96 famílias havia crianças trabalhadoras de menos de 16 anos. Na antiga Inglaterra, quem não estivesse ocupado no espaço da fábrica era considerado como desocupado e, em consequência, seria etiquetado como criminoso. Daí precede o reforço à preconceituosa cultura de que criança no trabalho representa um criminoso a menos.

A precária fiscalização em relação às empresas terceirizadas e a premente necessidade material das famílias são os mais fortes ingredientes históricos que têm contribuído para que os trabalhadores infantis continuem a servir de mão de obra barata no contexto do processo de horizontalização da produção. A maior recorrência do fenômeno verifica-se na terceirização predatória, baseada tão somente na redução de custos.

Sob o capitalismo a luta contra o trabalho infantil teve vários marcos históricos, porém, urge aqui ressaltar-se a trajetória do jovem Iqbal Masih, o ícone da luta contra o labor infanto-juvenil degradante.

Iqbal nasceu em abril de 1992 numa família católica. Seu pai tomou um empréstimo para custear a cirurgia da mãe de Igbal. Inadimplente, sem ter como pagar ao seu credor, o pai vendeu Igbal aos 4 anos a um fabricante de tapetes com o objetivo de quitar a dívida de 13 mil rupias. Aos 10 anos Igbal fugiu da fábrica e chegou clandestinamente à Europa onde denunciou os abusos sofridos pelas crianças paquistanesas. Quando ele fugiu tinha o peso e a estatura de uma criança de 6 anos e o corpo marcado pelos atos de tortura.

Ao retornar ao seu país, em 16.4.1995, Iqbal foi assassinado a mando da chamada máfia do tapete. Na ocasião ele sucumbiu quando portava nas mãos uma bíblia.

O episódio despertou a discussão sobre para quem trabalham os meninos explorados e quem consome os bens produzidos pelo labor infantil. O fato serviu para evidenciar que grandes empresas capitalistas tiram proveito do trabalho infantil, tais como: Wal-Mart e Nyke.

3. O debate teórico entre os liberais e os intervencionistas

No campo teórico ecoa a tensão entre os diferentes analistas que se dividem entre os argumentos pró e contra o trabalho infantil. O fato de existirem duas posições divergentes sobre a pertinência ou não do trabalho infantil não significa que o debate sobre a questão seja orientado com base numa visão maniqueísta.

O labor do adolescente quando revestido das condições de higiene e segurança do trabalho, e ainda se for instituído e acompanhado com escopo educativo, poderá ser importante no processo de qualificação profissional do educando e poderá se constituir em estratégia de política pública de inclusão social.

Essa relação entre o ideal e o real não é o objeto das preocupações externadas no presente trabalho. Aqui se ergue a necessidade de situar as correntes liberais e intervencionistas, que comungam opiniões distintas quanto às estratégias de contrato do trabalho infantil. Ambas concordam que a atuação do Estado na formação da inclusão educacional e a limitação da idade mínima para o trabalho são medidas imprescindíveis, porém, há divergência quanto à inserção de cláusulas sociais em contratos comerciais, à fixação de multa, às interdições, aos selos, aos boicotes etc.

Segundo Gilmartín e Domene (1998), a postura liberal que encontra ressonância no discurso da mídia tradicional, a exemplo do *The economist* e do *Wall Street Journal*, defende que tal fenômeno é próprio dos países periféricos e que somente o crescimento econômico será capaz de possibilitar os recursos para se combater o trabalho infantil. Os autores citam que a inovação tecnológica poderá dar a sua contribuição para evitar o trabalho infantil, ao lembrarem que na Índia a carga tributária sobre a aquisição de uma máquina é tão alta que alguns empresários preferem continuar explorando a força de trabalho infantil.

A postura protecionista encabeçada pela OIT refuta essa vinculação aporética de que é preciso primeiro erradicar a pobreza para se abolir a exploração do trabalho infantil. A OIT, conforme relatam seus estudos, documentos e pesquisas, vem demonstrando que o problema do labor infantil ocorre também em países centrais e que ele não deve ser enfrentado apenas com a aprovação de leis sobre o tema. O fato de terem sido aprovadas leis de combate à exploração do trabalho infantil não significa uma eficácia da política legislativa de estímulo à utilização indiscriminada da aludida força de trabalho.

As concepções teóricas são unânimes em externar, porém, que, por um lado, o trabalho pode ser elemento primordial no processo de formação do caráter do indivíduo, tanto que — pelo seu escopo educativo — pode contribuir para despertar e lapidar valores positivos no ser humano. Por outro lado, há situações em que o trabalho pode representar um entrave ao desenvolvimento pleno da pessoa, na medida em que serve de uma mediação da relação de exploração. O trabalho infantil, sob tal aspecto, é considerado danoso quando afetar as esferas da formação moral e psíquica, o desenvolvimento físico e intelectual e a solidariedade.

Razoável, porém, será sempre situar o debate teórico tendo como magnitude concreta a assertiva de que o trabalho de uma criança está relacionado com as suas carências e as condições econômicas de sua família. Logo, tornam-se ilusórios os modelos explicativos que, além de conceberem o trabalho infantil como algo episódico na história do capitalismo, sustentam que a exploração do labor infantil pode ser combatida sem se questionar a lógica incontrolável do modo de produção.

Antes de discutir as causas e consequências que gravitam no contexto do trabalho infantil, urge identificar-se onde está a legião de trabalhadores menores que continua sendo, em larga medida, uma potencial massa de manobra.

4. Onde estão os menores trabalhadores?

A geopolítica do trabalho infantil situa a problemática do labor infantil de formas específicas, mas não diferentes nas estratégias do capital. A maioria dos menores trabalhadores está na Ásia e na África, destacando-se a Índia na qual trabalham aproximadamente 13 milhões de crianças.

Na América Latina 20% dos menores trabalham, consoante dados da OIT, sendo que não raramente esses mesmos trabalhadores são comumente levados a praticarem jornada extraordinária. Esses dados tornam-se mais preocupantes na medida em que tais trabalhadores infanto-juvenis estão desenvolvendo as suas atividades em fornos de carvoaria, mineradoras, pedreiras, agricultura e no serviço doméstico.

Os países periféricos revelam, segundo dados da OIT de 1997, que em algumas situações a taxa de acidentes atinge 1/4 dos trabalhadores infanto-juvenis da construção civil.

No Brasil, a região Nordeste é a que concentra o maior número de crianças e adolescentes trabalhadores, seguida pelo sudeste. A agricultura continua sendo o setor que concentra o maior número de trabalhadores infanto-juvenis. O Ministério do Trabalho e Emprego fez um levantamento para relacionar os setores econômicos que absorvem o labor infantil e os agravos decorrentes das atividades exercidas pelo menor:

Quadro 1
Agravos à saúde em atividades exercidas por crianças e adolescentes em alguns Estados

Atividades	Estados	Agravos
Cana-de-açúcar, café, cacau, algodão e outras	SE, PE, RO, PA, AL, BA, PI, MA, RN, CE, GO, MT, MS, SP, RJ e MG	Intoxicação por agrotóxicos, problemas de coluna, picadas de insetos e mordidas de animais peçonhentos, lesões por instrumentos cortantes e outras.
Cerâmica e olaria	CE, PB, RN, BA, PE, PI, SE, MA, RS, SC, PR, AM, PR, RO, AL, PB, GO, MT, ES, RJ, SP e MG	Dermatoses, cortes por maquinário, queimaduras, mutilações, LER, lesões pulmonares e auditivas, lombalgias e fadiga muscular.
Pedreiras	CE, AL, BA, RN, PB, PI, PE,GO, SC, PR, MG, RJ, SP e ES	Cortes, perdas auditivas e visuais, fadiga muscular, lombalgia, LER e pneumoconioses.
Carvoaria	MT, GO, MG, MS, PA e AM	Problemas respiratórios, queimaduras, mutilação por motosserra, dermatoses.
Serraria/ madeireira	MT, MS, RS, PR e SC	Cortes, mutilações, acidentes fatais, lesões musculares e auditivas, dermatoses.
Cultura do sisal	BA	Cortes e mutilações, problemas respiratórios e auditivos, tenossinovite.
Extração de sal	CE, PI e RN	Queimaduras, problemas de coluna e LER.
Tecelagem	RN, PB e CE	LER e contaminações por poeira, cloro e tintas.
Seringais	MT	Contaminação por agrotóxicos, doenças respiratórias, malária e dengue.
Programas de inserção no mercado de trabalho	PR, MT, MS, RO, PB e MA	Atropelamentos, lesões físicas, alterações do sono, distúrbios psicoemocionais e LER.
Trabalhos na rua: catador de lixo; engraxates; ambulantes; serviços de panfletagem, entregadores de jornal	MT, DF, MS, RJ, SP, AL, CE, PE, PI, SE e GO	Intoxicação por alimentos deteriorados e substâncias químicas, verminoses, diversas formas de violência, problemas de coluna, LER, alterações do ciclo biológico, acidentes de trânsito.

Fonte: Ministério do Trabalho e Emprego 1996.

Consoante as informações descritas no quadro acima, observa-se que há determinados setores que refletem a maior presença do trabalho da criança, tais como: agricultura; minas; âmbito doméstico; trabalho na rua; exploração sexual; e soldados infantis. Adiante, seguem algumas considerações sobre os setores das atividades econômicas que se utilizam dos menores trabalhadores.

a) O trabalho na agricultura

A invisibilidade do trabalho infantil torna-se mais evidente na agricultura, setor que apresenta o maior número de incidência do fenômeno, isto é, pouco mais de 2/3 de todos os trabalhadores infantis.

Na agricultura é comum o trabalho do menor, visto que os ritos de iniciação se dão como um desenvolvimento dos membros da família. Desde cedo as crianças manipulam fertilizantes, inalam ou ingerem substâncias nocivas à sua saúde, são expostos ao contato com inseticidas e fungicidas, apresentando precocemente doenças de pele e quadros de dispneia. Além desses aspectos, não raro a criança trabalhadora do campo é submetida a precárias condições de higiene, sem acesso à água potável, submetida a horários de trabalho inadequados, a situações de intenso frio ou calor ou a tarefas que demandam esforço físico que está além da sua capacidade normal.

Em algumas atividades as crianças são submetidas a condições de trabalho desfavoráveis, tais como o manuseio de equipamentos inadequados, seja porque foram projetados para uso pelo adulto, seja porque representam acentuado perigo para quem os manuseia, a exemplo das ferramentas cortantes; transporte de materiais com sobrecarga prejudicial à saúde; intensificação da jornada.

Café, algodão, cacau e açúcar são algumas das culturas que absorvem o trabalho das crianças. Mais grave é que essas crianças apresentam uma tendência de se descolarem do campo e seguirem para a cidade onde tendem a ser trabalhadores de rua.

b) O trabalho nas minas

O trabalho em minas, a exemplo do que é exercido na agricultura, guarda forte envolvimento entre a família e a exploração do labor infantil. As crianças, pelas características físicas de peso e tamanho, são consideradas importantes auxiliares, posto que transitam facilmente em espaços curtos e trilhas subterrâneas sinuosas, expostas a ação nociva de agentes físicos, químicos e biológicos. São ambientes quentes, úmidos, com vapores, ruídos, gases e explosões. Os que trabalham em minas de ouro ficam expostos a mercúrio e outras substâncias cancerígenas.

O trabalho ocorre também em minas não subterrâneas. Ilustre-se com os menores quebradores de pedras, que desprendem um intenso esforço muscular, tornando-se vítimas de problemas como bronquite, silicose e perda auditiva.

c) O trabalho no âmbito doméstico

Dez milhões de crianças no mundo estão trabalhando no setor doméstico, conforme dados da OIT. Na Ásia o fenômeno é mais intenso, mas ele é recorrente em todos os continentes. Indonésia e Marrocos com 700 mil e 500 mil, respectivamente, são os países em que se registram as maiores incidências de labor infantil.

O Decreto n. 6.441, de 12 de junho de 2008, ao elencar as piores formas de trabalho infantil, estabeleceu a proibição do trabalho doméstico à pessoa com menos de 18 anos de idade. A medida é de suma importância, tendo em vista que a fiscalização sobre as relações de trabalho envolvendo menores no âmbito doméstico torna-se extremamente difícil, seja pelos óbices que a fiscalização encontra para atuar no espaço íntimo das famílias, seja pela inexistência de organizações da sociedade civil voltadas para a defesa dos interesses dos trabalhadores infantis domésticos.

Num país desigual ou pobre, é comum aos pais colocarem uma criança para trabalhar numa casa de família como forma de reduzir as despesas do lar, por isso que não raro elas passam a receber em troca apenas a alimentação e a morada. É no âmbito doméstico que existe a maior quantidade de trabalho sem remuneração. Geralmente, na divisão sexual do trabalho, as meninas são o alvo predileto da mão de obra doméstica. Em algumas situações tais trabalhadoras são submetidas ao assédio sexual e até aos maus tratos físicos e psíquicos. Porém, há casos em que a criança se torna trabalhadora da própria família, seja ao ajudar nas tarefas do trabalho desenvolvido pelos pais em casa, seja pela responsabilidade de auxiliar os pais na criação dos demais filhos.

d) O trabalho na rua

Limpadores de vidros de carro, olheiros ou ajudantes do tráfico, lavadores ou guardadores de automóveis, engraxates, guias turísticos, sujeitos da prostituição, vendedores ambulantes, são apenas algumas das atividades que as crianças de rua desempenham.

O trabalho na rua, a despeito de despertar saberes de convivência, expõe o trabalhador de rua a um cenário hostil e tende a afetar as esferas cognitiva e emocional da criança, já que esta é impelida, notadamente em sociedades violentas, a assimilar valores e estratégias para lidar com a pressão dos grupos de marginais que utilizam da intimidação.

e) Exploração sexual

No espaço laboral, notadamente no setor do turismo, vem se observando um aumento do número de casos em que as crianças são ofertadas como atrativos para os visitantes. O abuso sexual a que pode ser submetida uma criança ocorre ainda no espaço doméstico.

A carência material das crianças é logo contrastada com as compensações econômicas que lhe são ofertadas pelos exploradores sexuais. Os riscos principais a que estão submetidos os precoces trabalhadores do sexo são as DST, incluindo a AIDS, sem falar nas sequelas psíquicas.

f) Soldados infantis

Países como Burundi, Libéria, Sudão, Congo, Serra Leoa e outros utilizam crianças como guerreiros em campo de batalha. No Congo, por exemplo, mais de 1/3 das milícias na década de 1990 eram compostas de crianças. Alguns menores se engajam às organizações paramilitares simplesmente pelo acesso aos alimentos, pela moradia ou porque em grande parte são órfãos absorvidos pelas forças em combate.

g) Matrimonio infantil

Alguns pais dão suas filhas em casamento muito novas. Na Índia, quanto mais jovem a menina menor será o dote que o pai da noiva terá que pagar ao noivo. Em algumas regiões da Índia, as filhas são oferecidas aos 6 ou 7 anos de idade, mas são entregues quando têm a primeira menstruação.

Enfim, as relações de trabalho nos setores até aqui mencionados evidenciam que o menor trabalhador, por se encontrar em processo de formação nas esferas moral, psíquica e fisiológica, está mais suscetível aos danos do que o trabalhador adulto. O mais grave é que nem sempre tais danos são visíveis de imediato, posto que em algumas situações as sequelas podem aparecer somente na idade adulta. Foi a partir da reflexão sobre os riscos que envolvem o labor do menor que a OIT estabeleceu uma idade mínima para uma pessoa ser admitida ao trabalho. Sobre o tema segue a análise no próximo tópico.

5. Os malefícios da inserção precoce do menor no mercado de trabalho e a Convenção n. 138 da OIT

No ano de 1975, Cuba foi o primeiro país a ratificar a Convenção n. 138, da OIT, que trata sobre o limite de idade mínima para a admissão de menores trabalhadores. O Brasil só veio a ratificar a aludida Convenção no ano de 2001. A proibição de desempenho de atividade laborativa à pessoa que ainda não atingiu uma idade mínima visa a combater o chamado trabalho precoce.

A utilização extemporânea do trabalhador menor ofende a sua dignidade, afeta o seu pleno desenvolvimento intelectual, já que o processo de formação escolar tende a ser deixado de lado, por falta de tempo e de estímulo, contribuindo para o crescimento de trabalhadores desqualificados e sem perspectivas de uma inclusão social plena.

O Fundo das Nações Unidas para a Infância — UNICEF, qualifica como trabalho precoce: I) aquele realizado em tempo integral, em idade muito jovem; II) o de longas jornadas; III) o que conduza a situações de estresse físico, social ou psicológico ou que seja prejudicial ao pleno desenvolvimento psicossocial; IV) o exercido nas ruas em condições de risco para a saúde e a integridade física e moral das crianças; V) aquele incompatível com a frequência à escola; VI) o que exija responsabilidades excessivas para a idade; VII) o que comprometa e ameace a dignidade e a autoestima da criança, em particular quando relacionado com trabalho forçado e com exploração sexual; e VIII) trabalhos sub-remunerados (UNICEF, 1997).

Para todos os menores trabalhadores, o labor precoce representa riscos, embora estes sejam proporcionalmente distintos conforme a função exercida pelo menor e o setor da atividade econômica a que este esteja vinculado. Nesse sentido tem sido a lição dos médicos pediatras, conforme sugere o quadro a seguir que relaciona as situações de risco nos diferentes setores da atividade econômica:

	Agricultura		**Comércio**
Riscos	— Uso de ferramentas cortantes — Transporte em veículos sem segurança — Possibilidade de picada de animais peçonhentos — Manipulação de agrotóxicos — Manuseio de máquinas e equipamentos em más condições — Esforços físicos excessivos e inadequados — Excesso de jornada de trabalho	— Exposição a temperaturas extremas de calor e frio — Ambientes mal iluminados e sem ventilação — Mobiliário inadequado — Exposição a ruído intenso e a umidade excessiva — Manuseio de máquinas sem proteção — Jornada de trabalho excessiva — Realização de trabalho em horário noturno — Exposição a contaminantes atmosféricos (gases, vapores e poeiras)	— Excesso de jornada de trabalho — Trabalho noturno — Mobiliário inadequado — Ambientes mal iluminados e mal ventilados — Atropelamentos por exercício de atividades em vias de trânsito de veículos

Fonte: FRANKLIN *et al.*, 2001.

O quadro mencionado revela que há setores da atividade produtiva que são extremamente prejudiciais ao menor trabalhador. O setor da indústria calçadista, por exemplo, envolve labor em que o menor corre o risco de desenvolver dependência química ao tolueno contido na cola, sem falar na grande probabilidade de desenvolver problemas como dermatites, furunculoses, perdas auditivas e até displasia.

Além dos setores críticos, há ainda que se considerar a vulnerabilidade dos adolescentes que, durante a puberdade, apresentam uma estrutura neuro-hormonal hipersensível às toxinas ambientais, as quais são metabolizadas com elevado risco de ocasionar problemas comportamentais, neurológicos e agravos que podem levar o menor à infertilidade e ao câncer.

A criança exposta aos fatores ocupacionais é potencial candidata a danos cerebrais, pulmonares e ao desenvolvimento de processos alérgicos. A estrutura osteomuscular das crianças, por encontrar-se em processo de desenvolvimento, é sensivelmente vulnerável a movimentos repetitivos, excesso de peso e posturas antiergonômicas. A depender da exposição ao trabalho com alto nível de pressão patronal, o menor poderá desencadear problemas de ordem psíquica.

Consoante sustentam Ayala e Rondón (2004), os menores trabalhadores demonstram quão vulneráveis se tornam ao meio ambiente de trabalho que lhe é hostil, em face da predisposição de adquirirem e desenvolverem as seguintes enfermidades ocupacionais. Ilustre-se, segundo as lições dos citados estudiosos, que as crianças trabalhadoras em contato com pó de madeira, carvão, herbicida, pesticida, esterco, fumaça, tendem a desenvolver asma. A exposição precoce da criança a determinadas substâncias neurotóxicas resulta no surgimento de quadros de dislexia, dificuldade motora e déficit de atenção. O contato do menor, p. ex., com o chumbo, é capaz de provocar retardo mental, ainda que seja em apenas 25% do tempo que comumente o adulto costuma se expor à referida substância.

Com o objetivo de conferir maior poder de síntese a um tema tão complexo, alguns pesquisadores brasileiros (FRANKLIN *et al.*, 2001) arrolam causas e consequências do trabalho infantil precoce, conforme o quadro que segue:

Causas	Consequências
— Longas jornadas de trabalho — Esforço físico — Horários indevidos	Fadiga crônica
Horários inadequados de trabalho	Distúrbios do sono e/ou irritabilidade excessiva
Exposição a ruídos	Progressiva perda auditiva
Iluminação excessiva ou deficiente	Irritação ocular
Má-postura Esforços exagerados Movimentos repetitivos	Contraturas musculares Distensões Entorses
Carregamento de peso Posturas inadequadas	Deformações ósseas
Equipamentos e mobiliário inadequados	Lombalgia, cefaleia, mialgias
Esforço repetitivo dos dedos, mãos e braços	Tendinite Lesão por Esforço Repetitivo — LER
Exposição excessiva ao sol, umidade, frio, calor, vento e poeira	Mal-estar
Falta de proteção contra a luz solar e outros agentes físicos, químicos e biológicos	Ferimentos de pele — Alergias, dermatites, furunculoses e câncer de pele
Inalação de poeiras e fibras. Exposição ao ar-condicionado sem manutenção	Bronquite, pneumonia, rinite e faringite
Inalação e fixação de partículas sólidas espalhadas na atmosfera (carvão, sílica)	Pneumoconioses
Alimentação inadequada	Distúrbios digestivos

Fonte: FRANKLIN *et al.*, 2001.

As causas imediatas lançadas no quadro acima são apenas a ponta de um fenômeno que urge ser compreendido em sua complexidade, inclusive na esfera política. Torna-se urgente a realização de estudos e pesquisas que, além de identificarem os focos permanentes e variáveis do trabalho infantil, apontem para uma política articulada, que envolva todos os setores do Estado e da sociedade civil, com a finalidade de prevenir e combater as causas que empurram o menor para o trabalho precoce.

Detectar as situações em que a criança está submetida a tal relação de exploração é tarefa complexa, principalmente quando o lócus de trabalho coincide com o espaço de convivência familiar, que é geralmente concebido como ambiente indevassável pelas autoridades e investigações públicas. Assim, reproduzem-se casos em que as crianças vivem e trabalham num mesmo ambiente doméstico, algumas vezes sequer recebendo salários ou, quando muito, recebendo ínfimas remunerações. Além dessas hipóteses, o trabalho infantil é considerado inadequado nas seguintes situações: a) quando a criança trabalha em tempo integral, sendo privada da sua socialidade, em especial, do relacionamento com os parentes, amigos e colegas da comunidade; b) quando o desempenho de uma atividade acarreta uma responsabilidade tal para a criança que o labor integra-se ao seu cotidiano de forma a privá-la do acesso ao lazer, à escola e à formação intelectual plena.

O trabalho precoce, além das sequelas físicas e sociais, pode representar sério abalo no processo de formação moral da criança, afetando a sua subjetividade e comprometendo o seu desenvolvimento psíquico. Disciplina e ambientes de trabalho inadequados tendem a afetar a saúde física e a erodir a autoestima da criança.

Mesmo ciente dos riscos existentes, há uma legião de menores que são diariamente incitados a vencer a curiosidade e a enfrentar o desafio da descoberta do trabalho. O mais deletério é que os ritos de iniciação ou aprendizagem começam em ambientes marcados pela presença de agentes químicos, físicos e biológicos danosos à saúde e à integridade física dos trabalhadores, conforme se verá no próximo tópico sobre o trabalho infantil perigoso.

6. O Trabalho Infantil Perigoso — TIP

O trabalho perigoso é entendido como o exercício de atividade em que se verifica uma alta probabilidade de dano à saúde e à segurança do trabalhador.

O risco é inerente ao desenvolvimento do labor, de modo que em relação ao trabalho qualificado de perigoso, as estatísticas revelam a maior incidência de acidentes e doenças ocupacionais. No contexto do debate ora proposto, há uma categoria denominada de Trabalho Infantil Perigoso — TIP. O adjetivo perigoso aqui tratado transcende os limites da periculosidade (art. 193 da CLT) e engloba toda espécie de trabalho potencialmente prejudicial à sanidade e à integridade física do menor trabalhador, seja ele insalubre, periculoso, moralmente degradante etc.

Essa maior atenção ao TIP é recente entre os estudiosos, mormente ao se constatar, conforme dados da OIT de 2002, que de cada cem crianças, uma trabalha em atividades perigosas, as quais são mais recorrentes em setores informais ligados à agricultura, manufaturas, comércio e serviços.

A vulnerabilidade do menor trabalhador ao acidente do trabalho não é característica apenas da mão de obra infantil dos países periféricos. Nos EUA, p. ex., entre 1992 e 1997, morreram 403 menores no trabalho. A ignorância da criança em relação aos seus direitos, aliada à timidez própria da idade para questionar sobre o seu ambiente de trabalho, bem como a falta de maturidade para avaliar as condições laborais a que está submetido são fatores que concorrem para que tais trabalhadores sejam vitimados em decorrência de acidentes do trabalho.

Para evitar os efeitos nefastos dessa vulnerabilidade, torna-se imprescindível que o menor trabalhador: a) esteja sendo permanentemente monitorado no ambiente de trabalho; b) não se exponha a ambientes insalubres e perigosos e, especificamente, não manipule substâncias, máquinas ou equipamentos que demandem riscos para a sua saúde e integridade física; e c) labore em jornada inferior à jornada normal dos adultos.

O TIP, considerado uma das piores formas de trabalho infantil, é definido pelo art. 1º, alínea *d* da Convenção n. 182, da OIT, como sendo os "trabalhos que por sua natureza ou pelas circunstâncias em que são executados, são susceptíveis de prejudicar a saúde, a segurança e a moral da criança."

Observe-se que a alínea *d* transcrita enfoca a necessidade de erradicar o Trabalho Infantil Perigoso — TIP. Sob esse aspecto, não basta apenas retirar o menor do local de trabalho perigoso ou impedir o seu acesso. O desafio é complexo porquanto implica conferir às famílias condições tais que a carência não venha a empurrar o menor para o ambiente de risco. Para isso urge compreender o trabalho infantil não como um problema do menor, mas sobretudo da família, do Estado e da sociedade civil. Essa abrangência de concepção é necessária porque o menor antes de ser sequelado pelo trabalho perigoso, ele se torna sequelável. Tal sequelabilidade emerge com a desigualdade social, o desemprego dos pais, os desajustes familiares, a falta de compromisso dos pais e do Estado em relação a educação das crianças, dentre outros fatores.

Os menores trabalhadores deparam-se diante dessa maior suscetibilidade ao dano porque, se comparados aos adultos, tendem a apresentar um processo metabólico mais intenso e um elevado consumo de oxigênio, fatores que intensificam a absorção de substâncias nocivas ao seu pleno desenvolvimento. Os danos podem ser mais intensos se os menores tiverem problemas de desnutrição, de perda auditiva ou mesmo se executarem as suas tarefas submetidos ao assédio moral.

O trabalho perigoso para o menor trabalhador pode se caracterizar, ainda, em razão de o mesmo utilizar equipamentos inadequados, não adaptados ergonomicamente ou potencialmente suscetíveis a acidentes.

Os riscos acarretados pela exposição do menor são geralmente hiperdimensionados, tendo em vista que tais trabalhadores não costumam sequer receber informações sobre as atividades que desempenham, nem conhecem a necessidade de utilização dos EPI — Equipamentos de Proteção Individual e EPC — Equipamentos de Proteção Coletiva.

Na maioria das vezes as ferramentas ou máquinas utilizadas por tais trabalhadores constituem-se em novidades, que a rigor sequer foram projetadas ergonomicamente para serem manuseadas por crianças.

A vulnerabilidade do menor trabalhador ao acidente do trabalho não é característica apenas da mão de obra infantil dos países periféricos. Nos EUA, p. ex., entre

1992 e 1997, morreram 403 menores no trabalho. A ignorância da criança em relação aos seus direitos, aliada à timidez própria da idade para questionar sobre o seu ambiente de trabalho, bem como a falta de maturidade para avaliar as condições laborais a que está submetido são fatores que concorrem para que tais trabalhadores sejam vitimados em decorrência de acidentes do trabalho.

Para evitar os efeitos nefastos dessa vulnerabilidade, torna-se imprescindível que o menor trabalhador: a) esteja sendo permanentemente monitorado no ambiente de trabalho; b) não se exponha a ambientes insalubres e perigosos e, especificamente, não manipule substâncias, máquinas ou equipamentos que demandem riscos para a sua saúde e integridade física; e c) labore em jornada inferior à jornada normal dos adultos.

Na América Latina destaque-se a atuação da Rede TIP — Rede sobre Trabalho Infantil Perigoso, fórum interinstitucional que tem o apoio da OIT na execução do Programa Internacional de Erradicação do Trabalho Infantil. Os membros da Rede TIP apontam como sendo duas as dificuldades centrais da sua atuação. A primeira consiste na necessidade de aperfeiçoar a identificação do TIP, tendo em vista que os padrões atuais de aferição do trabalho perigoso estão voltados para a realidade do adulto. Sob esse aspecto é salutar que os centros universitários e as instituições de pesquisas se envolvam mais diretamente no desafio de discutir a proposta de NR para a caracterização do TIP com base na atividade, no fator de risco e, por fim, nas lesões efetivamente provocadas aos trabalhadores infanto-juvenis.

O mapeamento por atividades auxiliará na definição do lócus econômico da relação de exploração do TIP, fato que facilitará a atuação concreta do Estado por meio do exercício do seu poder de polícia e em face da execução de programas preventivos.

Situar o TIP com base nos impactos para o menor terá uma importância significativa para o trabalho preventivo e educativo, bem como para se apontar as predisposições lesivas à saúde do trabalhador infantil. A identificação dos fatores de risco permitirá uma ação mais efetiva sobre as tecnologias organizacionais do TIP e o levantamento estatístico sobre os agravos mais recorrentes em determinadas atividades econômicas.

O aprofundamento sobre o TIP permitirá que os estudiosos respondam duas perguntas: quem são os trabalhadores infantis mais vulneráveis ao TIP? e quais as doenças ocupacionais que mais afetam os menores trabalhadores? Atualmente tais perguntas não são respondidas satisfatoriamente pelos organismos envolvidos com a prevenção e o combate ao trabalho infantil, fato que demonstra a carência de estudos ocupacionais, os quais ainda tendem a se reportar somente aos trabalhadores adultos.

Embora já se saiba minimamente que a exposição ao calor, ao ruído, ao frio, às substâncias tóxicas não têm os mesmos desdobramentos entre crianças e adultos, os dados atuais são vagos. Os estudos existentes sobre o tema, apesar de escassos, revelam que o impacto do trabalho insalubre e perigoso para a criança deve ter uma repercussão hiperdimensionada, tendo em vista que muitos dos jovens e adultos doentes de hoje tiveram um passado de trabalho infantil.

No contexto de análise do TIP, a prevenção e o combate às formas degradantes e aviltantes da condição humana demandam conhecimento mínimo sobre o modo como os agentes químicos, biológicos e ergonômicos atuam sobre a criança e o adolescente.

A dinâmica fisiológica e psíquica da criança constitui um processo complexo e inacabado, cujo desenvolvimento demanda condições adequadas para se completar a maturação exigida para uma vida adulta saudável. Os mecanismos de defesa da criança revelam que estas são mais vulneráveis às substâncias tóxicas. Ademais, como a tendência da criança em geral é ter peso inferior, se comparado ao peso do adulto, os efeitos da exposição às substâncias químicas e/ou biológicas coincidirá com a maior absorção de contaminantes e, em consequência, maior impacto sobre a saúde do menor. Isso significa que um ambiente de trabalho com uma dada quantidade fixa de contaminantes, para adultos e crianças, resultará em maior impacto sobre a saúde destas. Daí que os limites de tolerância de uma mesma substância têm repercussões diferenciadas e mais deletérias para o menor trabalhador.

Além dessa maior suscetibilização a contaminantes, o estado imunológico de um menor — quando submetido a um quadro de desnutrição e fadiga — torna-se mais propenso à ação de vírus e bactérias, possibilitando o surgimento de gripes, bronquites, infecções e outros agravos.

Além da hipersensibilização da saúde da criança aos agentes químicos e biológicos, há também acentuada vulnerabilidade de tais trabalhadores aos agentes ergonômicos e mecânicos. A constituição óssea e fisiológica de um menor trabalhador impõe-lhe limites que afetam a sua capacidade laborativa. Assim, trabalhos que resultam em esforço intenso e repetitivo, manipulação de objetos pesados, vícios de postura ou a utilização de equipamentos, vestuário, mobiliários e máquinas inadequados resultam em traumas de ordem ocupacional que podem ser desencadeados a partir de um mero quadro de fadiga muscular, cardiorrespiratória, visual, auditiva etc.

7. A Convenção n. 182 da OIT e as piores formas de trabalho infantil

Na economia mundializada, existe ainda um considerável número de menores que laboram em minas inóspitas, inalando gases e em posições antiergonômicas, em contato com agentes químicos e fisiológicos nocivos à integridade desses trabalhadores. Ao abominar o trabalho forçado, perigoso e, em especial, o labor em atividades de produção e venda de entorpecentes, a Convenção n. 182, da OIT, elenca em seu art. 1º as piores formas de trabalho infantil, a saber:

> a) todas as formas de escravidão ou práticas análogas à escravidão, como venda e tráfico de crianças, sujeição por dívidas, servidão, trabalho forçado

ou compulsório, inclusive recrutamento forçado ou obrigatório de crianças para serem utilizadas em conflitos armados;

b) utilização, recrutamento e oferta de criança para fins de prostituição, produção ou atuações pornográficas;

c) utilização, recrutamento e oferta de criança para atividades ilícitas, particularmente para a produção e tráfico de entorpecentes, conforme definidos nos tratados internacionais pertinentes;

d) trabalhos que por sua natureza ou pelas circunstâncias em que são executados, são susceptíveis de prejudicar a saúde, a segurança e a moral da criança.

As formas descritas no texto convencional identificam as violações à dignidade da criança, as quais coincidem com a atividade que resulta em prejuízo à educação e à saúde física e mental do trabalhador, conforme a alínea *b* da Convenção n. 182, da OIT.

Acrescente-se, ainda, a servidão por dívidas e a exploração da prostituição e da pornografia, formas de violência que resultam em sequelas físicas, psíquicas e emocionais. Assim, crianças exploradas sexualmente tendem a sofrer com as DSTS, partos prematuros, além de traumas crônicos ligados ao consumo e tráfico de drogas.

Uma das formas mais perversas da exploração dos menores é a de conotação sexual, tendo em vista que esta implica necessariamente em abusos físicos, psicossociais e emocionais, cujos desdobramentos levam às sequelas que afetam o desenvolvimento e a dignidade dos explorados. Não sem razão, a Convenção n. 182, da OIT considera a exploração sexual uma das piores formas de trabalho infantil.

A criança que é incitada ou formada a vender o seu corpo na esfera do comércio sexual transforma-se em objeto do explorador, o qual interfere diretamente na construção da subjetividade do menor, seja por meio da manipulação ou da coerção. Tal interferência coincide com o processo de mercantilização da sexualidade da criança, que representa uma séria violação à dignidade humana por afetar a personalidade e a imagem das vítimas do sexo coisificado. Os reflexos psicológicos dos exploradores sexualmente são tão deletérios que o problema da exploração sexual de menores deve ser objeto de uma política pública preventiva nos ambientes da família, da escola e dos estabelecimentos frequentados pelos menores. No plano recuperativo, o Poder Público deve valer-se da estratégia articulada para retirar o menor da exploração sexual, dando-lhe acompanhamento psicológico e permitindo-lhe formas de qualificação profissional que propiciem a sua inserção no mercado de trabalho.

Enfim, a criança antes de ser explorada sexualmente torna-se explorável. Essa constatação deve servir de parâmetro para todas as pessoas e instituições envolvidas no combate à prostituição infantil. Assim, o alvo ideal da exploração sexual é a criança vítima de desajuste familiar, de abandono intelectual, das carências materiais e afetivas extremas, da permissividade do consumo desumanizante, da violência e da dependência química.

Feita essa análise parcial sobre as piores formas de trabalho infantil, torna-se imperioso saber se há de fato uma cultura do trabalho infantil, conforme sugere o tópico a seguir.

8. Existe uma cultura do trabalho infantil?

A precarização e a força do elemento cultural são dois aspectos que comparecem recorrentemente ao debate sobre a exploração do trabalho infantil. Há elementos da cultura que interferem ora para reproduzir o trabalho infantil, ora para extrair de tal experiência aspectos positivos.

O *ethos* utilitarista dos países periféricos ressente-se ainda da percepção de que o trabalho adota a criança, livrando-o da mendicância, da marginalidade ou dos efeitos nefastos da incompetência ou do insucesso material dos pais. Essa visão coloca, ainda que inconscientemente, o explorador no papel de um benfeitor e os pais são negligentes.

No imaginário e na cultura populares, o menino trabalhador é sinônimo de: "homem do amanhã"; o menino-homem; o menino exemplar; menos um marginal e mais um cidadão etc. Esses estigmas, que integram a tradição inventada na esfera da cultura, têm um considerável peso na incidência do trabalho infantil.

A tradição inventada, cristalizada na estabilidade discursiva da cultura, pode ser erodida com uma educação crítica e com a elevação da escolaridade dos membros da família. A propósito, as pesquisas mais recentes da OIT demonstram que a maior ou menor incidência do trabalho infantil está diretamente relacionada ao nível de escolaridade da mãe e da família. Conforme os dados da PNAD 2008, quanto maior for a escolarização da mãe mais baixo tende a ser o índice de trabalhadores menores na família.

Mas tal afirmação não pode ser generalizada, tendo em vista que os fatores de natureza cultural não criam nem suprimem por si as relações de exploração do trabalho do menor. Se a questão fosse somente de ordem cultural bastaria a otimização do processo educativo. Todavia, o problema da exploração do trabalho infantil envolve em sua base uma questão econômica que coloca em xeque o modo de produção capitalista. A rigor, isso ocorre porque a condição humana imprescinde da condição material. Por tal razão não é exagero defender-se que o trabalho infantil é sintoma da degradação material e da desigualdade social que ressoa no modo de ser dos homens entre si.

Por fim, ainda no contexto da cultura, as necessidades de consumo que o capitalismo desperta, principalmente com a utilização da mídia e das novas tecnologias, exercem uma pressão descomunal sobre os jovens, os quais são obrigados a venderem cada vez mais precocemente a sua força de trabalho para que se sintam "incluídos" nas relações consumeristas.

O elemento cultural, embora importante, não é a categoria-chave para a reprodução do trabalho infantil. O risco do discurso culturalista é tornar o debate acomodativo e infértil, de modo a sugerir que a cultura é algo incapaz de ser superado. Há arranjos políticos — a exemplo da cláusula social — que, embora não suficientes para debelar as causas do trabalho infantil, podem em alguma medida afetar a relação econômica, com repercussões sobre a cultura.

9. A cláusula social

A chamada cláusula social consiste na imposição de barreiras comerciais para os países ou empresas que utilizam o trabalho infantil. A questão tomou dimensão com a proposta do senador norte-americano Tom Harkin que, em 1992, sugeriu a vedação das importações de produtos fabricados com a utilização do trabalho infantil. O Governo dos EUA, porém, vem anunciado que opta por estabelecer uma política de preferência comercial com os países que se comprometem a erradicar o trabalho infantil. Todavia, há por parte dos analistas econômicos a suspeita de que cláusulas sociais de boicotes ou de preferências tendem a maiores suscetibilidades em relação ao aspecto político.

A proposta é considerada controvertida entre os analistas, visto que para alguns a limitação de acesso dos países periféricos ao comércio internacional apenas ajudaria a reproduzir as carências que permeiam a utilização do trabalho de crianças e adolescentes.

Para outros, a cláusula social atenderia a dupla finalidade de combater a exploração do trabalho infantil e a existência do *dumping* social, que consiste na concorrência desleal entre empresas e países produtores que utilizam a força de trabalho precarizada e de baixo custo como fator de desequilíbrio da competitividade do mercado internacional.

É preciso, porém, raciocinar que a proibição de importação em relação aos produtos fabricados por países que utilizam mão de obra infantil é medida que não remedia a causa da relação de exploração do trabalho do menor. A rigor, deve-se considerar que nos países pobres, a criança trabalha por uma necessidade de subsistência, a qual integra uma processualidade de carências históricas que não podem ser superadas num passe de mágica. Isso significa que medidas a médio e longo prazo são mais apropriadas do que posturas abruptas de curto prazo que penalizarão aqueles a quem se deve proteger.

Parece razoável, portanto, a advertência que consta da Convenção dos Direitos da Criança no sentido de que os organismos multilaterais, as entidades sindicais e a comunidade internacional prestem assistência, inclusive financeira, aos países em que se concentram os focos de exploração do trabalho infantil. A complexidade da questão deve ser encarada como algo que requer políticas articuladas de promoção humana inclusiva sob os aspectos material e educativo.

Nesse sentido, em 1992, foi criado o Programa Internacional para a Eliminação do Trabalho Infantil — IPEC, fundo de recursos custeado pelos países centrais, que originariamente contemplou seis países signatários (Brasil, Índia, Tailândia, Indonésia, Quênia e Turquia), mas que atualmente se estende a quase centena de nações.

É importante que o programa de combate ao trabalho infantil conceba uma necessidade de atenção aos pais. Assim, há situações em que — segundo a OIT — os graus de renda e de escolarização da mãe tendem coincidentemente a interferir diretamente no padrão educativo da criança, inclusive em relação à menor incidência dos casos de doenças ou desnutrição.

A mera proibição do trabalho infantil por si não equivale a solucionar o problema de menores com carências materiais. É imprescindível dotar a família e a comunidade, onde vivem os menores, da infraestrutura básica que lhes permita uma alternativa ao trabalho infantil.

Rememore-se aqui o caso do menino Leonardo, morador de São João da Ponte, em Minas Gerais. No ano 2002, ele ganhou um prêmio do Ministério da Educação com a frase: "Estudar é ter certeza [de] que conquistaremos algo que ninguém poderá nos tirar". Léo, como era conhecido na sua comunidade, vivia numa casa em que os irmãos tinham que dividir a mesma cama. Ademais, na sua casa inexistia energia elétrica, de modo que ao receber o prêmio, o garoto afirmou que iria vendê-lo para efetuar a compra de uma casa mais decente para os seus pais.

Se não houver programas de inclusão social, e se o Estado não estiver presente, se não existir o acesso à água potável, à energia, à internet, à escola, ao lazer, à saúde, à previdência social, à segurança alimentar e de renda, reputa-se ingênuo querer-se combater o trabalho infantil como algo que possa ser isolado e combatido.

Uma família que vive numa comunidade na qual há escola pública e os pais têm uma segurança de renda tende a reduzir as chances do menor ser utilizado como mão de obra barata.

O combate efetivo e programático ao trabalho infantil no Brasil é algo recente. Observe-se que somente no final do século XX foi instituído o Programa de Erradicação e Prevenção do Trabalho Infantil — PET que proporciona a transferência de renda às famílias com situação de trabalho infantil.

Considerações finais

Em sede conclusiva, o presente texto deixou evidenciado que a criança trabalhadora ao ser inserida no mercado de trabalho tende, em sua maioria, a submeter-se a uma relação precária. Trata-se de uma inclusão excludente, haja vista que a "oportunidade do trabalho" da criança representa a retirada da sociabilidade desta, inclusive sendo um dos fatores de evasão escolar e de privação da normalidade das relações da criança com a sua família, colegas e a comunidade na qual está inserida. Ademais, torna-se contraproducente tratar a questão do trabalho infantil no plano meramente exploratório. Falar sobre o tema sem ousar propor e/ou tentar testar alternativas pode representar a chamada "consciência de paisagem" ou forma de "letargia esclarecida", que vem contribuindo para que o menor trabalhador se torne paulatinamente um adulto desqualificado, enfim, um lupemproletário marcado pela doença ocupacional.

Além de ver e julgar o problema do trabalho infantil é preciso dar pistas e/ou diretrizes que sirvam de norte para as iniciativas da sociedade e dos poderes públicos. Logo, quem se dispõe a abolir o trabalho infantil deve apontar com todas as minúcias as alternativas de subsistência não apenas em relação aos menores, mas em relação à família. Sob esse aspecto, deve haver clareza nas políticas públicas para que os programas sociais sejam articulados, de modo a proverem a assistência integral ao menor e a sua família. Por último, a compreensão fenomênica do trabalho infantil demanda concluir acentuando o seguinte:

> a) Não há como se combater as "piores formas de trabalho infantil" se não houver uma política de erradicação da pobreza e da desigualdade e um controle social sobre os espaços de regulação capitalista, posto que a inserção precoce do menor no mercado de trabalho decorre, na maioria dos casos, de necessidade das famílias e da estratégia capitalista que absorve e reproduz a desigualdade social pela precarização das relações e direitos trabalhistas;
>
> b) Incumbe ao Poder Público tornar-se mais eficaz na fiscalização e no combate ao trabalho infantil, já que os menores trabalhadores são indefesos, eis que são menos propensos a questionar as longas jornadas, os salários aviltantes e, enfim, as condições de trabalho e de produção;
>
> c) Cabe ao Estado, juntamente com a sociedade civil e os organismos multilaterais, discutir e aperfeiçoar os aspectos que auxiliam na identificação do TIP, as suas causas, os desdobramentos possíveis para a saúde da criança, bem como produzir material com escopo educativo e crítico para que a população não apenas compreenda sobre a gravidade do problema, mas se sinta estimulada a envolver-se na tarefa de prevenção e combate ao TIP;
>
> d) Enfim, os trabalhadores infantis somente atingirão o pleno desenvolvimento humano se houver a construção de um ambiente marcado pelo respeito à sua dignidade, pela radicalização da defesa dos direitos fundamentais e pela atuação conjunta do Estado e da sociedade civil como garantidores do direito indisponível a uma convivência livre de discriminações e de privações.

Referências

ASMUS, Carmen Ildes Rodrigues Fróes; BARKER; Suyanna Linhales; RUZANY, Maria Helena; MEIRELLES, Zilah Vieira. *Riscos ocupacionais na infância e adolescência*: uma revisão. Jornal de Pediatria, 72 (4), 1996. p. 203-208.

AYALA, Leonardo Briceno; RONDON, Angela M Pinzon. *Efectos del trabajo infantil en la salud del menor trabajador.* Bogotá: Revista Salud Pública, 6 (3), 2004. p. 270-288.

CARVALHO, Inaiá Maria Moreira de. Trabalho infantil no Brasil contemporâneo. *Cad. CRH* [online]. 2008, v. 21, n. 54 ISSN 0103-4979, p. 1-13.

FERREIRA, Marcos Artemio Fischborn. Trabalho infantil e produção acadêmica nos anos 90: tópicos para reflexão. *Estud. psicol.*, Natal [online]. 2001, v. 6, n. 2, ISSN 1413-294X, p. 213-225.

FRANKLIN, Rafael Narciso *et al.* Trabajo precoce e riscos à saúde. *Revista Adolescência Latinoamericana*, 2001, p. 80-89.

GILMARTÍN, María Inmaculada Díaz, DOMENECH, Isabel Rodríguez. El trabajo infantil en el mundo: el estado de la discusión. *Cuadernos de estudios empresariales*, ISSN 1131-6985, n. 8, 1998. p. 243-250

GRUNSPUN, Haim. *O trabalho das crianças e dos adolescentes.* São Paulo: LTr, 2000.

HUBERMAN, Leo. *História da riqueza do homem.* 21. ed. Rio de Janeiro: Guanabara,1986.

MELLE, Pilar Nova. Trabajo infantil: los riesgos laborales en situaciones legalmente prohibidas y sus consecuencias para la salud y seguridad. *Med. segur. trab.* [online]. 2008, v. 54, n. 213, p. 9-21.

MINAYO-GOMEZ, Carlos; MEIRELLES, Zilah Vieira. Crianças e adolescentes trabalhadores: um compromisso para a saúde coletiva. *Cad. Saúde Pública*, 1997, v. 13, supl. 2, p.135-140.

MINISTÉRIO DO TRABALHO E EMPREGO. *Diagnóstico preliminar dos focos de trabalho da criança e do adolescente no Brasil.* Brasília: MTE, 1996.

ORDÓÑEZ, Leidy Bibiana Camacho; GONZÁLEZ, María Angélica Trujillo. La explotación sexual comercial infantil: una ganancia subjetiva. *Revista Latinoamericana de Ciencias Sociales*, Niñez y Juventud, ISSN 1692-715X, v. 7, n. 2, 2009. p. 1009-1025.

OIT — ORGANIZAÇÃO INTERNACIONAL DO TRABALHO. *Estatísticas de crianças trabalhadoras e trabalho infantil de risco* (1998).

______. *Boas práticas do setor saúde para a erradicação do trabalho infantil.* Brasília: OIT, 2009a.

______. La acción contra el trabajo infantil. Hechos sobresalientes del IPEC, 2008. *Oficina Internacional del Trabajo.* Programa Internacional para la Erradicación del Trabajo Infantil — Ginebra: OIT, 2009b.

______. *Estadísticas sobre trabajo infantil.* Disponível em: <http://www.ilo.org/ipec/ChildlabourstatisticsSIMPOC/lang—es/index.htm> Acesso em: 5.4.2010.

______. *Crianças no narcotráfico:* um diagnóstico rápido. Coordenadores Jaílson de Souza e Silva; André Urani. Brasília: OIT, 2002.

SCHWARTZMAN, Simon. *Trabalho infantil no Brasil.* Versão 2. Brasília: OIT-IET, 2004.

SMITH, Yamile Delgado de; MARÍN, Belkis Rojas. Valorar a los niños: no al trabajo infantil. *Revista educación en valores,* ISSN 1690-7884, n. 8, 2007. p. 71-81.

URIBE-ECHEVARRÍA Asier Minondo. La controversia sobre el trabajo infantil y el comercio internacional. *Boletín económico de ICE,* Información Comercial Española, ISSN 0214-8307, n. 2667, 2000. p. 33-38.

VALDIVIA, Rafael Cortez; LACRUZ, Ana Isabel Gil. Factores determinantes del trabajo infantil en Perú. Proyecto social: *Revista de relaciones laborales,* ISSN 1133-3189, n. 10-11, 2003. p. 23-39.

VARILLAS, Walter. La red sobre trabajo infantil peligroso (Red Tip). *Ciênc. saúde coletiva* [online]. 2003, v. 8, n. 4, p. 923-935.

Considerações sobre o Combate à Exploração do Trabalho Infantil: Bosquejo Histórico, Proteção Jurídica e Realidade Humana

Francisco Milton Araújo Júnior(*)
Ney Stany Morais Maranhão(**)

"E Traziam-lhe também crianças, para que ele as tocasse; e os discípulos, vendo isso, repreendiam-nos. Mas Jesus, chamando-as para si, disse: Deixai vir a mim os pequeninos e não os impeçais, porque deles é o Reino de Deus. Em verdade vos digo que qualquer que não receber o Reino de Deus como uma criança não entrará nele"
Bíblia Sagrada, Lucas, capítulo 18, versículos 15 a 17

1. Intróito

Neste texto, buscaremos traçar um confronto entre *direito* e *realidade*. Inicialmente, cuidaremos de traçar um breve escorço histórico acerca do combate à exploração do labor infantil, descortinando o robusto instrumental jurídico hoje disponível no sistema. Em seguida, mercê da apresentação de aspectos específicos ligados à temática, realizaremos um confronto com a crueza da realidade, infelizmente ainda marcada por essa chaga.

Nossa intenção, com tal choque de perspectivas, é acentuar ainda mais essa paradoxal circunstância, reafirmando a premente necessidade de não mais adiarmos a concretização dos preceitos normativos que regem esse especialíssimo campo da vida.

(*) Juiz Federal do Trabalho — Titular da 2ª Vara do Trabalho de Marabá/PA (TRT da 8ª Região). Mestre em Direito pela Universidade Federal do Pará — UFPa. Especialista em Higiene Ocupacional pela Universidade de São Paulo — USP. Professor Colaborador da Escola Judicial do Tribunal Regional do Trabalho da 8ª Região.

(**) Juiz Federal do Trabalho — Juiz Substituto (TRT da 8ª Região). Mestre em Direito pela Universidade Federal do Pará — UFPa. Professor do Curso de Direito da Faculdade do Pará — FAP. Professor Colaborador da Escola Judicial do Tribunal Regional do Trabalho da 8ª Região.

2. A AMPLA REDE JURÍDICA DE COMBATE/PROTEÇÃO AO TRABALHO INFANTIL: UMA INVEJÁVEL REALIDADE

O trabalho do menor é fenômeno antigo. Basta dizer que já no Código de Hamurabi (1.700 a.C.) podem ser encontradas normas que regem labor infantil. Na Grécia e em Roma os filhos dos escravos também eram propriedade dos senhores, sendo obrigados a trabalhar para o dono ou qualquer pessoa por ele indicada. Por sua vez, na Idade Média, com as corporações de ofício, o menor trabalhava sem qualquer salário ou proteção(1).

Mas foi com o advento da Revolução Industrial (século XVIII), propiciadora da implantação de um inaceitável quadro de desumana exploração da classe trabalhadora, que o tema da tutela do trabalho infantil começou a ganhar ares inquietantes. De fato, mercê da insensível voracidade do capitalismo, tornou-se comum o trabalho em ambientes extremamente hostis e cujas atividades consumiam longos períodos diários, na maioria das vezes em troca de miseráveis salários. E é exatamente dentro dessa inglória ambiência que se contavam aos montes *crianças* e *adolescentes*, força de trabalho menos onerosa e de quase nula resistência à exploração(2).

Estudos apontam que entre **1780** e **1840** houve um vertiginoso aumento da exploração da mão de obra infantil. Afirma-se, por exemplo, que em 1788 mais de 60% dos trabalhadores nas fábricas têxteis da Inglaterra e Escócia eram crianças(3). De imediato, essa prática gerou terríveis prejuízos ao desenvolvimento físico e psicológico das crianças. Por óbvio, a médio e longo prazo esse triste fenômeno acabou redundando em sérias consequências sociais, "em inaceitável afronta a direitos fundamentais de crianças e adolescentes, que precisavam da proteção do Estado contra os abusos do capitalismo"(4).

À época, o respeito à dignidade humana do trabalhador, embora de maneira tímida, já começava a dar seus primeiros sinais, provocando reações contra o abusivo regime de trabalho imposto aos trabalhadores em geral, mais particularmente em

---

(1) VIANNA, Segadas; SÜSSEKIND, Arnaldo *et al. Instituições de direito do trabalho.* 21. ed. São Paulo: LTr, 2003. v. 2, p. 996.

(2) "Entre os trabalhadores europeus do século XIX havia muitas crianças. Para os patrões era vantajoso empregar crianças: elas costumavam ser mais submissas do que os adultos, recebiam salários ainda mais baixos e podiam movimentar-se por espaços estreitos. As crianças arrastavam-se por baixo do tear para recolher os restos de lã que caíam da máquina. Os retalhos eram catados e retornavam às máquinas de fiar para que não houvesse desperdício de matéria-prima. As crianças que faziam isso *corriam o risco* de serem esmagadas pelas máquinas. Muitas vezes as crianças ficavam cansadas, sonolentas, e não conseguiam manter a velocidade exigida pelas máquinas. Quando isso ocorria, em geral *apanhavam para trabalharem* mais depressa ou tinham a cabeça mergulhada em *água fria para ficarem acordadas.* Em meados do século XIX, o avanço da maquinaria nas fábricas inglesas tornou desnecessário o emprego da força muscular para a produção, permitindo o uso de mão de obra feminina e infantil" (grifos no original). Disponível em: <http://sol.sapo.pt/blogs/olindagil/archive/2010/02/10/O-Trabalho-Infantil-no-s_E900_culo-XIX.aspx> Acesso em: 9.4.2010.

(3) Disponível em: <http://translate.google.com.br/translate?hl=pt-BR&langpair=en%7Cpt&u=http://www.buzzle.com/articles/history-of-child-labor.html> Acesso em: 9.4.2010.

(4) GARCIA, Gustavo Filipe Barbosa. *Curso de direito do trabalho.* 4. ed. São Paulo: Método, 2010. p. 991.

face de crianças, cuja fragilidade física/emocional tornava a situação ainda mais delicada.

Não à toa quase que a totalidade da doutrina aponta que o início da legislação tutelar do menor se deu justamente na Inglaterra, com o *Ato da Moral e da Saúde (Moral and Health Act)*, de **1802**, que reduziu a jornada de trabalho em 12 horas e proibiu o trabalho noturno do menor nas oficinas dos povoados, proteção essa mais tarde estendida às cidades, em **1819**, com a Lei *Cotton Mills Act*, que limitou a idade mínima para o trabalho em 9 anos[5].

Em **1890**, na Conferência de Berlim, já se travavam discussões ligadas à regulamentação do trabalho dos menores, em uma clara sinalização do reconhecimento da necessidade de intervenção estatal nessa área. Em **1924** a Assembleia da Liga das Nações adotou a *Declaração de Genebra dos Direitos da Criança*, documento que, todavia, não logrou grandes impactos na sociedade de então, "talvez até como decorrência do próprio panorama histórico que já se desenhava e do previsível insucesso da Liga das Nações"[6]. Em **1948**, com a *Declaração Universal dos Direitos do Homem*, reconheceu-se, pela primeira vez, em caráter universal, que a criança deve ser objeto de particular atenção social, pois em seu art. 25, item II, está preceituado que "a maternidade e a infância têm direito a cuidados e assistência especiais"[7].

Mas foi somente em **1959**, em Assembleia Geral da ONU, que se lançou, pela primeira vez, um instrumento jurídico internacional específico, consistente na *Declaração Universal dos Direitos da Criança*, em que ficou estabelecido que "a criança gozará de proteção especial e disporá de oportunidade e serviços a serem estabelecidos em lei e por outros meios, **de modo que possa desenvolver-se física, mental, moral, espiritual e socialmente de forma saudável e normal, assim como em condições de liberdade e dignidade**" (grifamos) (princípio II). Pontuou-se, também, que "a criança deve ser protegida contra toda forma de abandono, crueldade e exploração. Não será objeto de nenhum tipo de tráfico. **Não se deverá permitir que a criança trabalhe antes de uma idade mínima adequada; em caso algum será permitido que a criança dedique-se, ou a ela se imponha, qualquer ocupação ou emprego que possa prejudicar sua saúde ou sua educação, ou impedir seu desenvolvimento físico, mental ou moral**" (grifamos) (princípio IX)[8].

Em **1966**, com o *Pacto Internacional Sobre Direitos Civis e Políticos*, uma vez mais ficou estabelecida a premissa que versa sobre a delicadeza da situação das crianças, pessoas em desenvolvimento e que demandam do Estado e de todos da sociedade um tratamento especial e diferenciado. Nesse sentido, dispôs seu art. 24,

---

(5) BARROS, Alice Monteiro de. *Curso de direito do trabalho.* São Paulo: LTr, 2005. p. 517.

(6) SOUZA, Sergio Augusto Pereira. A declaração dos direitos da criança e a convenção sobre os direitos da criança. Direitos humanos a proteger em um mundo em guerra. *Jus Navigandi*, Teresina, ano 6, n. 53, jan. 2002. Disponível em: <http://jus2.uol.com.br/doutrina/texto.asp?id=2568> Acesso em: 12.4.2010.

(7) FRANCO FILHO, Georgenor de Sousa (org.). *Tratados internacionais.* São Paulo: LTr, 1999. p. 411.

(8) Disponível em: <http://www2.camara.gov.br/comissoes/cdhm/instrumentos/declaracaodireitos crianaca.html> Acesso em: 12.4.2010.

item 1, que "toda criança terá direito, sem discriminação alguma por motivo de cor, sexo, língua, religião, origem nacional ou social, situação econômica ou nascimento, às medidas de proteção que a sua condição de menor requerer por parte de sua família, da sociedade e do Estado"[(9)].

Ainda em **1966**, o *Pacto Internacional de Direitos Econômicos, Sociais e Culturais* foi também taxativo ao asseverar, em seu art. 10, item 3, que "devem-se adotar medidas especiais de proteção e assistência em prol de todas as crianças e adoles-centes", devendo-se "proteger as crianças e adolescentes contra a exploração econô-mica e social". Pontua, ainda, com precisão, que "o emprego de crianças e adolescentes em trabalhos que lhes sejam nocivos à moral e à saúde ou que lhes faça correr perigo de vida, ou ainda que lhes venham a prejudicar o desenvolvimento normal, será punido por lei"[(10)].

A essa altura, já havia um verdadeiro turbilhão de pensamentos que serviam como trincheiras no combate à chaga do trabalho infantil. O próximo passo seria ousado: alinhavar uma Convenção Internacional específica em relação ao tema e que incorporasse, em seu bojo, o crescente desejo de se ver erradicado esse vergonhoso fenômeno social. O fluir dessa ideia é bem captado por Souza, como segue:

> "A necessidade de dar-se força de tratado aos direitos da criança, de forma específica e consolidada, tornou-se cada vez mais premente, tanto que, por ocasião do Ano Internacional da Criança e das comemorações pelos vinte anos da Declaração, em 1979, por iniciativa da delegação da Polônia, a Comissão dos Direitos Humanos das Nações Unidas começou a elaborar um projeto de convenção. A amplitude de participação no tocante à sua elaboração permitiu que o projeto de convenção resultante acabasse por ser o fruto de intenso trabalho internacional, envolvendo as mais diversas disciplinas científicas e, principalmente, compatibilizando sistemas jurídicos e culturais diversos, criando um texto normativo cujos parâmetros são flexíveis, adaptáveis às diferentes realidades dos Estados Partes e, por isso mesmo, sendo referência para as políticas legislativas desses últimos."[(11)]

Os frutos desse intenso debate foram alvissareiros. Por votação unânime, finalmente a Assembleia Geral das Nações Unidas aprovou, em **1989**, a *Convenção sobre os Direitos da Criança*, outro importantíssimo marco jurídico na história humana de combate ao trabalho infantil. Nesse documento, ficou registrado que os Estados Partes: **i)** "assegurarão ao máximo a sobrevivência e o desenvolvimento da criança" (art. 6º, item 2); **ii)** "reconhecem o direito de toda criança a um nível de vida adequado ao seu desenvolvimento físico, mental, espiritual, moral e social" (art. 27, item 1);

---

(9) FRANCO FILHO, Georgenor de Sousa (org.). *Tratados internacionais.* São Paulo: LTr, 1999. p. 411.
(10) FRANCO FILHO, Georgenor de Sousa (org.). *Tratados internacionais.* São Paulo: LTr, 1999. p. 411.
(11) SOUZA, Sergio Augusto Pereira. A declaração dos direitos da criança e a convenção sobre os direitos da criança. Direitos humanos a proteger em um mundo em guerra. *Jus Navigandi,* Teresina, ano 6, n. 53, jan. 2002. Disponível em: <http://jus2.uol.com.br/doutrina/texto.asp?id=2568> Acesso em: 12.4.2010.

iii) "reconhecem o direito da criança de estar protegida contra a exploração econômica e contra o desempenho de qualquer trabalho que possa ser perigoso ou interferir em sua educação, ou que seja nocivo para sua saúde ou para seu desenvolvimento físico, mental, espiritual, moral ou social" (art. 32, item 1); **iv)** "adotarão medidas legislativas, administrativas, sociais e educacionais com vistas a assegurar a aplicação do presente artigo", tais como: "a) estabelecer uma idade ou idades mínimas para a admissão em empregos; b) estabelecer regulamentação apropriada relativa a horários e condições de emprego; c) estabelecer penalidades ou outras sanções apropriadas a fim de assegurar o cumprimento efetivo do presente artigo" (art. 32, item 2).

Em **1997** ocorreu a *Conferência sobre Trabalho Infantil*, na Noruega, de onde partiu novo fôlego no movimento de erradicação do labor infantil. É que estava causando espécie a inquietante estatística que apontava a ineficácia daquele nobre intento que buscava concretizar na realidade cotidiana as elevadas declarações humanísticas incrustadas nos diversos documentos internacionais até então publicados.

No âmbito da Organização Internacional do Trabalho — OIT, diversas *Convenções* foram publicadas no fito de regular o labor infantil, a grande maioria delas preocupada com a limitação da idade mínima para o início do trabalho.

Veja-se que já em **1919**, a OIT aprovou a *Convenção n. 5* (limitando para 14 anos a idade mínima para o trabalho na indústria) e a *Convenção n. 6* (vedando o trabalho noturno do menor na indústria). Em **1920** foi aprovada a *Convençao n. 7* (limitando para 14 anos a idade mínima para o trabalho marítimo). Em **1921** foram aprovadas a *Convenção n. 10* (limitando para 14 anos a idade mínima para o trabalho na agricultura), a *Convenção n. 13* (proibição do trabalho que implique o uso de diversas substâncias insalubres), a *Convenção n. 15* (limitando para 18 anos a idade mínima para o trabalho na marinha mercante, na condição de foguista e paioleiros) e a *Convenção n. 16* (determinou que os menores de 18 anos se sujeitassem a exame médico antes da admissão em empregos a bordo, realizando-se novos exames em periodicidade anual, salvo se trabalhassem em embarcação cuja tripulação fosse constituída de familiares). Em **1932** foi aprovada a *Convenção n. 33* (dispôs sobre idade mínima para contratação de menores em trabalhos não industriais). Em **1936** foi lançada a Convenção n. 58 (revisou a Convenção n. 7, fixando em 15 anos a idade mínima para o trabalho marítimo) e em **1937** foram divulgadas as *Convenções ns. 59* e *60* (que revisaram, respectivamente, as *Convenções ns. 5 e 33*, fixando em 15 anos a idade mínima para o trabalho na indústria e nos serviços não industriais). Em **1946**, foram aprovadas as *Convenções ns. 78* (dispondo sobre o exame médico de menores em trabalhos não industriais) e *79* (vedando o trabalho noturno do menor em atividades não industriais).

Em **1959** foi editada a *Convenção n. 112* (fixando em 15 anos a idade mínima para o trabalho em barcos de pesca). Já em **1965** foi publicada a *Convenção n. 123* (fixando em 15 anos a idade mínima para o trabalho do menor em subterrâneos) e em **1967** foi aprovada a *Convenção n. 127* (versando sobre o peso máximo a ser transportado pelo menor). Em **1973** foi lançada a *Convenção n. 138* (fixando que a idade mínima para o trabalho do menor não deve ser inferior a 15 anos, abrindo exceção para o patamar mínimo de 14 anos, como primeira etapa, para os países suficientemente desenvolvidos, mas desde que, em qualquer caso, não afete o tempo da escolaridade obrigatória) e em **1975** foi editada a *Convenção n. 142* (trata de políticas e programas de orientação e formação profissional do menor)[(12)].

Em **1999**, como resultado dos debates travados na já citada *Conferência sobre Trabalho Infantil* (1997), veio à tona a *Convenção n. 182 da OIT*, que cuida da *eliminação das dez piores formas de trabalho infantil*, documento de grande valia jurídica e cuja adesão representou algo sem precedentes: em apenas cinco anos, mais de 90% dos 182 países vinculados à OIT manifestaram sua aquiescência com essa importantíssima convenção internacional[(13)], o que demonstra, pelo menos no plano teórico, a ampla aceitabilidade da ideia de erradicação do trabalho infantil no mundo. Não sem razão: à época, estimativas da OIT apontavam que para o ano de 2006 já se prenunciava que mais de **200 milhões de crianças**, com idades compreendidas entre 5 (cinco) e 17 (dezessete) anos, gastariam suas infâncias em meio a uma espúria relação de trabalho[(14)].

Esse normativo internacional foi concluído em Genebra, em 17 de junho de 1999, tendo sido incorporado ao ordenamento jurídico brasileiro por meio do Decreto n. 3.597, de 12 de setembro de 2000, subscrito pelo então Presidente Fernando Henrique Cardoso. Em atenção ao disposto no art. 5º da Convenção, que exigia a criação ou adoção de mecanismos apropriados para monitorar a aplicação das disposições que dão cumprimento aos nobres objetivos fomentados pela OIT, após consulta dos principais atores sociais jungidos à questão: empregadores e trabalhadores. Surge, daí, a Portaria n. 952/03, que cria a Comissão Nacional de Erradicação do Trabalho Infantil — CONAETI[(15)].

De sua parte, estabelece a Convenção n. 182 da OIT, em seu art. 3º: "Para efeitos da presente Convenção, a expressão 'as piores formas de trabalho infantil'

---

(12) Esse histórico foi extraído do cotejo das seguintes obras: SÜSSEKIND, Arnaldo. *Direito internacional do trabalho.* 3. ed. São Paulo: LTr, 2000; BARROS, Alice Monteiro de. *Curso de direito do trabalho.* São Paulo: LTr, 2005; GARCIA, Gustavo Filipe Barbosa. *Curso de direito do trabalho.* 4. ed. São Paulo: Método, 2010. Destaca Alice Monteiro de Barros que "as principais Convenções da OIT sobre a temática, ratificadas pelo Brasil, são as de ns. 5, 6, 16, 58, 138, 142 e 182. Além dessas normas internacionais, há várias recomendações da OIT sobre o trabalho do menor..." (BARROS, Alice Monteiro de. *Curso de direito do trabalho.* São Paulo: LTr, 2005. p. 520).

(13) Fonte: *El Convenio n. 182:* la eliminación de las peores formas de trabajo infantil. Ginebra: Organización International del Trabajo, 2009. p. 2-3.

(14) Fonte: *Trabajo — La Revista de la OIT,* Ginebra: Organización International del Trabajo, n. 61, dez. 2007. p. 5.

(15) Sobre esses entes cuja criação se destinou especificamente para o cumprimento do elevado intuito social incrustado na Convenção n. 182 da OIT, vale conferir: VIDOTTI, Tárcio José. Exploração de crianças e adolescentes em condições análogas à de escravo. In: VELLOSO, Gabriel; FAVA, Marcos (coords.). *Trabalho escravo contemporâneo:* o desafio de superar a negação. São Paulo: LTr, 2006. p. 139-150.

abrange: a) todas as formas de escravidão ou práticas análogas à escravidão, tais como a venda e tráfico de crianças, a servidão por dívidas e a condição de servo, e o trabalho forçado ou obrigatório, inclusive o recrutamento forçado ou obrigatório de crianças para serem utilizadas em conflitos armados; b) a utilização, o recrutamento ou a oferta de crianças para a prostituição, a produção de pornografia ou atuações pornográficas; c) a utilização, recrutamento ou a oferta de crianças para a realização de atividades ilícitas, em particular a produção e o tráfico de entor-pecentes, tais com definidos nos tratados internacionais pertinentes; e, d) o trabalho que, por sua natureza ou pelas condições em que é realizado, é suscetível de prejudicar a saúde, a segurança ou a moral das crianças".

A Convenção n. 182 da OIT representa o ápice do progressivo reconhecimento das especiais circunstâncias que circundam o mundo da criança e o do adolescente, de modo a impor sua *proteção integral* (física, psicológica, moral, espiritual e social)[(16)]. É que, muito além do simples resguardo *físico* e *emocional*, as medidas de proteção também almejam salvaguardar dimensões *sociais*, *éticas* e *culturais*, primando-se, basicamente, pelo respeito ao sadio desenvolvimento sociomoral da criança e do adolescente, com a autorização de atividades que, além de propiciarem instrução adequada, não roubem do menor o direito de brincar e se educar[(17)].

E esse benfazejo raio de ação protetiva expressa uma doutrina erigida à luz do princípio da dignidade da pessoa humana, substrato jurídico-axiológico do chamado *trabalho decente*, cujo conceito gira em torno do efetivo resguardo daqueles direitos

---

(16) Sobre o *princípio da proteção integral*, confira-se: GARCIA, Gustavo Filipe Barbosa. *Curso de direito do trabalho*. 4. ed. São Paulo: Método, 2010. p. 997. Sobre os diversos fatores sempre ventilados para justificar essa ampla rede de proteção normativa de tutela da pessoa do menor, destacam com extrema lucidez Maranhão e Carvalho, *in verbis*: "Motivos de ordem biológica, moral, social e econômica encontram-se na base da regulamentação legal do trabalho do menor. A necessidade de trabalhar não deve, evidentemente, prejudicar o normal desenvolvimento do organismo do menor. A formação moral e escolar impõe que, até determinada idade, não se afaste o menor da escola e do lar. Tais razões não interessam apenas ao menor, como indivíduo, ou a seus pais, mas à sociedade, à nação, para que aqueles que a venham a integrar, no futuro, não tenham seu desenvolvimento físico e espiritual lesado pelo trabalho prematuro ou em condições adversas. Finalmente, o trabalho prematuro do menor, além de seu pequeno rendimento em termos de produção, pode, ainda assim, traduzir-se em concorrência ao do trabalhador adulto, gerando desemprego" (MARANHÃO, Délio; CARVALHO, Luiz Inácio Barbosa. *Direito do trabalho*. 17. ed. Rio de Janeiro: Fundação Getulio Vargas, 1998. p. 163). Sobre o tema, não há como olvidar da perspicaz crítica formulada por Ives Gandra da Silva Martins Filho, *verbis*: "A OIT, quando se empenha na erradicação do trabalho infantil, não o faz exclusivamente por motivos humanitários. Visa, muitas vezes, como objetivo mais concreto e menos ideal, combater a *concorrência desleal* que se dá no mercado internacional, no qual a exploração da mão de obra infantil, abundante e barata, permite a países subdesenvolvidos concorrerem com países que têm a seu favor o avanço tecnológico" (MARTINS FILHO, Ives Gandra da Silva. *Manual de direito e processo do trabalho*. 18. ed. São Paulo: Saraiva, 2009. p. 173-174). Segundo a precisa lição de Alice Monteiro de Barros, as medidas de proteção ao menor, no campo laboral, buscam se afinar, em síntese, com os seguintes parâmetros: *proibir* o trabalho da criança, *restringir* o trabalho do jovem e *equiparar* o trabalho do maior de 18 anos ao do adulto (*Curso de direito do trabalho*. São Paulo: LTr, 2005. p. 516).

(17) "Trabalho *versus* escola parece ser dilema proposto, inevitavelmente, nesse debate. Os padrões internacionais vigorantes indicam que o trabalho precoce consolida e reproduz a miséria, *inviabilizando que a criança e o adolescente suplantem suas deficiências estruturais através do estudo*" (destaques no original). Fonte: DELGADO, Mauricio Godinho. *Curso de direito do trabalho*. 3. ed. São Paulo: LTr, 2004. p. 784.

mínimos do trabalhador necessários à preservação de sua própria dignidade, aí se incluindo, segundo Brito Filho, a proibição do trabalho infantil(18).

No plano interno, convém destacar que o Brasil foi o primeiro país da América Latina a editar normas de proteção ao trabalho do menor, o que se deu por meio do *Decreto n. 1.313*, de **1891**, que tratava do trabalho do menor nas fábricas do Distrito Federal. É possível ainda citar, nesse mesmo campo de proteção do labor infantil, os *Decretos ns. 1.801*, de **1917**, e *16.300*, de **1923**, que cuidavam, respectivamente, do trabalho dos menores na cidade do Rio de Janeiro e da vedação do trabalho de menores de 18 anos por mais de 6 horas em 24 horas(19). Em **1927** foi aprovado o *Código de Menores*, por meio do Decreto n. 17.943-A, proibindo o trabalho dos menores de 12 anos e o trabalho noturno dos menores de 18 anos.

Mas foi com a Constituição Federal de **1988** que a temática do labor infantil ganhou proteção jurídica de alta envergadura, quando ficou assentado que "é dever da família, da sociedade e do Estado assegurar à criança e ao adolescente, com absoluta prioridade, o direito à vida, à saúde, à alimentação, à educação, ao lazer, à profissionalização, à cultura, à dignidade, ao respeito, à liberdade e à convivência familiar e comunitária, além de colocá-los a salvo de toda forma de negligência, discriminação, exploração, violência, crueldade e opressão" (art. 227, *caput*).

No que tange ao plano laboral, ficou resguardado à criança e ao adolescente: i) a garantia de direitos previdenciários e trabalhistas (art. 227, § 3º, inciso II); ii) a garantia do acesso do trabalhador adolescente à escola (art. 227, § 3º, inciso III); iii) a proibição de diferença de salários, de exercício de funções e de critério de admissão por motivo de sexo, idade, cor ou estado civil (art. 7º, inciso XXX); iv) a proibição de trabalho noturno, perigoso ou insalubre a menores de dezesseis anos, salvo na condição de aprendiz, a partir de quatorze anos (art. 7º, inciso XXXIII). Propugnou-se, ainda, a "redução dos riscos inerentes ao trabalho" (art. 7º, inciso XXII), cabendo ao Poder Público e à coletividade (trabalhadores, empregadores e a sociedade em geral) defender o ambiente do trabalho ecologicamente equilibrado (art. 225).

Em **1990** foi publicada a Lei n. 8.069, o famoso Estatuto da Criança e do Adolescente — ECA, firmando que "considera-se criança, para os efeitos desta Lei, a pessoa até doze anos de idade incompletos, e adolescente aquela entre doze e dezoito anos de idade" (art. 2º). Consagrou-se de vez o *princípio da proteção integral*, assegurando-se à criança e ao adolescente "todos os direitos fundamentais inerentes

(18) BRITO FILHO, José Cláudio Monteiro de. Trabalho com redução à condição análoga à de escravo: análise a partir do trabalho decente e de seu fundamento, a dignidade da pessoa humana. In: VELLOSO, Gabriel; FAVA, Marcos (coords.). *Trabalho escravo contemporâneo*: o desafio de superar a negação. São Paulo: LTr, 2006. p. 126-128. Sobre o tema do *trabalho decente*, vale conferir ainda: BRITO FILHO, José Cláudio Monteiro de. *Trabalho decente:* análise jurídica da exploração do trabalho: trabalho forçado e outras formas de trabalho indigno. São Paulo: LTr, 2004; GARCIA, Gustavo Filipe Barbosa. *Direitos fundamentais e relação de emprego:* trabalho, constituição e processo. São Paulo: Método, 2008.

(19) BARROS, Alice Monteiro de. *Curso de direito do trabalho.* São Paulo: LTr, 2005. p. 518.

à pessoa humana, sem prejuízo da proteção integral de que trata esta Lei, assegurando-se-lhes, por lei ou por outros meios, todas as oportunidades e facilidades, a fim de lhes facultar o desenvolvimento físico, mental, moral, espiritual e social, em condições de liberdade e de dignidade" (arts. 1º e 3º), sendo que, no campo laboral, preceituou que "ao adolescente empregado, aprendiz, em regime familiar de trabalho, aluno de escola técnica, assistido em entidade governamental ou não governamental, é vedado trabalho: I — noturno, realizado entre as vinte e duas horas de um dia e as cinco horas do dia seguinte; II — perigoso, insalubre ou penoso; III — realizado em locais prejudiciais à sua formação e ao seu desenvolvimento físico, psíquico, moral e social; IV — realizado em horários e locais que não permitam a frequência à escola" (art. 67).

No ano **2000**, a Lei n. 10.097 veio à baila para realizar consideráveis ajustes na CLT, adaptando-a aos ditames constitucionais e às diretrizes do ECA, no que diz com a regência do trabalho do menor, quando ficou clarificado, agora no texto celetista, que é considerado como tal — menor —, para os efeitos da Consolidação das Leis do Trabalho, o trabalhador de quatorze até dezoito anos (art. 402). Ademais, em atenção ao *princípio da proteção integral*, estabeleceu-se que "o trabalho do menor não poderá ser realizado em locais prejudiciais à sua formação, ao seu desenvolvimento físico, psíquico, moral e social e em horários e em locais que não permitam a frequência à escola" (art. 403, parágrafo único), ficando vedado o trabalho noturno, bem como em locais e serviços perigosos, insalubres ou prejudiciais à sua moralidade ou aos seus estudos (arts. 404, 405, 406, 407, 408, 424, 425, 427, 428, dentre outros)[20].

---

(20) Sobre o tema do limite de idade do menor, com referência a uma ampla rede de proteção forjada à luz do princípio da proteção integral, vale conferir as seguintes orientações elaboradas pela Coordenadoria Nacional de Combate à Exploração do Trabalho de Crianças e Adolescentes — COORDINFANCIA, do Ministério Público do Trabalho — MPT: "**ORIENTAÇÃO N. 1. Autorizações Judiciais para o Trabalho antes da idade mínima. Invalidade por vício de inconstitucionalidade. Inaplicabilidade dos arts. 405 e 406 da CLT. Inaplicabilidade do art. 149 da CLT como autorização para o trabalho de crianças e adolescentes. I** — Salvo na hipótese do art. 8º, item I da Convenção n. 138 da OIT, as autorizações para o trabalho antes da idade mínima carecem de respaldo constitucional e legal. A regra constitucional insculpida no art. 7º, inciso XXIII, que dispõe sobre a idade mínima para o trabalho é peremptória, exigindo aplicação imediata. **II** — As disposições contidas nos arts. 405 e 406 da CLT não mais subsistem na Ordem Jurídica, uma vez que não foram recepcionadas pela Ordem Constitucional de 1988, a qual elevou à dignidade de princípio constitucional os postulados da proteção integral e prioridade absoluta (art. 227), proibindo qualquer trabalho para menores de 16 anos, salvo na condição de aprendiz, a partir dos 14. **III** — A autorização a que se refere o art. 149, inciso II, do Estatuto da Criança e do Adolescente, não envolve trabalho, mas a simples participação de criança e de adolescente em espetáculo público e seu ensaio e em certame de beleza. (Orientação elaborada e aprovada com base em estudo da Coordinfância.) **Orientação n. 2. Trabalho Infantil Artístico. Proibição Geral para menores de 16 anos. Excepcionalidades. Condições Especiais. I.** O trabalho artístico, nele compreendido toda e qualquer manifestação artística apreendida economicamente por outrem, é proibido para menores de 16 anos, salvo na condição de aprendiz, a partir dos 14 anos, nos termos do art. 7º, XXXIII da Constituição Federal. **II.** Admite-se, no entanto, a possibilidade de exercício de trabalho artístico, para menores de 16 anos, na hipótese do art. 8º, item I da Convenção n. 138 da OIT, desde que presentes os seguintes requisitos: A) Excepcionalidade; B) Situações Individuais e Específicas; C) Ato de Autoridade Competente (autoridade judiciária do trabalho); D) Existência de uma licença ou alvará individual; E) O labor deve envolver manifestação artística; F) A licença ou alvará

Por fim, vale destacar a exsurgência, em **2008**, do Decreto n. 6.481, que regulamenta os arts. 3º, aliena *d*, e 4º, da Convenção n. 182 da OIT, dispondo em seu art. 4º que, para fins de aplicação das alíneas *a*, *b* e *c* do art. 3º da referida Convenção, integram as piores formas de trabalho infantil: "I — todas as formas de escravidão ou práticas análogas, tais como venda ou tráfico, cativeiro ou sujeição por dívida, servidão, trabalho forçado ou obrigatório; II — a utilização, demanda, oferta, tráfico ou aliciamento para fins de exploração sexual, comercial, produção de pornografia ou atuações pornográficas; III — a utilização, recrutamento e oferta de adolescente para outras atividades ilícitas, particularmente para a produção e tráfico de drogas; IV — o recrutamento forçado ou compulsório de adolescente para ser utilizado em conflitos armados".

3. Trabalho infantil: ainda uma vergonhosa realidade

A crescente evolução das relações sociais e a complexidade dos avanços científicos vêm desencadeando o desenvolvimento de diversos benefícios para a população mundial, seja na órbita da ampliação das comunicações, com o surgimento e a popularização de aparelhos como os *smartphones*, *netbooks*, *ipods* e *ipad*, dentre outros, que permitem a transmissão de dados e voz de forma *on line* em praticamente por todo o planeta por via satélite ou por fibra ótica; seja na órbita da saúde, com o aperfeiçoamento de medicamentos que, por exemplo, combatem o envelhecimento precoce e previnem o câncer, como também o estabelecimento de políticas públicas de saúde supranacionais em todo o globo terrestre, como é o caso da vacinação para combater a pandemia provocada pelo vírus H_1N_1; ou mesmo na área do bem-estar pessoal do indivíduo, com o aprimoramento de roupas que proporcionam um melhor conforto ao usuário, como é o caso das roupas esportivas que utilizam *Dry-Fit*, que facilita a evaporação do suor, mantendo o corpo seco.

---

deverá definir em que atividades poderá haver labor, e quais as condições especiais de trabalho. **III.** Em razão dos princípios da proteção integral e prioridade absoluta, são condições especiais de trabalho a constar em qualquer alvará judicial que autorize o exercício de trabalho artístico para menores 16 anos, sob pena de invalidade: A) Imprescindibilidade de Contratação, de modo que aquela específica obra artística não possa, objetivamente, ser representada por maior de 16 anos; B) Prévia autorização de seus representantes legais e concessão de alvará judicial, para cada novo trabalho realizado; C) Impossibilidade de trabalho em caso de prejuízos ao desenvolvimento biopsicossocial da criança e do adolescente, devidamente aferido em laudo médico-psicológico; D) Matrícula, frequência e bom aproveitamento escolares, além de reforço escolar, em caso de mau desempenho; E) Compatibilidade entre o horário escolar e atividade de trabalho, resguardos dos direitos de repouso, lazer e alimentação, dentre outros; F) Assistência médica, odontológica e psicológica; G) Proibição de labor a menores de 18 anos em locais e serviços perigosos, noturnos, insalubres, penosos, prejudiciais à moralidade e em lugares e horários que inviabilizem ou dificultem a frequência à escola; H) Depósito, em caderneta de poupança, de percentual mínimo incidente sobre a remuneração devida; I) Jornada e carga horária semanal máximas de trabalho, intervalos de descanso e alimentação; J) Acompanhamento do responsável legal do artista, ou quem o represente, durante a prestação do serviço; L) Garantia dos direitos trabalhistas e previdenciários quando presentes, na relação de trabalho, os requisitos do arts. 2º e 3º da Consolidação das Leis do Trabalho. (Orientação elaborada e aprovada com base em estudo da Coordinfância)". Disponível em: <http://www.pgt.mpt.gov.br/portaltransparencia/download.php?tabela=PDF&IDDOCUMENTO=641> Acesso em: 29.4.2010.

Todavia, o que se vê é que essa dinâmica de crescente desenvolvimento socioeconômico vem propiciando diminutos reflexos no ambiente de trabalho, mormente nos países com economia em desenvolvimento, como o Brasil, China, Malásia, Tailândia, que, mesmo em meio à produção de sofisticados bens de consumo, continuam mantendo as mesmas práticas exploratórias vergonhosamente constatadas no século XVIII, ou seja, a submissão dos trabalhadores, principalmente mulheres e menores, a excessivas jornadas, baixos salários e ambientes de trabalho inseguros.

Nesse aspecto, verifica-se que é corrente na mídia global a divulgação de que empresas multinacionais fabricantes de produtos de alta tecnologia, como a Apple[(21)] e Nike[(22)], utilizam irregularmente trabalho infantil, inclusive em situação análoga à de escravo, em suas fábricas localizadas em países do "Terceiro Mundo", como Taiwan/China, Singapura, Filipinas, Malásia, Tailândia e Brasil, dentre outros.

Olhando especificamente para o cenário do trabalho infantil no Brasil, verifica-se que a Pesquisa Nacional por Amostra de Domicílios — PNAD de 2007 demonstra que, do total de 44,7 milhões de crianças e adolescentes de 5 a 17 anos de idade, 4,8 milhões trabalham regularmente, inclusive 30,5% deste grupo cumprem jornada de, no mínimo, 40 horas semanais[(23)].

De acordo com os pesquisadores da Fundação das Nações Unidas Para a Infância — UNICEF, Maria de Salete Silva e Pedro Ivo Alcântara, o significado do exorbitante número de trabalhadores infantis no Brasil pode ser percebido "quando se analisa a taxa de escolarização dos adolescentes ocupados e não ocupados. De acordo com o PNDA de 2007, dos adolescentes de 15 a 17 anos que trabalham, apenas 21,8% estão na escola"[(24)].

Outro dado estatístico importante que merece ser analisado refere-se à ocorrência dos agravos acidentários e das doenças ocupacionais da qual são vítimas crianças e adolescentes no Brasil, elaborado pelo Sistema de Informação Nacional de Agravos de Notificação — SINAN-NET, vinculado ao Ministério da Saúde, que estabelece as seguintes ocorrências:

---

(21) Disponível em: <http://www1.folha.uol.com.br/folha/informatica/ult124u701196.shtml> Acesso em: 6.4.2010.

(22) Disponível em: <http://www1.folha.uol.com.br/folha/mundo/ult94u9550.shtml> Acesso em: 6.4.2010.

(23) SILVA, Maria de Salete; ALCÂNTARA, Pedro Ivo. *O direito de aprender:* potencializar avanços e reduzir desigualdades. Brasília: UNICEF, 2009, p. 20. Disponível em: <http://www.unicef.org/brazil/pt/siab_capitulos.pdf> Acesso em: 6.4.2010.

(24) SILVA, Maria de Salete; ALCÂNTARA, Pedro Ivo. *O direito de aprender:* potencializar avanços e reduzir desigualdades. Brasília: UNICEF, 2009. p. 20. Disponível em: <http://www.unicef.org/brazil/pt/siab_capitulos.pdf> Acesso em: 6.4.2010.

Agravos	2007	2008
Acidente grave	19.086	26.094
Acidente com Material Biológico	14.748	17.401
Dermatoses Ocupacionais	125	248
Intoxicações Exógenas Relacionadas ao Trabalho	2.018	2.215
LER/DORT	3.117	2.135
Peneumoconioses	95	665
PAIR	109	154
Transtorno Mental Relacionado ao Trabalho	114	106
Câncer Ocupacional	4	8
Total	39.416	49.026

Fonte: SINAN-NET — 11.10.2009[25].

Os dados estatísticos, ainda que reconhecidamente irreais[26], demonstram que as crianças e os adolescentes de nosso país têm sido privadas de seu futuro, de seus sonhos, da oportunidade de construir sua história, haja vista que muitos não possuem a possibilidade de simplesmente brincar como crianças e, de maneira lúdica, aprender a produzir o conhecimento.

A submissão da criança ao trabalho de forma prematura tende a ceifar as perspectivas do cidadão, na medida em que as estatísticas do PNAD demonstram que a pessoa que entra no mercado de trabalho antes dos 9 anos tende a perceber na idade adulta remuneração não superior a R$ 500,00[27], como também isto possui o condão de antecipar o desencadeamento de doenças ocupacionais, especialmente considerando que as crianças e os adolescentes ainda se encontram com o organismo em formação, de modo que a exposição a condições de trabalho insalubres, perigosas, penosas ou sem a observância dos aspectos mínimos de ergonomia, atrelados à utilização de instrumentos de trabalho dimensionados para utilização por adultos, tende a provocar, antecipadamente, a ocorrência de diversas enfermidades laborais.

Contrapondo-se à difícil realidade do trabalho infantil de nosso país, ganha relevo o fato de que a Constituição Federal de 1988 estabeleceu que a República

(25) Disponível em: <http://www.oitbrasil.org.br/topic/ipec/pub/boas_praticas_setor_saude_144.pdf> Acesso em: 6.4.2010.

(26) Cabe destacar que as estatísticas apresentadas pelo SINAN-NET tendem a não refletir a quantidade real dos infortúnios laborais e das patologias do trabalho sofridos por crianças e adolescentes no país, haja vista que os dados estatísticos em questão apenas demonstram as patologias e os acidentes do trabalho regularmente comunicados aos órgãos governamentais (Ministério da Saúde ou Ministério da Previdência Social), de modo que não se inclui o infortúnio laboral ou enfermidade ocupacional sofridos por trabalhadores infantis que são tratados na rede hospitar pública ou privada como enfermidade não relacionada às condições de trabalho.

(27) Disponível em: <http://www.pnud.org.br/gerapdf.php?id01=3034> Acesso em: 6.4.2010.

Federativa do Brasil possui como garantia fundamental a dignidade da pessoa humana (art. 1º, inciso III), os valores sociais do trabalho (art. 1º, inciso IV) e a promoção da igualdade de oportunidades (art. 3º, inciso IV), bem como reconhece, dentre os seus "valores supremos", a garantia da segurança e do bem-estar de todos os membros da sociedade (Preâmbulo). Não fosse apenas isso, também já visualizamos, no traçado histórico acima consignado, a invejável rede jurídica de ampla proteção e ferrenho combate, no que respeita ao labor infantil, nos campos nacional e internacional.

Ora, ao se confrontar tais dados/estatísticas acerca do trabalho infantil e esse denso arcabouço jurídico, observa-se que há flagrante contradição entre a realidade fática do ambiente de trabalho e as normas que estabelecem garantias de qualidade de vida e cidadania às crianças e aos adolescentes.

Nesta perspectiva, inicia-se o presente estudo com o objetivo de não apenas analisar as limitações do trabalho infantil no ordenamento pátrio e internacional, como também construir um cenário interpretativo que sirva para viabilizar o desempenho das atividades em meio ambiente de trabalho hígido, seguro e saudável.

4. A PROTEÇÃO DO TRABALHO INFANTIL EM AMBIENTE INSALUBRE

A palavra insalubre é definida por Aurélio Buarque de Holanda Ferreira como "não salubre; que origina doença; doentio"(28).

O trabalho insalubre pode ser conceituado como o desempenho de atividades laborais, de natureza física ou mental, em ambiente que efetivamente possibilite a ocorrência de dano à saúde do trabalhador.

Sebastião Geraldo de Oliveira conceitua o labor insalubre como "aquele que afeta ou causa danos à saúde, provocando doenças, ou seja, é o trabalho não salubre, não saudável. Muitas enfermidades estão diretamente relacionadas e outras são agravadas pela profissão do trabalhador ou as condições em que o serviço é prestado, o que possibilita a constatação do nexo entre o trabalho e a doença"(29).

A legislação brasileira considera como "atividades insalubres ou operações insalubres aquelas que, por sua natureza, condições ou métodos de trabalho, exponham os empregados a agentes nocivos à saúde, acima dos limites de tolerância fixada em razão da natureza e da intensidade do agente e do tempo de exposição aos seus efeitos" (art. 189, da CLT).

O conceito fixado pelo texto celetista estabelece dois requisitos básicos para o reconhecimento do labor insalubre: a exposição do trabalhador a agentes nocivos à saúde e a violação dos limites de tolerância.

---

(28) FERREIRA, Aurélio Buarque de Holanda. *Minidicionário da língua portuguesa*. 2. ed. Rio de Janeiro: Nova Fronteira, 1988. p. 362.
(29) OLIVEIRA, Sebastião Geraldo de. *Proteção jurídica à saúde do trabalhador*. 3. ed. São Paulo: LTr, 2001. p. 172.

Os agentes nocivos à saúde também são estabelecidos pela Norma Regulamentadora (NR) n. 15 (Portaria n. 3.214/78, de 8 de junho de 1978), que classifica como agentes físicos[30] (ruídos, ruídos de impacto, calor, radiações ionizantes, pressões hiperbáricas; radiações não ionizantes; vibrações; frio; umidade), agentes químicos[31] (substâncias químicas e poeiras minerais) e agentes biológicos[32] (micro-organismos, vírus e bactérias).

O limite de tolerância para exposição aos agentes insalubre é delimitado pela NR-15, tópico 15.1, que estabelece: "Entende-se por limite de tolerância, para os fins desta Norma, a concentração ou intensidade máxima ou mínima, relacionada com a natureza e o tempo de exposição ao agente, que não causará dano à saúde do trabalhador, durante a sua vida".

A conjugação, portanto, da exposição do trabalhador a agentes nocivos à saúde e a violação dos limites de tolerância proporciona o reconhecimento pela norma jurídica brasileira do labor insalubre.

No caso específico do trabalhador infantil, observa-se que a norma constitucional veda expressamente o trabalho do menor de 18 (dezoito) anos em condições insalubres.

Nesse aspecto, verifica-se que a proibição constitucional do trabalho insalubre por criança e adolescente segue o elo de coerência da Carta Republicana de 1988 que consagra a dignidade humana como núcleo essencial do sistema jurídico brasileiro.

Na esteira desse raciocínio, observa-se que a limitação do trabalho do menor em ambiente insalubre constitui-se como fator de promoção do amadurecimento físico e psicológico do cidadão, coadunando-se, por conseguinte, com o patamar mínimo de existência digna do ser humano.

Nesse contexto de análise da vedação do labor do menor em condições insalubres, verifica-se que a grande maioria das 89 atividades profissionais consideradas como piores formas de trabalho infantil descritas no Decreto Presidencial n. 6.481, de 12 de junho de 2008, que sistematiza a Convenção n. 182, da OIT, é de natureza insalubre, dentre as quais destaca-se o labor realizado na produção de carvão vegetal e de cerâmica em olarias.

O labor na produção de carvão vegetal, em especial na Região Amazônica e no Nordeste, consiste em uma forma trabalho rudimentar e degradante, haja vista que continua se utilizando da mesma sistemática operacional do século XV, quando da descoberta das Américas pelos povos da Europa, de modo que o carvoejamento permanece sendo realizado por meio da prática de atividades manuais de colocação

(30) NR-15, Anexos 1, 2, 3, 5, 6, 7, 8, 9 e 10.
(31) NR-15, Anexos 11, 12 e 13.
(32) NR-15, Anexo 14.

e retirada da madeira em fornos feitos de barro, em formato de iglus, que realizam a queima da madeira 24h por dia.

A queima da madeira nos fornos de carvão produz grande quantidade de fumaça, isto é, "de mistura formada por partículas suspensas no ar, gases e vapores resultantes de combustão incompleta de materiais orgânicos, bem como partículas líquidas provenientes da condensação de vapores de hidrocarbonetos com massa molecular elevada, ou das reações químicas que ocorrem durante a combustão incompleta de materiais orgânicos sólidos"(33).

No carvoejamento os trabalhadores normalmente laboram com roupas inadequadas e sem a utilização de equipamentos de proteção individual, sendo vítimas de diversas enfermidades ocupacionais.

Sobre os efeitos ofensivos da inalação da poeira orgânica pelo organismo, Maurício Torloni e Antônio Vladimir Vieira comentam que "muitos agentes orgânicos, na forma de partículas respiráveis, podem provocar doenças por sensibilização, isto é, levar a uma resposta nociva após subsequente exposição do alérgeno... são sintomas comuns: dermatite, urticária, conjuntivite, inchaço das membranas, espirro, dificuldade de respirar e diminuição excessiva de muco (bronquite) ou a formação de anticorpos que levam à constrição de dutos bronquiais (asma) e, em alguns casos, morte resultante de choque anafilático"(34).

As atividades de carvoejamento normalmente são realizadas por mão de obra familiar, envolvendo indevidamente crianças e adolescentes que são submetidos ao labor em condições insalubres.

Sônia Hess comenta que nesse sistema de produção familiar do carvão "as crianças desde muito cedo, aos quatro, cinco anos, quando começam a andar com mais desenvoltura, acompanham os pais, especialmente as mães, às carvoarias e 'brincam' de ajudar a encher o forno. Em torno de seis a sete anos, algumas delas já conhecem todo o processo, e aos 12, 13 anos assumem todas as tarefas, sem distinção de sexo"(35).

Outra situação de trabalho insalubre, dentre as piores formas de trabalho infantil, que merece destaque, é o labor realizado nas áreas de olarias para a produção de cerâmicas.

A produção de cerâmicas em olarias, em especial na Amazônia, é realizada também por mão de obra familiar, incluindo-se crianças e adolescentes, às margens dos rios em estruturas em formato de barracão onde é armazenada a matéria-prima (barro), o maquinário conhecido como "maromba" e os fornos.

---

(33) TORLONI, Maurício; VIEIRA, Antônio Vladimir. *Manual de proteção respiratória*. São Paulo: ABHO, 2003. p. 149/150.

(34) *Op. cit.*, p. 153/154.

(35) HESS, Sônia. *Riscos à saúde do trabalhador, na produção do carvão vegetal em carvoarias no Brasil*. Disponível em: <http://www.riosvivos.org.br/arquivos/1357514940.pdf> Acesso em: 13.4.2010.

Nas olarias amazônicas, as "marombas" têm vitimado grande quantidade de crianças e adolescentes com acidentes de trabalho que provocam, em geral, a amputação de mãos e braços quando do desempenho da atividade de colocação do barro no equipamento, vez que nessa sistemática a engrenagem que suga o barro, em razão de não possuir uma trava de segurança, pode indevidamente sugar os membros superiores do operador, que normalmente é um trabalhador infantil.

Nesse aspecto, Vicente José Malheiros da Fonseca noticia que "a impressa nacional denunciou que uma garota, menor de 7 anos de idade, foi vítima de um grave acidente de trabalho, numa olaria, na cidade de Abaetetuba, Estado do Pará (Amazônia). A menina teve mutilado os dois braços numa máquina rudimentar de fazer telhas e tijolos, conhecida por 'maromba'. Por isso, passou a trabalhar, comer e escrever com os pés"(36).

Outro ponto que deve ser observado refere-se à queima dos tijolos e das telhas nos fornos, haja vista que esses locais não apenas são perigosos em razão do risco de queimadura de crianças e adultos que trabalham no local, como também em razão da possibilidade do surgimento de patologias respiratórias nos trabalhadores decorrentes da emissão de gases tóxicos pelo forno.

Nessa apertada síntese descritiva do trabalho em carvoarias e em olarias verifica-se que as atividades laborais em questão são efetivamente degradantes e insalubres, o que impossibilita, nos moldes descritos, a prática da atividade laboral de qualquer ser humano, em especial de crianças e adolescentes.

A indisponibilidade dos direitos à saúde, segurança e higiene no trabalho consagrados no texto constitucional, bem como o direito dos trabalhadores à redução dos riscos inerentes ao trabalho também assegurados na Carta Republicana impulsionam o operador do direito à utilização da interpretação teleológica, que possibilite o cumprimento da finalidade do texto constitucional, ou seja, que possibilite a vedação do trabalho insalubre ao menor de 18 anos e, para todo e qualquer obreiro, a eliminação ou neutralização das condições de trabalho insalubre pelo empregador.

Nesse sentido, exige-se dos agentes do direito a busca de medidas preventivas, como o maior rigor da fiscalização dos auditores do trabalho para que se possa exigir que o ambiente laboral observe as condições hígidas, saudáveis e seguras, e que não haja submissão do menor de 18 anos ao trabalho insalubre, sob pena de interdição do empreendimento econômico (art. 161, § 2º da CLT); como também a fixação de medidas pedagógicas, como a fixação de dano moral de ordem individual e coletivo pela submissão do trabalhador a condições insalubres e degradantes que poderiam ser solucionadas com a utilização de tecnologias já existentes que possibilitem a eliminação e/ou redução dos riscos ocupacionais, como também o reconhecimento do salário do trabalhador como base de cálculo do adicional de insalubridade

(36) MALHEIROS, Vicente José Malheiros da. *O trabalho do menor no direito brasileiro.* Disponível em: <http://bdjur.stj.gov.br/xmlui/bitstream/handle/2011/18854/O_Trabalho_do_Menor_no_ Direito_ Brasileiro.pdf?sequence=2> Acesso em: 13.4.2010.

como medida que se coaduna com os ditames do texto constitucional (art. 7º, incisos IV, XXII e XXIII) e pressiona o empregador, em razão da elevação da remuneração do trabalhador e dos respectivos encargos sociais, a buscar os meios necessários para tornar as condições de trabalho salubres.

5. A proteção do trabalho infantil em condições perigosas

A palavra periculosidade, do latim *periculosus*, é definida por De Plácido e Silva como o "estado ou a qualidade de perigoso, em que se possam apresentar coisas e pessoas... quer significar, assim, a situação que oferece perigos ou o estado de quem pode expor alguém a perigo, ou lhe proporcionar um mal ou um dano"[(37)].

O trabalho perigoso pode ser conceituado como o desempenho de atividades laborais em que o obreiro é exposto a risco ocupacional que potencialmente pode resultar em mutilação ou perda da vida do trabalhador.

O reconhecimento das atividades perigosas pela legislação brasileira ocorreu pela primeira vez por meio da Lei n. 2.673, de 15 de agosto de 1955, que no seu art. 2º definiu, limitativamente, como labor perigoso apenas os relacionados ao "transporte de carga e descarga de inflamáveis, do reabastecimento de caminhões-tanque e de postos de serviço, enchimento de latas e tambores, dos serviços de manutenção e operação em que o trabalhador se encontre sempre em contato com inflamáveis, em recintos onde estes são armazenados e manipulados ou em veículos em que são transportados".

José Augusto Rodrigues Pinto e Rodolfo Pamplona Filho comentam que "essa conceituação (Lei n. 2.673/55 — art. 2º) restrita aos inflamáveis e extremamente casuística foi logo interpretada, na doutrina e na jurisprudência, como correspondente a toda situação em que o empregado fosse colocado em contato direto e permanente com substâncias inflamáveis ou explosivas, permitindo considerar-se perigoso, além das operações com combustíveis, o trabalho com outras substâncias explosivas, como a dinamite, o TNT etc"[(38)].

A Lei n. 2.673/55 foi derrogada pela Lei n. 6.514, de 22 de dezembro de 1977, que reformulou o Capítulo V (Da Segurança e da Medicina do Trabalho) do Título II da CLT, dando nova redação ao art. 193 da CLT, que passou a estabelecer como condições de periculosidade "aquelas que, por sua natureza ou método de trabalho, impliquem o contato permanente com inflamáveis ou explosivos em condições de risco acentuado".

O ordenamento jurídico (art. 7º, inciso XXIII, da Constituição Federal; art. 193, da CLT; NR-16, item 16.2) vem legitimando o trabalho em condições perigosas (contato com inflamáveis ou explosivos) por meio da fixação do adicional de 30%

---

(37) SILVA, De Plácido e. *Vocabulário jurídico*. 15. ed. Rio de Janeiro: Forense, 1998. p. 602.
(38) *Op. cit.*, p. 52/53.

(trinta por cento) incidente sobre o salário, sem os acréscimos resultantes de gratificações, prêmios ou participação nos lucros da empresa.

No caso das condições perigosas estabelecidas pelo art. 193 da CLT, verifica-se que os líquidos inflamáveis, conforme estabelece a NR-20, item 20.2.1, são todos aqueles que possuem ponto de fulgor inferior a 70 °C (setenta graus centígrados) e pressão de vapor que não exceda 2,8 kg/cm² absoluta a 37,7 °C (trinta e sete graus e sete décimos de graus centígrados).

Os explosivos, consoante estabelece a NR-19, item 19.1.1, são substâncias capazes de rapidamente se transformarem em gases, produzindo calor intenso e pressões elevadas, subdivididos em:

a) Explosivos indicadores: aqueles que são empregados para excitação de cargas explosivas, sensíveis ao atrito, calor e choques. Sob efeito do calor explodem sem se incendiar;

b) Explosivos reforçadores: os que servem como intermediário entre o indicador e a carga explosiva propriamente dita;

c) Explosivos de rupturas: são os chamados altos explosivos, geralmente tóxicos;

d) Pólvoras: que são utilizados para propulsão ou projeção.

A norma jurídica brasileira, por intermédio da Lei n. 7.369/85 e do Decreto n. 93.412/86, passou a incluir como labor perigoso as atividades submetidas ao risco de infor-túnio acarretado pelo trabalho junto às fontes de eletricidade, enquadrando-se como condições perigosas os trabalhos realizados no sistema elétrico de potência ou de risco equivalente nas empresas de consumo, geração, transmissão ou distribuição de energia elétrica.

O ordenamento pátrio, pela Portaria n. 518, de 4 de abril de 2003, do Ministério do Trabalho e do Emprego, também assegura o adicional de periculosidade aos trabalhadores expostos a radiações ionizantes ou substâncias radioativas.

O adicional de periculosidade, assim como de insalubridade, objetiva compensar monetariamente o risco da atividade laboral, demonstrando a opção da política legislativa brasileira pela monetarização do risco em detrimento da saúde, higiene e segurança do trabalhador.

No caso específico do trabalhador infantil, seguindo a mesma sistemática do labor insalubre, observa-se que a norma constitucional, com base na promoção do patamar mínimo de existência digna do ser humano, também veda expressamente o trabalho do menor de 18 (dezoito) anos em condições perigosas.

O labor perigoso é indicado em 5 (cinco) hipóteses do Decreto Presidencial n. 6.481, de 12 de junho de 2008, que sistematiza as piores formas de trabalho infantil consagradas pela Convenção n. 182 da OIT, ou seja, enumera o labor com manuseio de inflamáveis e explosivos; o trabalho em fábricas de fogos de artifício; o labor em sistema de geração, transmissão e distribuição de energia elétrica; a atividade na produção de carvão e o labor com exposição a radiações ionizantes e não ionizantes (micro-ondas, ultravioleta ou laser) dentre as piores formas de trabalho infantil em condições perigosas que devem ser banidas do Brasil, merecendo destaque, em razão da grande repercussão social, o trabalho realizado na produção de fogos de artifício.

O labor na produção de fogos de artifício consiste em uma forma trabalho rudimentar, sendo realizado manualmente por mulheres e crianças, sem qualquer equipamento de proteção individual ou coletivo, nas portas de pequenos casebres ("fábricas clandestinas") localizados em cidades e vilarejos do interior dos Estados da Região Nordeste, como a Bahia.

Nessas atividades já foi registrada a ocorrência de várias explosões que vitimaram diversas vidas de trabalhadores, dentre os quais crianças e adolescentes.

A ocorrência de maior repercussão ocorreu em 11 de dezembro de 1998, no município de Santo Antônio de Jesus, na Bahia, quando uma fábrica clandestina de fogos de artifício explodiu, provocando o óbito de 60 (sessenta) pessoas, na maioria mulheres e crianças[39].

No mesmo município de Santo Antônio de Jesus, em 27 de março de 2007, outra nova explosão em uma fábrica de fogos de artifício ocorreu, resultando na morte de Sólon dos Passos, que teve 90% do seu corpo queimado. Em fevereiro de 2008, Roberto Carlos Barbosa dos Santos, 34 anos e Jefferson Ramos Santana, 14 anos, também morreram em consequência de outra explosão em fábrica ilegal de fogos[40].

Cabe ressaltar que a impunidade dos envolvidos no caso das explosões do município de Santo Antônio de Jesus e ausência de fiscalização do trabalho infantil desencadearam o acionamento do Brasil perante a ausência Comissão Interamericana no caso conhecido como "Explosão de Fábrica Clandestina de Fogos de Artifício" (Caso 12.428), sendo reconhecido pelo Ministro Paulo Vannuchi, da Secretaria de Direitos Humanos da Presidência de República, em audiência realizada em Washington (EUA), as irregularidades supramencionadas, porém até a presente data os responsáveis pelas explosões não foram julgados e as famílias das vítimas não receberam qualquer tipo de reparação pecuniária[41].

Verifica-se também que o labor infantil em fábricas de fogos de artifício, consoante estudos realizados por Inaiá Maria Moreira de Carvalho[42], vem

(39) Disponível em: <http://www.direitos.org.br/index.php?option=com_content&task=view&id=3445&Itemid=1> Acesso em: 19.4.2010.

(40) Disponível em: <http://global.org.br/programas/onze-anos-apos-64-mortes-em-explosao-de-fabrica-de-fogos-ilegal-nada-mudou-em-santo-antonio-de-jesus/> Acesso em: 19.4.2010.

(41) Disponível em: <http://global.org.br/programas/onze-anos-apos-64-mortes-em-explosao-de-fabrica-de-fogos-ilegal-nada-mudou-em-santo-antonio-de-jesus/> Acesso em: 19.4.2010.

(42) CARVALHO, Inaiá Maria Moreira de. O trabalho infantil no Brasil contemporâneo. *Caderno CRH*, Salvador, v. 21, n. 54, sep./dec. 2008. Disponível em: <http://www.scielo.br/scielo.php?pid=S0103-49792008000300010&script=sci_arttext&tlng=es#back11> Acesso em: 19.4.2010.

proporcionando a ocorrência de diversas enfermidades de natureza respiratória e dermatológica em crianças e adolescentes.

Nessas condições de trabalho, verifica-se que, dentre as piores formas de trabalho infantil reconhecidas como atividades perigosas declinadas no Decreto Presidencial n. 6.481/08 e pela Convenção n. 182 da OIT, o labor realizado na produção de fogos de artifício configura, nos moldes descritos, trabalho também de cunho degradante que deve ser expressamente vedado para todo e qualquer ser humano, principalmente para crianças e adolescentes.

Como forma de humanizar ambientes de trabalho perigosos, como em áreas de produção de fogos de artifício, deve o gestor da atividade econômica buscar mecanismos que materializem a efetividade da proteção constitucional dos direitos à saúde, segurança e higiene no trabalho, ou seja, deve buscar a adoção de medidas de prevenção da ocorrência do infortúnio laboral que se inicia com a implantação do Serviço Especializado em Engenharia de Segurança e Medicina do Trabalho — SESMET para sistematizar e colocar em prática um plano preventivo de acidentes de trabalho que perpassa prioritariamente pela antecipação e reconhecimento dos riscos nas fases de produção, armazenamento e transporte dos fogos de artifício; estabelecimento de metas de avaliação e controle; análise dos riscos e da exposição dos trabalhadores; implantação de medidas de controle e avaliação de sua eficácia e o monitoramento da exposição aos riscos.

O SESMET se constitui em órgão interno da empresa composto especificamente por profissionais com formação especializada em segurança e medicina do trabalho, conforme estabelece a NR-4, devendo estar integrado e coordenar o plano de ações de programas de prevenção de acidentes ocupacionais, como o Programa de Prevenção de Riscos Ambientais — PPRA, que foi instituído pela NR-9, e o Programa de Controle Médico de Saúde Ocupacional — PCMSO, que é tratado na NR-7.

Não resta dúvida, portanto, que o trabalho em condições perigosas deve permanecer expressamente vedado ao trabalhador infantil, consoante estabelece o texto constitucional (art. 7º, inciso XXXIII), como também, ainda em observância à Carta Magna que consagra "redução dos riscos inerentes ao trabalho" (art. 7º, inciso XXII) como uma das manifestações da dignidade humana na órbita do *habitat* laboral, deve-se exigir dos gestores das atividades que possibilitam a exposição do trabalhador a condições perigosas preceituadas no art. 193, da CLT, na NR-16, na NR-19, na NR-20, na Lei n. 7.369/85 e na Portaria n. 518/03, do Ministério do Trabalho e do Emprego, que realizem, com seriedade e responsabilidade, a implantação do SESMET, bem como a sua respectiva sistematização e adoção prática de plano preventivo de acidentes de trabalho, sob pena de interdição e/ou embargo do empreendimento, conforme estabelece o art. 161, § 2º da CLT.

6. A proteção do trabalho infantil em horário noturno

A palavra "noite", do latim *nox, noctis*, é definida por De Plácido e Silva como "a designação dada à parte do dia que se escurece pelo afastamento do sol de nosso hemisfério, até seu novo aparecimento no horizonte. Assim, enquanto o dia natural é reconhecido pelo espaço de tempo, em que o sol dá sua claridade a certo hemisfério, a noite é espaço de tempo, compreendido pelo escurecimento, em que se encontra esse mesmo hemisfério, pelo desaparecimento do sol"(43).

Na definição jurídica de trabalho noturno, eventos como o pôr-do-sol ou o anoitecer nem sempre são considerados como fatores preponderantes para delimitação do período noturno, existindo grande variação legislativa na fixação do lapso temporal do labor noturno.

Octavio Bueno Magano comenta que "trabalho noturno é o executado à noite. Não há, porém, unidade de vistas a respeito do período que deva ser considerado noturno. Na França, na Itália, no Luxemburgo, consta-se que esse espaço de tempo é das vinte e duas às cinco horas; na Espanha, das vinte às seis; em Portugal, das vinte às sete; na Argentina, das vinte e uma às seis; no Panamá e na Colômbia das dezoito às seis"(44).

O trabalho noturno, portanto, é o labor realizado no período do dia e/ou da noite fixado como horário noturno pelo ordenamento jurídico do país.

No Brasil, a legislação estabeleceu como trabalho noturno o "executado entre as 22 (vinte e duas) horas de um dia e as 5 (cinco) horas do dia seguinte" (art. 73, § 2º, da CLT).

No caso do trabalhador rural, a legislação brasileira estabeleceu tratamento específico, fixando como trabalho noturno "o executado entre as 21 (vinte e uma) horas de um dia e as 5 (cinco) horas do dia seguinte, na lavoura, e entre as 20 (vinte) horas de um dia e as 4 (quatro) horas do dia seguinte, na atividade pecuária" (art. 7º, *caput*, da Lei n. 5.889/73).

Analisando os efeitos do trabalho noturno no organismo, verifica-se que a estrutura orgânica do ser humano foi geneticamente formada para desempenhar suas atividades durante o dia e descansar no período da noite, coadunando-se com o ciclo luz/escuridão, que para os seres vivos é um relevante sincronizador externo.

Neste sentido, Ingeborg Sell descreve a interação fisiológica e comportamental do organismo humano com o ciclo luz/escuridão:

> "A luz natural é um sincronizador importante para a maioria dos seres vivos. Impressionadas pela luminosidade, as células da retina no ser humano disparam através dos nervos óticos uma mensagem elétrica, que alcança o hipotálamo, na base do cérebro. O hipotálamo, além de comandar as glândulas do organismo, possui um pequeno núcleo onde se localiza o relógio biológico, considerado essencial à manutenção dos ritmos.
>
> A glândula pineal, localizada na área dorsal do cérebro e comandada

---

(43) *Op. cit.*, p. 555.

(44) MAGANO, Octavio Bueno. *Manual de direito do trabalho*. 2. ed. São Paulo: LTr, 1992. p. 44. v. IV: Direito tutelar do trabalho.

pelo hipotálamo, tem sua função regulada pela luminosidade do dia: alta luminosidade natural (a luz artificial é muito fraca para produzir o mesmo efeito) impede a produção de melatonina; quando chega a noite, a glândula pineal é desbloqueada, começando a liberar esse hormônio que, além de induzir o sono, age como uma espécie de indicador para os outros ritmos biológicos. Para uma boa qualidade de vida do sono é necessário que haja um certo nível de melatonina. O organismo parece compreender que existe um momento antes e um depois da produção dela. Ela regula diversas funções metabólicas e exerce papel fundamental da fisiopatologia dos transtornos da puberdade e das convulsões. Ela também estimula certas células imunológicas que combatem tumores, que, por isso, crescem menos à noite do que de dia. Algumas horas após o início da produção de melatonina, a hipófise começa a segregar o hormônio do crescimento, cujo pico no organismo se dá por volta das 3:00 h da madrugada. Esse hormônio é responsável pela renovação das células, processo rítmico que se repete noite após noite. (...)

> Assim como há hormônios que induzem o sono, há também hormônios que preparam o organismo para a vigília: o cortisol e a corticotrofina ocorrem em níveis mais baixos nas horas iniciais do sono e mais altos nas fases finais, preparando o organismo para a vigília. O cortisol aumenta a resistência ao estresse físico."[45]

O relógio biológico também fixa regularmente os horários de ingestão do alimento, preparando o sistema digestivo para receber os nutrientes, sendo importante a manutenção dos horários de refeição, pois o consumo de alimento fora do horário estabelecido pelo relógio biológico pode ocasionar o aparecimento de desordens gastrointestinais como azia, má digestão, gastrite e úlceras.

O labor noturno, portanto, apesar de impulsionado pelas necessidades de ordem social[46], econômica[47] e tecnológica[48], vem causando graves prejuízos à saúde dos trabalhadores, com o aumento da incidência de diversas enfermidades (distúrbios do sono, doenças gastrointestinais, alterações cardiovasculares, câncer, dentre outras), além de comprometer os relacionamentos familiares e sociais do obreiro.

Nessa sistemática, verifica-se que o próprio INSS, na lista das doenças ocupacionais fixadas pelo Decreto n. 3.048/99, Anexo II, Lista B, reconhece como

---

(45) SELL, Ingeborg. *Trabalhador em turnos e noturno. Medicina básica do trabalho.* Organizado por Sebastião Ivone Vieira. Curitiba: Gênesis, 1999. v. VI, p. 79/80.

(46) A complexidade das relações sociais vem impulsionando o trabalho noturno através da organização de serviços essenciais (serviços hospitalares, segurança, transporte, dentre outros) e da expansão das atividades comerciais.

(47) A busca pela recuperação imediata dos investimentos financeiros impõe que máquinas e equipamentos industriais sejam utilizados 24 (vinte e quatro) horas por dia como forma de alcançar maior rendimento e lucratividade.

(48) Certas indústrias químicas ou metalúrgicas utilizam tecnologias que exigem que o processo indústrial ocorra de forma ininterrupta.

patologias ocupacionais o "Transtorno do Ciclo Vigília-Sono Devido a Fatores Não Orgânicos (F51.2)" que possui como agentes etiológicos a "má adaptação à organização do horário de trabalho (trabalho em turnos ou trabalho noturno)" e "circunstância relativa às condições de trabalho".

O problema de relacionamento sociofamiliar do trabalhador é uma outra consequência do trabalho noturno, haja vista que a inversão temporal do seu relógio biológico dificulta a participação do obreiro nas atividades culturais, familiares e de lazer.

Em meio às consequências nocivas do trabalho noturno, observa-se que a legislação brasileira, de forma tímida, estabeleceu alguns benefícios ao trabalhador com o objetivo de tentar minimizar os seus efeitos danosos.

O art. 73, *caput*, da CLT, fixou como devido ao trabalhador noturno o adicional de 20% (vinte por cento) sobre a hora diurna como forma de compensar o desconforto físico e mental sofrido pelo obreiro, bem como equiparou a hora de trabalho noturno a 52 (cinquenta e dois) minutos e 30 (trinta) segundos.

No caso do trabalhador rural, o legislador brasileiro estabeleceu o adicional noturno no percentual de 25% (vinte e cinco por cento) sobre a hora diurna, conforme consta no art. 7º, parágrafo único, da Lei n. 5.889/73, porém não fixou qualquer redução na hora noturna.

Com relação especificamente ao labor do menor, constata-se que a norma constitucional expressamente proíbe o trabalho noturno dos "menores de 18 (anos) e de qualquer trabalho a menores de 16 (dezesseis) anos, salvo na condição de aprendiz, a partir de 14 anos" (art. 7º, inciso XXXIII), restrição esta que já era estabelecida pelo art. 404, da CLT.

O trabalho noturno é indicado em 3 (três) hipóteses do Decreto Presidencial n. 6.481, de 12 de junho de 2008, que sistematiza as piores formas de trabalho infantil consagradas pela Convenção n. 182 da OIT, ou seja, enumera o labor na cata de iscas de pesca em horário noturno; o cuidado e vigilância de crianças, idosos e doentes em horário noturno e o labor doméstico em horário noturno entre as piores formas de trabalho infantil que devem ser extirpadas do Brasil.

Em razão das afetações do trabalho noturno, seja no âmbito da saúde ou das relações sociofamiliares, não resta dúvida que deve prevalecer a vedação constitucional que impede o trabalho infantil em horário noturno, como também se deve superar a timidez do ordenamento jurídico brasileiro que atribui como benefício ao trabalhador noturno apenas o adicional noturno de 20% (vinte por cento) sobre a hora diurna para o trabalhador celetista e de 25% (vinte e cinco por cento) sobre a hora diurna para o trabalhador rural.

Nesta perspectiva, verifica-se que a efetiva compensação pelo desconforto físico, mental e sociofamiliar sofrido pelos trabalhadores que desempenham suas atividades em horário noturno deve perpassar pela adoção das seguintes medidas: alteração do art. 73, *caput*, da CLT, para que a jornada de trabalho noturna seja de no máximo 6 (seis) horas, com a concessão obrigatória do intervalo de 1 (uma) hora computado como duração do trabalho, estabelecendo o adicional noturno no percentual de 50% (cinquenta por cento) da hora diurna; alteração do art. 136 da CLT, para que seja estabelecido que os trabalhadores do horário noturno, após o período aquisitivo das férias, escolham a época para concessão das férias, desde que não comprometa o funcionamento da empresa; adoção de dispositivo legal que imponha às empresas a realização de exames médicos e psicológicos a cada 3 (três) meses, e o fornecimento regular de alimentação aos trabalhadores do horário noturno.

Considerações finais

Aquele que mantém seu senso crítico acionado não deixou de perceber, em meio à trama de "Quem Quer Ser Um Milionário?"[(49)], um vergonhoso exemplo de exploração de trabalho infantil. Nessa famosa película, um aliciador arregimenta diversas crianças debaixo do falso intuito fraternal de resgatá-las da violência das ruas. Todavia, seu verdadeiro objetivo é garimpar talentos mirins para apresentações musicais a céu aberto, com propósitos de mendicância.

A armadilha envolvia uma sórdida medida: aqueles cujos dotes artísticos se destacavam dos demais tinham seus olhos queimados, para que, na qualidade de deficientes visuais, causassem maior comoção à plateia e, com isso, alcançassem maior rentabilidade para seu aliciador. Com esse macabro expediente, mais que da visão física, a criança também era espoliada de seus sonhos, de seu futuro. É que a cegueira, naquele caso, não apenas fechava a possibilidade de *ver* luz, mas também estancava a oportunidade de *ser* luz, de se tornar alguém, de viver a máxima potencialidade de sua dignidade humana. Tudo por força da incontestável ganância humana, diuturnamente curvada diante de sua maior divindade: o dinheiro.

Debaixo desse enfoque, a pergunta "Quem quer ser um milionário?" acaba ganhando um novo contorno significativo. E, na esteira do que sucede na tela do cinema, a vida, por aqui, entre cegos e milionários, também se pauta na cadência do mesmo ritmo: uns ganham; outros perdem...

Não é fácil reconhecer, mas o fato é que essa exitosa produção cinematográfica tão somente reproduz uma prática exploratória que, em pleno século XXI, ainda preenche o cotidiano de inúmeras crianças. Talvez na grande maioria dos casos não se chegue ao disparate de literalmente cegar os menores. Mas o fato, indiscutível, é que ao despender boa parte da infância no labor, milhões de crianças ao redor do mundo — tal como ocorre com aquelas retratadas no filme — também são abruptamente privadas de seu futuro, de seus sonhos, da oportunidade de poder construir sua história.

(49) Título original: *Slumdog Millionaire* (2008). Película britânica, dirigida por Danny Boyle e escrita por Simon Beaufoy. Ganhadora do Oscar de melhor filme no ano de 2009.

No transcorrer deste estudo, deixamos registrado que a proteção ao trabalho do menor é uma preocupação que já há algum tempo nos incomoda. Mas, infelizmente, a realidade, como vimos, é prenhe de situações em que nossas crianças e adolescentes são objeto de reprovável exploração, circunstância de deletérios efeitos, para eles próprios e para todos, hoje e amanhã.

De todo modo, também consignamos, neste texto, a esperançosa existência de um vigoroso arsenal jurídico, nacional e internacional, cujo grande desiderato é viabilizar a construção de uma sociedade diferente, em que a erradicação do trabalho infantil seja, enfim, uma realidade efetivamente palpável, concreta, e cuja responsabilidade constitui, a um só tempo, dever de todos e de cada um. Eis, pois, hoje, o nosso grande desafio: aproximar a *teoria* da *prática*.

Como leciona, com precisão, Souto Maior, "não há como possam os homens do direito continuar buscando fórmulas nos meandros da legislação para permitir que a exploração do trabalho infantil sirva aos restritos propósitos de acumulação de riqueza de alguns. O direito possui todas as ferramentas para negar isso. Basta que sejam aplicadas"[(50)].

Utopia? Quem sabe. Lembremos de Mario Quintana: "Se as coisas são inatingíveis... ora! Não é motivo para não querê-las... Que tristes os caminhos se não fora a mágica presença das estrelas!". Então, resolutos, continuemos nossa marcha...

Referências

BÍBLIA SAGRADA. Traduzida em português por João Ferreira de Almeida. São Paulo: King's Cross, 2006.

ARAÚJO JUNIOR, Francisco Milton. *Doença ocupacional e acidente de trabalho. Análise multidisciplinar.* São Paulo: LTr, 2009.

BARROS, Alice Monteiro de. *Curso de direito do trabalho.* São Paulo : LTr, 2005.

BRITO FILHO, José Cláudio Monteiro de. *Trabalho decente:* análise jurídica da exploração do trabalho: trabalho forçado e outras formas de trabalho indigno. São Paulo: LTr, 2004.

______. Trabalho com redução à condição análoga à de escravo: análise a partir do trabalho decente e de seu fundamento, a dignidade da pessoa humana. In: VELLOSO, Gabriel; FAVA, Marcos (coords.). *Trabalho escravo contemporâneo:* o desafio de superar a negação. São Paulo. LTr, 2006.

CARVALHO, Inaiá Maria Moreira de. O trabalho infantil no Brasil contemporâneo. *Caderno CRH,* v. 21, n. 54, Salvador, sept./dec. 2008. Disponível em: <http://www.scielo.br/scielo.php?pid=S0103-49792008000300010&script=sci_arttext&tlng=es#back11> Acesso em: 19.4.2010.

DELGADO, Mauricio Godinho. *Curso de direito do trabalho.* 3. ed. São Paulo: LTr, 2004.

---

(50) MAIOR, Jorge Luiz Souto. *Curso de direito do trabalho.* São Paulo: LTr, 2008. v. II, p. 353.

FRANCO FILHO, Georgenor de Sousa (org.). *Tratados internacionais.* São Paulo. LTr, 1999.

FERREIRA, Aurélio Buarque de Holanda. *Minidicionário da língua portuguesa.* 2. ed. Rio de Janeiro: Nova Fronteira, 1988.

FONSECA, Vicente José Malheiros da. *O trabalho do menor no direito brasileiro.* Disponível em: <http://bdjur.stj.gov.br/xmlui/bitstream/handle/2011/18854/O_Trabalho_do_Menor_no_Direito_Brasileiro.pdf?sequence=2> Acesso em: 13.4.2010.

GARCIA, Gustavo Filipe Barbosa. *Curso de direito do trabalho.* 4. ed. São Paulo: Método, 2010.

HESS, Sônia. *Riscos à saúde do trabalhador, na produção do carvão vegetal em carvoarias no Brasil.* Disponível em: <http://www.riosvivos.org.br/arquivos/1357514940.pdf> Acesso em: 13.4.2010.

MAGANO, Octavio Bueno. *Manual de direito do trabalho.* 2. ed. São Paulo: LTr, 1992. v. IV: Direito tutelar do trabalho.

MAIOR, Jorge Luiz Souto. *Curso de direito do trabalho.* São Paulo: LTr, 2008. v. II.

MARANHÃO, Délio; CARVALHO, Luiz Inácio Barbosa. *Direito do trabalho.* 17. ed. Rio de Janeiro: Fundação Getulio Vargas, 1998.

MARTINS FILHO, Ives Gandra da Silva. *Manual de direito e processo do trabalho.* 18. ed. São Paulo: Saraiva, 2009.

MINISTÉRIO PÚBLICO DO TRABALHO. Disponível em: <http://www.pgt.mpt.gov.br/portaltransparencia/download.php?tabela=PDF&IDDOCUMENTO=641> Acesso em: 29.4.2010.

OIT. *El Convenio n. 182:* la eliminación de las peores formas de trabajo infantil. Ginebra: Organización International del Trabajo, 2009.

______. *Trabajo — la Revista de la OIT.* Ginebra: Organización International del Trabajo, n. 61, dez. 2007.

OLIVEIRA, Sebastião Geraldo de. *Proteção jurídica à saúde do trabalhador.* 3. ed. São Paulo: LTr, 2001.

SELL, Ingeborg. *Trabalhador em turnos e noturno. Medicina básica do trabalho.* Organizado por Sebastião Ivone Vieira. Curitiba: Gênesis, 1999. v. VI.

SILVA, Maria de Salete; ALCÂNTARA, Pedro Ivo. *O direito de aprender: potencializar avanços e reduzir desigualdades.* Brasília: UNICEF, 2009. Disponível em: <http://www.unicef.org/brazil/pt/siab_capitulos.pdf> Acesso em: 6.4.2010.

SILVA, De Plácido e. *Vocabulário jurídico.* 15. ed. Rio de Janeiro: Forense, 1998.

SOUZA, Sergio Augusto Pereira. A declaração dos direitos da criança e a convenção sobre os direitos da criança. Direitos humanos a proteger em um mundo em guerra. *Jus Navigandi,* Teresina, ano 6, n. 53, jan. 2002. Disponível em: <http://jus2.uol.com.br/doutrina/texto.asp?id=2568> Acesso em: 12.4.2010.

SÜSSEKIND, Arnaldo. *Direito internacional do trabalho.* 3. ed. São Paulo: LTr, 2000.

TORLONI, Maurício; VIEIRA, Antônio Vladimir. *Manual de proteção respiratória.* São Paulo: ABHO, 2003.

VIANNA, Segadas; SÜSSEKIND, Arnaldo *et al. Instituições de direito do trabalho.* 21. ed. São Paulo: LTr, 2003. v. 2.

VIDOTTI, Tárcio José. Exploração de crianças e adolescentes em condições análogas à de escravo. In: VELLOSO, Gabriel; FAVA, Marcos (coords.). *Trabalho escravo contemporâneo:* o desafio de superar a negação. São Paulo: LTr, 2006.

Educação

Educação Básica e Trabalho Infantil

Luis Marcio Barbosa(*)

Miguilim olhou. Nem não podia acreditar! Tudo era uma claridade, tudo novo e lindo e diferente, as coisas, as árvores, as caras das pessôas. Via os grãozinhos de areia, a pele da terra, as pedrinhas menores, as formiguinhas passeando no chão de uma distância. E tonteava. Aqui, ali, meu Deus, tanta coisa; tudo...

Campo Geral. João Guimarães Rosa

Introdução

A novela Campo Geral trata da história de uma criança de oito anos, "um certo Miguilim", que morava em um ponto remoto do Mutum. Nela o narrador descreve a experiência de Miguilim em seu encontro com os conflitos da dinâmica familiar; com os elementos da natureza e do território que circunscreve sua existência; com os animais, parceiros e inimigos no trato cotidiano e no entendimento da vida; com seus afetos e pensamentos; com as mediações simbólicas que permitem constituir significados para as vivências da alegria, da dor e da morte.

A construção da narrativa busca habitar e enunciar marcas do estar no mundo da criança. No dizer de Henriqueta Lisboa, trata-se de uma "biografia da infância"(1). Uma destas marcas é o pensamento, como uma força independente, palpável, que se confunde e mistura com o universo das coisas e dos bichos. A narrativa tem início com Miguilim retornando para casa de uma viagem com seu tio Terêz, atravessado pela vivência da saudade da mãe: "Quando voltou para casa, seu maior pensamento era que tinha a boa notícia para dar a mãe: o que o homem tinha falado — que o Mutum era lugar bonito... A mãe, quando ouvisse essa certeza, havia de se alegrar,

(*) Educador. Diretor do Colégio Equipe. — São Paulo. Consultor na área de Gestão de Tecnologias Aplicadas à educação. Gerente de Projetos pela Fundação Vanzolini.

(1) LISBOA, Henriqueta. O motivo infantil na obra de Guimarães Rosa. In: ROSA, Guimarães. *Coleção Fortuna Crítica.* Org. Eduardo F. Coutinho. Rio de Janeiro: Civilização Brasileira, 1983. p. 74.

ficava consolada. Era um presente; e a idéia de poder trazê-lo deste jeito, de cor, como uma salvação, deixava-o febril até as pernas"(2).

A palavra e o pensamento *são*. Podem ser carregados, no corpo, na forma de um presente. O trato com este pensamento se dá no concreto, como o trato com as coisas que resistem ao encontro. Uma das tarefas colocadas pela cultura para os que nela hoje habitam é uma relação com a palavra e o pensamento em que os significados, ao serem negociados, permitam constituir as realidades em que se inserem nossas relações, formas de trabalho e modos de vida.

Como nos lembra Hannah Arendt, "a educação tem a ver com o nascimento, com o fato de que constantemente nascem seres humanos no mundo"(3). A educação pode ser vista, portanto, como os diferentes dispositivos pelos quais a cultura recebe aqueles que nascem.

Neste artigo, buscamos explicitar como determinadas práticas educativas, nos contextos formais escolarizados ou fora deles, se constituem como condição de acolhimento de uma infância que tenha oportunidades reais de pertencimento em nosso contexto social.

No final da narrativa, Guimarães Rosa descreve a passagem da infância como uma nova viagem, uma experiência de separação com a possível ida para a escola. Desta feita, no meio da arrumação, se faz o seguinte diálogo entre Miguilim e sua mãe:

— "Mãe, mas por que é, então, para que é, que acontece tudo?!

— Miguilim, me abraça, meu filhinho, que eu te tenho tanto amor..."(4)

Partilhamos da premissa que uma das condições primeiras na constituição do humano está em ser desejado e acolhido por um outro, em um gesto amoroso. Gesto que constitua um lugar primeiro de pertencimento, um nome, que marque sua inserção na linguagem e, por ela, na cultura.

A educação básica no contexto da Lei de Diretrizes e Bases

A Lei de Diretrizes e Bases da Educação Nacional, de 1996, estabelece que a "educação básica tem por finalidades desenvolver o educando, assegurar-lhe a formação comum indispensável para o exercício da cidadania e fornecer-lhe meios para progredir no trabalho e em estudos posteriores"(5).

É, portanto, premissa que a escolaridade, do ensino fundamental ao ensino médio, é condição para o desenvolvimento das aprendizagens necessárias ao exercício da cidadania.

---

(2) ROSA, João Guimarães. *Corpo de baile*. 2. ed. Rio de Janeiro: José Olympio , 1960. p. 82.
(3) ARENDT, H. *Entre o passado e o futuro*. São Paulo: Perspectiva, 2000.
(4) ROSA, João Guimarães. *Corpo de baile*. 2. ed. Rio de Janeiro: José Olympio , 1960. p 82.
(5) Lei n. 9.394/96 — das Diretrizes e Bases da Educação Nacional. Art. 22.

De forma coerente, a lei prevê no art. 4º a garantia do "ensino fundamental, obrigatório e gratuito, inclusive para os que a ele não tiveram acesso na idade própria", a "progressiva extensão da obrigatoriedade e gratuidade ao ensino médio" e o "atendimento gratuito em creches e pré-escolas às crianças de zero a seis anos de idade". Em 2008, a Lei n. 11.700 estabeleceu ainda a "garantia da vaga na escola pública de educação infantil ou de ensino fundamental mais próxima de sua residência a toda criança a partir do dia em que completar 4 (quatro) anos de idade"[(6)].

O censo escolar de 2009 indica que no país temos 52.580.452 crianças e jovens matriculados em todos os segmentos da educação básica, em 197.468 estabelecimentos de ensino. Deste total, 45.270.710 estão em escolas públicas (86,1%) e 7.309.742 estudam em escolas da rede privada (13,9%). Dentre as escolas públicas, as redes municipais são responsáveis por 24.315.309 das matrículas (46,2% do total).

A tabela abaixo indica a taxa de atendimento — proporção de alunos na faixa etária de referência que frequenta a escola — para os anos 2007 e 2008.

Educação Básica	**Faixa de Idade**	**Taxa de Atendimento**	
		2007	**2008**
Educação Infantil	0 a 5 anos 0 a 6 anos	35,74% 44,45%	37,26% 45,79%
Ensino Fundamental Anos Iniciais	6 a 10 anos 7 a 10 anos	97,03% 98,18%	97,65% 98,56%
Ensino Fundamental Anos Finais	11 a 14 anos	96,99%	97,32%
Ensino Fundamental Total	6 a 14 anos 7 a 14 anos	97,01% 97,58%	97,50% 97,92%
Ensino Médio	15 a 17 anos	82,14%	84,12%
Educação Básica	0 a 17 anos	76,74%	77,73%

Fonte: Pesquisa Nacional por Amostra de Domicílios — PNAD 2007 e 2008.

Os dados apresentados mostram que se o acesso das crianças de 6 a 14 anos na escola está quase universalizado; já na faixa etária de 0 a 5 anos, temos mais de 63% das crianças sem acesso.

Os dados da Pesquisa Nacional de Domicílios — 2008 indicam que a taxa de frequência líquida no Brasil para crianças de 7 a 14 anos no ensino fundamental é de 94,9%; já para a faixa de 15 a 17, no ensino médio, é de 50,04%. Desta forma, metade dos jovens de 15 a 17 anos ou frequentam a escola em outro segmento, de forma geral por conta da reprovação, ou não estão na escola. A mesma pesquisa indica que 26% dos jovens entre 15 a 17 anos não frequenta nenhum estabelecimento de ensino.

(6) Lei n. 11.700, de 13 de junho de 2008.

Grandes Regiões, Unidades da Federação e Regiões Metropolitanas	Taxa de frequência bruta a estabelecimento de ensino da população residente (%)							
	Total	Grupos de idade						
		0 a 6 anos			7 a 14 anos	15 a 17 anos	18 a 24 anos	25 anos ou mais
		Total	0 a 3 anos	4 a 6 anos				
Brasil	**30,2**	**45,8**	**18,1**	**79,8**	**97,9**	**84,1**	**30,5**	**5,3**

A LDB toma a Educação Básica como um contínuo, articulado a partir de finalidades próprias, que deve ter o seu acesso universalizado. A referência primeira na definição destas finalidades está em uma *formação comum indispensável para o exercício da cidadania.*

As diretrizes e parâmetros curriculares para a organização dos diferentes níveis de ensino apresentam esta formação comum por meio de competências. Descrevem assim como finalidades da formação escolar um conjunto de operações de pensamento e procedimentos específicos, aprendidos a partir do trato com conteúdos das diferentes disciplinas e frente a determinados contextos. Neste sentido, as competências são entendidas como a capacidade de mobilizar conteúdos, procedimentos, padrões, operações e estratégias de resolução frente a problemas determinados.

Estas competências serviram de suporte à criação de matrizes e sistemas de avaliação, dentre os quais se destacam o SAEB — Prova Brasil, o ENEM e o ENADE. Estas matrizes traduzem as competências esperadas na forma de descritores, respostas e comportamentos observáveis que orientam a elaboração das questões e organização das provas de avaliação dos alunos e sistemas de ensino.

Os capítulos iniciais da LDB prescrevem que "a educação escolar deve vincular-se ao mundo do trabalho e à prática social". Esta vinculação, nos documentos e ações que acompanham este alinhamento da política educacional, parte do suposto de que as transformações no mundo do trabalho requerem uma formação direcionada ao desenvolvimento de competências gerais para o aprendizado em contexto. Desta maneira, e frente à quase universalização do acesso ao ensino escolar, a tensão entre a educação básica para o trabalho ou de caráter propedêutico parece pender para o primeiro polo.

No primeiro momento da reforma do ensino, posterior à promulgação da LDB, reafirmou-se a necessidade e coerência de um currículo da educação básica voltado para uma formação geral como condição de acesso ao mundo do trabalho. Em um segundo momento, volta-se a afirmar as políticas que possibilitem a profissionalização e a formação técnica já no contexto do ensino médio. Participa do debate e definição destas políticas uma corrente que defende uma forma de articulação entre o ensino profissionalizante e a formação geral, denominada currículo integrado.

Este debate revela, mais uma vez, que o entendimento diverso das relações entre educação e trabalho estão, como em toda a história da educação, no cerne das definições das políticas públicas deste setor, em especial no momento em que vivemos, no qual as mudanças na base tecnológica dos processos de produção transformam as relações sociais, as formas de conviver e aprender; e em que nosso país vivencia uma experiência democrática de governo que começa a alterar, de fato, as condições de desigualdade social que atravessam nossa história.

Educação e cultura

As práticas educativas estão mergulhadas no contexto social e cultural em que se realizam e só podem ser entendidas nesta relação. Frequentemente lidamos com discursos que, ao ignorar esta premissa, tomam a educação como esfera autônoma, capaz de, por si e considerando a possibilidade de sua excelência, superar as desigualdades sociais ou mesmo redimir alguns indivíduos. Como decorrência desta visão encontramos, geralmente, a culpabilização dos agentes educacionais, ou mesmo dos alunos, pelos fracassos nos resultados dos sistemas de ensino e trajetórias de formação.

Consideramos, entretanto, que a situação educacional, em contexto escolarizado ou estruturado fora da escola, é uma das possibilidades de inserção na cultura e, portanto, de construção de uma subjetividade que possa dialogar com o contexto social em que se inscreve. Este fato legitima a luta política e social que defende que qualquer forma de trabalho infantil que afaste a criança da possibilidade destas aprendizagens deve ser evitada, tendo em vista a efetiva garantia de seus direitos.

Mas esta compreensão toma como ponto de partida um processo educacional que tenha por horizonte perspectivas de formação que permitam ao sujeito humano a aprendizagem das ferramentas necessárias à sua participação no mundo.

A realidade é uma construção social, mediada pela linguagem, tradições, formas de pensamento e convívio de uma dada cultura. A aquisição das ferramentas necessárias à leitura destas realidades e a participação na sua transformação constituem o principal papel social da escola.

Neste contexto, as crianças em situação escolar devem ser convidadas ao letramento, aprendizado da leitura e da escrita, ao trato com as formas de atribuição de significado que permitem as leituras do mundo e, portanto, de si mesmas. O que se espera não é somente a capacidade de decodificaçao das letras e sílabas, mas a capacidade de interpretar significados e constituir leituras do real.

Desta forma, a educação básica deve acompanhar o sujeito humano na sua possibilidade de nomear os objetos, pessoas, eventos e situações; produzir, compartilhar e interpretar narrativas orais e escritas; constituir um pensamento mediado por conceitos e generalizações realizadas a partir da observação do mundo e dos postulados teóricos; refletir sobre a própria linguagem, como meio pelo qual se constituem os pensamentos, as experiências e a aprendizagem. Como afirma, com radicalidade, Guimarães Rosa: "Meu lema é: a linguagem e a vida são uma coisa só".

No contexto escolar estas aprendizagens se dão no convívio socializador com os adultos, pares, crianças maiores e menores. Este convívio não é externo, ambientação dos processos de aprendizagem, mas o meio em que elas se dão. Desta forma, o encontro, as situações de brincadeira e convívio, o enfrentamento cotidiano dos conflitos, a capacidade de produzir situações de diálogo e reflexão a partir da experiência, constituem também o currículo. Como afirma Jerome Bruner sobre a escola: "O que ela ensina, que modos de pensamento e que registros de fala ela realmente cultiva em seus alunos são fatos que não podem ser isolados da forma como a escola encontra-se situada na vida e na cultura de seus alunos, porque o currículo de uma escola não trata apenas de matérias. A principal disciplina da escola, do ponto de vista cultural, é a própria escola"[7].

Desta forma, os encontros acompanhados das crianças no início da Educação Básica em torno das brincadeiras, das narrativas, dos jogos simbólicos e de regras, da invenção e imaginação, conduzem aos aprendizados que lhes permitem a construção de um lugar no mundo.

A dimensão do fazer, da produção de obras que apresentam ao mundo pensamentos, intenções e projetos, é também um dos meios e objetivos de aprendizado na escola. Registros, projetos, construções individuais e coletivas, tornam pública a atividade cognitiva, possibilitando o reconhecimento e o desenvolvimento dos processos metacognitivos, de reflexão sobre a experiência do aprender.

É também tarefa do processo educacional possibilitar às crianças o aprendizado de um raciocínio lógico e científico que permita reconhecer o processo de criação e o conteúdo das grandes descobertas da ciência e tecnologias associadas que sustentam o mundo do trabalho. Este saber irá permitir a compreensão das formas atuais de organização do trabalho humano e identificar aprendizados necessários à sua realização, especialmente em um contexto histórico em que se observam transformações que apontam para um conjunto significativo de novas ocupações na área de serviços e tecnologias sociais de lazer e entretenimento.

Em um determinado momento da narrativa, Miguilim pergunta para seu irmão: "Dito, como é que a gente sabe certo como não deve de fazer alguma coisa, mesmo os outros não estando vendo?"[8] A reflexão ética deve ser considerada como uma dimensão dos aprendizados escolares, presente tanto na vivência cotidiana da negociação das regras e normas necessárias ao estudo, quanto no aprendizado dos conceitos e conteúdos das disciplinas escolares. Quanto mais marcada pela heterogeneidade no perfil e origem social das crianças e adultos for a escola, maiores as possibilidades de compreensão do contexto social em que estão inseridos, do desenvolvimento de aprendizados e atitudes de respeito às diferenças, da prática da solidariedade e da indignação frente ao que é injusto.

---

(7) BRUNER, Jerome. *A cultura da educação.* Porto Alegre: Artmed, 2000.

(8) *Op. cit.*, p. 43.

O estudo dos conteúdos escolares deve possibilitar às crianças e jovens leituras da sociedade e da cultura, a tomada de posição e a fundamentação de suas escolhas. Há, portanto, um sentido claramente político na prática educativa. Sentido que não trata apenas de preparar uma cidadania futura, mas da experiência do estudo e do aprendizado como uma forma de compreensão das relações sociais, de poder, de identificação e escolha de possibilidades de intervenção pessoais e coletivas.

Em defesa da garantia do direito à educação básica

Sabemos que a escola real, frequentemente, está distante da realização de um currículo que possibilita os aprendizados propostos. Os motivos são muitos, entre os principais a recente constituição de uma escola para todos, que deve ensinar também os desprotegidos, aqueles que não têm experiência familiar anterior de vivência do estudo e da escola, os pobres que lutam, cotidianamente, pelas condições mínimas de vida.

Por isto mesmo entendemos que é a escola, com outras instâncias sociais que, na luta política por uma sociedade menos desigual, pode permitir experiências educacionais socializadoras que constituam espaços de real democratização das possibilidades de subjetivação e acesso aos bens culturais do nosso tempo. No dizer de Philipe Meirieu, "existe um imperativo categórico da escola na democracia: educar e ensinar as crianças para que elas possam ocupar seu lugar na vida democrática"[9].

A luta pela defesa da garantia do direito da criança ao tempo e espaço da escola passa também pela construção da qualidade de cada escola em seu contexto, e pela denúncia contra as formas de exploração do trabalho infantil.

(9) MEIRIEU, Philipe. *O cotidiano da escola e da sala de aula* — o fazer e o compreender. Porto Alegre: Artmed, 2005.

Responsabilidade dos Pais

Prejuízo Incalculável

Márcia Acioli(*)

O cenário

Os mais recentes dados da Pnad (Pesquisa Nacional por Amostra de Domicílio), divulgados em 2009 pelo IBGE revelam que mais de 1,2 milhão de crianças e adolescentes de 5 a 13 anos ainda eram vítimas de exploração em 2007.

Apesar das estatísticas indicarem o início do trabalho infantil aos 5 anos, sabemos de crianças assumindo tarefas laborais a partir dos 3 anos. Também lidamos com o problema da subnotificação, que se dá por razões diversas. Dentre essas razões há desconhecimento do conceito político de trabalho infantil além do esforço para se omitir informações sobre o que não é permitido na lei. Portanto, o contingente de crianças e adolescentes trabalhando é, na verdade, superior ao que revelam as pesquisas.

Mesmo assim houve uma queda na incidência do trabalho infantil. De 2006 para 2007 cerca de 171 mil deixaram de trabalhar. Trata-se de uma redução bastante tímida diante da tarefa de se garantir a universalização do direito ao não trabalho de crianças.

Não podemos comemorar mudanças tão pequenas. Enquanto o Brasil for diferente para pobres e ricos, negros e brancos, homens e mulheres, adultos e crianças..., configurando as mais variadas formas de desigualdade e de exclusão, estaremos acirrando a distância entre os que tiraram a sorte grande na loteria genética e nasceram em berços esplêndidos e os que deram o azar de virem ao mundo em lugares onde os direitos não se cumprem.

Direitos humanos de crianças e adolescentes e o trabalho

Em 2010 o Brasil celebra 20 anos do Estatuto da Criança e do Adolescente e o mundo comemora os 21 anos da Convenção Internacional sobre os Direitos da

---

(*) Assessora Pedagógica do INESC.

Criança. Ambos são marcos legais que exigiram dos países signatários uma grande revisão das políticas públicas para efetivar um novo paradigma: o da Proteção Integral. Mais do que reorganizar as políticas públicas se fez urgente mudar modos de ver e tratar a criança.

A perspectiva que emerge naquele momento promove a criança e o adolescente a sujeitos de direitos que podem e devem opinar sobre as ações que lhes afetam, podem e devem participar da vida social e política de suas respectivas comunidades e passam a figurar como prioridade absoluta nas políticas públicas.

A despeito de uma idade madura, tanto uma lei como a outra custam a se efetivar na íntegra para todas as crianças e adolescentes. A sociedade desigual acarreta em diferentes acessos ao direito que é universal. Portanto, o terreno para a realização plena dos direitos humanos de crianças e adolescentes ainda não é fértil. As mudanças se operam lentamente e dependem de uma larga escala de condicionantes como trabalho digno para as famílias, acesso à educação de qualidade, esporte, acesso aos bens culturais e à produção de cultura, formação profissional, moradia decente e lazer na própria comunidade. É importante reconhecer os avanços já conquistados mas, antes de tudo, é preciso fazer balanços para apressar o andar de uma carruagem lenta para quem tem fome.

Desde então algumas políticas públicas são concebidas à luz do Estatuto da Criança e do Adolescente, mas são ainda desarticuladas e soam ainda como um ensaio geral para uma mudança mais significativa. A realização plena dos direitos depende de um modo de governar que não permite brechas entre uma política e outra. Uma política não universalizada ou políticas fragmentadas oferecem direitos a conta-gotas e não efetivam a proteção integral que significa todos os direitos para todas as pessoas, o tempo todo.

Os maiores desafios postos sempre foram fazer com que crianças e adolescentes fossem mesmo prioridades absolutas para a sociedade; que as políticas voltadas para a realização de seus direitos tivessem de fato uma destinação privilegiada de recursos e que meninos e meninas fossem ouvidos/as e suas opiniões consideradas na elaboração das políticas voltadas a eles e a elas.

É importante compreender que, assim como os direitos são interdependentes e a realização de um implica na realização de outros tantos direitos, quando há uma violação de direitos, ocorre também em uma série de violações subsequentes.

Portanto, para analisar a situação da infância que trabalha é preciso observar quais foram todos os direitos que não se realizaram a tempo para garantir um desenvolvimento pleno, saudável e feliz de cada criança que precisa buscar a própria sobrevivência e a de sua família.

Como consequência do descompasso entre o direito e o acesso ao direito, as populações mais jovens ainda são responsabilizadas pela precária situação em que se encontram. A sociedade atribui a elas a responsabilização seja pela própria "desocupação", ou pela violência urbana. Esta visão pressupõe que adolescentes e jovens queiram não estudar nas melhores escolas ou nas universidades públicas, não fazer esporte, não participar das atividades culturais e não ter acesso a um trabalho justo... supõe que a exclusão social é uma escolha. Os que assim pensam não entendem que a "desocupação" é um reflexo do cenário injusto que não oferece chances igualitárias para todo o contingente deste público. Não é opção, não se trata de uma escolha livre e autônoma, é uma condição dada por uma sociedade injusta.

Neste contexto as pessoas são classificadas segundo a cor da pele e as mulheres tratadas como seres de segunda categoria. A pobreza no Brasil é negra e mulheres e meninas são submetidas a mais uma relação desigual: a de gênero.

No Seminário Nacional das Trabalhadoras Domésticas, realizada em Brasília/2009 a maioria das mulheres deram seus depoimentos de como começaram muito cedo nas ditas "casas de família" (entre 7 e 11 anos de idade), estiveram fora da escola e não tiveram registro na carteira de trabalho. Há muita exploração do trabalho e violência sexual inclusive. Iniciam muito cedo e não têm como se aposentar. As trabalhadoras foram unânimes no reconhecimento das dificuldades decorrentes de uma jornada de trabalho sem limites, especialmente para as que dormem no emprego. As meninas ainda são levadas para longe de casa por "madrinhas" a pretexto de oferecer oportunidade para estudar. Quando muito são matriculadas nas escolas, e, em geral, não recebem pelo trabalho. Ganham roupa usada e o favor de serem alimentadas.

O trabalho doméstico de crianças envolve algumas variáveis importantes: a questão de geração; a questão de gênero, na medida em que o trabalho se concentra nas mãos de meninas; a questão racial uma vez que a imensa maioria é negra; a questão legal em decorrência da proibição do trabalho infantil; a questão da educação, porque estão fora da escola, ou têm péssimas condições para estudar e a questão da segurança/dignidade já que estão sujeitas à violência física e sexual. Não faltam exemplos públicos disso. O mais emblemático foi o caso da Marielma de 11 anos no Pará/2005, que foi torturada e morta pelos patrões (madrinha e padrinho da cidade grande)[1].

O trabalho de crianças é uma solução extrema das famílias que não encontram saída no campo da cidadania. Nenhuma família despacha a filha ou o filho criança para uma terra distante, para um além desconhecido, como livre escolha. Muitas meninas que saem de seus lares para estudar na cidade grande e trabalhar em casas alheias são levadas para o tráfico de pessoas para fins sexuais. As meninas desaparecidas da cidade de Cametá, no Pará, foram resgatadas de outros países onde

(1) Marielma, 11 anos, trabalhava como doméstica na casa da família em agosto de 2005. O casal a levou com a promessa de oferecer uma vida melhor para a menina, sua mãe nunca mais a viu. Os patrões garantiram que a Marielma frequentaria a escola e teria um pagamento por ajudar nas tarefas da casa. Nenhuma das promessas foi cumprida. Em novembro de 2005, Marielma foi encontrada morta por espancamento, com fraturas múltiplas e sinais de violência sexual na casa de Roberta e de Guimarães, em Belém. Na justiça o patrão alegou insanidade mental.

eram vítimas de um esquema de exploração sexual. Estas não eram notificadas como desaparecidas porque as mães acreditavam que estavam no trabalho doméstico, para onde foram levadas. Enfim, a pobreza violenta pessoas e reduz perspectivas e oportunidades.

Certa vez, trabalhando com meninos e meninas em situação de rua, perguntamos a um menino qual era o seu maior sonho. Nossas escutas de classe média nos faziam esperar ouvir: uma bicicleta ou um videogame. A resposta foi direta: "um trabalho para o meu pai!"

Quando a criança perde a infância

Para enfrentar o trabalho infantil é essencial que se reconheça as relações entre a vida da criança e o seu compromisso de fazer dinheiro ou mesmo de realizar tarefas de grande importância e responsabilidade. As próprias tarefas no âmbito da casa/família também dependem da idade e da capacidade para realizá-las.

Trabalhar em carvoarias, vender na feira, carregar malas para os viajantes, tomar conta de crianças mais novas, vender o próprio corpo, fazer malabares no semáforo, vender jornal, catar lixo, varrer uma casa, lavar louça, capinar, vender balinhas, engraxar sapatos, cortar cana, empacotar compras, catar laranja, desfilar para uma botique, passar roupa, passar drogas, entrar num clube de futebol com a promessa de uma carreira de sucesso e sem direitos no presente, vigiar carros, distribuir panfletos, pedir esmolas nas ruas, atuar em um filme... são atividades que fazem elo entre a criança e a pressão pela sobrevivência.

Quando trabalham com maquinários, é muito frequente a mutilação de crianças que não têm compleição física para dominar o equipamento. Quando submetidos a esforços repetitivos, adolescentes chegam a perder o movimento fino das mãos, acometidos por doenças trabalhistas como LER — Lesão por Esforço Repetitivo, o que acarreta na impossibilidade de realizar as tarefas escolares. No campo elas convivem com pesticidas, nos centro urbanos com violência...

As atividades vinculadas com a televisão ou com a moda, geralmente estão associadas a um prestígio e ao desejo (maior das famílias do que das próprias crianças). No entanto, são igualmente ameaçadoras da plena infância. Não é raro a criança virar uma singela máquina de fazer dinheiro, com a sua capacidade de aumentar audiência e de atrair o público para o consumo. Ela é, além de tudo, explorada na sua imagem e anulada na sua condição de criança. Em 2009 o Brasil testemunhou o infeliz episódio envolvendo a Maisa, pequena apresentadora do SBT, quando ela é exposta a sofrimentos emocionais, mais de uma vez, ao vivo na TV. A criança nesta situação corre sérios riscos de ser escrava de um projeto de adultos ambiciosos e vaidosos, e ter seu desenvolvimento pautado por um ideal massacrante de sucesso.

Em todas as situações estão afastadas de atividades que promovem o desenvolvimento de suas potencialidades intelectuais, estéticas, criativas, físicas, e por fim, de valores humanos. Não educam, desgastam.

Então, há infâncias nas quais as crianças estão disponíveis para brincar, fazer um quebra-cabeça, ir ao cinema, ler um livro, dançar *ballet*, fazer capoeira, desenhar, nadar, papear com os colegas e há outras infâncias vinculadas ao estresse do mundo adulto de garantir a vida no seu sentido mais radical. As desigualdades sociais, nesta conjuntura, tendem a se perpetuar.

Não é o caso de repetir mais uma vez: "lugar de criança é na escola". Este discurso não tem mais sentido. O Brasil conseguiu universalizar o acesso à escola, mesmo sem ter universalizado a qualidade da educação. Muitas crianças estão na escola, não vivem nas ruas, e estão submetidas ao trabalho e ao estresse do trabalho. É preciso, isso sim, garantir que cada escola seja a melhor, oferecendo estímulos intelectuais e estéticos, que tenha projetos pedagógicos que dialoguem com as culturas locais, que acolham a diversidade e que sejam competentes na sua missão. A escola precisa ser tão atraente e inspirar tanta confiança que nenhuma criança queira estar fora dela.

O trabalho infantil é uma violação de direitos humanos e, por isso, uma forma inegável de violência. O esforço laboral provoca cansaço, submete as crianças a situações de risco, ameaça a saúde e rouba-lhes o tempo para brincar. Impede as crianças de desfrutarem do precioso tempo para fazer coisas que lhes interessam, e que são importantes para o seu desenvolvimento. O trabalho de crianças é prejuízo certo e incalculável. Aniquila a infância.

A vida não volta e este período único e curto que se chama infância escapa de suas mãos e se perde em razão de uma sociedade que não cumpre o seu papel na defesa dos direitos humanos de todas as crianças e de todos/as os/as adolescentes.

Idade Mínima para o Trabalho

Idade Mínima para o Trabalho na Ordem Jurídica Brasileira

Maria do Socorro Almeida de Sousa(*)

1. Introducão

A utilização do trabalho de crianças e adolescentes revela uma das facetas mais cruéis da exploração do trabalho humano, já que produz efeitos devastadores que se estendem para além da seara da atuação pessoal do ser em formação — aí se incluindo aspectos de ordem fisiológica, cultural, de salubridade, de segurança, de moral, e psicológicos —, a aspectos socioeconômicos, revelando-se a um só tempo causa e consequência da utilização do trabalho precoce.

(*) Juíza do Trabalho do Tribunal Regional do Trabalho da 16ª Região, titular da Vara do Trabalho de Caxias; doutoranda vinculada ao Programa de Doutorado "Pasado y Presente de los Derechos Humanos", da Universidade de Salamanca (Espanha); mestre em Ciências Jurídicas pela Universidade de Lisboa; Especialista em Direito Judiciário pela Escola Superior de Magistratura do Estado do Piauí; membro suplente da comissão examinadora da primeira prova do V Concurso Público para o cargo de juiz do trabalho substituto do Tribunal Regional do Trabalho da 16ª Região; membro suplente da comissão examinadora da segunda prova do VI Concurso Público para o cargo de juiz do trabalho substituto do Tribunal Regional do Trabalho da 16ª Região; ex-Oficial de Justiça do Tribunal Regional do Trabalho da 22ª Região; ex-Analista Judiciário do Tribunal Regional Federal da 1ª Região; ex-Escrevente Judiciário do Tribunal de Justiça do Estado do Piauí (Brasil).

A questão não é nova, nem o são as tentativas de se as conter em limites socialmente toleráveis, de modo a se concretizar, paulatinamente, a total eliminação do trabalho precoce, que ocasiona prejuízos incalculáveis nas mais diversas esferas da existência humana, perpetuando pobreza, aprofundando abismos sociais, proporcionando a disseminação de violências outras para além da afronta aos múltiplos direitos dos obreiros mirins e concretizando desigualdades cujos efeitos se projetam por gerações afora.

O trabalho do menor, em suas múltiplas perspectivas, envolve aspectos de caráter multidisciplinar, surgindo a sua regulamentação pela via legislativa como um poderoso mecanismo de minoração dos seus efeitos nefastos. Neste particular, assumem notável relevo as normas estipuladoras de idade mínima para o trabalho. Assim, empreender-se-á uma análise sobre a proteção atribuída ao menor trabalhador, centrando-se no requisito de idade mínima para o trabalho subordinado[1].

Para este fim, inicialmente será demarcado o tema do ponto de vista conceitual. Isso definido, serão estudados os fundamentos da proteção ao trabalhador pela via da fixação de idade mínima para o trabalho. Em prosseguimento, estará sob apreciação a natureza jurídica das normas respectivas que, ao final, serão objeto de apreciação detalhada, de modo que restem definidos seus efeitos não apenas no domínio das relações laborais, mas também nas esferas criminal e civil.

Por fim, serão elencadas considerações conclusivas pertinentes ao estudo empreendido.

2. *Proteção ao menor trabalhador: aspectos gerais*

2.1. Menoridade: conceito

Sob o ponto de vista jurídico, a noção de menoridade está relacionada com a capacidade de exercício pleno dos direitos de assunção de obrigações e responsabilidades de que é titular a pessoa.

No âmbito do Direito do Trabalho "menor" é a pessoa que, nada obstante esteja, do ponto de vista fático, habilitada ao desempenho de atividades laborativas, em razão da idade não atingiu plena capacidade para praticar atos jurídicos válidos em sede de relações de trabalho. A sua atuação jurídica é restritada, mercê da incapacidade jurídica que a acomete. Disto decorre ou a total impossibilidade de realização de negócio jurídico ou a circunstância de se fazer, o sujeito de direito em questão, dependente da interveniência de outrem com o intuito de, suprindo dita restrição

(1) Nada obstante o vocábulo "menor" haja assumido conotação pejorativa no uso popular, será utilizada dita expressão: seja porque se vê contemplada legislativamente; seja porque a atribuição de tais distinções em nível de utilização coloquial de vocábulos não deve se prestar, por si só, a impô-la para fins investigativos; seja porque a distinção mencionada, entende-se, merece ser coibida, em face do conteúdo discriminatório que encerra.

pela via da assistência, em sendo o caso, tal como se dá na órbita civil, dotar de validade os atos jurídicos praticados em seu nome.

2.2. Menor trabalhador: definições normativas

O sentido emprestado no âmbito do presente estudo à expressão "menor trabalhador" alude ao menor que se dedica a uma relação jurídico-laboral assalariada.

A matéria é disciplinada pelo art. 402 da CLT, com redação definida pela Lei n. 10.097, de 19 de dezembro de 2000, que estabeleceu como marco para aquisição de maioridade trabalhista a idade de 18 (dezoito) anos, aquém da qual o obreiro é acometido de incapacidade, absoluta ou relativa.

Assim, menor trabalhador é o obreiro com idade inferior a 18 (dezoito) anos, a quem é dado estabelecer relações jurídico-laborais, embora a sua atuação seja eivada de peculiaridades destinadas a sua proteção, dentre as quais se destacam as normas que impoem limites mínimos de idade para contratação.

2.3. Fundamentos da proteção ao menor trabalhador

A utilização de mão de obra de menores se projeta ao longo dos tempos e se estende por países dos mais variados estágios de desenvolvimento, embora com matizes e intensidades diversas, a demonstrar que o desenvolvimento tecnológico experimentado pela sociedade não se fez acompanhar pelo incremento das instituições e da organização social.

A pobreza, intrinsecamente relacionada com a formação educacional deficitária, reside sempre na raiz da utilização da mão de obra dos pequenos em detrimento do labor dos adultos(2). Mas também a precarização das relações laborais assume particular relevo neste tocante, já que dela decorre a diminuição do poder aquisitivo dos salários dos adultos, o que finda por reclamar a inserção de novos membros da família no rol dos responsáveis pela viabilização de sua sobrevivência, introduzindo--se crianças e adolescentes no mundo do trabalho. Ademais, não raro o labor dos menores é objeto de preferência por parte dos tomadores de serviços: seja por motivações de ordem técnica (otimização de desempenho decorrente da pequenez dos seus corpos); seja porque, em face da sua imaturidade psicológica, os menores se revelam mais dóceis e de mais fácil submissão a padrões disciplinares mais rígidos; seja em virtude do histórico ajuste de remunerações mais baixas para esta categoria de trabalhadores.

(2) Para OLIVEIRA, Oris de. *O trabalho da criança e do adolescente*. São Paulo: LTr; Brasília: OIT, 1994. p. 66-67, "na verdade, o trabalho prejudica a escola, mas a formulação embora verdadeira é incompleta; é a pobreza, é a necessidade premente de cuidar da sobrevivência que pressiona crianças e adolescentes para trabalhar. E ocorre, então, a inversão cruel: a escola tem que se adaptar ao trabalho quando não acontece o pior: o mundo da escola e do trabalho se opõem".

São, pois, falaciosos os argumentos expendidos a favor da utilização do labor de menores (importância do auxílio na viabilização da sobrevivência familiar; preparação do indivíduo para a vida adulta; alegação de que o trabalho enobrece o menor trabalhador).

Com efeito, a garantia da sobrevivência familiar é tarefa dos adultos, competindo ao Estado levar a efeito políticas públicas eficazes que corrijam as distorções que o mercado de trabalho venha a proporcionar.

Ademais, o labor em tenra idade não qualifica o trabalhador. Ao revés, é um fator de evasão escolar e furta-lhe a oportunidade de participar de formação educacional e profissional que lhe viabilizem a ocupação, em idade adulta, de posto de trabalho que represente a sua promoção social.

Em acréscimo, o trabalho não enobrece a criança, mas a expõe a prejuízos de caráter fisiológico, emocional, psicológico e profissional(3). Com efeito,

> "nessa tenra idade é imperiosa a preservação de certos fatores básicos, que forjam o adulto de amanhã, como o convívio familiar e os valores fundamentais que aí se transfundem, o inter-relacionamento com outras crianças, que molda o desenvolvimento psíquico, físico e social do menor, a formatação da base educacional sobre a qual incidirão aprimoramentos posteriores, o convívio com a comunidade para regular as imoderações próprias da idade etc. Os afazeres do trabalho não podem comprometer esses fatores estruturantes, que lapidam a personalidade da pessoa."(4)

Desta maneira, a proteção ao menor trabalhador se fundamenta em razões: fisiológicas; de segurança; de salubridade; morais; culturais e psicológicas(5).

De fato, a submissão de seres ainda não plenamente formados ao labor lhes atrapalha o desenvolvimento fisiológico, podendo inclusive comprometer irreversivelmente este processo em caso de prestação de serviços excessivos ou extenuantes. A falta de maturidade de crianças e adolescentes os induz a manter atenção naturalmente menos firme a algumas atividades, fomentando a ocorrência de acidentes de trabalho. É certo, também, que há ambientes de trabalho prejudiciais à saúde do obreiro, o que é tanto mais invasivo quanto menores forem as resistências do indivíduo, como é o caso de crianças e adolescentes. Quanto aos aspectos morais, há atividades que, sem embargo da inexistência de objeções legais, expõem o obreiro ao contato com materiais e situações que podem interferir na sua formação moral (de que se pode citar como exemplo a elaboração e a distribuição de determinados

---

(3) Sobre a matéria, consulte-se COLUCCI, Viviane. Os direitos da infância e da juventude. In: AZEVÊDO, Jackson Chaves de (coord.). *Curso de direito do trabalho.* São Paulo: LTr, 2001. p. 233.

(4) Cf. VIANNA, Segadas; SÜSSEKIND, Arnaldo; MARANHÃO, Délio; TEIXEIRA FILHO, João de Lima. *Instituições de direito do trabalho.* 19. ed. atual. por Arnaldo Süssekind e João de Lima Teixeira Filho. São Paulo: LTr, 2000. v. 2, p. 995.

(5) Citados, à exceção do fundamento psicológico, por OVIEDO, Carlos Garcia. *Tratado elemental de derecho social.* 2. ed. Madrid: EPESA, 1946. p. 457-459.

tipos de literatura). A prestação de serviços também finda por atrapalhar, se não inviabilizar, a formação educacional e profissional do menor trabalhador, o que, ao fim e ao cabo, avilta os níveis de preparação profissional do adulto em que o mesmo se transformará. Do ponto de vista psicológico se tem que a infância e a adolescência se devem prestar à plena formação da pessoa, assegurando-se condições para fixação satisfatória dos pilares de sua personalidade, pelo que o labor nesta fase traz para o trabalhador conflitos de diversas ordens, em nível familiar, no trabalho e na comunidade(6).

A proteção ao menor trabalhador objetiva, portanto, a preservação do seu equilíbrio psicofísico, mediante a minoração dos efeitos nefastos do labor em idade inferior àquela em que não se haja implementado, ainda, seu integral e adequado desenvolvimento em suas diversas vertentes, de modo que se lhe sejam garantidos direitos fundamentais respectivos, inclusive o "direito de ser criança" e como tal viver, que preserva um outro valor, que é o "direito de não trabalhar", titularizado por aqueles que possuem idade inferior à mínima admitida para este fim, ou ainda de não o fazer sob determinadas condições, tidas como adversas.

O bem da vida albergado pela proteção erigida ao derredor da vertente laboral da existência do menor é, portanto, a sua integridade física e psíquica(7).

A concretização da proteção ao menor trabalhador tem caráter multidisciplinar e compreende a adoção de providências de natureza jurídico-normativa, sendo, pois, incontestável a importância da intervenção do jurista de modo a promover a igualdade e a justiça(8).

Esta proteção jurídica ao menor se fundamenta no "princípio da igualdade", um dos estruturantes do regime geral dos direitos fundamentais consagrado na CF/88 (art. 5º, *caput*), que, para além de ser um princípio do Estado de Direito, é um princípio do Estado Social e deve ser considerado um princípio de justiça social, conexionando-se

> "por um lado, com uma política de "justiça social" e com a concretização das imposições constitucionais tendentes à efectivação dos direitos

---

(6) Cf. Organização Mundial da Saúde *apud* OLIVEIRA, Oris de. *O trabalho...*, p. 66-67, "na família exige-se do menor que ganhe sua vida como um adulto e, ao mesmo tempo, se comporte de modo obediente como menino. No trabalho, deve executar as mesmas tarefas difíceis dos adultos e aceitar que no plano social seja tratado como menino. A comunidade espera contribuição econômica igual à do adulto e, concomitantemente, exige que receba educação primária correspondente à de menino. Em síntese, o menor deve desempenhar o papel do adulto na sua condição de trabalhador, ao passo que nos demais casos continua sendo um menino".

(7) Cf. GONÇALES, Odonel Urbano. *Manual de direito do trabalho*. 2. ed. São Paulo: Atlas, 1999. p. 89.

(8) Cf. MORAES FILHO, Evaristo; MORAES, Antônio Carlos Flores de. *Introdução ao direito do trabalho*. 8. ed. rev. aum. e atual. São Paulo: LTr, 1998. p. 559. Sobre a questão afirma PEREIRA, Tânia da Silva. *Direito da criança e do adolescente:* uma proposta interdisciplinar. Rio de Janeiro: Renovar, 1996. p. 360, que "cabe aos operadores do Direito, do técnico-profissional ao magistrado, a reorganização das estruturas institucionais do país, sem revogar os importantes avanços concernentes aos direitos sociais e trabalhistas conquistados até então".

económicos, sociais e culturais. Por outro, ela é inerente à própria ideia de *igual dignidade social* (e de igual dignidade da pessoa humana) ... que, deste modo, funciona não apenas com fundamento antropológico-axiológico contra *discriminações*, objectiva ou subjectivas, mas também como princípio jurídico-constitucional impositivo de compensação de desigualdade de oportunidades e como princípio sancionador da violação da igualdade por comportamentos omissivos (inconstitucionalidade por omissão)."[9]

2.4. Desenvolvimento: aspectos relevantes

As primeiras normas específicas de proteção ao trabalhador tiveram por objeto a proteção do menor[10]. Com efeito, o *Moral and Health Act*, expedido em 1802 na Inglaterra pelo Ministro Robert Peel e aplicável ao trabalho realizado em indústrias têxteis, foi a primeira destas normas[11] e, a par de prescrições sanitárias, estipulou limites às jornadas de trabalho cumpridas pelos menores (a doze horas diárias, excluídos os intervalos de refeição), bem como ao labor noturno (proibindo-o a menores, das 21h às 6h do dia seguinte), além de encerrar preocupação com sua educação, não impondo, contudo, restrições alusivas à idade mínima para o labor. A estipulação de idade mínima para o labor foi introduzida por meio de outras normas legais inglesas: de 1819, que proibiu o labor industrial de crianças com idade inferior a nove anos e limitou a doze horas a jornada de trabalho diária dos menores de dezesseis anos; de 1833, que proibiu a prestação de serviços por menor de nove anos, limitando a nove horas a jornada de trabalho do menor de treze anos e a doze horas a do menor de dezoito anos, isso além de instituir inspetores de fábrica.

---

(9) Cf. CANOTILHO, J. J. Gomes. *Direito constitucional e teoria da Constituição*. 4. ed. Coimbra: Almedina, 2001. p. 420-421. Sobre o princípio da igualdade consultar MIRANDA, Jorge. *Manual de direito constitucional*. 3. ed. Coimbra: Coimbra, 2000. t. 4, p. 221 e ss. e DRAY, Guilherme Machado. *O princípio da igualdade no direito do trabalho*: sua aplicabilidade no domínio específico da formação de contratos individuais de trabalho. Coimbra: Almedina, 1999. p. 18/199.

(10) Até a Idade Média, não há registro de que se protegesse o menor em seu aspecto laboral. Com o advento do Estado Liberal (que se generalizou pela Europa e propugnava a promoção da liberdade e da igualdade dos indivíduos pelo Estado, donde decorria que a igualdade assegurada pelo Estado Liberal tinha caráter meramente formal, já que faticamente o trabalhador estava obrigado a negociar em condições desvantajosas), os trabalhadores eram submetidos a condições de vida aviltantes, donde resultou enorme distanciamento entre o capital e o trabalho, determinando o surgimento de um conflito social na metade do século XIX, denominado "Questão Social". Com o desenvolvimento dos movimentos associativos e a evolução de correntes de pensamento (especialmente o Socialismo e a Doutrina Social da Igreja), restaram favorecidas as reivindicações dos obreiros, o que conduziu o Estado Liberal a intervir nas relações de trabalho, subtraindo o domínio da vontade com o fim de promover a igualdade substancial dos contratantes, aproximando-se, deste modo, da justiça de caráter material. As suas primeiras providências visaram a corrigir os aspectos mais revoltantes dos abusos, quais fossem, os que diziam respeito ao trabalho de crianças e de mulheres, às condições de segurança e higiene, à jornada de trabalho e ao abuso do regime salarial decorrente do desequilíbrio na oferta de mão de obra. Para conhecimento detalhado deste processo, consultar: SÜSSEKIND, Arnaldo *et al. Intituições...*, p. 27-49; e NASCIMENTO, Amauri Mascaro. *Curso de direito do trabalho*. São Paulo: Saraiva, 2006. p. 3-31.

(11) Neste sentido CUEVA, Mario de La. *Derecho mexicano del trabajo*. 2. ed. México: Porrùa, 1943. v. 2, p. 37 e 541.

Este processo de normatização das relações de labor do menor generalizou-se nos países europeus(12), findando-se por reconhecê-los em normas constitucionais, com o que estes direitos foram alçados ao patamar de direitos fundamentais. Representaram marcos consideráveis nesta seara: a Constituição Suíça de 1874; e a Constituição Mexicana de 1917(13) (que influenciou a Constituição de 1934).

A Constituição Suíça de 1874 foi a primeira a efetivamente inserir no seu texto importantes direitos dos trabalhadores. Emendada em 1896, dita norma reconheceu à Confederação Helvética o direito de regulamentar, dentre outras matérias de ordem trabalhista, o trabalho das crianças nas fábricas.

A Constituição Mexicana de 1917 foi a primeira Constituição do mundo a atribuir aos direitos trabalhistas a qualidade de direitos fundamentais, a par das liberdades individuais e dos direitos políticos, representando o alicerce do moderno Estado Social de Direito. Ali se consagrou pela primeira vez em nível constitucional norma de proteção ao menor trabalhador, proibindo-se o trabalho de menores de doze anos e limitando-se a jornada de trabalho diária do menor de dezesseis anos a seis horas (art. 123).

Na sequência, normas de proteção ao trabalhador foram alçadas a patamar internacional, contemplando-se, desde a partida, regras alusivas ao labor de menores. Neste tocante, são instrumentos internacionais significativos em matéria de proteção ao menor trabalhador relativamente ao Brasil: o Tratado de Versalhes (1919); a Declaração Universal dos Direitos do Homem (1948); a Declaração Universal dos Direitos da Criança (1959); o Pacto Internacional sobre Direitos Econômicos, Sociais e Culturais (1966); a Convenção Americana de Direitos Humanos da OEA (1969); a Convenção das Nações Unidas sobre Direitos da Criança (1989)(14).

A evolução das normas trabalhistas no Brasil observou, em linhas gerais, o processo antes referido. De fato, inicialmente era predominante a utilização de mão

---

(12) Em França, a proteção ao menor trabalhador surgiu em 1813, por meio de lei que proibiu o trabalho de crianças em minas de subsolo. Posteriormente, também regularam tal matéria lei de 1841 com proibição de trabalho aos menores de oito anos, limitando a oito horas diárias a jornada de trabalho de menores de oito a dozes anos, e a doze horas diárias aquela alusiva a menores de doze a dezesseis anos. Na Alemanha, em 1839 foi proibido o trabalho do menor de nove anos e limitada a dez horas a jornada de trabalho dos menores de dezesseis anos e o Código Industrial de 1891 encerrou normas de proteção ao menor trabalhador. Em Espanha, em 1873 foi aprovada a primeira lei de proteção ao trabalhador menor, seguindo-se, em 1878, legislação que proibiu a prestação de certos serviços perigosos aos menores de dezesseis anos. Na Itália, em 1886, foi estabelecida jornada de trabalho diária máxima de oito horas para maiores de oito anos e menores de doze anos, sendo, ademais, proibidas algumas atividades para o menor trabalhador. Também a Bélgica (1888), a Suíça (1877), a Áustria (1855), a Holanda (1889) e a Rússia (1882) legislaram em matéria de proteção relacionada à prestação de serviços por trabalhadores menores. Para análise cronológica desta legislação consulte-se: SÜSSEKIND, Arnaldo. *Direito constitucional do trabalho*. Rio de Janeiro: Renovar, 1999. p. 9-12; VIANNA, Segadas; SÜSSEKIND, Arnaldo *et al. Instituições...*, v. 2, p. 989-991; e GOMES, Orlando; GOTTSCHALK, Elson. *Curso de direito do trabalho*. 16. ed. atual. por José Augusto Rodrigues Pinto. Rio de Janeiro: Forense, 2000. p. 4.

(13) Em que pese a importância de que se reveste a Constituição Alemã de 1919 no processo de constitucionalização dos direitos laborais, nenhum de seus dispositivos atribuiu direitos especificamente destinados à proteção do menor trabalhador.

(14) A análise destes documentos será empreendida no curso do item 3.1 seguinte.

de obra escrava, embora também existisse trabalho livre, que era regrado por uma ou outra lei esparsa que, no entanto, não destinavam proteção específica ao menor trabalhador. A Constituição do Império de 1824, de igual, não tratou especificamente dos direitos dos trabalhadores, limitando-se a contemplar a liberdade de trabalho e a proibição de corporações (art. 179, XIV e X).

A Constituição Republicana de 1891 tampouco cuidou em atribuir proteção aos trabalhadores, restringindo-se a consagrar o livre exercício de qualquer profissão moral, intelectual ou industrial (art. 72, § 24).

A primeira norma a atribuir proteção ao menor trabalhador foi o Decreto n. 1.313, de 17 de janeiro de 1891, que, disciplinando o labor nas fábricas do Distrito Federal, proibiu o trabalho a menores com idade inferior a doze anos, embora autorizando a aprendizagem nas fábricas de tecidos a partir dos oito anos. Ademais, estipulou limites às jornadas de trabalho cumpridas por menores e proibiu-lhes o labor em atividades insalubres e perigosas. Posteriormente, registrou-se o advento de várias normas infraconstitucionais que cuidaram em atribuir proteção ao menor trabalhador, mas que não foram dotadas de nenhuma eficácia[15].

Com a Revolução de 1930 e a correspondente influência do modelo corporativo italiano nas relações laborais, advieram várias normas que se viram dotadas de alguma eficácia, iniciando-se pelo Decreto n. 22.042, de 3 de novembro de 1932, que elevou para quatorze anos a idade mínima para o trabalho na indústria e para dezesseis anos a idade mínima para labor em minas, além de estabelecer exigências formais para fins de admissão de menores trabalhadores[16].

Por seu turno, a Constituição de 1934 (art. 121, § 1º, *a* e *d*) proibiu a diferença de salário por faixa etária, assim como a prestação de serviços por menores de quatorze anos, de trabalho noturno por menores de dezesseis anos e de trabalho em indústrias insalubres por menores de dezoito anos, o que se viu repetido na Constituição de 1937 (art. 137, *k*).

Em continuidade, destacaram-se: o Decreto-lei n. 3.616, de 1941, que determinou a totalização das horas de trabalho para menor de dezoito anos empregado

---

(15) Dentre as normas referidas destacaram-se: o Decreto n. 1.801, de 1917, em que se atribuíram proteções ao menor trabalhador; o Decreto n. 16.300, de 1923, que instituiu o Regulamento do Departamento Nacional de Saúde Pública, limitando a seis horas a jornada de trabalho diária de menores de dezoito anos; a Lei n. 5.083, de 1926, que repetiu as disposições protetivas ao menor trabalhador estipuladas no Decreto n. 16.300, de 1923; e o Decreto n. 17.943-A, de 12 de outubro de 1927, que aprovou o Código de Menores, no qual se viram proibidos o trabalho de menores de doze anos, o trabalho de menores de quatorze anos que não tivessem completado instrução primária, a prestação de trabalho em locais públicos para menores de quatorze anos, a proibição de prestação de trabalho para menores de quatorze anos em atividades perigosas à saúde, à vida, à moralidade, ou excessivamente fatigantes ou que lhe excedessem as forças, assim como a proibição de trabalho noturno para os menores de dezoito anos. Sobre a falta de eficácia das normas referidas, veja-se MORAES, Evaristo de. *Apontamentos de direito operário*. 4. ed. São Paulo: 1998. p. 32-33 e VIANNA, Segadas; SÜSSEKIND, Arnaldo *et al. Instituições...*, v. 2, p. 993.

(16) Exigia-se para admissão, além da observância dos preceitos mencionados, certidão de idade, autorização dos pais ou responsáveis, atestado médico e prova de saber ler, escrever e contar.

em mais de um estabelecimento; o Decreto n. 5.452, de 1º de maio de 1943, que aprovou a CLT, onde restaram regulamentadas de modo amplo as relações laborais do menor trabalhador, como tal entendido aquele com idade inferior a dezoito anos, proibindo-se o trabalho aos menores de quatorze) anos e aos menores de 18 (dezoito anos o trabalho noturno, bem como aquele prestado em locais e serviços perigosos ou insalubres constantes em quadro específico aprovado pela Secretaria de Segurança e Medicina do Trabalho e em locais prejudiciais a sua formação moral(17).

A Constituição de 1946 (art. 157, II) voltou a consagrar o princípio de não discriminação salarial por motivo de idade, mantendo-se a proibição de prestação de serviços pelos menores de quatorze anos e de labor em indústrias insalubres por menores de dezoito anos e alçando a patamares constitucionais a proibição de serviços noturnos para menores de dezoito anos.

A Constituição de 1967, no entanto, retrocedeu nesta matéria, vez que, embora mantendo a anterior proibição de labor noturno e insalubre em indústrias para os menores de dezoito anos, reduziu para doze anos a idade mínima para admissão ao trabalho (art. 158, X)(18).

Este retrocesso constitucional foi superado com o advento da Constituição de 1988, que estipulou a idade mínima de quatorze anos para admissão ao trabalho, salvo na condição de aprendiz(19), além de proibir aos menores de dezoito anos o trabalho noturno, insalubre e perigoso, este último adquirindo, deste modo, proteção em nível constitucional (art. 7°, XXXIII).

A Lei n. 8.069, de 27 de setembro de 1990, que estabeleceu o Estatuto da Criança e do Adolescente, reiterou a proibição do trabalho de menores de quatorze anos, salvo na condição de aprendiz, bem como do trabalho noturno, perigoso, insalubre ou que prejudique a sua formação ou seu desenvolvimento físico, psíquico, moral e social a menores de dezoito anos, estendendo esta proibição também ao trabalho penoso(20) e ao trabalho em locais ou horários que prejudiquem a frequência à escola.

---

(17) O trabalho do menor se vê disciplinado no Capítulo IV ("Proteção do Trabalho do Menor") do Título III ("Normas Especiais de Tutela do Trabalho") da CLT, que neste tocante sofreu, até a presente data, várias alterações que se viram implementadas por meio do Decreto-lei n. 9.576, de 12 de agosto de 1946; da Lei n. 3.519, de 30 de dezembro de 1958; da Lei n. 4.070, de 15 de junho de 1962; do Decreto-lei n. 229, de 28 de fevereiro de 1967; do Decreto-lei n. 926, de 10 de outubro de 1969; da Lei n. 5.686, de 3 de agosto de 1971; da Lei n. 7.855, de 24 de outubro de 1989; da Lei n. 8.422, de 13 de maio de 1992 e da Lei n. 10.097, de 19 de dezembro de 2000. Os textos integrais destas normas estão disponíveis em: <http://www.presidencia.gov.br/>.

(18) Este preceito foi mantido pela Emenda Constitucional n. 1, de 17 de outubro de 1969.

(19) Observe-se que não havia estipulação constitucional de idade mínima para firmação de contratos de aprendizagem, pelo que a matéria se via disciplina pela legislação infraconstitucional, que no azo da promulgação da CF/88 estabelecia, por meio da Lei n. 5.274, de 1967, idade mínima de doze anos para este.

(20) Nada obstante, não há na legislação brasileira definição de trabalho penoso. Cf. BARROS, Alice Monteiro de. *Contratos e regulamentações especiais de trabalho:* peculiaridades, aspectos controvertidos e tendências. São Paulo: LTr, 2001. p. 232/233, "recorrendo às normas internacionais, mais precisamente à Recomendação n. 95, de 1952, da OIT, considera-se trabalho penoso aquele que implique em levantar, empurrar ou retirar grandes pesos, ou que envolva esforço físico excessivo ao qual o trabalhador não está acostumado. É certo

A Emenda Constitucional n. 20, de 15 de dezembro de 1998, alterou o texto do art. 7º, XXXIII, da CF/88, elevando a dezesseis anos a idade mínima para o trabalho, além de alçar a nível constitucional a idade mínima para estipulação de contrato de aprendizagem, fixando-a em quatorze anos, mantendo-se a proibição constitucional de trabalho noturno, perigoso e insalubre para menores de dezoito anos.

3. Normas disciplinadoras da idade mínima para o trabalho

As relações jurídico-laborais encontram na manifestação da vontade das partes pactuantes a sua fonte primordial, que, nada obstante, subsume-se aos ditames de outras normas, dotadas de caráter imperativo. Concretiza-se, assim, uma compressão do princípio da autonomia da vontade, que orienta as relações contratuais, justificada pela natureza dos bens ou interesse cuja proteção se persegue.

Serão objeto de estudo, neste azo, estas normas de caráter imperativo, de produção internacional e estatal, que disciplinam a matéria da fixação de idade mínima para o trabalho no Brasil.

3.1. Normas oriundas do direito internacional

No plano internacional se têm produzido importantes normas relativas à fixação de limites etários mínimos para o trabalho, nelas se incluindo: a Declaração Universal dos Direitos do Homem, de 1948; a Declaração dos Direitos da Criança, de 1959; o Pacto Internacional sobre Direitos Econômicos, Sociais e Culturais, de 1966; a Convenção Americana de Direitos Humanos da OEA, de 1969; a Convenção das Nações Unidas sobre Direitos da Criança, de 1989; e a Convenção n. 138 da OIT, de 1973.

A Declaração Universal dos Direitos do Homem, aprovada pela Assembleia Geral da ONU em 1948, regula em seus arts. 23, 24 e 25 aspectos alusivos aos direitos dos trabalhadores e consagra, dentre muitos outros, direitos especiais para a criança, estipulando que a infância tem direito a ajuda e assistência especiais e todas as crianças, nascidas dentro ou fora do matrimônio, gozam da mesma proteção social. Embora se sustente que este documento é dotado de caráter declaratório de princípios sem efeito vinculante, é certo que

> "a vigência dos direitos humanos independe de sua declaração em constituição, leis e tratados internacionais, exatamente porque se está

---

que a Recomendação n. 95 refere-se à mulher, mas sob tal aspecto comporta aplicação analógica, mesmo porque coincide com o disposto no art. 390, parágrafo único, da CLT, também relativo a ela e que, não obstante, aplica-se por analogia ao menor, por força da própria lei (Art. 405, § 5º)". Para aprofundamento sobre a evolução histórica desta matéria no Brasil, consultar: MARTINS, Adalberto. *A proteção constitucional ao trabalho de crianças e adolescentes.* São Paulo: LTr, 2000. p. 27/32; MORAES, Antônio Carlos Flores de. *Trabalho do adolescente:* proteção e profissionalização. 2. ed. rev. e atual. Belo Horizonte: Del Rey, 2002. p. 1-5; e GRUNSPUN, Haim. *O trabalho das crianças e dos adolescentes.* São Paulo: LTr, 2000. p. 51-54.

diante de exigências de respeito à dignidade humana, exercidas contra todos os poderes estabelecidos, oficiais ou não."[21]

A Declaração Universal dos Direitos da Criança, aprovada pela Assembleia Geral da ONU em 1959, declarou em seu princípio 9º a proibição de afronta a norma fixadora de idade mínima para admissão de menores no trabalho, bem como de desempenho de ocupação ou emprego que lhe prejudique a saúde ou a educação ou que interfira em seu desenvolvimento físico, mental ou moral.

O Pacto Internacional sobre Direitos Econômicos, Sociais e Culturais, adotado pela Assembleia Geral da ONU em 1966[22], reconheceu e definiu o direito ao trabalho, declarando direitos dos trabalhadores subordinados e incluiu no seu art. 10 normas específicas destinadas a salvaguardar o menor trabalhador, respeitantes à sua proteção contra a exploração econômica e social e com proibição do comprometimento, por intermédio do trabalho, de sua moralidade ou saúde, e da sua exposição a circunstâncias que lhe prejudiquem a vida ou o desenvolvimento normal, havendo-se estipulado, também, preceito atinente à fixação de idade mínima para prestação de serviços e a imposição de sanções àqueles que desrespeitem ditos preceitos.

A Convenção Americana de Direitos Humanos da OEA, aprovada em 1969[23], reproduziu em linhas gerais o Pacto Internacional de Direitos Civis e Políticos, proclamado pela ONU em 1966, sendo que por meio de Protocolo à parte, aprovado em 1988, contemplou dentre outras proteções aos trabalhadores menores a proibição de labor noturno, insalubre e perigoso para menores de dezoito anos e, em geral, de todo trabalho que possa pôr em perigo sua saúde, segurança ou moral, tendo, ademais, subordinado a prestação de serviços por menores de dezesseis anos à possibilidade de continuidade de sua instrução obrigatória.

A Convenção das Nações Unidas sobre Direitos da Criança, proclamada pela Assembleia Geral da ONU em 1989[24], por seu conteúdo fundamenta numerosos programas internacionais destinados à erradicação do trabalho de menores e consagra norma também programática respeitante à fixação de idade mínima para o trabalho, objetivando concretizar um regime de proteção ao menor trabalhador nas mais diversas vertentes de seu desenvolvimento, a saber, físico, mental, espiritual, moral ou social.

---

(21) Cf. COMPARATO, Fábio Konder. *A afirmação histórica dos direitos humanos*. 2. ed. rev. e amp. São Paulo: Saraiva, 2001. p. 227.

(22) Esta norma internacional entrou em vigência em 1976 e foi ratificada pelo Brasil por meio do Decreto Legislativo n. 226, de 12 de dezembro de 1991, e promulgado pelo Decreto n. 592, de 6 de dezembro de 1992.

(23) O Brasil aderiu à Convenção Americana de Direitos Humanos da OEA por ato de 25 de setembro de 1992, promulgando-a por meio do Decreto n. 78, de 6 de novembro de 1992. O Protocolo aprovado em 1988 albergou declarações alusivas a direitos econômicos, sociais e culturais e foi aprovado pelo Estado brasileiro por meio do Decreto Legislativo n. 56, de 19 de abril de 1995.

(24) A Convenção das Nações Unidas sobre Direitos da Criança foi ratificada pelo Estado brasileiro em 25 de setembro de 1990.

A Convenção n. 138 da OIT[25], de 1973, foi reconhecida como direito fundamental do trabalhador pela Cúpula Mundial dos Países Desenvolvidos, realizada em 1995 em Copenhague. Tem caráter universalizante e feição promocional (com fixação de objetivos a serem alcançados pelos Estados ratificantes)[26], estipulando orientações dotadas de alto grau de flexibilidade (que permite a sua adaptação às variadas realidades socioeconômicas dos países membro da OIT) com a finalidade de eliminar gradualmente o labor precoce (subordinando-o ao término da formação educacional fundamental e prestigiando as iniciativas alusivas à formação profissional), mediante o incremento das normas que o disciplinam, principalmente as estipu-ladoras de idade mínima para admissão. Complementada pela Recomendação n. 146 da OIT, também de 1973, a Convenção n. 138 reuniu em um só instrumento onze convenções que lhe antecederam tratando da idade mínima para admissão em diversos ramos de trabalho[27], representado uma revisão geral das normas da OIT quanto à idade mínima para o trabalho e sendo dotada de poderosa influência normativa. A Convenção n. 138 constitui, assim, a base de toda a política da OIT sobre o trabalho infanto-juvenil, tanto no que diz respeito à sua eliminação progressiva, quanto no que pertine à proteção do menor trabalhador contra as condições de labor que lhe sejam adversas.

As normas internacionais mencionadas constituem tratados internacionais aprovados pelo Brasil (à exceção da Declaração Universal de Direitos Humanos e da Declaração Universal dos Direitos da Criança), todos encerrando conteúdo programático.

3.2. Normas oriundas do Direito interno

No plano da produção normativa interna brasileira, a matéria relativa à idade mínima para o trabalho se vê disciplinada por normas de natureza constitucional e por normas de natureza infraconstitucional.

Dentre as normas constitucionais, disciplinam o tema sob estudo aquelas capituladas no art. 7º, XXXIII e no art. 227, *caput* e seu § 3º, I, II e III, da CF/88[28].

---

(25) Adotada pela OIT em 26 de junho de 1973, iniciou sua vigência internacional em 19 de julho de 1976 e teve sua ratificação aprovada por meio do Decreto Legislativo n. 179, de 14 de dezembro de 1999, tendo sido promulgada por meio do Decreto n. 4.134, de 18 de fevereiro de 2002.

(26) SÜSSEKIND, Arnaldo. *Direito internacional do trabalho*. 3. ed. atual. com novos textos. São Paulo: LTr, 2000. p. 191.

(27) A saber: n. 5, de 1919, sobre trabalhos industriais; n. 7, de 1920, sobre trabalho marítimo; n. 10, de 1921, sobre trabalho agrícola; n. 15, de 1921, sobre trabalho de paioleiros e foguistas da marinha mercante; n. 33, de 1932, sobre trabalhos não industriais; n. 58, de 1936, que revisou a Convenção n. 7; n. 59, de 1937, que revisou a Convenção n. 33; n. 60, de 1937, sobre trabalhos não industriais; n. 83, de 1947, sobre trabalhos em territórios não metropolitanos; n. 112, de 1959, sobre trabalho de pescadores; e n. 123, de 1965, sobre trabalhadores subterrâneos.

(28) Note-se que o art. 227, § 3º, II e III, da CF/88, embora façam referência a garantias a serem outorgadas ao trabalhador adolescente, não estabelecem normas especificamente fixadoras de idade mínima para o trabalho.

Analisando-se os dispositivos constitucionais referidos, nota-se que o art. 7º, XXXIII, da CF/88, integra o rol dos "direitos fundamentais dos trabalhadores", que estão descritos no Título II ("Dos Direitos e Garantias Fundamentais"), no âmbito do Capítulo I ("Dos Direitos e Deveres Individuais e Coletivos"), especificamente no curso do art. 5º, XIII, e no Capítulo II ("Dos Direitos Sociais"), correspondendo aos arts. 6º a 11 da CF/88. O art. 227, *caput* e seu § 3º, I, por sua vez, faz parte do Capítulo VII ("Da Família, da Criança, do Adolescente e do Idoso"), do Título VIII ("Da Ordem Social"), não tendo sido, assim, catalogado na condição de direito fundamental constitucionalmente reconhecido.

A inclusão, pela CF/88, do preceito regulador da idade para o trabalho no seu catálogo de direitos fundamentais revela a importância atribuída por este diploma constitucional à matéria em questão.

De acordo com o mencionado art. 7º, XXXIII, da CF/88, com a redação que lhe foi atribuída pela EC n. 20, de 16 de dezembro de 1998, resta proibido "qualquer trabalho a menores de dezesseis anos, salvo na condição de aprendiz, a partir de quatorze anos". Este preceito guarda coerência com os termos do art. 227, § 3º, n. I, da CF/88 e alterou o limite etário mínimo para o trabalho[29].

Elevando a idade mínima para o trabalho, a EC n. 20/98 concretizou as orientações emanadas da Convenção n. 138 da OIT, viabilizando-se a sua ratificação pelo Estado brasileiro de modo que este se visse, desde logo, salvaguardado das responsabilizações internacionais porventura decorrentes de sua afronta.

Este avanço constitucional, contudo, não se ultimou sem controvérsias, que se centraram na alegação de que o legislador constitucional ignorara a realidade socioeconômica, alegando-se, ademais, que a elevação da idade mínima para o trabalho importaria na restrição do "direito ao trabalho" do menor entre quatorze e dezesseis anos, assim como do menor a partir dos doze anos na condição de aprendiz. Desta maneira, tal circunstância representaria violação do art. 60, § 4º, IV, da CF/88 e poderia redundar em prejuízos para aqueles que, em virtude da alteração constitucional implementada, viram proibido o seu imediato ingresso ou a sua permanência no mundo do trabalho, suscitando-se, ademais, o fato de dita alteração constitucional haver sido concretizada no âmbito da reformulação do sistema previdenciário[30].

Contudo, é de se atentar para o fato de que a elevação da idade mínima para o trabalho não era alheia à questão previdenciária então regulada, já que se buscava

(29) Anteriormente este limite era fixado em quatorze anos e admitia labor na condição de aprendiz a partir dos doze anos, o que não era disciplinado por via constitucional, e sim infraconstitucional.

(30) Assim TEIXEIRA FILHO, João de Lima, SÜSSEKIND, Arnaldo *et al. Instituições...*, v. 1, p. 996, onde afirma que nesse "quadro patológico grave, o trabalho do menor, sob variadas formas, é um lenitivo da maior importância, mas que foi descartado como se aí residisse algum mal, capaz de comprometer o equilíbrio das finanças da previdência (...) A reedição das Constituições atualizadas não pode jogar ao esquecimento o fato de que a vedação do trabalho do menor de 16 anos adveio de uma Emenda destinada a reformular o sistema previdenciário". Neste mesmo sentido são as lições de: MANUS, Pedro Paulo Teixeira. *Direito do trabalho.* 6. ed. São Paulo: Atlas, 2001. p. 199; SAAD, Eduardo Gabriel. *Consolidação das Leis do Trabalho comentada.* 36. ed. São Paulo: LTr, 2003. p. 247-249.

corrigir distorções respectivas verificadas em desfavor dos que, tendo iniciado a sua vida laborativa precocemente, teriam que observar idade mínima para aposentadoria(31).

A majoração da idade mínima para o trabalho levada a efeito pela EC n. 20/98 representou, portanto, um importante incremento da proteção ao menor trabalhador, que tem por objetivo a preservação da dignidade da pessoa humana. Com efeito, embora se reconhecendo que a atuação legislativa, isoladamente, não é instrumento suficiente para que a proteção ao menor se concretize satisfatoriamente, também é certo que os avanços nesta seara se prestam a orientar novos parâmetros de relacionamento social que vêm em auxílio aos demais mecanismos de contenção da exploração do trabalho precoce. A assim não se entender, restaria forçoso concluir-se, absurdamente, que os meios legislativos devem dar supedâneo à exploração de menores como via para superação de problemas sociais que encontram solução efetiva através de vias outras, com caráter multidisciplinar, incluindo-se a adoção de políticas públicas eficientes, e não mediante o sacrifício de direitos fundamentais de crianças e adolescentes(32).

O art. 227, § 3º, I, da CF/88, por seu turno, faz expressa remissão aos termos do art. 7º, XXXIII, da CF/88, o que viabiliza interpretação coerente com os atuais termos deste último dispositivo constitucional mencionado.

Em sede infraconstitucional, a idade mínima para o trabalho está disciplinada pelos termos dos arts. 403 da CLT(33), com a redação que lhe foi atribuída pela Lei n. 10.097, de 19 de dezembro de 2000, que guarda consonância com o texto constitucional antes referido.

Estas normas internas concretizam as previsões de conteúdo programático na Convenção n. 138 da OIT, fazendo-o, contudo, de modo apequenado, já que a norma internacional firma como pilar da normatização desta matéria o cumprimento de escolaridade obrigatória, surgindo o critério de idade, ali, supletivamente. Com efeito, as referências constantes no Direito brasileiro relacionadas com a formação educacional ou profissional do obreiro precoce, especificamente ao longo dos arts. 424 e 427 da CLT, dirigem-se ao responsável pelo trabalhador menor e ao seu empregador, respectivamente, circunscrevendo-se a sua aplicação ao domínio do cumprimento do contrato de trabalho, não de sua formação, como é o caso da abor-

---

(31) Cf. MARTINS, Adalberto. *A proteção...*, p. 78-79 e STEPHAN, Cláudia Coutinho; COSTA, Júlio César Vieira da (colab.). *Trabalhador adolescente:* em face das alterações da Emenda Constitucional n. 20/98. São Paulo: LTr, 2002. p. 72.

(32) Sobre o assunto é judiciosa a manifestação de MARTINS, Adalberto. O trabalho infantil e o direito do trabalho. *Revista da Amatra II*, ano I, n. 3, São Paulo, p. 20, ago. 2000, ao asseverar: "de nossa parte, esperamos que argumento semelhante jamais sirva para criticar os dispositivos legais que tipificam o furto, o roubo, o homicídio e tantos outros delitos. Afinal de contas, parece-nos que a realidade social é que deve se ajustar aos contornos legais e à tendência mundial de eliminação do trabalho infantil".

(33) Note-se que a disposição pertinente à idade mínima para o trabalho inserida no art. 60 do Estatuto da Criança e do Adolescente se viu revogada em face do advento da EC n. 20/98, que majorou os limites inicialmente talhados.

dagem emprestada ao tema da idade mínima no ordenamento jurídico brasileiro e da formação educacional e profissional na seara da norma internacional referida.

4. Natureza jurídica das normas fixadoras de idade mínima para o trabalho

Quanto às normas constitucionais referidas, vê-se que o citado art. 7º, XXXIII, da CF/88, integra o rol dos "Direitos e Garantias Fundamentais", compondo especificamente aquele pertinente aos "Direitos Sociais" e encerrando disposição incontroversamente preceptiva, de vez que ali se veem definidos de modo claro e preciso os limites etários mínimos estipulados para admissão ao trabalho, atribuindo ao seu beneficiário, assim, possibilidade de insurreição contra ofensas ao direito ali prestigiado. É, pois, o preceito ali talhado, um direito fundamental do trabalhador precoce.

A análise da natureza jurídica das normas constantes no art. 227, § 3º, I, da CF/88, assim como as disposições constantes na Convenção n. 138 da OIT e no art. 403 da CLT, reclama a averiguação da possibilidade de, na esfera do ordenamento jurídico brasileiro, serem estipulados direitos fundamentais para além daqueles declinados explicitamente como possuidores desta natureza no catálogo constitucional de direitos fundamentais, elencados no Título II da CF/88. A resolução desta questão está submetida à análise do alcance da norma insculpida no art. 5º, § 2º, da CF/88, que, nada obstante esteja estipulada em momento anterior à declinação dos "direitos sociais", é aplicável à integralidade dos direitos fundamentais porque: a topografia não pode prevalecer diante de uma interpretação que leve em conta a finalidade do dispositivo; ali se alude genericamente aos "direitos e garantias expressos nesta Constituição", sem ressalvas quanto à sua localização no âmbito do diploma em questão; os direitos sociais integram o título relativo aos "Direitos e Garantias Fundamentais"; o art. 6º admite a existência de outros direitos sociais no corpo da Constituição, para além daqueles inseridos no catálogo dos direitos funda-mentais; e em virtude de o art. 7º referir-se a outros direitos, sem restrição qualquer quanto à sua origem[(34)]. Dos termos do art. 5º, § 2º, da CF/88, pois, infere-se admissível a existência de outros direitos fundamentais para além daqueles então consagrados, desde que decorrentes do regime e dos princípios adotados por dita Lei Fundamental, ou dos tratados internacionais em que a República Federativa do Brasil seja parte[(35)].

Sendo certo que as normas atinentes à fixação de limite etário mínimo para o trabalho enquadram-se num conceito material de direito fundamental, à vista da natureza do bem jurídico protegido pelas mesmas, que se destinam a concretizar o

---

(34) Cf. SARLET, Ingo Wolfgang. *A eficácia dos direitos fundamentais*. 2. ed. rev. atual. Porto Alegre: Livraria do Advogado, 2001. p. 84.

(35) Sobre a análise do regime e dos princípios orientadores da CF/88, bem assim do tratamento dispensado às normas internacionais trabalhistas, consultar ARNALDO SÜSSEKIND, *Direito Internacional...*, p. 53 e ss. Especificamente sobre o alcance da expressão "tratados internacionais" insculpida no art. 5º, § 2º, da CF/88, consultar SARLET, Ingo Wolfgang. *A Eficácia...*, p. 126-135.

princípio da dignidade da pessoa humana, é possível, portanto, reconhecer-se caráter de direito fundamental às disposições alusivas à fixação de idade mínima para o trabalho que integram a Convenção n. 138 da OIT, assim como aquela insculpida no art. 227, § 3º, I da CF/88, ambas dotadas de caráter preceptivo[36].

De outra sorte, não é admissível a estipulação de direitos fundamentais por meio de legislação infraconstitucional: seja por esta ter por finalidade concretizar e regulamentar os direitos fundamentais positivados na Constituição, tornando-os diretamente aplicáveis; seja porque nunca houve qualquer referência à lei nos dispositivos que consagraram a cláusula de abertura de nosso catálogo de direitos fundamentais[37]. Assim, os direitos reconhecidos no art. 403 da CLT não possuem caracteres próprios dos direitos fundamentais.

5. Normas fixadoras de idade mínima para o trabalho e o pacto laboral

As normas fixadoras de idade para o trabalho ocasionam repercussões jurídicas que, sobre incidirem no domínio específico da formação do contrato de trabalho, estendem-se para além da esfera contratual, alcançando, também, as esferas de relacionamento das partes firmatárias da relação jurídico-laboral no âmbito de sua atuação nos planos criminal e civil.

5.1. Repercussões no domínio da formação do contrato de trabalho

Impõe-se averiguar o lugar ocupado por um requisito como o da estipulação de idade mínima para o trabalho no domínio da formação do negócio jurídico-laboral e, a partir de então, os efeitos da sua afronta nas mais diversas vertentes antes referidas.

A legislação trabalhista brasileira não cuidou em erigir uma "teoria geral do negócio jurídico-laboral". Nada obstante, a disciplina da matéria não se afasta substancialmente das normas civilistas que disciplinam o negócio jurídico civil, por força do disposto no art. 8º, da CLT, que prevê a aplicabilidade das normas civilistas no âmbito das relações laborais, que está adstrita à ocorrência de compatibilidade das normas de natureza civilista com os princípios fundamentais do Direito do Trabalho[38].

De acordo com a doutrina civilista, neste particular aplicável ao Direito do Trabalho, existem três categorias de elementos constitutivos do negócio jurídico: "essenciais", que engloba a capacidade do agente ("jurídica ou de gozo" e "de exercício

(36) A Convenção n. 138 da OIT, que tem conteúdo preponderantemente programático, restou dotada de caráter preceptivo ante os termos do arts. 7º, XXXIII e 227, § 3º, I, da CF/88.
(37) Cf. SARLET, Ingo Wolfgang. *A eficácia...*, p. 93.
(38) RODRIGUEZ, Américo Plá. *Princípios de direito do trabalho.* Trad. Wagner D. Giglio. São Paulo: LTr, 1994. p. 24, propõe a seguinte enumeração dos princípios norteadores do Direito do Trabalho: da proteção; da irrenunciabilidade dos direitos; da continuidade da relação de emprego; da primazia da realidade; da razoabilidade; e da boa-fé.

ou de agir"), o objeto lícito e possível, o consentimento e as formas e solenidades previstas em lei; "naturais", que acolhe os efeitos decorrentes do ato negocial; e "acidentais", que inclui a condição, o modo ou o termo[39].

No domínio do Direito do Trabalho, assumem importância a "capacidade jurídica ou de gozo", a "capacidade de exercício ou de agir", e o "objeto do negócio jurídico".

A "capacidade jurídica ou de gozo" encontra disciplina no art. 1º, do Código Civil. A "capacidade de exercício de agir", por seu turno, viu se regrada no curso dos arts. 3º, 4º e 5º, do Código Civil[40].

Por seu turno, a idoneidade do "objeto do negócio jurídico" está adstrita a sua "licitude", "possibilidade" (física e jurídica ou legal) e "determinabilidade" (art. 104, II, do Código Civil).

De logo, averba-se que a idade mínima para o trabalho não guarda relação com a "determinabilidade". De igual, não é de se cogitar, em casos tais, de "impossibilidade física", já que, "se o trabalho foi prestado, inexistia, por isso mesmo, incapacidade *natural*"[41].

Tampouco caracteriza, a inobservância da idade mínima para o trabalho, ausência de "capacidade jurídica ou de gozo"[42], disciplinada pelos termos do art. 1º do Código Civil, que encerra princípio genérico e não alberga flexibilizações notadamente se advindas de normas específicas como o são aquelas disciplinadoras de idade mínima para o trabalho.

A afronta às normas fixadoras de idade mínima para admissão ao trabalho também não caracteriza ausência de "capacidade de exercício ou de agir"[43], já que, nos termos do art. 402 da CLT, para efeitos trabalhistas a plena "capacidade de exercício ou de agir" se vê adquirida de modo pleno aos dezoito anos, sendo que a legislação trabalhista não estipula preceitos outros que disciplinem a matéria. Assim, por força dos termos do art. 8º da CLT, aplica-se à espécie o regramento respectivo elaborado na órbita civil, em que as incapacidades são supridas por via da "represen-

---

(39) Cf. DINIZ, Maria Helena. *Curso de direito civil brasileiro.* 19. ed. rev. São Paulo: Saraiva, 2002. v. 1, p. 376.

(40) Sobre "capacidade" se consulte: NERY JÚNIOR, Nélson; NERY, Rosa Maria de Andrade. *Novo Código Civil e legislação extravagante comentados.* São Paulo: Revista dos Tribunais, 2002. p. 8 e ss.

(41) MARANHÃO, Délio; SÜSSEKIND, Arnaldo *et al. Instituições...*, v. 1, p. 257.

(42) Cf. FONSECA, Vicente José Malheiros da. O trabalho do menor no direito brasileiro. In: FRANCO FILHO, Georgenor de Sousa (coord.). *Presente e futuro das relações de trabalho:* estudos em homenagem a Roberto Araújo de Oliveira Santos. São Paulo: LTr, 2000. p. 393 ao asseverar que "aos 16 anos de idade, adquire o menor *capacidade jurídica para trabalhar*".

(43) Averbe-se que parte considerável da construção doutrinária erigida ao derredor da matéria em apreço no Brasil aponta a ausência de idade mínima para o trabalho como uma hipótese configuradora de "incapacidade absoluta", espécie do gênero "incapacidade de exercício ou de agir". Neste sentido, consultar: DALLEGRAVE NETO, José Affonso. *Inovações na legislação trabalhista:* aplicação e análise crítica. São Paulo: LTr, 2000. p. 198/199, e CATHARINO, José Martins. *Compêndio universitário de direito do trabalho.* São Paulo: Jurídica e Universitária, 1972. v. 1, p. 303.

tação" ou da "assistência". Ocorre que o ordenamento jurídico brasileiro não reconhece, na órbita do Direito do Trabalho, possibilidade de concretização de "representação" do obreiro que conta idade inferior à estipulada por via normativa heterônoma para a sua admissão, de vez que a imposição de limites à idade mínima para o trabalho encerra proibição inderrogável de prestação de labor, que não se compatibiliza com a noção de suprimento de incapacidade pela via da "representação"[44]. De fato, a configuração de "incapacidade de exercício ou de agir" somente tem lugar em moldes relativos, quando se concretiza prestação de serviços a partir de idade em que tal já se vê admitido até o advento dos dezoito anos do obreiro, quando então o mesmo adquire, para os atos da vida trabalhista, plena capacidade de exercício ou de agir, suprindo-se dita incapacidade parcial por via da "assistência"[45].

Desse modo, a ausência de idade mínima para o trabalho é requisito que se prende ao objeto do contrato de trabalho, configurando-se uma "proibição legal"[46], e não uma "ilicitude"[47], de vez que a prestação pactuada, em sendo ultimada por quem preencha o requisito etário em questão, não é repudiada pelo ordenamento jurídico brasileiro.

5.2. Efeitos do descumprimento das normas fixadoras de idade mínima para o trabalho

5.2.1. Plano contratual

Segundo a disciplina das invalidades do contrato de trabalho este se revelará nulo nos mesmos casos em que o for o negócio jurídico civil, ou seja, em ocorrendo qualquer das hipóteses a que se refere o art. 166 do Código Civil, ou ainda quando a avença se haja concluído com o objetivo de desvirtuar (atribuir-lhe efeitos diversos dos acolhidos pela intenção legal), impedir (opor óbices) ou fraudar (implementar mera aparência de cumprimento) as normas de proteção ao trabalho, tal como estipulado no art. 9º, da CLT.

---

(44) Cf. OLIVEIRA, Oris de. *O trabalho...*, p. 80, que assevera que "todavia, há muito tempo a doutrina italiana ensina inexistir, na prestação de serviços, a figura da representação por causa da relação e a intervenção estritamente pessoal que o trabalho implica e por não poderem os pais dispor do trabalho do filho. Assim, em matéria de trabalho, os pais somente intervêm assistindo".

(45) A assistência assume no Direito do Trabalho contornos diferenciados, considerando-se aqueles definidos no Direito Civil, sendo que tal se revela, *ad exemplum*, nas disposições inseridas no art. 439, da CLT.

(46) Esta a posição que emerge das lições de: TEIXEIRA FILHO, João de Lima; SÜSSEKIND, Arnaldo *et al. Instituições...*, v. 2, p. 998; GOMES, Orlando *et al. Curso...*, p. 147; LEITE, Carlos Henrique Bezerra. *Curso de direito do trabalho.* 3. ed. rev. e atual. Curitiba: Juruá, 2000. v. 1, p. 212; e RIBEIRO, Wagner da Silva. Contrato de trabalho: classificação, requisitos de validade, conteúdo, nulidade. Renúncia e transação. Tempo de serviço, suspensão e interrupção do contrato. In: VOGEL NETO, Gustavo Adolpho (coord.). *Curso de direito do trabalho:* em homenagem ao Prof. Arion Sayão Romita. Rio de Janeiro: Forense, 2000. p. 106.

(47) Para LEITE, Carlos Henrique Bezerra. *Curso...*, p. 212/213, a atividade "ilícita" "... além de ilegal, atenta contra a moral e os bons costumes e, via de regra, é prevista como crime ou contravenção penal...".

Assim, a concretização de pactuação laboral com afronta aos limites etários mínimos estabelecidos por via legislativa para tal fim revela a ocorrência de "impossibilidade jurídica ou legal" que recai sobre o objeto do negócio jurídico-laboral, sendo que daí decorre a "nulidade" do contrato de trabalho, eis que então se terá atingido um elemento essencial do negócio jurídico (art. 166, II, do Código Civil).

A nulidade contratual referida, tal como é disciplinada na órbita do Direito Civil, imporia às partes contratantes a recolocação na posição ocupada antes da pactuação, retroagindo ao momento em que se deu a contratação inválida, com a devida restituição, por cada uma das partes, da prestação que lhe houvesse sido conferida pelo outro contratante.

Ocorre que uma solução tal não se compatibiliza com a especial natureza do contrato de trabalho, que é sucessivo, pelo que seus efeitos, uma vez produzidos, não são passíveis de retroação. Com efeito, a força de trabalho despendida pelo obreiro em favor do empregador não pode, obviamente, ser devolvida ao primeiramente referido, o mesmo ocorrendo quanto à hipótese de devolução dos salários auferidos, dado mesmo o seu caráter essencial. De fato, os valores protegidos pelas normas trabalhistas fundamentam um tratamento diferenciado para as nulidades do contrato de trabalho em cotejo com aquele definido para o contrato de natureza civil porque

> "no contrato de trabalho, a atividade desenvolvida pessoalmente pelo empregado, a dignidade da pessoa humana e o valor social do trabalho impõem uma melhor adequação da teoria geral das nulidades do direito comum quando transplantada para o Direito do Trabalho."[(48)]

Este entendimento encontra respaldo também na proibição do enriquecimento ilícito, que seguramente restaria configurado em caso de admitir-se a aplicação irrestrita das orientações emergentes do Direito Civil para as hipóteses de nulidade do contrato de trabalho, com imposição, ao obreiro, de devolução de salários auferidos, embora impossível a restituição de sua força de trabalho[(49)].

Assim, em caso de nulidade do contrato decorrente da inobservância de idade mínima para o trabalho, são deferíveis ao obreiro todas as parcelas a que faria jus acaso fosse válida a avença laboral em questão. Vale dizer: ao obreiro deverão ser

---

(48) LEITE, Carlos Henrique Bezerra. *Curso...*, p. 210/211. Veja-se que RIBEIRO, Wagner da Silva. *Contrato...*, p. 110, sintetiza com particular propriedade a totalidade dos argumentos mencionados ao afirmar que " Direito do Trabalho identifica, no relacionamento entre empregado e empregador, uma desigualdade real; e, por isso — não se contentando com a igualdade formal — dispensa ao primeiro tratamento mais favorável, através de regras imperativas; o trabalho é força que se desprende, sendo impossível a restituição das partes ao *status quo ante*; o princípio da proibição do enriquecimento sem causa deve atuar, com total energia, em favor do trabalhador; a luta pela sobrevivência, a necessidade de um meio de sustento — máxime quando cai a oferta de empregos — levam a que se desconheça ou, quando menos, se minimize a censura pela participação do empregado na prática do ato nulo".

(49) Neste sentido consultar SAAD, Eduardo Gabriel. *Curso de direito do trabalho*. São Paulo: LTr, 2000. p. 125, que afirma que "na mesma esteira de entendimento é que também não é de se admitir a sonegação de salários ainda não pagos, que se farão devidos mesmo em caso de nulidade como esta de que se trata, sob pena de ver-se caracterizado enriquecimento ilícito".

pagos, além do salário, todas as demais parcelas comportadas no âmbito da relação de trabalho[50].

Com efeito, não assiste razão àqueles que entendem somente ser viável, em hipóteses tais, o pagamento dos salários[51], visto que uma circunstância tal não viabiliza que se vejam plenamente eliminados os efeitos positivos que a prestação de serviços de modo inválido ocasionou na esfera patrimonial do tomador dos serviços, já que então restaria este eximido do pagamento de valores correspondentes às parcelas rescisórias, além das obrigações de caráter previdenciário, fundiário e fiscal respectivas e, por outro lado, haveria um prejuízo correspondente na seara do patrimônio jurídico do obreiro. Note-se que as restrições opostas ao trabalho do menor são estabelecidas em favor do trabalhador, e não do seu empregador, pelo que não encontra respaldo jurídico algum entendimento que viabilize que, sob o pretexto de se dar cumprimento às normas respectivas, restem atingidos os direitos do obreiro precoce, que devem permanecer íntegros como se não houvesse qualquer restrição legal.

Assim é que, nada obstante a nulidade do contrato de trabalho em virtude de ausência de observância às normas que estabelecem limites mínimos de idade para admissão ao trabalho, ao menor obreiro admitido por estes moldes serão devidos todos os direitos assegurados pela legislação trabalhista, inclusive anotação da avença laboral em sua CTPS e ultimação de recolhimentos devidos para o FGTS[52].

Este entendimento está corroborado pelos termos do art. 227, § 3º, II, da CF/88, que estabelece serem devidos ao trabalhador precoce direitos trabalhistas e previdenciários sem que se haja, ali, feito ressalvas no tocante à observância dos limites mínimos etários definidos para o labor, pelo que, sendo esta uma norma com finalidade protetiva do menor trabalhador, merece interpretação que favoreça a sua finalidade.

Assim, sendo existente um contrato de trabalho firmado por menor com idade inferior ao limite mínimo estipulado, do mesmo decorre a obrigação do empregador no sentido de quitar a totalidade das verbas trabalhistas que seriam devidas ao trabalhador se o contrato não fosse inquinado de nulidade, assim como ultimar junto

---

(50) Assim entende a jurisprudência majoritariamente, de que é exemplo o Ac. TST-RR-449.878/98.5, de 3.4.2002, DJ 19.4.2002.

(51) Neste sentido se manifestam: SAAD, Eduardo Gabriel. *Curso...*, p. 126; MARANHÃO, Délio; SÜSSEKIND, Arnaldo *et al. Instituições...*, v. 1, p. 256, nota 52; e BARROS, Alice Monteiro de. Proteção do trabalho da mulher e do menor. In: VOGEL NETO, Gustavo Adolfo (coord.). *Curso do direito do trabalho:* legislação, doutrina e jurisprudência — em homenagem ao professor Arion Sayão Romita. Rio de Janeiro: Forense, 2000. p. 337.

(52) Assim, dentre outros: CARRION, Valentin. *Comentários à Consolidação das Leis do Trabalho*. 26. ed. atual. e amp. São Paulo: Saraiva, 2001, p. 65-66; DALLEGRAVE NETO, José Affonso. *Inovações...*, p. 201; LEITE, Carlos Henrique Bezerra. *Curso...*, p. 213; OLIVEIRA, Oris de. *O trabalho...*, p. 103; MORAES FILHO, Evaristo de *et al. Introdução...*, p. 165; e PIRES, Rosemary de Oliveira. O trabalho do menor. In: BARROS, Alice Monteiro de (coord.). *Curso de direito do trabalho:* estudos em memória de Célio Goyatá. 3. ed. rev. atual. e amp. São Paulo: LTr, 1997. v. 1, p. 627.

ao sistema previdenciário oficial os recolhimentos devidos em virtude de dita avença laboral(53).

De se averbar, já agora, que esta é a disciplina desta matéria, independentemente de o contrato firmado com afronta às normas fixadoras de idade mínima para o trabalho haver, ou não, iniciado a sua execução, já que não existe, já que o ordenamento jurídico brasileiro não atribuiu disciplina diferenciada segundo o contrato reconhecido nulo houvesse, ou não, tido iniciada a sua execução, submetendo-se ele, em qualquer das hipóteses, a um mesmo regime.

Para a declaração de invalidade do contrato de trabalho celebrado com afronta às normas que estipulam idade mínima para o trabalho, já que a CLT não estabeleceu nenhuma norma explícita neste sentido e de acordo com o art. 8º da CLT, devem-se aplicar as precrições do art. 168 do Código Civil, donde se conclui que dita declaração de nulidade se pode fazer por ato unilateral e espontâneo de qualquer interessado, podendo suscitá-la o Ministério Público, quando lhe couber intervir, e devendo ser pronunciadas de ofício pelo juiz, quando conhecer do negócio jurídico ou dos seus efeitos e a encontrar provada.

Quanto ao prazo para alegação da nulidade desta espécie de contrato de trabalho, a legislação trabalhista o limita nos termos elencados no art. 11 da CLT, estabelecendo prazo prescricional de 2 (dois) anos a partir do fim da prestação de labor, que no entanto não tem curso enquanto perdurar a menoridade do obreiro, conforme estipulado no art. 440 da CLT.

O contrato de trabalho firmado com afronta às normas de idade mínima para o trabalho, contudo, não é passível de confirmação, em face mesmo do especial interesse do obreiro por esta via protegido, sendo que as normas correlatas protegem, ademais, um interesse de ordem pública e possuem as regras referidas caráter imperativo.

Diversamente, é possível que se opere em casos tais a "convalidação" do contrato de trabalho, tanto que advenha a idade mínima exigida pela via legislativa para o trabalho, caso em que o contrato inicialmente eivado de nulidade será eficaz, sendo devidos ao trabalhador menor todos os direitos trabalhistas(54).

5.2.2. Plano criminal

Do descumprimento das normas estipuladoras de idade mínima para o trabalho também decorrem efeitos que se fazem sentir no âmbito criminal da esfera de atuação do sujeito que as afronta.

---

(53) Neste sentido é a lição de MARTINS, Adalberto. *A proteção...*, p. 127/128.

(54) Neste sentido é a lição de DALLEGRAVE NETO, José Affonso. *Inovações...*, p. 194, para quem, "se o empregado menor de 16 anos continuou laborando ou retornou a trabalhar depois de ter completado esta idade, o contrato, embora *nulo* será *eficaz*, cabendo ao obreiro todos os direitos trabalhistas".

Com efeito, nada obstante o ordenamento jurídico brasileiro não contemple norma que estipule uma consequência penal diretamente decorrente da afronta às normas protetoras do menor trabalhador, a infração à idade mínima para o trabalho pode configurar o crime de "perigo para a vida ou saúde de outrem", capitulado no art. 132 do Código Penal brasileiro, consistente em "expor a vida ou a saúde de outrem a perigo direto e iminente...", ressalvando-se, no entanto, que em hipóteses tais é possível identificar o perigo direto, mas nem sempre o perigo iminente, que, nada obstante, "poderá decorrer da própria atividade e até mesmo da pouca idade ou da impossibilidade de acesso aos bancos escolares em face do trabalho"(55).

5.2.3. Plano civil

A prestação de serviços subordinados por indivíduos que possuam idade inferior à mínima para este fim estipulada produz efeitos que se estendem para além das esferas contratual e criminal, repercutem no âmbito de atuação civil dos indivíduos envolvidos na relação negocial laboral em questão.

Isto decorre do fato de que a submissão desta categoria de indivíduos a labor precoce lhes proporciona danos das mais diversas ordens, sendo que as reparações correspondentes ao pagamento de todas as parcelas que lhe seriam devidas no curso do contrato de trabalho não se presta a reparar os danos outros decorrentes do menoscabo de seu desenvolvimento psicofísico, o que se deve fazer na órbita civil.

Assim, vê-se admitida a responsabilização civil daquele que firmar contrato de trabalho com afronta às normas que impõem limites etários mínimos para tal fim, que está disciplinada pelos termos do art. 186 do Código Civil, segundo o qual "aquele que, por ação ou omissão voluntária, negligência ou imprudência, violar direito e causar dano a outrem, ainda que exclusivamente moral, comete ato ilícito".

A norma mencionada alude a responsabilidade civil extracontratual e se funda na teoria da culpa, tendo, pois, por pressuposto a prática de um ato ilícito, que na espécie se corresponde à afronta da norma que estipula idade mínima para o trabalho. A responsabilização civil do infrator pode incluir a reparação de danos de natureza patrimonial ou moral. A apreciação da pretensão reparatória na esfera civil se fará também se parametrando nas normas para tal estipuladas na órbita civil (art. 168 do Código Civil), emergindo como pressupostos da mesma: ilicitude da conduta do lesante, que pode consistir em ação ou omissão e deve ser eivada de dolo ou mera culpa; a ocorrência de prejuízos ao lesado; a existência de relação entre o ato do lesante e os prejuízos suportados pelo lesado.

---

(55) MARTINS, Adalberto. *A proteção...*, p. 125. Sobre o ilícito capitulado no art. 132 do CPB, consultar DELMANTO, Celso; DELMANTO, Roberto; DELMANTO JÚNIOR, Roberto; DELMANTO, Fábio Machado de Almeida. *Código Penal comentado.* 5. ed. Rio de Janeiro: Renovar, 2000. p. 262-265.

Por fim, é de se referir que todo o mecanismo de reparação civil de danos decorrentes de uma situação tal se fará com base nas normas civilistas, inclusive no tocante à quantificação da reparação reconhecida devida[56].

Conclusão

A proteção ao menor trabalhador esteve sempre na vanguarda das conquistas trabalhistas, que representaram a pedra de toque do reconhecimento dos direitos sociais. Uma das principais vias desta proteção corresponde à fixação, por via jurídico-normativa, de idade mínima para admissão ao trabalho subordinado.

A normatização jurídica desta matéria tem encontrado evolução contínua e se delineia, na atualidade, atribuindo às normas respectivas cariz de direitos fundamentais, com o que se firma a importância do bem ou interesse jurídico pelas mesmas protegidos.

Estas normas repercutem no âmbito da esfera de atuação jurídica dos firmatários do contrato de trabalho, em diversas vertentes, quais sejam, na seara contratual, na esfera criminal e na esfera civil e tendem à expansão.

Com efeito, a sonegação de proteção especial ao menor trabalhador, seja mediante afrouxamento das normas respectivas, seja por meio da reduzida efetividade que ditas normas possam vir a encontrar no seio da sociedade, inarredavelmente conduz ao apoucamento da possibilidade de os menores concretizarem de modo satisfatório e em perspectiva futura o seu direito ao trabalho de maneira que venham a experimentar promoção social advinda de sua atividade laborativa em idade adulta, o que representa, em posterior instância, garantir-se à população infanto-juvenil vida digna que lhe permita estar salvaguardada da marginalização na idade adulta.

É necessário, portanto, o incremento desta proteção, que se deve fazer não apenas por intermédio da mencionada expansão normativa, como também pela incremen-tação das vias interpretativas que a elas se empreste, incluindo a atuação do Estado e da sociedade com o fim de erradicar esta mácula social, de modo que o desenvol-vimento tecnológico experimentado pela sociedade não se faça acompanhar pelo incremento das instituições e da organização social.

De se averbar, já agora, que as conclusões acima grafadas não se veem explicitadas com a pretensão de pôr termo às discussões que se lhe relacionam, senão de suscitar outras tantas que findem por esclarecer as normas nas quais se assentam e aperfeiçoar a sua eficácia.

---

(56) Para estudo sobre a disciplina da responsabilidade civil extracontratual sob o prisma brasileiro, consultar: NERY JÚNIOR, Nélson; NERY, Rosa Maria de Andrade. *Novo...*, p. 91 e ss.; RODRIGUES, Silvio. *Direito...*, p. 307 e ss. GAGLIANO, Pablo Stolze *et al. Novo...*, p. 461 e ss.; e DINIZ, Maria Helena. *Curso...*, p. 456 e ss.

Por fim, é de se afirmar que se faz mister a continuidade do incremento dos mecanismos legislativos que dizem respeito à matéria da fixação de idade mínima para o trabalho, de modo que os objetivos pelos mesmos propugnados se vejam integralmente alcançados, decorrendo daí a garantia de desenvolvimento pleno do indivíduo nos mais variados aspectos de sua existência, inclusive com a efetiva observância do princípio da dignidade da pessoa humana, já que do "direito ao trabalho", devidamente exercitado, depende a realização de muitos outros direitos, inclusive do direito à vida.

Bibliografia

BARROS, Alice Monteiro de. *Contratos e regulamentações especiais de trabalho:* peculiaridades, aspectos controvertidos e tendências. São Paulo: LTr, 2001.

CANOTILHO, J. J. Gomes. *Direito constitucional e teoria da Constituição.* 4. ed. Coimbra: Almedina, 2001.

CARRION, Valentin. *Comentários à Consolidação das Leis do Trabalho.* 26. ed. atual. e ampl. São Paulo: Saraiva, 2001.

CATHARINO, José Martins. *Compêndio universitário de direito do trabalho.* São Paulo: Jurídica e Universitária, 1972, v. 1.

COMPARATO, Fábio Konder. *A afirmação histórica dos direitos humanos.* 2. ed. rev. e ampl. São Paulo: Saraiva, 2001.

CUEVA, Mario de La. *Derecho mexicano del trabajo.* 2. ed. México: Porrùa, 1943. v. 2.

DALLEGRAVE NETO, José Affonso. *Inovações na legislação trabalhista:* aplicação e análise crítica. São Paulo: LTr, 2000.

DELMANTO, Celso; DELMANTO, Roberto; DELMANTO JÚNIOR, Roberto; DELMANTO, Fábio Machado de Almeida. *Código Penal comentado.* 5. ed. Rio de Janeiro: Renovar, 2000.

DINIZ, Maria Helena. *Curso de direito civil brasileiro.* 19. ed. rev. São Paulo: Saraiva, 2002. v. 1.

DRAY, Guilherme Machado. *O princípio da igualdade no direito do trabalho:* sua aplicabilidade no domínio específico da formação de contratos individuais de trabalho. Coimbra: Almedina, 1999.

FONSECA, Vicente José Malheiros da. O trabalho do menor no direito brasileiro. In: FRANCO FILHO, Georgenor de Sousa (coord.). *Presente e futuro das relações de trabalho:* estudos em homenagem a Roberto Araújo de Oliveira Santos. São Paulo: LTr, 2000.

GOMES, Orlando; GOTTSCHALK, Elson. *Curso de direito do trabalho.* 16. ed. atual. por José Augusto Rodrigues Pinto. Rio de Janeiro: Forense, 2000.

GONÇALES, Odonel Urbano. *Manual de direito do trabalho.* 2. ed. São Paulo: Atlas, 1999.

GRUNSPUN, Haim. *O trabalho das crianças e dos adolescentes.* São Paulo: LTr, 2000.

LEITE, Carlos Henrique Bezerra. *Curso de direito do trabalho.* 3. ed. rev. e atual. Curitiba: Juruá, 2000. v. 1.

MANUS, Pedro Paulo Teixeira. *Direito do trabalho.* 6. ed. São Paulo: Atlas, 2001.

MARTINS, Adalberto. *A proteção constitucional ao trabalho de crianças e adolescentes.* São Paulo: LTr, 2000.

______. O trabalho infantil e o direito do trabalho. *Revista da Amatra II,* ano I, n. 3, São Paulo, p. 19-22, ago. 2000.

MIRANDA, Jorge. *Manual de direito constitucional.* 3. ed. Coimbra: Coimbra, 2000. t. 4.

MORAES, Antônio Carlos Flores de. *Trabalho do adolescente:* proteção e profissionalização. 2. ed. rev. e atual. Belo Horizonte: Del Rey, 2002.

MORAES, Evaristo de. *Apontamentos de direito operário.* 4. ed. São Paulo: 1998.

MORAES FILHO, Evaristo; MORAES, Antônio Carlos Flores de. *Introdução ao direito do trabalho.* 8. ed. rev. aum. e atual. São Paulo: LTr, 1998.

NERY JÚNIOR, Nélson; NERY, Rosa Maria de Andrade. *Novo Código Civil e legilação extravagante comentados.* São Paulo: Revista dos Tribunais, 2002.

OLIVEIRA, Oris de. *O trabalho da criança e do adolescente.* São Paulo: LTr; Brasília: OIT, 1994.

OVIEDO, Carlos Garcia. *Tratado elemental de derecho social.* 2. ed. Madrid: EPESA, 1946.

PEREIRA, Tânia da Silva. *Direito da criança e do adolescente:* uma proposta interdisciplinar. Rio de Janeiro: Renovar, 1996.

PIRES, Rosemary de Oliveira. O trabalho do menor. In: BARROS, Alice Monteiro de (coord.). *Curso de direito do trabalho:* estudos em memória de Célio Goyatá. 3. ed. rev. atual. e amp. São Paulo: LTr, 1997. v. 1.

RIBEIRO, Wagner da Silva. Contrato de trabalho: classificação, requisitos de validade, conteúdo, nulidade. Renúncia e transação. Tempo de serviço, suspensão e interrupção do contrato. In: VOGEL NETO, Gustavo Adolpho (coord.). *Curso de direito do trabalho:* em homenagem ao Prof. Arion Sayão Romita. Rio de Janeiro: Forense, 2000.

RODRIGUEZ, Américo Plá. *Princípios de direito do trabalho.* Trad. Wagner D. Giglio. São Paulo: LTr, 1994.

SAAD, Eduardo Gabriel. *Consolidação das Leis do Trabalho comentada.* 36. ed. São Paulo: LTr, 2003.

______. *Curso de direito do trabalho.* São Paulo: LTr, 2000.

STEPHAN, Cláudia Coutinho; COSTA, Júlio César Vieira da (colab.). *Trabalhador adolescente:* em face das alterações da Emenda Constitucional n. 20/98. São Paulo: LTr, 2002.

SÜSSEKIND, Arnaldo. Direito constitucional do trabalho. Rio de Janeiro: Renovar, 1999.

______. *Direito internacional do trabalho.* 3. ed. atual. com novos textos. São Paulo: LTr, 2000.

SÜSSEKIND, Arnaldo; MARANHÃO, Délio; VIANNA, Segadas; TEIXEIRA FILHO, João de Lima. *Instituições de direito do trabalho.* 19. ed. Atual. por Arnaldo Süssekind e João de Lima Teixeira Filho. São Paulo: LTr, 2000. v. 1 e 2.

Trabalho na Infância e na Adolescência: A Autorização Judicial em face da Constituição

Viviane Colucci(*)
Roberto Basilone Leite(**)

É preciso dizer com coragem que as inúmeras distorções que se encontram disseminadas por todo o território nacional desafiando a eficácia da lei só se corrigirão através de um trabalho contínuo de conscientização, de esforço para passar uma outra visão do trabalho infantil que não se limite ao simplório dilema novecentista que ainda perdura: ou a rua que perverte ou o trabalho que regenera.

Oris de Oliveira(***)

Introdução

O trabalho antes da idade mínima permitida pela lei brasileira deve ser consentido em certas situações? Ou a norma que regula a matéria é absoluta, não devendo ser flexibilizada? O interesse da pergunta está no fato de o judiciário vir concedendo autorizações para o trabalho de crianças e adolescentes, em casos nos quais o juiz entende ser essa medida pertinente e salutar como mecanismo pedagógico ou garantidor de sua sobrevivência. Analisaremos essa questão, à luz do moderno conceito de cidadania e da teoria dos direitos humanos.

Em razão dos notórios prejuízos que o trabalho precoce causa à formação da criança e do adolescente, as grandes associações de magistrados têm se empenhado,

(*) Juíza do Tribunal Regional do Trabalho de Santa Catarina, pós-graduada em Direito Privado pela Universidade de São Paulo. Atuou como Coordenadora do Fórum Estadual de Erradicação do Trabalho Infantil de Santa Catarina no período 1999/2002.

(**) Juiz do Trabalho em Santa Catarina, mestre e doutorando em Filosofia e Teoria do Direito pela Universidade Federal de Santa Catarina e professor-orientador da Escola da Associação dos Magistrados do Trabalho de Santa Catarina.

(***) OLIVEIRA, Oris de. *O trabalho infantil:* o trabalho infanto-juvenil no direito brasileiro. Brasília: OIT, 1993. p. 31.

na última década, pela garantia dos direitos dessa categoria tão sensível, sobressaindo o trabalho realizado pela Associação dos Magistrados Brasileiros — AMB, pela Associação Nacional dos Magistrados do Trabalho — Anamatra e pela Associação Brasileira dos Magistrados e Promotores da Infância e da Juventude — ABMP.

A AMB lançou, em 2007, a campanha "Mude um Destino — Campanha da AMB em favor da adoção consciente"[1], visando especialmente às crianças que vivem em abrigos. Essa campanha não trata especificamente do problema do trabalho infanto-juvenil, mas revela a preocupação da cúpula associativa dos juízes com a necessidade de se incluir na ordem do dia a discussão sobre a efetiva garantia dos direitos da infância e da juventude. A campanha da AMB continua em plena atividade, realizando audiências públicas em todo o país, nas quais juízes vinculados ao projeto orientam a população, distribuem as cartilhas elaboradas pela AMB e dialogam com as autoridades executivas e legislativas.

A Anamatra, por sua vez, assinou, em junho de 2006, um protocolo de intenções com a Fundação Abrinq pelos Direitos das Crianças e dos Adolescentes, para unirem esforços na luta pela erradicação do trabalho infantil no Brasil, por meio de campanhas, projetos e atuação junto ao Congresso e ao Judiciário[2].

Em novembro de 2007, ocorreu em Brasília a 1ª Jornada de Direito Material e Processual do Trabalho, promovida pelo Tribunal Superior do Trabalho, Anamatra e Escola Nacional de Formação e Aperfeiçoamento de Magistrados do Trabalho, na qual foram aprovados 79 enunciados sobre temas diversos, a partir de propostas debatidas por juristas, advogados, juízes, procuradores do trabalho e lideranças sindicais. O Enunciado n. 18 firmou entendimento no sentido de que a Constituição veda ao Judiciário conceder autorização para o trabalho antes dos dezesseis anos de idade. Assim ficou o texto do referido Enunciado: "PRINCÍPIO DA PROTEÇÃO INTEGRAL. TRABALHO DO ADOLESCENTE. ILEGALIDADE DA CONCESSÃO DE AUTORIZAÇÃO JUDICIAL. A Constituição Federal veda qualquer trabalho anterior à idade de dezesseis anos, salvo na condição de aprendiz, a partir dos quatorze anos (art. 7º, inciso XXXIII, CF, arts. 428 a 433 da CLT). Princípio da proteção integral que se impõe com prioridade absoluta (art. 227, *caput*), proibindo a emissão de autorização judicial para o trabalho antes dos dezesseis anos"[3].

Outrossim, uma pesquisa de opinião do Ibope realizada em 2006, por encomenda da Organização Internacional do Trabalho — OIT e da Agência de Notícias do Direito da Infância — ANDI, revelou que 78% dos brasileiros entre 16 e 24 anos acham que a idade adequada para a pessoa começar a trabalhar é acima de 16 anos e

(1) CAMPANHA. Mude um destino. *AMB Informa*, n. 90, fev. 2007.

(2) Anamatra e Fundação Abrinq unidas contra o trabalho infantil. *Anamatra Notícias*, 2 jun. 2006. Disponível em: <http://ww1.anamatra.org.br/003/00301015.asp?ttCD_CHAVE=73068> Acesso em: 19.4.2010.

(3) Enunciados aprovados na 1ª Jornada de Direito Material e Processual do Trabalho. *Anamatra*, 23 nov. 2007. Disponível em: <http://www.anamatra.org.br/jornada/enunciados/enunciados_aprovados.cfm> Acesso em: 19.4.2010.

que 90% deles entendem que os exploradores de mão de obra infantil deveriam ser presos[(4)].

Em dezembro de 2008, a Anamatra concedeu o Prêmio Anamatra de Direitos Humanos ao Projeto Missão Ubaré, de Manaus, que tem por objetivo proteger os jovens entre 10 e 18 anos vítimas de exploração sexual, concedendo bolsas de estudo, condições alternativas de estudo, aprendizagem profissional e apoio para a futura inclusão no mercado de trabalho[(5)].

Como se vê, as associações de magistrados estão engajadas na luta para a eliminação da prática do trabalho infantil e juvenil.

1. Direitos humanos na América Latina

As discussões sobre direitos humanos trazem em si um conflito intrínseco: por um lado, os direitos humanos têm sido, ao longo da história, sistematicamente desprezados pelos governantes, que os veem como óbice a projetos políticos e administrativos; por outro, o ideal humanista sempre esteve presente nas lutas e nos ideais dos homens.

O esforço dos povos modernos pela conquista de liberdades e direitos humanos, iniciado na Alemanha do século XV com a oposição luterana ao domínio católico, mostra-se particularmente dramático na Península Ibérica e em suas colônias americanas, em razão da estrutura econômica escravista aliada a um poderoso sistema de poder autoritário e conservador organizado pela Inquisição Católica.

Na verdade, os direitos humanos têm sido aviltados pelas elites latino-americanas desde a chegada do colonizador europeu. O próprio sistema jurídico negava ao latino-americano, e sobretudo ao índio e ao negro, a condição de igualdade em relação ao eurodescendente. Até o século XIX, milhões de latino-americanos sequer eram reconhecidos como sujeitos de direito: o escravo era tratado pelas leis não como sujeito mas como objeto das relações negociais; podia ser vendido, doado, furtado. O indígena, por sua vez, era qualificado como relativamente incapaz no Código Civil brasileiro de 1916 (art. 6º, III), vigente até 2002, e, por força da Lei Federal n. 6.001/73, ainda permanece sujeito ao regime tutelar do Estado.

Outros fatores culturais contribuem para dificultar a implantação de um regime eficaz de garantia de direitos humanos na América Latina: o sistema de governo de tradição colonialista, que continua condicionando as relações e comportamentos dos indivíduos mesmo após as independências; a corrupção, estimulada desde as origens pelo descobrimento de grandes reservas de ouro nos sertões ermos, disponíveis a quem chegasse primeiro; a falta de identidade do latino-americano, sempre

(4) O Brasil sem trabalho infantil. *Revista Anamatra*, ano XVII, n. 51, p. 28, 2. sem. 2006.

(5) Anamatra entrega prêmio de direitos humanos. *Anamatra Notícias*, 11 dez. 2008. Disponível em: <http://ww1.anamatra.org.br/003/00301015.asp?ttCD_CHAVE=71576> Acesso em: 19.4.2010.

com os olhos voltados para a realidade de outros povos e ansioso por igualar-se primeiro ao ibérico e ao francês e, depois, ao inglês e ao norte-americano.

A sociedade instalada com a colonização, intolerante e destrutiva, se mostrava desprovida de instrumentos capazes de garantir os direitos humanos mais básicos, como o direito à vida e à liberdade.

O padre Bartolomé de las Casas conta que, na conquista da América, iniciada pela ilha de Española (atual República Dominicana), os espanhóis "faziam apostas sobre quem, de um só golpe de espada, fenderia ou abriria um homem pela metade, ou quem, mais habilmente e mais destramente, de um só golpe lhe cortaria a cabeça"(6). Em outro local, Michele de Cuneo, partícipe da segunda expedição de conquista, faz um relato dos procedimentos empregados para o tráfico de ilhéus: "Quando nossas caravelas tiveram de partir para a Espanha, reunimos em nosso acampamento mil e seiscentas pessoas, machos e fêmeas desses índios, dos quais embarcamos em nossas caravelas, a 17 de fevereiro de 1495, quinhentas e cinquenta almas entre os melhores machos e fêmeas. Quanto aos que restaram, foi anunciado nos arredores que quem quisesse poderia pegar tantos deles quantos desejasse; o que foi feito. E, quando todos estavam servidos, sobravam ainda quatrocentos, aproximadamente, a quem demos permissão para ir aonde quisessem. Entre eles havia muitas mulheres com crianças de colo. Como temiam que voltássemos para pegá-las, e para escapar de nós mais facilmente, deixaram os filhos em qualquer lugar no chão e puseram-se a fugir como desesperadas; e algumas fugiram para tão longe que foram parar a sete ou oito dias de nosso acampamento em Isabela, além das montanhas e atrás de imensos rios; o que faz com que, de agora em diante, só as alcancemos com grande esforço"(7).

Esse era o tratamento dispensado às crianças no início da formação da sociedade latino-americana. Durante três séculos nosso continente foi palco de um dos mais estarrecedores espetáculos da história da humanidade, caracterizado pela destruição violenta e sistemática de culturas e de populações inteiras de trabalhadores e crianças que, em vez de serem tratados como cidadãos dotados de direitos, eram aprisionados e mortos como animais selvagens.

Apesar disso, sempre esteve presente em algum recôndito do espírito latino-americano o ideal humanista. Desde as primeiras décadas da colonização, ele se revelava nas pregações dos freis Las Casas em Española e Bartolomé de Ledesma no México, no século XVI(8); na ação dos mexicanos Horacio Carochi, que em 1645 compilou a gramática náuatle(9), Carlos Siguenza y Góngora e Sor Juana Inés de la

(6) CASAS, Bartolomé de Las. *Brevíssima relação da destruição das Índias:* o paraíso destruído — a sangrenta história da conquista da América espanhola. 5. ed. Tradução de Heraldo Barbuy. Porto Alegre: L&PM, 1991. p. 30.
(7) TODOROV, Tzvetan. *A conquista da América:* a questão do outro. 3. ed. Tradução de Beatriz Perrone-Moisés. São Paulo: Martins Fontes, 2003. p. 65-66.
(8) BEUCHOT, Maurício. *Derechos humanos. Historia y filosofía.* México: Fontamara, 2001. p. 151.
(9) SCHWARTZ, Stuart B.; LOCKHART, James. *A América Latina na época colonial.* Tradução de Maria Beatriz de Medina. Rio de Janeiro: Civilização Brasileira, 2002. p. 197-198.

Cruz, que, ainda no século XVII, elogiaram a mestiçagem do povo latino-americano[10]; nos ideais libertários defendidos no século XVIII por Alexandre Sabès Pétion em Española, Andrés Santa Cruz na Bolívia[11], Peralta Barnuevo[12] no Peru, Joaquim Nabuco no Brasil[13], Francisco Javier Alegre no México, Francisco de Miranda na Venezuela[14]. O humanismo se expandiu ao longo do século XIX graças à obra filosófica do venezuelano Andrés Bello[15], do iluminista argentino Juan María Gutiérrez[16], dos porto-riquenhos Eugenio María de Hostos[17] e José Julián Acosta y Calbo[18], do cubano José Martí e do jurista brasileiro Silva Lisboa, que publicou em 1851 o livro *Da liberdade do trabalho*, em que pugnava pela libertação dos escravos.

Qualquer estudo sobre direitos humanos na América Latina deve tomar como ponto de partida duas circunstâncias: a de ter ela se mantido na condição de colônia até o século XIX e a base escravagista de seu sistema econômico. Deve, por outro lado, considerar que a independência, a abolição da escravatura, a promulgação de constituições liberais e a implantação de democracias políticas, ainda que instáveis, representaram passos concretos no sentido do aperfeiçoamento de sistemas garantidores dos direitos humanos.

No século XX, com a constitucionalização dos direitos sociais por ocasião da promulgação da Constituição dos Estados Unidos Mexicanos (1917) e da Constituição de Weimar (1919) e com a criação, neste mesmo ano, da Organização Internacional do Trabalho — OIT pelo Tratado de Versalhes, a cidadania enquanto espaço de garantia de direitos humanos passou a ser configurada como um conceito simultaneamente jurídico, político e sociológico: jurídico enquanto determina a existência formal de certos direitos; político porque pretende assegurar legitimidade às leis por meio da participação do cidadão no processo legislativo, de modo a criar condições materiais capazes de assegurar validade e efetividade aos direitos; e sociológico na medida que indica os processos e instrumentos jurídicos e políticos destinados à obtenção do direito previsto na norma material.

Posto ter sido aclamado como o remédio para restabelecer a ordem nas repúblicas, pôr fim aos absolutismos, às anarquias e à corrupção, fazer cessar as guerras e dar concretude aos ideais liberais, o positivismo obteve enorme penetração na América Latina a partir de fins do século XIX, tanto em sua vertente comtiana, voltada para a área educacional — com Gabino Barreda e José Torres Orozco no

---

(10) BEUCHOT. *Op. cit.*, p. 78.
(11) DOZER, Donald Marquand. *América Latina:* uma perspectiva histórica. 2. ed. ampl. e atual. Tradução de Leonel Vallandro. Porto Alegre: Globo, 1974. p. 253.
(12) SCHWARTZ *et al. Op. cit.*, p. 196.
(13) DOZER. *Op. cit.*, p. 375-377.
(14) *Ibidem*, p. 192.
(15) *Ibidem*, p. 328.
(16) MILLÁN, José R. *Historia argentina.* Buenos Aires: A. Kapelusz, [s/d]. p. 305.
(17) PÉREZ, Sonia Ruiz. *Eugenio María de Hostos:* educador puertorriqueño en Chile. Puerto Rico: Instituto de Cultura Puertorriqueña, 2003.
(18) OSORIO, Carlos Rojas. Esquema histórico de la filosofía en Puerto Rico. *Exégesis Revista del Colegio Univerdad de Humacao, Universidad de Puerto Rico,* Puerto Rico, ano 10, v. 27-28, p. 62, 1996.

México, os irmãos Lagarrigue no Chile, Pedro Scalabrini e Leopoldo Herrera na Argentina[19], Miguel Lemos e Raimundo Teixeira Mendes no Brasil[20] —, quanto em sua ramificação inglesa, spenceriana[21], aplicada principalmente no campo político — com Justo Sierra Méndez no México, José Ingenieros na Argentina, José Enrique Varona em Cuba[22], Tobias Barreto e Sílvio Romero no Brasil.

Assim é que, nas últimas décadas do século XIX, a América Latina acredita ter conseguido equiparar-se às grandes nações civilizadas: afinal, estavam implantados governos republicanos; o sistema político, econômico e social agora era respaldado em critérios científicos positivos; haviam sido construídas extensas redes ferroviárias e muitas fábricas, sobretudo de fiação e tecelagem, a par da expansão das indústrias alimentícia e de mineração[23]; os governos investiam em sistemas de saneamento urbano e de iluminação de ruas. O passado de anarquias e ditaduras parecia ter ficado para trás.

Entretanto, logo se constataria que a mentalidade colonialista e patrimonialista do latino-americano permanecia inalterada. O liberalismo e o republicanismo não passavam de novas roupagens que mal disfarçavam a estrutura tirânica de regimes caracterizados por profunda desigualdade social, falta de respeito à cidadania e uso da riqueza e do patrimônio públicos em benefício particular. A América Latina continuava se portando como colônia e toda sua estrutura econômica urbana, centrada nas fábricas e estradas de ferro, pertencia de fato a europeus e norte-americanos[24]. Tanto que, ao longo do século XX, suceder-se-ão incontáveis ditaduras, à revelia das falsas promessas formuladas pelas teorias políticas liberal e socialista e pela ciência positivista.

Do ponto de vista jurídico, o movimento positivista do século XIX conseguiu prover os Estados latino-americanos de excelentes códigos legislativos, dotados de amplos sistemas de garantia de direitos individuais, políticos e sociais. Não logrou, no entanto, modificar a realidade cultural da sociedade de modo a dar efetividade geral a esses direitos formalmente positivados nas leis.

É essa imensa distância entre ordem jurídica formal e realidade sociocultural que explica até hoje a existência de certas polêmicas, como a que indaga sobre a possibilidade de se permitir no Brasil a menores de idade o trabalho assalariado que é expressamente vedado pela Constituição de 1988.

De modo inteiramente paradoxal, a modernidade jurídica na América Latina, em vez de ampliar as liberdades fundamentais, tem sido usada para legitimar o

(19) ZEA, Leopoldo. *El pensamiento latinoamericano*. México: Ariel, 1976. p. 81-83.
(20) JAIME, Jorge. *História da filosofia no Brasil*. 2. ed. Petrópolis: Vozes; São Paulo: Faculdades Salesianas, 1997. v. 1, p. 217 e 242.
(21) ZEA. *Op. cit.*, p. 285.
(22) *Ibidem*, p. 84-85.
(23) FURTADO, Celso. *A economia latino-americana*. São Paulo: Nacional, 1976. p. 119.
(24) STEIN, Stanley J.; STEIN, Barbara H. *A herança colonial da América Latina*. 3. ed. Tradução de José Fernandes Dias. São Paulo: Paz e Terra, 1983. p. 104.

sistema de discriminação e exclusão social. O discurso liberal da elite intelectual do século XX divergia do pensamento conservador em alguns tópicos, mas nunca chegou a tocar nas questões fundamentais, que dizem respeito aos latifúndios (e à falta de legitimidade das elites econômicas), às graves distorções do sistema político representativo (e à consequente falta de legitimidade dos poderes constituídos) e a total displicência do Estado e da sociedade no que tange à garantia dos direitos humanos.

Quando Thomas H. Marshall tratou, na obra *Citizenship and Social Class* (1949), da relação entre cidadania moderna e sistemas de classes, deu início à discussão sobre o lugar dos direitos humanos no conceito de cidadania. Marshall demonstrou que, na Inglaterra, os três componentes básicos da cidadania surgiram na seguinte sequência: primeiro os direitos civis, no século XVIII; em seguida os direitos políticos, no século XIX, e, por último, os direitos sociais, no século XX[25].

No Brasil, o surgimento dessas três categorias de direitos obedeceu a uma sequência diferente. No primeiro momento, que vai até o fim da Primeira República, em 1930, o brasileiro não contava com praticamente nenhum tipo de direito, razão pela qual não havia cidadania.

Com a implantação do Estado Novo, surgem os direitos sociais, os sindicatos, é criado o Ministério do Trabalho e o governo passa a editar copiosa legislação trabalhista, que culmina com a Consolidação das Leis do Trabalho em 1943. O avanço dos direitos políticos, no entanto, é bastante limitado até 1937 e, a partir da daí, sofre um recuo, com a implantação da ditadura, que se estende até 1945. Os direitos sociais, dessa forma, são introduzidos "em ambiente de baixa ou nula participação política e de precária vigência dos direitos civis"[26].

Quanto aos direitos políticos, pode-se dizer que ganharam efetividade no Brasil a partir da Constituição Federal de 1946, que estendeu o voto a todos os cidadãos maiores de dezoito anos e às mulheres. A participação do povo na política cresceu muito, tanto pela via das eleições como dos partidos políticos, sindicatos e outras associações.

Os direitos civis, contudo, só conquistaram um estatuto jurídico eficaz a partir da Constituição de 1988, como resultado de pressões exercidas por diversos movimentos populares surgidos naquela década destinados à conquista de direitos civis e de maiores espaços para a cidadania civil: um movimento sindical mais moderno[27], comunidades de base ligadas à Igreja Católica[28], movimentos sociais

(25) MARSHALL, Thomas H. *Cidadania, classe social e* status. Tradução de Meton Porto Gadelha. Rio de Janeiro: Zahar, 1977. p. 64.

(26) CARVALHO, José Murilo de. *Cidadania no Brasil:* o longo caminho. 3. ed. Rio de Janeiro: Civilização Brasileira, 2002. p. 110.

(27) *Ibidem*, p. 180-182.

(28) *Ibidem*, p. 183.

urbanos, tais como entidades de defesa dos menores, das mulheres, dos favelados, associações de bairro, de professores, de aposentados etc.(29)

De acordo com Cittadino, a Constituição incorporou compromissos comunitários ao, por exemplo, introduzir um exaustivo sistema de direitos compreendidos como "liberdades positivas", em que sobressaem diversos mecanismos de participação popular. Relata a autora que "os constitucionalistas comunitários brasileiros compartilham com a jurisprudência de valores alemã e com o comunitarismo norte-americano a ideia fundamental de que a Constituição traduz uma 'ordem concreta de valores' partilhada pela comunidade que, através dos mais diversos mecanismos de participação político-jurídica, deve buscar realizá-la, concretizando, assim, o seu direito à autodeterminação"(30).

A crise do socialismo, nos anos 1970, revelando a falha estrutural desse sistema econômico, provocou a fragmentação da União Soviética, a queda do muro de Berlim e a mudança de regime nos países do Leste Europeu, ao mesmo tempo em que abriu espaço para a ascensão do neoliberalismo, cuja fase áurea ocorreu nas décadas de 1980 e 1990. Nesse período, os compromissos comunitários mencionados há pouco chegaram a ser vistos como retrógrados e obsoletos, até que, em setembro de 2008, estourou a crise econômica nos Estados Unidos, que logo se alastrou pelo mundo.

Já nos primeiros dias apontada como a maior crise financeira desde o *crash* de 1929(31), esse evento demarcaria o fracasso do neoliberalismo. Maria da Conceição Tavares afirmou, na ocasião, em entrevista à *Folha de S. Paulo*: "É fantástico o país mais liberal do mundo ter de estatizar. É 'o enterro dos Estados Unidos'"(32). Manifestando-se em termos mais técnicos, Luiz Carlos Bresser Pereira, idealizador e gerente do plano brasileiro de privatizações implementado nas décadas de 1990 e 2000, também reconheceu que "essa crise marca o fim da onda neoliberal", concluindo ser "fundamental que haja uma intervenção do Estado"(33). Keen e Haynes proclamaram a "ressurreição do Estado" (*ressurection of the State*)(34).

Assim, se a crise de 1970 fez com que o socialismo desse lugar ao neoliberalismo, agora, em 2008, o neoliberalismo é que cede a vez a um modelo econômico, que ainda está sendo definido — inclusive pelos antigos teóricos neoliberais —, mas que, já se sabe, incorpora uma participação mais significativa do Estado na vida dos cidadãos. A "travessia difícil do curto prazo, ao seu final, não levará a economia

---

(29) *Ibidem*, p. 184-185.

(30) CITTADINO, Gisele. *Pluralismo, direito e justiça distributiva*. Rio de Janeiro: Lumen Juris, 1999. p. 227.

(31) KRUGMAN, Paul R. *A crise de 2008 e a economia da depressão*. Tradução de Afonso Celso da Cunha Serra. Rio de Janeiro: Campus, 2009.

(32) CUCOLO, Eduardo. Estatização nos Estados Unidos é "o enterro do neoliberalismo", diz Maria da Conceição Tavares. *Folha online*, Brasília, 8 set. 2008. Disponível em: <http://www1.folha.uol.com.br/folha/dinheiro/ult91u442649.shtml> Acesso em: 19.4.2010.

(33) *Idem*.

(34) KEEN, Benjamin; HAYNES, Keith. A history of Latin America. 8. ed. Boston: Houghton Mifflin Harcourt, 2009. p. 546. Essa sugestiva expressão consta no capítulo 21 do livro, intitulado "Transcending neoliberalism", isto é, 'Transcendendo o liberalismo'.

mundial de volta a um quadro pré-crise, e sim a uma situação nova que combina a restauração de algumas tendências pré-crise com condições inteiramente novas"(35), sendo que uma das poucas condições que parecem inevitáveis é que a crise está "acelerando o processo através do qual os países em desenvolvimento, principalmente aqueles de grande porte, tenderão a desempenhar um papel no processo decisório internacional mais próximo do seu peso econômico"(36).

Com a explosão da bolha de ativos, o Estado foi chamado para salvar a sociedade capitalista. Boaventura de Sousa Santos declarou, em artigo publicado na imprensa, que "o impensável ocorreu: o Estado deixou de ser o problema para voltar a ser solução"(37). Referia-se ele ao fato de que o governo dos países capitalistas adotou programas de cunho social típicos de países de tradição intervencionista, tais como a compra de ativos financeiros por parte do governo e o fomento estatal à atividade privada — atitudes até 2008 totalmente inaceitáveis para os teóricos neoliberais.

Assim, graças à mudança de paradigma ocorrida no mundo nos últimos dois anos, projetos de cunho social tendentes a reduzir o trabalho infanto-juvenil e estimular a educação das crianças e adolescentes passaram a ser vistos não mais como meras propostas românticas de cunho filantrópico, mas como iniciativas necessárias para a manutenção do equilíbrio socioeconômico do qual depende a própria sobrevivência da sociedade capitalista.

De qualquer forma, não há como ignorar que, muito embora a legislação contemple uma ampla gama de direitos, inclusive o direito político de representação, o Estado e a sociedade ainda não se mostram capazes de assegurar plenamente nem os direitos civis e sociais, nem o direito político de participação(38). Grande parte da população não tem acesso aos direitos, o que afeta a própria estabilidade do regime democrático.

Estamos aí diante de um conceito psicanalítico que José Murilo de Carvalho chama de "esquizofrenia política"(39): o cidadão-eleitor despreza o agente político, mas vota nele em troca de benefícios corporativistas; desdenha o debate público e a "ética discursiva" (que pressupõe franqueza), mas usa a comunicação como meio de engodo; exige o respeito aos seus direitos, mas não respeita os direitos civis dos conterrâneos. Por não compreender o valor dos direitos civis e políticos, é capaz de renunciar a alguns deles em troca de privilégios pessoais ou corporativos.

---

(35) COUTINHO, Luciano; FERRAZ, João Carlos; SOUZA, Francisco Eduardo Pires de. As perspectivas do desenvolvimento brasileiro em um contexto de crise internacional. In: GONZÁLES, Felipe (ed.). *Iberoamérica 2002:* retos ante la crisis. Madrid: Siglo XXI, 2009. p. 157.

(36) *Ibidem*, p. 158.

(37) BRANCO, Rodrigo Castelo. A crise de 2008 e a intervenção do Estado na economia. *Barlavento*, 9 ago. 2009. Disponível em: <http://www.barlavento.org/a3/index.php?option=com_content&view=article&id=107:a-crise-de-2008-e-a-intervencao-do-estado-na-economia&catid=46:internacional&Itemid=64> Acesso em: 19.4.2010.

(38) ANDRADE, Vera Regina Pereira de. Cidadania, direitos humanos e democracia: reconstruindo o conceito liberal de cidadania. In: SILVA, Reinaldo Pereira e (org.). *Direitos humanos como educação para a justiça*. São Paulo: LTr, 1998. p. 128.

(39) CARVALHO. *Op. cit.*, p. 224.

2. Autorização judicial para o trabalho antes da idade mínima legal

2.1. O direito de não trabalhar antes da idade mínima legal

No que diz respeito às normas que tutelam a infância e a adolescência, o texto constitucional incorporou a doutrina da proteção integral em seu art. 227 e, para o fim de viabilizar a gestão de atendimento às crianças e aos jovens, com o escopo de alcançar a proteção integral, o constituinte introduziu duas importantes diretrizes: "a descentralização político administrativa" e a "participação popular por meio de suas organizações representativas, na formulação de políticas e no controle das ações de todos os níveis" (art. 227, § 7º, c/c 204 da Constituição Federal e art. 88 do ECA).

Os novos mecanismos legais instituídos pela Constituição visaram à viabilização da influência de setores da sociedade civil não abrangidos pelo Estado. De acordo com a visão comunitarista, "o processo de concretização da Constituição envolve necessariamente um alargamento do círculo de intérpretes da Constituição, na medida em que devem tomar parte do processo hermenêutico todas as forças políticas da comunidade"[40].

Os conselhos de direitos da criança e do adolescente e os conselhos tutelares, criados dentro desta nova perspectiva, constituem mecanismos oficiais para a consolidação do poder local. Os primeiros devem ser compostos, de maneira paritária, por representantes da sociedade civil e do governo e são os genuínos formuladores das políticas públicas locais. Muito, contudo, vem sendo questionado acerca da paridade substancial na atuação dos conselhos de direitos, nos quais ainda se verifica a dificuldade do exercício da democracia participativa, que tende a ser meramente formal. Esta polêmica, contudo, não invalida a concepção que norteou a sua criação legal, considerando-se estarmos todos, ainda, aprendendo a lidar com os desígnios da democracia participativa.

Cabe o escólio de Melucci: "O encontro da alteridade é uma experiência que nos coloca em teste, dele nasce a tentação de reduzir a diferença à força, podendo também gerar o desafio da comunicação como um empenho constantemente renovado"[41].

Na visão comunitarista da Constituição Federal de 1988, é pela via da participação política que se processa a interligação entre direitos fundamentais — reconhecidos pela comunidade — e democracia participativa. A "abertura constitucional" permite que cidadãos, partidos, associações etc. integrem o "círculo de intérpretes da Constituição", de modo a tornar democrático o processo interpretativo e concretizar as normas constitucionais[42].

---

(40) CITTADINO. *Op. cit.*, p. 226.

(41) MELUCCI *apud* BAUMAN, Zygmunt. *Globalização:* as consequências humanas. Rio de Janeiro: Jorge Zahar, 1999. p. 17.

(42) CITTADINO. *Op. cit.*, p. 19.

O art. 227 da Constituição Federal, em seu *caput*, ao enumerar os direitos assegurados à criança e ao adolescente, com absoluta prioridade (direito à vida, à saúde, à alimentação, à educação, ao lazer, à profissionalização, à cultura, à dignidade, ao respeito, à liberdade, à convivência familiar e comunitária), dispôs no § 3º que a proteção especial abrangerá, conforme previsto no inciso I, a observância à idade mínima para o trabalho, remetendo assim a questão do trabalho infantil aos princípios da teoria da proteção integral.

De qualquer maneira, há que ser enaltecida a nova diretriz adotada pelo legislador brasileiro com relação à idade mínima para o trabalho, que se encontra em consonância com as atuais normas internacionais que versam sobre o problema. A Convenção n. 138 da OIT preconiza a idade mínima de 15 anos para o trabalho, com o objetivo de garantir a escolaridade sem o exercício do trabalho durante o ensino fundamental, e insta os Estados signatários a promoverem a elevação progressiva da faixa etária para o trabalho.

O Desembargador Ricardo Marques da Fonseca ressalta a adequação do ordenamento legal pátrio em face da proteção especial e prioritária garantida a crianças e adolescentes preconizada no art. 227 da Constituição Federal:

> A limitação da idade mínima preserva a higidez física e psicológica dos adolescentes e, ainda, a sua escolaridade. Desta maneira, clama a Nação Brasileira por medidas que possam salvaguardar esses valores.
>
> Será premente a busca de soluções para que a norma constitucional não se esvazie em face das carências sociais. Ressalte-se, por importante, que o retardamento do ingresso dos jovens no mercado de trabalho pode ser, inclusive, um fator de incremento do emprego dos adultos. Ocorre, porém, que a necessidade de suplementação de renda familiar é notória, não só para a sobrevivência de grande parte da população, como para que o jovem possa atender seus anseios tão calorosos e típicos da adolescência.
>
> Os programas de renda mínima vêm significando alternativas relevantes para a preservação da escolaridade de crianças e adolescentes trabalhadores e deverão ser, certamente, incrementados (Menor: a idade mínima para o trabalho: proteção ou desamparo. *Síntese Trabalhista*, n. 118, p. 48, abr. 1999)(43).

Cabe, ainda, visando a destacar a compatibilidade existente entre os ditames da norma nacional e os ideais de igualdade social, transcrever trecho da Carta Aberta de autoria de Reiko Niimi, representante no Brasil do Fundo das Nações Unidas pela Infância — UNICEF:

---

(43) FONSECA, Ricardo Marques da. Menor: a idade mínima para o trabalho: proteção ou desamparo. *Revista Síntese Trabalhista*, n. 118, abr. 1999. p. 48.

No Brasil, a Constituição garante que a idade mínima para o trabalho é de 16 anos (exceto na condição de aprendiz). A Lei de Diretrizes Básicas da Educação estabelece a obrigatoriedade da conclusão do ensino fundamental sem estipular a idade. Com a forte tendência à repetência e ao abandono escolar, a porcentagem de adolescentes que completam a educação fundamental com 14 anos é muito baixa. Em 1999, praticamente a metade (49,5%) dos alunos que cursava a oitava série estava fora da faixa etária correta; e apenas 32,6% dos adolescentes entre 15 e 17 anos estavam cursando o ensino médio. A nova legislação sobre aprendizagem ainda está em fase de análise e início de implementação, e o chamado sistema S (Sesc, Senac, Senai) não atende à demanda existente de jovens com ensino fundamental incompleto. Como as bolsas do Programa de Erradicação do Trabalho Infantil (PETI) acabam aos 14 anos ou até antes, os egressos do programa acabam voltando para o mesmo trabalho do qual saíram sem perspectivas.

O que fazer para esta população adolescente que está em situação de exclusão? O País poderia capitalizar sobre a idade mínima estabelecida na Constituição, impulsando seu cumprimento e oferecendo educação para que a maioria dos adolescentes brasileiros completem o ensino fundamental e médio. Assim, se teria uma perspectiva futura de superar a taxa atual de 29% de analfabetismo funcional na população acima de 15 anos[(44)].

A grave conjuntura econômica que assola famílias desamparadas não justifica o *apartheid* social que condena o filho dos menos favorecidos a uma situação de permanente exclusão. O trabalho antes da idade mínima legal constitui fator de agravamento da pobreza e inviabiliza a adequada inserção social do cidadão portador de aptidões próprias, adiando a implantação do projeto de uma sociedade livre, justa e solidária.

As políticas públicas devem focalizar a comunidade como "unidade estruturada, organizada, de grupos, dispondo de uma hierarquia homogênea de valores à qual o indivíduo pertence necessariamente"[(45)], na qual a "essência humana" tem lugar para explicitar-se[(46)].

Apenas as políticas públicas comprometidas com a cidadania e com a emancipação humana, que disponham de efetivos mecanismos de ascensão social e descartem as práticas meramente compensatórias, encontrariam no fortalecimento das comunidades e de suas culturas e características singulares a alavanca necessária para colocar fim ao perverso ciclo que perpetua a pobreza, ao qual a violação dos direitos humanos se encontra inexoravelmente atrelada.

(44) NIIMI, Reiko. *Idade mínima de emprego no Brasil:* um olhar pela ótica da educação.
(45) HELLER, Agnes. *O cotidiano e a história.* São Paulo: Paz e Terra, 2000. p. 70/71.
(46) *Ibidem*, p. 79.

2.2. O respeito à idade mínima legal para o trabalho em face das novas atribuições do juiz sob a ótica do Estatuto da Criança e do Adolescente

O legislador brasileiro elaborou um complexo arcabouço de normas para o fim especial de garantir a cidadania de crianças e adolescentes, enfatizando as ações articuladas, de modo a comprometer os diversos atores sociais que se relacionam com a problemática da infância e da juventude. Em seu art. 86, o Estatuto da Criança e do Adolescente — ECA determina que a política de atendimento dos direitos da criança e do adolescente seja realizada "através de um conjunto articulado de ações governamentais e não governamentais, da União, dos Estados e dos Municípios".

A diretriz adotada pelo ECA contrapõe-se diametralmente à concepção sobre as quais se erigiram as normas do antigo Código de Menores, conforme bem ressalta o Juiz Paolo Vercelone: "Crianças e Adolescentes não são mais pessoas *capitis deminutio*, mas sujeitos de direitos plenos"(47).

Especialmente no que diz respeito ao magistrado, o ECA também promoveu inovações, de acordo com escólio do ilustre Desembargador Antonio Fernando do Amaral e Silva:

> O Novo Juiz não é aquele que, para assegurar o pretenso "melhor interesse da criança" — o que é por demais subjetivo —, podia decidir livremente, sem limites, mas, o magistrado, jungido às regras da Epistemologia e da Hermenêutica Jurídica, ao *princípio da legalidade*.
>
> O juiz da infância e da juventude, como os demais, é juiz de direito. Suas decisões não são simplistas, e muito menos arbitrárias, mas respaldadas em princípios científicos e normativos(48).

Não obstante as alterações promovidas pelo ECA sobre as atribuições da autoridade judiciária em face da doutrina da proteção integral, verifica-se em diversos Estados da Federação a expedição de alvarás judiciais que autorizam o trabalho de adolescentes antes da idade mínima, em afronta à Emenda Constitucional n. 20/98, que revogou as disposições legais que permitiam o trabalho comum antes dos 16 anos.

As decisões que autorizam o trabalho em regime de aprendizagem no âmbito das empresas sem observância aos ditames da Lei n. 10.097/00 transgridem o art. 227 da Constituição, haja vista que o direito à profissionalização não pode ser confundido com o mero trabalho produtivo.

Tais decisões, a exemplo daquelas que permitem o trabalho comum antes dos 16 anos, respaldam-se no argumento de que a sociedade brasileira não se encontra preparada para a mudança da legislação. Note-se, contudo, que as atribuições outor-

(47) VERCELONE, Paolo. *Estatuto da Criança e do Adolescente comentado*. 2. ed. São Paulo: Malheiros, 1992. p. 18.
(48) SILVA, Antonio Fernando do Amaral. *Op. cit.*, p. 445.

gadas ao magistrado encontram-se devidamente enumeradas nos arts. 148 e 149 do ECA, não se incluindo entre essas o ato de autorizar o trabalho de crianças e adolescentes, como era possível extrair-se do já revogado Código de Menores.

Ademais, no Estado Democrático de Direito, apenas por meio de processo legislativo é possível alterar-se a norma legal. Ao magistrado não é permitido inová-la, ainda que sob o fundamento — por sinal contestável — de que a lei não está em sintonia com as necessidades sociais e econômicas da criança ou do adolescente.

No mesmo sentido, o eminente professor Oris de Oliveira manifestou-se com precisão sobre as decisões judiciais que visam a autorizar o trabalho antes da idade mínima legal, nos seguintes termos:

> O Juízo da Infância e da Adolescência não tem competência para autorizar o trabalho infantil. Orientação correta foi dada em um acórdão da Egrégia Câmara Especial do Tribunal de Justiça de São Paulo ao dar provimento ao recurso da Promotoria de Justiça da Infância e da Juventude que pediu revogação de autorização dada por juiz de primeira instância: "Previne-se a criminalidade juvenil e melhora-se a qualidade de vida das pessoas através do implemento das políticas sociais básicas de responsabilidade do Poder Público, como saúde, educação assistência social etc., e não através de autorizações para que adolescentes exercitem trabalhos mal remunerados e, além disso, perigosos, insalubres, penosos e incompatíveis com a condição peculiar de seres humanos em processo de desenvolvimento" (Processo n. 29.017-0). Com efeito, estas autorizações, infelizmente muito comuns, perpetuam a ofensa aos direitos da criança e eximem o poder público de assumir sua responsabilidade[49].

A Reclamação perpetrada pelo Ministério Público do Estado do Mato Grosso em face das decisões emanadas do Juízo da 2ª Vara Especializada da Infância e Juventude da Comarca de Cuiabá, que autorizavam o trabalho antes da idade mínima legal, aponta a inadequação destas medidas dado o distanciamento que elas guardam em relação ao direito à profissionalização:

> ...é preciso ter presente que se beneficiam do trabalho infantil não apenas aqueles que imediatamente o exploram, mas toda cadeia produtiva, porque se em uma das pontas do sistema há crianças trabalhando, na outra há grandes empresas que, se interessadas realmente estivessem em empregar adolescentes para profissionalizá-los e proporcionar-lhes um direcionamento e uma carreira, participariam dos programas estatais e se colocariam à disposição de instituições como Senai e Senac para que, então, pudessem ensinar noções práticas aos adolescentes em suas instalações.

Referida peça processual ainda ressalta a importância do Provimento n. 19/97, do Corregedor-Geral do Tribunal de Justiça de Santa Catarina, o qual, como

---

(49) OLIVEIRA, Oris de. *Trabalho infantil*. Texto mimeografado.

medida pioneira no País, recomendou aos magistrados que se abstivessem de autorizar o trabalho para menores de 14 anos, conforme legislação em vigor à época, sugerindo que os adolescentes fossem conduzidos ao Conselho Tutelar para avaliação da possibilidade de os mesmos serem incluídos em programas socioeducativos apropriados.

Com efeito, o Provimento mencionado encontra-se em perfeita sintonia com as diretrizes do Estatuto, porque invoca os institutos e mecanismos criados por este diploma legal para o fim de garantir ao adolescente o direito de não trabalhar antes da idade mínima, na forma prevista no art. 227 da Constituição, determinando o encaminhamento do adolescente ao Conselho Tutelar a fim de que seja respeitada a sua condição de ser em desenvolvimento, quando sugere que este seja incluído em programas adequados.

Note-se que a alteração do Provimento impôs-se em face da elevação da idade mínima para o trabalho, que passou de 14 para 16 anos com o advento da Emenda Constitucional n. 20/98. Mas o espírito que o norteou foi mantido com a expedição de outra norma orientadora no ano 2001 que, enfatizando ser vedada pelo ordenamento legal pátrio a concessão de autorização para o trabalho de menores de 16 anos, salvo na condição de aprendiz, explicitamente recomendou que, havendo pleito de trabalho para adolescente entre 14 e 16 anos, a pretensão deverá ser encaminhada ao Conselho Tutelar, o qual avaliará a oportunidade de inclusão em programa de trabalho educativo, na condição de aprendiz, ou outro programa comunitário ou oficial que, em consonância com as diretrizes do Estatuto da Criança e do Adolescente e da Lei n. 10.097/00, possa satisfazer os direitos assegurados no art. 3º daquela legislação. Dessa forma, foram considerados os mecanismos e institutos previstos pelo Estatuto da Criança e do Adolescente. que visam a dar efetividade ao princípio da proteção integral à criança, em conformidade com a lição do mestre Oris de Oliveira, que transcrevemos:

> Uma leitura das normas sobre idade mínima só é completamente jurídica examinando nelas os valores que garantem: o direito de ser criança, direito ao lazer, à convivência familiar e social em todas as suas manifestações, o direito ao acesso, frequência e sucesso na escola, direito a uma renda mínima familiar.
>
> O direito é um TODO, portanto não só proíbe mas também enuncia (via ECA, por exemplo) como preencher o "vácuo" do "não proibitivo" com políticas públicas e ações da sociedade civil organizada para que preservem os mencionados valores.
>
> O direito cria, também, os mecanismos institucionais para que estes valores sejam preservados: para isso existem, entre outros, a fiscalização (múltipla, conforme a modalidade de trabalho), o Ministério Público com poder para as medidas de preservação dos direitos difusos e indisponíveis. A sociedade participa para efetivação destes direitos por meio de conse-

> lhos de direitos federal, estaduais e municipais e dos conselhos tutelares, criados pelo Estatuto da Criança e do Adolescente — ECA(50).

Ocupar o tempo do adolescente de idade inferior a 16 anos por meio de trabalho dissociado da profissionalização significa furtar-se ao compromisso de promover sua cidadania. É dar uma resposta imediata, sem que se atente para a complexidade da questão — o que, ademais, afronta o Estado de Direito.

2.3. As autorizações judiciais para o trabalho de adolescentes em vias públicas

Com o intuito de minimizar a situação de adolescentes pauperizados, expropriados de seus mínimos direitos, muitos programas sociais criados por municípios brasileiros instituíram as denominadas "guardas-mirins" que, no mais das vezes, prestam-se a colocar à disposição dos munícipes o trabalho de jovens em vias públicas, para auxiliarem no estacionamento e guarda de veículos. Equivocadamente calcados nas premissas da teoria do "menor em situação irregular", há muito superada pela legislação pátria, esses programas visam a proporcionar aos menores a mera geração de renda, mas estão destituídos de qualquer compromisso com a profissionalização ou a garantia de direitos trabalhistas. Trata-se, a toda evidência, de via excludente, porque meramente compensatória da pobreza, não contribuindo para a promoção da cidadania.

O descompasso desses programas com a doutrina da proteção integral à criança e ao adolescente torna-se ainda mais evidente diante da circunstância de que a atividade laboral, dita "pedagógica", ocorre nas ruas da cidade, espaço, por excelência, em que os laços de solidariedade deveriam se aperfeiçoar, mas que, lamentavelmente vem se revelando como cenário atual de toda espécie de violência, inclusive nos pequenos municípios. Com efeito, o fato de os adolescentes encontrarem-se albergados em programa oficial não os exime dos riscos existentes nas ruas, como a violência sexual, a participação em redes de narcotráfico e a própria violência no trânsito, além da circunstância de atraírem para si condutas antissociais de adultos (Dez Medidas Básicas para a Infância Brasileira — Fundação Abriq pelos Direitos da Criança).

Os malefícios decorrentes das diversas atividades laborais exercidas por crianças e adolescentes em logradouros públicos já foram constatados em diversos estudos multidisciplinares. Tânia Ferreira, refere-se a essa problemática sob o enfoque psicológico, nos seguintes termos:

> Tanto quanto os "meninos de rua", os "meninos trabalhadores de rua" estão expostos a todas as situações de violência e exploração. O retorno cotidiano à família vai sendo dificultado para alguns, sobretudo quando

(50) *Ibidem*, p. 8.

> o ganho nem sempre é suficiente. Ao lado disso, também o tempo de permanência e o conhecimento da rua, bem como as relações que se intensificam vão, pouco a pouco, fazendo o desenlace com o grupo de origem. Os laços familiares vão se enfraquecendo e muitos deles começam a ter no bando daqueles que vivem na rua o seu destino.
>
> O trabalho começa a se constituir numa espécie de contra-valor, pois o que conseguem com um furto, às vezes é significativamente mais do que em dias de trabalho. O bando vai progressivamente substituindo a família. O líder controla, vigia e pune, mas também protege cada um. A rua passa a ser local de moradia. Perdem-se o nome, a voz, o desejo.
>
> Assim, está feita a travessia... menino na rua-menino de rua. Cabe ressaltar, porém, que não estou sugerindo que essa seja a trajetória mais comum dos "meninos de rua", tampouco as únicas razões determinantes de sua ida para a rua. Se discuto essa questão, é para assinalar que essas crianças podem encontrar neste percurso as facilidades de sua permanência na rua, uma vez também excluídas da maioria dos serviços de assistência[51].

Em 12.6.2008, Dia Mundial de Combate ao Trabalho Infantil, foi expedido o Decreto n. 6.481, de 12 de junho de 2008, em conformidade com os arts. 3º alínea *d* e 4º da Convenção n. 182, da OIT, referente às Piores Formas de Trabalho Infantil, aprovada pelo Decreto-Lei n. 178/99, que atribuiu à legislação nacional e às autoridades competentes dos Estados signatários, após consulta às organizações de empregadores e trabalhadores interessados, a identificação dos trabalhos que, por sua natureza ou circunstâncias em que são executados, são suscetíveis de prejudicar a saúde, a segurança e a moral da criança, termo que, de acordo com a mesma norma internacional, abrange todos os menores de 18 anos de idade.

Referido decreto, ao aprovar a Lista das Piores Formas de Trabalho Infantil, nela incluiu, na parte pertinente à saúde e à segurança, o trabalho exercido em ruas e outros logradouros públicos, fazendo referência aos que operam no comércio ambulante, aos guardadores de carros, guardas mirins, guias turísticos ou, ainda, aos que se ocupam do transporte de pessoas e animais (item 73), além dos que trabalham "ao ar livre, sem proteção adequada contra a radiação solar, chuva e frio" (n. 81). Na parte em que se refere ao aspecto moral, incluiu o trabalho executado "com exposição a abusos físicos, psicológicos e sexuais" (n. 4). A Lista nestes termos aprovada, após largas discussões que envolveram os diversos atores sociais e políticos que tratam do tema da infância, vem ensejando a interpretação de que todo e qualquer trabalho realizado por menores de 18 anos nas vias públicas, em razão dos potenciais prejuízos causados sob os aspectos físico e moral, deve ser repudiado.

---

(51) FERREIRA, Tânia. *Os meninos e a rua:* uma interpretação à psicanálise. Belo Horizonte: Autêntica, 2001. p. 41-42.

Nem poderia ser diferente a exegese que se extrai do rol listado, porquanto, antes mesmo de sua publicação, o art. 67, inciso III, do Estatuto da Criança e do Adolescente, já vedava ao adolescente empregado, aprendiz, em regime familiar de trabalho, aluno de escola técnica, assistido em entidade governamental ou não governamental, o *trabalho realizado em locais prejudiciais à sua formação e ao seu desenvolvimento físico, psíquico, moral e social.*

Por todas essas razões, é inevitável a conclusão de que as decisões judiciais que autorizam o trabalho de adolescentes nas ruas inquestionavelmente transgridem todo o arcabouço legal que se ancorou sobre a teoria da proteção integral à criança e ao adolescente e que a manutenção de políticas de atendimento fincadas nesses moldes vem acentuando o quadro atual de marginalidade social.

Lamentavelmente, a institucionalização do "menino de rua" por meio de programas oficiais constitui-se como uma diretriz de política pública que há décadas vem sendo reproduzida pelas autoridades municipais e vem sendo legitimada por juízes, assistentes sociais e membros do Ministério Público, revelando-se como autêntica expressão da política assistencialista preconizada pelo Código de Menores e forte entrave ao cumprimento do Estatuto da Criança e do Adolescente.

Conclusão

É evidente a influência da tradição escravista na base da nossa cultura, por força da qual o brasileiro ou se sente um "meio-escravo" ou um "meio-senhor"; ou se considera "acima" da lei, e não a respeita, ou se vê "abaixo" dela, e então não acredita que sua própria ação cidadã possa trazer algum resultado positivo. A soma dessas características culturais forma uma malha muito resistente, que dificulta o desenvolvimento dos direitos civis e, de certa forma, até mesmo a efetividade dos direitos políticos e sociais.

Como se pode notar, a doutrina jurídica não é capaz de, isoladamente, oferecer soluções para essas polêmicas que ainda confundem os juristas e jurisconsultos brasileiros e latino-americanos. Para além da seara jurídica, o latino-americano precisa assumir um projeto filosófico consistente em tentar compreender o que impede nossas nações de constituírem-se como sociedades livres e democráticas, enquanto nossos vizinhos anglo-americanos continuam a progredir política e economicamente. A filosofia contemporânea indica que a raiz do problema está na própria estrutura cultural do povo, que ainda não conseguiu superar — ou, no dizer de Leopoldo Zea, ainda *não assimilou*(52) — seu passado colonialista. É imprescindível, assim, que o latino-americano desencadeie esse lento e doloroso processo de autocrítica destinado ao enfrentamento e à tomada de consciência de sua história, à assimilação de seu passado, à assunção e expurgação de seus erros históricos, de modo que essa superação o habilite a compreender e assumir seu papel no atual cenário mundial.

---

(52) ZEA. *Op. cit.*, p. 52.

Referências

ANDRADE, Vera Regina Pereira de. Cidadania, direitos humanos e democracia: reconstruindo o conceito liberal de cidadania. In: SILVA, Reinaldo Pereira e (org.). *Direitos humanos como educação para a justiça*. São Paulo: LTr, 1998.

BAUMAN, Zygmunt. *Globalização:* as consequências humanas. Rio de Janeiro: Jorge Zahar, 1999.

BEUCHOT, Maurício. *Derechos humanos. História y filosofia*. México: Fontamara, 2001.

CARVALHO, José Murilo de. *Cidadania no Brasil:* o longo caminho. 3. ed. Rio de Janeiro: Civilização Brasileira, 2002.

CITTADINO, Gisele. *Pluralismo, direito e justiça distributiva*. Rio de Janeiro: Lumen Juris, 1999.

COUTINHO, Luciano; FERRAZ, João Carlos; SOUZA, Francisco Eduardo Pires de. As perspectivas do desenvolvimento brasileiro em um contexto de crise internacional. In: GONZÁLES, Felipe (ed.). *Iberoamérica 2002:* retos ante la crisis. Madrid: Siglo XXI, 2009.

DOZER, Donald Marquand. *América Latina:* uma perspectiva histórica. 2. ed. ampl. e atual. Tradução de Leonel Vallandro. Porto Alegre: Globo, 1974.

FERREIRA, Tânia. *Os meninos e a rua:* uma interpretação à psicanálise. Belo Horizonte: Autêntica, 2001.

FONSECA, Ricardo Marques da. Menor: a idade mínima para o trabalho: proteção ou desamparo. *Síntese Trabalhista*, n. 118, p. 41-49, abr. 1999.

FURTADO, Celso. *A economia latino-americana*. São Paulo: Nacional, 1976.

HELLER, Agnes. *O cotidiano e a história*. São Paulo: Paz e Terra, 2000.

JAIME, Jorge. *História da filosofia no Brasil*. 2. ed. Petrópolis: Vozes; São Paulo: Faculdades Salesianas, 1997. v. 3.

KEEN, Benjamin; HAYNES, Keith. *A history of Latin America*. 8. ed. Boston: Houghton Mifflin Harcourt, 2009.

KRUGMAN, Paul R. *A crise de 2008 e a economia da depressão*. Tradução de Afonso Celso da Cunha Serra. Rio de Janeiro: Campus, 2009.

LAS CASAS, Bartolomé de. *Brevíssima relação da destruição das Índias:* o paraíso destruído — a sangrenta história da conquista da América espanhola. Tradução de Heraldo Barbuy. 5. ed. Porto Alegre: L&PM, 1991.

MARSHALL, Thomas H. *Cidadania, classe social e* status. Tradução de Meton Porto Gadelha. Rio de Janeiro: Zahar, 1977.

MILLÁN, José R. *Historia argentina*. Buenos Aires: A. Kapelusz, [s/d].

MIRANDA, Pontes de. *Comentários à Constituição de 1967 com a Emenda n. 1, de 1969*. Rio de Janeiro: Forense, 1987.

NIIMI, Reiko. *Idade mínima de emprego no Brasil:* um olhar pela ótica da educação. Texto mimeografado.

OLIVEIRA, Oris de. *O trabalho infantil:* o trabalho infanto-juvenil no direito brasileiro. Brasília: OIT, 1993.

______. *Trabalho infantil.* Texto mimeografado.

OSORIO, Carlos Rojas. Esquema histórico de la filosofía en Puerto Rico. *Exégesis Revista del Colegio Univerdad de Humacao, Universidad de Puerto Rico,* Puerto Rico, ano 10, v. 27-28, p. 61-71, 1996.

PÉREZ, Sonia Ruiz. *Eugenio María de Hostos:* educador puertorriqueño en Chile. Puerto Rico: Instituto de Cultura Puertorriqueña, 2003.

SCHWARTZ, Stuart B.; LOCKHART, James. *A América Latina na época colonial.* Tradução de Maria Beatriz de Medina. Rio de Janeiro: Civilização Brasileira, 2002.

STEIN, Stanley J.; STEIN, Barbara H. *A herança colonial da América Latina.* 3. ed. Tradução de José Fernandes Dias. São Paulo: Paz e Terra, 1983.

TODOROV, Tzvetan. *A conquista da América:* a questão do outro. 3. ed. Tradução de Beatriz Perrone-Moisés. São Paulo: Martins Fontes, 2003.

VERCELONE, Paolo. *Estatuto da Criança e do Adolescente comentado.* 2. ed. São Paulo: Malheiros, 1992.

ZEA, Leopoldo. *El pensamiento latinoamericano.* México: Ariel, 1976.

Os Efeitos da Nulidade do Contrato de Trabalho por conta da Idade Mínima para o Trabalho e por demais Questões do Trabalho do Menor

Marcelo Tolomei Teixeira(*)

Introdução

O tema trata, a rigor, dos efeitos da nulidade que decorrem do trabalho do menor, por conta da rescisão contratual, isto é, o término do contrato por nulidade contratual, merecendo tal estudo três abordagens: a primeira no que diz respeito à nulidade dos contratos de trabalho, inclusive, em suas generalidades, a segunda sobre o trabalho do menor e a terceira sobre os efeitos de suas nulidades.

De plano, ressalvamos que as questões do trabalho infantil são um tema caro para o Direito do Trabalho, sobretudo na ótica dos direitos humanos, já que é desastroso para um Estado Democrático de Direito ver milhares de crianças e jovens perderem a oportunidade de formação educacional para se engajarem de forma açodada no mercado de trabalho, daí a assaz importância que o operador do direito deve dar para toda a rede de proteção que envolve a matéria. Por outra seara, o tema nulidade é árido até para os civilistas, que mesmo com seus institutos milenares da época romana ou mais recentemente da época napoleônica, portanto, bem mais maduros do que os do Direito do Trabalho, chegaram a irritar Clóvis Beviláqua que disse textualmente: "A teoria das nulidades é ainda vacilante no doutrina, circunstância que, aliada à falta de nitidez dos dispositivos legais, à ausência de princípios diretores do pensamento em função legislativa, tem dado a esse assunto um aspecto particularmente rebarbativo"[1].

(*) Juiz do trabalho da 17ª Região/ES. Mestre em filosofia do direito pela UFSC e professor da Universidade de Vila Velha.

(1) TEPEDINO, Gustavo *et al. A parte geral do novo Código Civil.* Rio de Janeiro: Renovar, 2004. p. 320.

1. Dos princípios próprios do direito do trabalho diante das nulidades contratuais

1.1. Generalidades

Decretada a nulidade do contrato de trabalho, uma das principais peculiaridades é que se deve admitir em toda a extensão o brocardo "trabalho feito é salário ganho". Pelas seguintes razões:

> a) Pela regra da *repetição do indébito*. O trabalho poderia ser *repetido*, isto é, o trabalhador teoricamente teria direito à restituição do trabalho feito, o empregador não teria obrigação de pagar o salário; esta restituição do trabalho se resolve praticamente em restituição por equivalente em dinheiro, que seria, afinal de contas, o próprio salário ajustado.
>
> b) Pela regra da negação do *enriquecimento ilícito*, que representa o pagamento obrigatório do trabalho feito; assim, o trabalhador teria direito a soma equivalente em dinheiro, que corresponde a seu salário, já que o enriquecimento ilícito ocorre quando alguém, a expensas de outrem, obtém vantagem patrimonial sem causa, ou seja, sem que tal vantagem decorra da lei ou de negócio jurídico anterior. O Código Civil de 2002 aduz no art. 884: "Aquele que, sem justa causa, se enriquecer à custa de outrem, será obrigado a restituir o indevidamente auferido, feita a atualização dos valores monetários".
>
> c) Pela regra da classificação do contrato de trabalho como de *trato sucessivo*, daí tanto a nulidade quanto a anulabilidade somente se fazem sentir no estilo *ex nunc*, como acontece com a simples resolução, do momento do seu pronunciamento para o futuro, sendo válidos os atos praticados no passado.

1.2. Do trabalho ilícito e do trabalho proibido

Uma outra peculiaridade caríssima ao Direito do Trabalho, quando tratamos desse assunto, é a diferenciação entre **trabalho ilícito** e **trabalho proibido**, já que no proibido a regra é para proteger o próprio prestador e então serão admitidos os direitos trabalhistas na sua totalidade, porém, quando for ilícito deixará de ocorrer tal obrigação, pelo menos em tese, como explica o mestre Evaristo de Moraes Filho:

> No trabalho simplesmente proibido, que não chega à ilicitude penal, não resta a menor dúvida que os direitos trabalhistas são devidos. Podem ser lembrados os casos de trabalhos proibidos a certas pessoas (menores, estrangeiros, mulheres, não habilitados etc.) ou sob certas circunstâncias (falta de licença, trabalho extraordinário sem acordo escrito, trabalho em dias de repouso não autorizado etc.). Aqui não se trata mais de

ilicitude, sendo devidos todos os direitos trabalhistas, pela simples prestação fática de serviços. Ainda que nulo o contrato, seus efeitos se fazem sentir *ex nunc*, para o futuro, com pagamento das prestações de trabalho passadas[2].

Há polêmicas, na doutrina, se tal situação de *trabalho proibido* enseja caso de legitimação da parte ou de inidoneidade do objeto, conforme nos informa Octavio Bueno Magano: "Orlando Gomes e Elson Gottschalk aludem à proibição do trabalho da mulher em atividades insalubres como se fosse um caso de falta de legitimação da parte delas (*op. cit.*, 1975. v. 1, p. 251). Parece-nos porém, mais acertada a posição de Vazques Vialard, que considera esse um caso de inidoneidade do objeto"[3].

O mestre Orlando Gomes, que além de doutrinador trabalhista foi também exímio civilista, define a questão no campo da legitimidade, pois que a lei impõe limitação em relação à celebração do contrato do trabalho com determinado objeto, por parte de certos indivíduos:

> Poder-se-ia explicar a situação dizendo-se que o pressuposto é a idoneidade do objeto. O contrato de trabalho da mulher para servir em tais indústrias seria inválido por ter objeto proibido pela lei. Mas o trabalho em indústrias insalubres ou perigosas não é ilícito. Seu objeto é lícito. O que não admite é, apenas, a posição de uma categoria de pessoas em relação a ele. É o que ocorre, do mesmo modo, em relação aos estrangeiros, quando a lei lhes proíbe o exercício de certas atividades.[4]

Ante tal quadro, aduzem os doutrinadores que o Direito do Trabalho construiu uma teoria específica com relação ao problema das nulidades. Delgado, então, nos oferece ferramenta útil, ao dispor que a questão vital é se analisar o grau do interesse público ferido para auferir o *plus* de direitos a que faz jus o trabalhador, e, a partir daí, surgem, obviamente, os embates doutrinários e jurisprudenciais:

> Em primeiro lugar, a circunstância de que se torna inviável, faticamente, após concretizada a prestação efetiva do trabalho, o reposicionamento pleno das partes à situação anterior. Em segundo lugar, na medida em que a prestação obreira já foi efetivamente quitada com o cumprimento dos serviços, surgiria como imoral enriquecimento sem causa do tomador a negativa de incidência sobre ele dos demais efeitos justrabalhistas da relação socioeconômica desenvolvida. Em terceiro lugar, a convicção de existir uma prevalência incontestável conferida pela ordem jurídica em seu conjunto (inclusive a Constituição da República) ao *valor-trabalho* e aos direitos humanos; esse critério de salvaguarda determina a repercussão de efeitos justrabalhistas ao trabalho efetivamente cumprido (embora negado, tais repercussões a partir do instante em que a nulidade é reconhe-

---

(2) MORAES, Evaristo de. *Introdução ao direito do trabalho.* São Paulo: LTr, 1967. p. 114.
(3) MAGANO, Octavio Bueno. *Manual de direito do trabalho.* São Paulo: LTr, 1993. p. 192.
(4) GOMES, Orlando Gomes. *Op. cit.*, p. 179.

cida); *porém, à medida que os bens tutelados aproximam-se do interesse público (confrontando o valor trabalho a outro valor também de inquestionável interesse público), tende-se a restringir, proporcionalmente, a aplicação da teoria justrabalhista especial."* (grifamos)[(5)]

No confronto, portanto, entre o interesse público e as especificidades do Direito Laboral é que surgem os impasses. Devendo, por fim, serem lembradas as palavras de Orlando Gomes, segundo as quais "essas considerações finais, entretanto, encerram o conteúdo de uma tese, uma simples tentativa de sistematização da teoria das nulidades em Direito do Trabalho, visto com excesso de rigor na aplicação da sanção civil é tão prejudicial quanto a sua escassez"[(6)].

1.3. A DOUTRINA ESTRANGEIRA

Antes de adentrar nos casos específicos nos parece de todo conveniente, fazer-se um rápido giro no Direito Comparado, sempre lembrando que diante de uma matéria tão lacunosa como essa, é uma possibilidade para o intérprete a utilização do art. 8º da CLT que dispõe que "As autoridades administrativas e a Justiça do Trabalho, na falta de disposições legais ou contratuais, decidirão, conforme o caso, pela jurisprudência, por analogia, por equidade e outros princípios e normas gerais de direito, principalmente do direito do trabalho, e, ainda, de acordo com os usos e costumes, o direito comparado, mas sempre de maneira que nenhum interesse de classe ou particular prevaleça sobre o interesse público".

O art. 115 do Código do Trabalho português, em vigor a partir de dezembro de 2003, dispõe sobre o assunto de forma clara, ao estabelecer, no inciso I: "O contrato de trabalho declarado nulo ou anulado produz efeitos como se fosse válido em relação ao tempo durante o qual esteve em execução. Se entretanto "o contrato tiver por objeto ou fim uma atividade contrária à lei, à ordem pública ou for ofensivo aos bons costumes, a parte que conhecia a ilicitude perde, a favor do Instituto de Gestão Financeira da Seguridade Social, todas as vantagens auferidas decorrentes do contrato de trabalho" (art. 171, I, do Código do Trabalho de Portugal). "A parte que conhecia a ilicitude não pode eximir-se do cumprimento de qualquer obrigação contratual ou legal, nem reaver aquilo que prestou, ou o seu valor, quando a outra parte ignorar essa ilicitude" (art. 117, II, do Código de Trabalho português)[(7)].

A doutrina espanhola, por sua vez, assevera que a relação de trabalho fundada no contrato nulo recebe eficácia jurídica, confirmando-se os efeitos produzidos, mas quando a lei assim pretender, baseando-se na equidade e em motivos práticos[(8)].

(5) DELGADO, Mauricio Godinho. *Curso de direito do trabalho.* São Paulo: LTr, 2006. p. 509-510.
(6) GOMES, Orlando. *Curso de direito do trabalho.* São Paulo: LTr, 1996. p. 104.
(7) BARROS, Alice Monteiro de. *Curso de direito do trabalho.* São Paulo: LTr, 2006. p. 323.
(8) *Ibidem*, p. 324.

A Lei do Contrato de Trabalho da Argentina bem demonstra a diferença entre objeto ilícito, que é o contrário à moral e aos bons costumes, não tendo nenhuma validade (art. 39), e trabalho proibido, em que é vedado o emprego de determinadas pessoas ou determinadas tarefas, épocas ou condições (art. 40). Ensina Ramirez Gronda (1945: 222) que "se a locação tiver por objeto a prestação de serviços impossíveis, ilícitos ou imorais, aquele a quem tais serviços sejam restados não terá direito de demandar a outra parte pela prestação desses serviços, nem para exigir restituição do preço que tenha pago"[9].

Feito isso, passamos à análise da particularidade das situações mais comuns no cotidiano da Justiça do Trabalho em que se constitui a nulidade do contrato de trabalho por *incapacidade da parte*, ou seja, do menor de dezesseis anos, pelo *objeto ilícito*, como no caso do contrato de trabalho do apontador do jogo de bicho ou da prostituta, e do contrato de trabalho que é nulo *por não revestir a forma prescrita em lei*, como o caso da investidura em emprego público sem a aprovação prévia em concurso público de provas ou de provas e títulos.

2. Do trabalho infantil

2.1. Generalidades

A proteção ao menor, conforme a doutrina dominante, do que é exemplo a de Amauri Mascaro Nascimento, é de ordem *fisiológica*, para que permita o seu desenvolvimento normal sem os riscos das atividades insalubres e perigosas; de ordem *cultural*, para que o menor possa ter instrução adequada; de ordem *moral*, para que possa ser afastado de ambientes prejudiciais à sua moralidade; e de *segurança* para que não seja exposto aos riscos de acidente de trabalho.

2.2. Das proibições

O jovem empregado não pode ser menor de dezesseis anos; aos 18 anos cessa a menoridade, porém ao pai é facultado, até que o filho venha a completar 21 anos, pleitear a extinção do contrato de trabalho, se prejudicial à formação do trabalhador (CLT, art. 408).

Ao menor de 18 anos é lícito assinar recibos, menos o de quitação final do contrato de trabalho — art. 439, da CLT.

Há ainda proibições ao trabalho do menor nos seguintes termos: a) trabalho noturno, assim considerado aquele a partir das 22 horas (art. 404 da CLT); b) trabalho em ambiente insalubre, com periculosidade ou capaz de prejudicar a moralidade (art. 405 da CLT); c) trabalho em ruas, praças e logradouros públicos, salvo mediante

(9) MARTINS, Sergio Pinto. *Direito do trabalho.* São Paulo: Atlas, 2006. p. 214.

prévia autorização dos juizados dos menores (art. 405, § 2º da CLT); d) trabalho que demande o emprego de força muscular, superior a 20 quilos, se contínuo, ou 25 quilos, se ocasional (art. 405, § 5º da CLT).

São também proibidas as horas extras, salvo decorrentes de acordo de compensação de horas (art. 413, I da CLT) ou no caso de força maior, e com direito a adicional de 50%, e quando o menor for empregado em mais de uma empresa, somam-se todos os horários, como se fosse de um emprego só, sendo proibido ultrapassar o total de 8 horas diárias de trabalho.

2.3. Das proteções

Como normas legais de proteção encontram-se: o dever dos pais de afastar os menores de empregos que diminuam consideravelmente suas horas de estudos (CLT, art. 427); a manutenção pelos empregadores de local apropriado para ministrarem instrução primária em certas condições (CLT, art. 427); a concessão de férias no emprego coincidentes com as férias na escola (CLT, art. 136); e a proibição de fracionar o período de gozo das férias (CLT, art. 134, § 2º)

2.4. Das espécies do trabalho do menor

O trabalho do menor comporta as seguintes **espécies:**

— **menor aprendiz**, já estudamos tal figura, quando abordamos os tipos de empregados;

— **menor aprendiz não empregado** (CLT, art. 431), é o menor que tem aprendizagem ministrada por entidade sem fins lucrativos, que tenha por objetivo a assistência ao adolescente e à educação profissional, registrada no Conselho Municipal dos Direitos da Criança e do Adolescente;

— **o trabalho socioeducativo** do menor que é autorizado pelo Estatuto da Criança e do Adolescente (art. 67), que assim considera aquele previsto em programa social, sob responsabilidade de entidade governamental ou não governamental sem fins lucrativos;

o trabalho familiar (CLT, art. 402, parágrafo único) que é o prestado "em oficinas em que trabalhem exclusivamente pessoas da família do menor e esteja este sob a direção do pai, mãe ou tutor", que não configura vínculo de emprego;

— **o menor jornaleiro** (CLT, art. 405, § 4º) é o que trabalha "nas localidades em que existem, oficialmente reconhecidas, instituições destinadas ao amparo dos menores jornaleiros";

— **o menor bolsista** é aquele com menos de 14 anos de idade cujo trabalho é compensado com uma bolsa e não com um salário (ECA).

Uma observação: de acordo com o dispositivo constitucional, todo trabalho do menor de 16 anos, salvo na condição de aprendiz, é vedado, daí o conflito que tais modalidades podem gerar com o texto constitucional.

— **primeiro emprego**, com a finalidade de proporcionar ao jovem a oportunidade de obter uma primeira ocupação como empregado, foi instituído em 2003 (Leis ns. 10.748 e 10.940, ambas de 2004) o Programa Nacional de Estímulo ao Primeiro Emprego para os Jovens — PNPE. A finalidade é de atender jovens com idade de dezesseis a vinte e quatro anos em situação de desemprego involuntário que, cumulativamente, não tenham tido vínculo anterior, sejam membros de famílias com renda mensal *per capita* de até meio salário mínimo. Há ainda as seguintes disposições sobre o instituto: no mínimo 70% (setenta por cento) dos empregos criados no âmbito do PNPE serão preenchidos por jovens que ainda não tenham concluído o ensino fundamental ou médio; os contratos de trabalho, do programa, poderão ser por tempo determinado (duração mínima de 12 meses) ou indeterminado, sendo vedada a contratação de jovens que sejam parentes, ainda que por afinidade, até o segundo grau, dos empregadores e sócios das empresas ou entidades contratantes; o programa não abrange o trabalho doméstico nem o contrato de experiência; os empregadores terão subvenção econômica no valor de seis parcelas bimestrais de R$ 250,00 por emprego gerado.

3. Dos efeitos da nulidade

3.1. Da incapacidade da parte

Como já visto, o Texto Constitucional em vigor, em seu art. 7º, inciso XXXII, proíbe o trabalho do menor de 14 anos, em qualquer situação, e ao menor de 16 não aprendiz falta capacidade para firmar o contrato, pois o trabalho lhe é proibido. A questão da idade mínima para o trabalho recebeu tratamentos diferentes nas nossas Constituições, lembramos de que passou de 14 para 12 anos, para em 1988 voltar a 14 anos, e em 1998 (EC n. 20) para 16 anos salvo a exceção do aprendiz . De toda sorte, o Texto Constitucional não diz quais são os efeitos legais da prática do contrato de trabalho, ou seja, nem que é nulo e nem quais são as responsabilidades patrimoniais dos envolvidos. Contudo, trata-se de patente caso de contrato nulo por incapacidade do trabalhador, cabendo à doutrina e à jurisprudência solucionar as lacunas existentes.

Para Alice Monteiro de Barros tal contrato será nulo "mas produzirá certos efeito, entre os quais o pagamento de uma compensação razoável, a teor dos art. 593 e 606 do Código Civil de 2002"[10].

(10) BARROS, Alice Monteiro de. *Op. cit.*, p. 462.

Aduz Mauricio Godinho Delgado que cabem todas as consequências legais, lembrando, contudo, o papel do Poder Judiciário de declarar a nulidade e cessar de imediato a continuidade do pacto laboral:

> "Ilustrativamente, o defeito concernente ao elemento jurídico-formal da *capacidade*. Tratando-se de trabalho empregatício prestado por menor de 16 anos (ou 14, antes da EC n. 20, de 15 de dezembro de 1998), cabe o reconhecimento de *todos* os efeitos justrabalhistas ao contrato irregularmente celebrado. É verdade que deverá o juiz, ao mesmo tempo, decretar a nulidade do ato, inviabilizando a permanência da nulidade desde então (se o menor ainda estiver abaixo de 16 anos — salvo o aprendiz — na época do exame judicial, evidentemente). Da mesma maneira procede-se em certos defeitos concernentes à forma (como, por exemplo, a falta de lavratura de instrumento escrito em contrato de atleta profissional)."(11)

Sergio Pinto Martins também defende a tese da produção de todos os efeitos jurídicos:

> "No caso do trabalho proibido, não há como justificar a nulidade total do pacto laboral. Ao contrário, trata-se de ato jurídico anulável, em que prepondera o interesse privado individual, embora com garantia de norma cogente, sendo protegido o interesse particular. Por isso, desrespeitada a lei, como na hipótese de o menor de 16 anos ou de o menor trabalhar à noite, em face o inciso XXXIII do art. 7º da Lei Maior, tem direito o obreiro ao reconhecimento da relação de emprego, no primeiro caso, e ao pagamento das horas proibidas, embora o ato jurídico seja anulável, são produzidos efeitos jurídicos."(12)

Muitas decisões judiciais também se pronunciam favoráveis ao reconhecimento total dos direitos ao menor, e muitas vão trazer compreensível carga emocional, o que é natural, haja vista que a proibição de tal trabalho procura preservar a própria integridade do menor; como exemplo, citamos a oportuna ementa:

> MENOR DE 16 ANOS — ART. 7º, INCISO XXXII, DA CONSTITUIÇÃO FEDERAL — TRABALHO E SEU VALOR SOCIAL — ART. 1º, INCISO IV, DA MESMA CONSTITUIÇÃO. A proibição contida no art. 7º, inciso XXXII, da Constituição, num primeiro momento dirige-se às empresas, enquanto instituições concebedoras, organizadoras e utilizadoras do trabalho alheio, e num segundo momento ao responsável legal pelo menor, ao próprio Estado e a toda sociedade, enquanto copartícipes, diretos e indiretos, pelo bem-estar do menor, que até os dezesseis anos deverá dedicar a maior parte do seu tempo à educação, a sua formação moral e intelectual, seja no âmbito da escola, seja no seio familiar, seja nos demais espaços culturais, esportivos e recreativos.. (...). A teoria geral das nulidades do Direito Civil não pode ser transportada cegamente para o Direito do Trabalho, de molde a sufocar a realidade social envolta em valores éticos e morais da

(11) DELGADO, Mauricio Godinho. *Op. cit.*, p. 509.

(12) MARTINS, Sergio Pinto. *Op. cit.*, p. 100.

valorização do trabalho e da dignidade humana." (Processo 00822-2005-006-03-00-5 RO, publicado em 12.11.2005, 3ª Região, 4ª Turma, Relator Juiz Otávio Linhares Renault)

Há, porém, outros entendimentos jurisprudenciais, que interpretam que não ocorrendo a validade da relação jurídica, por conta do Texto Constitucional, deve ser dado o mesmo tratamento que a jurisprudência sedimentada do TST vem dando para os contratos nulos com a Administração Direta e Indireta, quando inobservado o requisito do concurso público, devendo-se tão somente o salário dos dias trabalhados e o FGTS, ou, posições até mais restritas, que vão recair na questão processual da impossibilidade jurídica do pedido, *in* verbis:

> MENOR — CONTRATO DE TRABALHO NULO. A mesma nulidade absoluta do contrato de trabalho com Entidade Publica, por inobservância do requisito do concurso público, previsto pela Constituição Federal no ser art. 37, incide quanto à relação de emprego de menor de dezesseis anos, a partir da vigência da Emenda Constitucional n. 20/98. (Pocesso RO 00378-2003-099-03-00-0, publicado em 31.7.2003, Relator Emília Fachini)
>
> CONTRATO DE TRABALHO — MENOR DE DEZESSEIS ANOS. É nulo, à luz do art. 7º, inc. XXXIII, da Constituição do Brasil, o contrato de trabalho celebrado por menor de catorze anos. São devidos, no entanto, os salários uma vez que, no direito do trabalho, prevalece a regra geral da irretroatividade das nulidades. (Ac. TRT/RO 6.398, 1 Turma, Rel. Juiz Manuel Cândido Rodrigues, DJMG de 5.12.1997)
>
> RELAÇÃO DE EMPREGO — MENOR. Bem clara a regra jurídica constitucional ao proibir o desempenho de qualquer trabalho a menores de quatorze anos. Se assim é, há impossibilidade jurídica do pedido que visa o reconhecimento da relação de emprego e, naturalmente, do registro do contrato em carteira. (TRT 3ª Região — 1ª Turma — RO/ 2591/97 — Rel. Juiz Ricardo Antônio Mohallem — DJMG 26.9.1997)

Malgrado as divergências *supra*, pelos princípios já vistos, há uma proibição que procura proteger o próprio menor, não se mostrando plausível que na ocorrência do contrato de trabalho seja eximido o empregador de pagar todos os direitos trabalhistas decorrentes de sua concretização. O bem público protegido, em suma, é o próprio trabalhador menor, que na maioria das vezes vende sua força de trabalho por conta da necessidade de sua sobrevivência, mas a realização do contrato não ofende a moralidade pública, não se aproxima de qualquer tipo penal, cabendo apenas ao Judiciário declarar a nulidade do contrato de trabalho, mas considerar todos os efeitos cabíveis, como férias, 13º salário, FGTS, aviso prévio, 40% do FGTS etc.

Aliás, até na Justiça Federal, que não tem a pecha de paternalista que injustamente imputam para a Justiça do Trabalho, prevalece o mesmo entendimento de se mitigar os efeitos do contrato de trabalho nulo, se admitindo assim a contagem de tal tempo para a aposentadoria:

> PREVIDENCIÁRIO — RURÍCOLA — MENOR DE 14 ANOS — CONTAGEM DO TEMPO DE SERVIÇO PARA EFEITOS PREVIDENCIÁRIOS — POSSIBILIDADE — JUROS DE MORA DE 1% AO MÊS — VERBA ALIMENTAR. 1. O Autor trouxe aos autos documentos que configuram início da prova material, corroborado por depoimentos testemunhais aptos a demonstrar que o Autor trabalhou como rurícola no período apontado. 2. A alegação do Instituto-Apelante acerca da idade do Autor na época

da prestação do serviço não merece ser acolhida, pois uma garantia conferida pela Constituição (art. 7º, inciso XXXIII) contra o trabalho dos menores de 14 (quatorze) anos não pode ser arguida com o escopo de prejudicar quem laborou antes de completar aquela idade. (...). Apelação e Remessa Oficial improvidas. (TRF 5ª R. — AC 2002.83.08.001292-6-3ª T. — Rel. Des. Fed. Geraldo Apoliano — DJU 16.11.2006 — p. 816)

MANDADO DE SEGURANÇA — PREVIDENCIÁRIO — RESTABELECIMENTO DE APOSENTADORIA POR TEMPO DE SERVIÇO — MENOR DE 14 ANOS — TRABALHO RECONHECIDO — RECOLHIMENTO DAS CONTRIBUIÇÕES — INVERSÃO DO ÔNUS DA PROVA. 1. Tem direito à aposentadoria o segurado que recolheu à Previdência Social as contribuições relativas ao período trabalhado de 14 anos de idade, mesmo que existente limitação legal sob o pretexto de proteção ao trabalho do menor (art. 7º, XXXIII, CF/88). 2. (...). 4. Apelação e remessa a que se nega provimento. (TRF 1ª R. — MAS 199901000931559 — GO — 1ª T. Supl. — Rel. Juiz Fed. Conv. Marcelo Dolzany da Costa — DJU 4.8.2005 — p. 61)

PREVIDENCIÁRIO — ALUNO-APRENDIZ-RECONHECIMENTO E AVERBAÇÃO DO TEMPO DE SERVIÇO: POSSIBILIDADE. 1. O aluno-aprendiz que recebeu salário pode ter o tempo relativo ao período que estudou em escola de formação profissional reconhecido e averbado como tempo de serviço. Precedentes. 2. A vedação constittucional do trabalho ao menor de 14 anos (art. 7º, XXXIII, CF) não se constitui óbice ao reconhecimento do tempo efetivamente trabalhado para fins previdenciários. É que, a norma se erige em tutela em favor do menor, não podendo, evidentemente, prejudicá-lo. 3. Apelação e remessa oficial não providas. (TRF 1ª R. — AC 2000010004694455-MG — 2ª T. Supl. — Rel. Juiz Fed. Conv. Carlos Alberto Simões de Tomaz — DJU 9.12.2004 — p.68)

É ilegítima e nula a contratação de pessoal em período expressamente vedado por legislação eleitoral. Em se tratando de nulidade absoluta, opera retroativamente, por expressa disposição da lei, atuando como se o ato malsinado jamais houvesse existido. Todavia, a contratação irregular de servidor público torna impossível a recondução das partes ao estado anterior e, neste caso, o trabalhador tem direito aos salários do período trabalhado, a título de indenização, mas a nenhuma outra parcela de natureza trabalhista. Revista parcialmente conhecida e desprovida. (TST — RR — 115.94.1 — Ac. 1ª T. 2.585/95 — Rel. Min. Indalécio Gomes Neto)

3.2. Do trabalho proibido

Como já visto, é dever dos responsáveis legais de menores (os pais ou tutores): afastar os menores de empregos que diminuam consideravelmente o seu tempo de estudo, reduzam o tempo de repouso necessário à sua saúde e constituição física ou prejudiquem a sua educação moral (art. 424, CLT).

Por seu turno, cabe aos empregadores: obrigação de velar pela observância, nos seus estabelecimentos ou empresa, dos bons costumes e da decência pública, bem como as regras de segurança e medicina do trabalho (art. 425, CLT); o dever, se o trabalho executado pelo menor for prejudicial à sua saúde, ao seu desenvolvimento físico ou à sua moralidade, de proporcionar as facilidades para mudar de serviço (art. 426, CLT); obrigação de conceder ao menor o tempo que for necessário para frequentar às aulas (art. 427, *caput*, da CLT).

Como aduz Sergio Pinto Martins "daí chega-se à conclusão de que não será permitido o trabalho do menor em salões de bilhar, bochas, sinucas ou boliche, até porque nem se permite sua entrada nesses locais (art. 80 da Lei n. 8.069/90 — ECA)", continua o autor paulista, em sede de correta ponderação: "O trabalho em teatros e cinemas nada tem de prejudicial ao menor, porque muitas vezes nesses locais passam peças ou filmes educativos e dirigidos ao menor. Prejudicial seria apenas se fosse exibido algum filme pornográfico. Quanto a boates, cabarés e *dancings*, não há representação. O trabalho em empresas circenses também nada tem de prejudicial ao menor, sendo que este é quem vai assistir aos espetáculos. Logo, não andou bem o legislador da CLT as estabelecer as referidas proibições".

Sobre os efeitos, sustenta Arnaldo Süssekind as seguintes consequências para a rescisão do contrato do menor pelo exercício de trabalho proibido: "a) se for impossível ao empregador transferir ou remover o menor para as funções ou locais compatíveis com a sua condição pessoal, a extinção contratual se opera, por determinação da autoridade pública, sem ônus para qualquer das partes; b) se o empregador, embora dispondo de serviço adequado ao menor, não promover a alteração de que cogita o preceito legal, responderá pela indenização alusiva à rescisão contratual".

O saudoso Octavio Bueno Magano, de forma correta, se opõe aos efeitos acima preconizados: "Não podemos subscrever esse magistério porque, se o menor vinha executando serviços ilegais, como qualquer daqueles previstos nos itens I e II, do art. 405 da CLT, a imputabilidade do empregador é automática e não se elide pela impossibilidade de transferência do primeiro para outra função lícita. Aliás, o menor que se encontra na situação aqui figurada pode, a qualquer tempo, com a assistência de seu representante legal, considerar rescindido o respectivo contrato de trabalho, recebendo indenizações legais, com o fundamento no art. 483 da CLT".

No mesmo sentido, doutrina Eduardo Gabriel Saad: "Presume-se que o empregador sabe que o trabalho atribuído ao menor era prejudicial à sua saúde ou à sua formação moral. Dessarte, se a autoridade entender que a empresa deve transferir o menor para outra função, o empregador tem de atender a essa recomendação. Se desobedecer ou se não tiver condições fáticas para acolher a decisão da autoridade, estará o contrato de trabalho rescindido com todos os consectários previstos nesta Consolidação" (*Comentários à CLT*, p. 350).

Aduz ainda o jurista que quando "o fato tiver por causa condição presonalíssima do menor, o empregador não está sujeito a qualquer sanção; quando, porém, tiver ele alguma responsabilidade pela situação, que impossibilite o menor de continuar no emprego, não resta dúvida que terá de pagar ao menor as verbas exigidas, habitualmente, na despedida injusta". De fato, podemos pensar em algumas possibilidades: de um menor que desenvolveu doença não ocupacional, mas que se torne incapaz para o trabalho realizado naquele contrato; do menor que mudou de turno de estudo, tornando-o incompatível com o trabalho; do menor que não se ambienta com seus colegas por traço de sua personalidade etc.

Se a extinção ocorre em virtude de objeto ilícito do contrato, a par de ser o trabalhador envolvido menor (trabalho em casa de prostituição, jogo ilegal, entorpecentes etc.), entendemos que nada é devido, nem os salários ou qualquer outra indenização, não cabendo ao Judiciário determinar a remuneração do trabalho que explora o crime — OJ n. 199 da SDI-1 do TST. Aliás, consideramos que a melhor exegese em tal situação é a preconizada pela doutrina estrangeira acima analisada: para que não ocorra enriquecimento ilícito que seja condenado o empregador a pagar as verbas devidas para o Fundo de Amparo ao Trabalhador — FAT.

Sobre a cessação dos serviços prejudiciais no tocante ao órgão competente, a orientação majoritária é no sentido de que a autoridade competente, conforme reza o art. 407 da CLT, é o agente fiscalizador do Ministério do Trabalho, contudo, quando as questões são de índole moral ou referentes ao pátrio poder estaria afeta à Justiça da Infância e da Juventude.

Sobre a jurisdição, reza a lei que cabe ao Juiz da Vara da Infância e Juventude verificar se o trabalho executado pelo menor é prejudicial à sua saúde, ao seu desenvolvimento físico ou à sua moralidade (art. 407, *caput*, da CLT), podendo obrigá-lo a abandonar o serviço, devendo a empresa, quando for o caso, proporcionar ao menor todas as facilidades para mudar de funções (art. 426, CLT), afirmamos, porém, que as controvérsias sobre os efeitos da nulidade ficarão a cargo da Justiça do Trabalho.

Conclusão

De certo, podemos concluir: nas rescisões contratuais envolvendo as circunstâncias analisadas da problemática do trabalho do menor, caberão sempre os direitos trabalhistas para o trabalhador, como se fosse uma rescisão por dispensa do empregado sem justa causa, exceção da atividade ilícita, quando advogamos a possibilidade das verbas rescisórias serem revertidas em favor de fundo público, com base na doutrina estrangeira, no caso, a sugestão mais plausível é a do Fundo de Amparo ao Trabalhador — FAT.

Bibliografia

BARROS, Alice Monteiro de. *Curso de direito do trabalho*. São Paulo: LTr, 2006.

CASTELO, Jorge Pinheiro. *O direito processual do trabalho na moderna teoria geral do processo*. São Paulo: LTr, 1993.

DAMATTA, Roberto. *Carnavais, malandros e heróis* — para uma sociologia do dilema brasileiro. Rio de Janeiro: Rocco, 1997.

DELGADO, Mauricio Godinho. *Curso de direito do trabalho*. São Paulo: LTr, 2006.

MORAES, Alexandre de. *Direito constitucional*. Rio de Janeiro: Atlas, 2005.

MORAES, Evaristo. *Introdução ao direito do trabalho*. São Paulo: LTr, 1967.

MARTINS, Sergio Pinto. *Direito do trabalho*. São Paulo: Atlas, 2006.

TEPEDINO, Gustavo *et al*. *A parte geral do novo Código Civil*. Rio de Janeiro: Renovar, 2004.

SAAD, Eduardo Gabriel *et al*. *CLT comentada*. São Paulo: LTr, 2006.

O Contrato de Aprendizagem como Instrumento de Qualificação Profissional de Jovens

José Roberto Dantas Oliva(*)

(*) Juiz Titular da 1ª Vara e diretor do Forum Trabalhista de Presidente Prudente, Mestre em Direito das Relações Sociais — subárea Direito do Trabalho — pela PUC-SP, Especialista em Direito Civil e Processo Civil, Professor das Faculdades Integradas "Antônio Eufrásio de Toledo" de Presidente Prudente-SP (graduação e pós-graduação), membro do Conselho Editorial da Revista do Tribunal Regional do Trabalho 15ª Região, representante da Escola Judicial do Tribunal Regional do Trabalho da 15ª Região na Circunscrição de Presidente Prudente — SP, Diretor Cultural da Associação dos Magistrados do Trabalho da 15ª Região — Amatra XV, Presidente do Conselho Editorial da Revista da Amatra XV e membro da Academia Venceslauense de Letras.

rescisão não previstas no art. 433 da CLT. 10. Contratação de aprendizes por entes públicos, empresas públicas e sociedades de economia mista. Conclusão. Referências bibliográficas.

1. Introdução

A necessidade de prévia qualificação e experiência tem se revelado um fantasma que assombra a maioria dos jovens que buscam ocupar as vagas de emprego oferecidas pelo — cada vez mais competitivo — mercado de trabalho. O contrato de aprendizagem, com a vestimenta que lhe foi conferida em 2000 pela Lei n. 10.097, de 19 de dezembro daquele ano, e com as inovações introduzidas pelas Leis ns. 11.180, de 23 de setembro de 2005; e 11.788, de 25 de setembro de 2008, é um modo seguro de esconjurar o espectro do desemprego ou do subemprego.

Representa, na verdade, porta de acesso ao primeiro emprego para adolescentes e jovens que estejam na faixa etária dos catorze (completos) aos vinte e quatro (incompletos) anos, limite que poderá ser ultrapassado em casos de pessoas com deficiência.

O propósito deste estudo é analisar os pressupostos jurídicos e características principais deste tipo de contrato especial de emprego, demonstrando, ainda, a necessidade de conscientização do empresariado sobre seu imperativo engajamento no processo de qualificação dos jovens. Em contrapartida, os Serviços Nacionais de Aprendizagem, cumprindo dever que resulta das contribuições que recebem para tanto, devem proporcionar vagas suficientes para atrair e absorver os aprendizes, facilitando, com isto, a contratação.

As Escolas Técnicas de Educação e as entidades sem fins lucrativos, que tenham por objetivo a assistência ao adolescente e à educação profissional, estas com registros nos Conselhos Municipais dos Direitos da Criança e do Adolescente, precisam estar preparadas, do mesmo modo, para suprir a deficiência de vagas dos referidos Serviços Nacionais, atentas as últimas, no entanto, para o fato de que sua atuação, em observância até às razões de sua própria criação e existência, deve adstringir-se, no campo da aprendizagem, ao atendimento de adolescentes, não abrangendo — como vem ocorrendo — jovens com mais de 18 anos de idade.

Há de ser intensificada, também, como se verá, a fiscalização pelo Ministério do Trabalho e Emprego, para fazer com que se cumpra a lei. É importante que haja um trabalho inicial de orientação, mas, caso continue sendo ignorada a obrigatoriedade de propiciar aprendizagem, o caminho passa a ser a autuação.

Crucial, por fim, que o Ministério Público do Trabalho, no cumprimento de seu papel institucional, que de forma admirável vem sendo desenvolvido junto à primeira instância da Justiça do Trabalho, detectando focos de resistência, promova inquéritos civis públicos que resultem em termos de compromisso de ajustamento de conduta ou, em última análise, em ações civis públicas que visem a coibir fraudes (desvirtuamento da aprendizagem), a compelir a contratação de aprendizes ou, ainda, a disponibilizar vagas em cursos e quantidade suficientes ao suprimento da demanda. Certamente a Justiça do Trabalho dará resposta adequada, se provocada.

Para isto, no entanto, necessário que se tenha a dimensão exata dos contornos desta modalidade especial de contratação, o que, sem a pretensão de esgotamento do tema e advertindo acerca de controvérsias ainda reinantes em alguns aspectos, tentaremos traçar nas linhas que se seguem.

Advirta-se, no entanto, que o presente estudo se baseia também — e principalmente — no Capítulo 6, do livro *O princípio da proteção integral e o trabalho da criança e do adolescente no Brasil* (OLIVA, LTr, 2006), que trata especificamente do Contrato de Aprendizagem. Houve aproveitamento atualizado do texto, acréscimos e, em alguns pontos, reduções, para adequar-se à proposta desta obra coletiva coordenada pela Associação Nacional dos Magistrados do Trabalho — Anamatra, tendo em muito nos honrado o convite formulado para dela participar.

2. Conceito de aprendizagem

Conquanto relegada sua regulamentação para a legislação infraconstitucional, o contrato de aprendizagem tem previsão constitucional. O art. 7º da CF/88, ao proibir, no inciso XXXIII (já com a alteração feita pela EC n. 20/98), qualquer trabalho a menores de dezesseis anos, excepciona, da vedação, aquele que é contratado na condição de aprendiz, a partir dos catorze anos. O art. 403 da Consolidação das Leis do Trabalho — CLT, com a redação que lhe foi dada pela Lei n. 10.097/00, reproduziu o quanto disposto no texto constitucional a esse respeito. Está aí, portanto, fixada a idade mínima para início de aprendizagem: catorze anos.

O constituinte não estabeleceu a idade máxima, tarefa que coube ao legislador ordinário. Historicamente, a aprendizagem vem disciplinada na CLT. Ao tratar do direito à profissionalização e à proteção no trabalho, o Estatuto da Criança e do Adolescente — ECA (Lei n. 8.069/90), nos arts. 60 a 69 (que exigem, hoje, leitura atenta, com adaptações à nova realidade constitucional), também dela versou. Não dispôs expressamente sobre a idade máxima, mas, como se destina a proteger crianças e adolescentes, por óbvio não contempla maiores de dezoito anos.

Com a reformulação completa do instituto da aprendizagem pela Lei n. 10.097/00, que modificou consideravelmente diversos artigos da CLT no Capítulo IV do Título III, que trata "Da Proteção do Trabalho do Menor"[1], foi estabelecido, inicialmente, que os contratos de aprendizagem destinavam-se aos maiores de catorze e menores de dezoito anos.

---

(1) Preferimos adolescente, conforme terminologia adotada pelo ECA, afastando a ideia de "minoração" ou menoscabo desses trabalhadores em condição peculiar de desenvolvimento, mas a CLT, mesmo após as reformas promovidas no referido capítulo, continua utilizando "menor".

As inovações facilitaram muito o trabalho do intérprete, pois consolidaram, no corpo da CLT, o Princípio da Proteção Integral (incorporado em seu texto) e diversas normas previstas no ECA, inclusive preceitos contidos na Lei n. 9.394/96, de Diretrizes e Bases da Educação Nacional (bem como do Decreto n. 2.208/97, que a regulamenta), todos já adequados à nova realidade constitucional.

Depois, a Lei n. 11.180/05, embora não tenha promovido nenhuma alteração topográfica na CLT, mantendo a matéria disciplinada no capítulo que trata do trabalho do "menor"(2), ampliou o limite de idade para vinte e quatro anos, excluindo, da referida limitação, pessoas com deficiência.

Hoje, é possível dizer que o conceito de aprendizagem (empresária) se extrai do quanto disposto no art. 428 — em sua redação atual — da CLT, assim redigido:

> Art. 428. Contrato de aprendizagem é o contrato de trabalho especial, ajustado por escrito e por prazo determinado, em que o empregador se compromete a assegurar ao maior de 14 (quatorze) e menor de 24 (vinte e quatro) anos inscrito em programa de aprendizagem formação técnico-profissional metódica, compatível com o seu desenvolvimento físico, moral e psicológico, e o aprendiz, a executar com zelo e diligência as tarefas necessárias a essa formação.

Tal conceito pode ser complementado com o quanto disposto no § 5º do mesmo artigo (incluído pela Lei n. 11.180, de 2005, já referida), que estipula não ser aplicável a idade máxima prevista no *caput* aos aprendizes com deficiência (a expressão, atualmente, tem sido considerada mais correta do que a utilizada pela lei e que também já empregamos anteriormente: "portadores" de deficiência).

No que respeita ao adolescente, a aprendizagem deve ser pautada pelo art. 227 da nossa Carta Maior, que consagra o Princípio da Proteção Integral que deve ser tributado a crianças e adolescentes, de um modo em geral, sendo que a família, a sociedade e o Estado, não necessariamente nesta ordem, têm o dever de assegurar a essas pessoas em peculiar condição de formação e desenvolvimento, com absoluta prioridade, dentre outros, no que mais interessa ao presente estudo, o direito à educação, à profissionalização e à dignidade inerente a todo ser humano.

Aludido princípio, hoje positivado também no plano infraconstitucional pelo Estatuto da Criança e do Adolescente — ECA (Lei n. 8.069/90), deve ser entendido a partir da moderna concepção segundo a qual os princípios ganharam, na era

---

(2) A Lei em questão resulta da Medida Provisória n. 251, de 14 de junho de 2005. Embora pelo prisma da constitucionalidade formal (inexistência de urgência e duvidosa presença de relevância justificadora da iniciativa pelo Poder Executivo) pudesse haver questionamento, com a conversão em lei, a discussão parece-nos superada, especialmente por entender o Supremo Tribunal Federal que cabe ao Chefe do Executivo e ao Poder Legislativo a avaliação subjetiva da existência de urgência e relevância para a edição de MPs. De qualquer modo, inconstitucionalidade material não existe, porquanto a CF não estabelece idade máxima. Sobre a manutenção da matéria no capítulo da CLT que trata da proteção ao trabalho do adolescente, caberá ao intérprete solucionar o problema criado pelo legislador, que não se valeu de boa técnica a respeito. Não são divisados, porém, maiores problemas, bastando saber que nem toda proteção devotada ao adolescente se estende ao jovem aprendiz com mais de dezoito anos completos.

cognominada por Paulo Bonavides (2003, p. 264) de pós-positivista, normatividade[3]. Ou seja: exigem aplicação transformadora. Segundo esta nova linha doutrinária, por nós perfilhada, existe um gênero (normas), com duas espécies: princípios e regras, aqueles com abstração muito maior que estas.

Não ignoramos que vai se esmaecendo, mas ainda há resistência acerca da normatividade dos princípios. Estamos, porém, com Bonavides (2003, p. 259) quando diz que a carência de normatividade dos princípios é tese superada, que representa "[...] o entendimento a que se abraçava a velha Hermenêutica constitucional, doravante a caminho de uma ab-rogação doutrinária irremediável".

Nessa linha de raciocínio, é possível concluir que o Princípio da Proteção Integral é princípio em sentido estrito, revestido de força normativa, e não mera diretriz programática. Neste patamar, o valor superior que dele emana deve reger não apenas a atividade legislativa, mas também servir de norte para uma hermenêutica que liberte de amarras dogmáticas ultrapassadas. Assim já nos posicionamos anteriormente (OLIVA, 2006, p. 101):

> Referido princípio, por conseguinte, exige concreção. Deve, necessariamente, pautar o exercício de poderes normativos, tanto na esfera de criação (e aí dirige-se ao legislador, impondo-lhe conduta que, se não observada, estará desconforme com a Carta Maior e será, sem dúvida alguma, inconstitucional) como na de aplicação (neste sentido, dirige-se ao Estado-Juiz, que deve aplicá-lo sem ao menos pestanejar na solução dos casos que lhe são submetidos à apreciação).

Fora do âmbito estritamente normativo, destacamos então (*idem*):

> No plano não normativo, o Princípio da Proteção Integral deve guiar o comportamento de governantes e governados, em ações ou abstenções (ou, caso se prefira, no agir de forma comissiva ou omissiva), pois estes são os destinatários finais das normas jurídicas em geral. [...]

Pois bem! Esse dever de proteção integral e prioritária compreende a idade mínima para o trabalho de dezesseis anos (e não de catorze, como consta, com redação original que já deveria ter sido alterada, no § 3º, I, do art. 227, da CF/88, que, entretanto, remete para o art. 7º, XXXIII, da mesma Carta), exceto na condição de aprendiz, quando a idade permitida é reduzida para catorze anos; garantia de direitos previdenciários e trabalhistas e garantia de acesso do trabalhador adolescente à escola.

O ECA (que do mesmo modo precisa ter a idade mínima prevista no art. 60 ajustada ao texto constitucional), também complementa o conceito de aprendizagem, ao prescrever, no art. 62, que como tal se considera a "[...] formação técnico-profissional ministrada segundo as diretrizes e bases da legislação de educação em vigor".

---

(3) Ver, a propósito, o estudo que desenvolvemos a respeito em nosso livro *O princípio da proteção integral e o trabalho da criança e do adolescente no Brasil* (São Paulo: LTr, 2006).

No artigo seguinte (63), complementa dizendo que a aludida formação técnico-profissional deverá observar: I) garantia de acesso e frequência obrigatória ao ensino regular; II) atividade compatível com o desenvolvimento do adolescente; e III) horário especial para o exercício de atividades.

Eis o significado que a UNESCO, segundo o Glossário "Terminologia do ensino Técnico e Profissional" empresta ao termo ensino técnico-profissional:

> [...] é termo utilizado em sentido lato para designar o processo EDUCATIVO quando este implica, além de uma formação geral, estudos de caráter técnico e a aquisição de conhecimentos e aptidões práticas relativas ao exercício de certas profissões em diversos setores da vida econômica e social. Como consequência de seus objetivos extensos, o ensino técnico e profissional distingue-se da "formação profissional" que visa essencialmente a aquisição de qualificações práticas e de conhecimentos específicos necessários para a ocupação de um determinado emprego ou de um grupo de empregos determinados.
>
> O ensino técnico e profissional deverá constituir uma parte integrante do sistema geral de educação e, em face disso, uma atenção particular deverá ser concedida a seu valor cultural. Deverá exceder a simples preparação para o exercício de uma determinada profissão, preparação cujo objetivo principal é fazer com que o estudante adquira competência e conhecimentos teóricos estritamente necessários a esse fim; deverá, juntamente com o ensino geral, assegurar o desenvolvimento da personalidade, do caráter e das faculdades de compreensão, de julgamento, de expressão e de adaptação. Para isso, conviria elevar o conteúdo cultural do ensino técnico e profissional a tal nível que a especialização inevitável não fosse empecilho ao desenvolvimento de interesses mais amplos (Technical and vocational education. Recomendations by UNESCO and International Labour Organization, Paris, Unesco e Geneva, OIT, 1964, p. 34). (WARREN *apud* OLIVEIRA, Oris de. 1993. p. 11-12).

Em razão da remissão do ECA à formação técnico-profissional, cujo conceito foi acima explicitado, entende Ricardo Tadeu Marques da Fonseca (2001, p. 133) que o direito brasileiro, a partir de então, "[...] rompeu com os limites estreitos do velho contrato de aprendizagem imaginado por Getúlio Vargas e possibilitou amplas experiências que a propiciem".

Para se ter uma ideia, a Lei de Diretrizes e Bases da Educação Nacional n. 9.394/96, no art. 40, diz que a educação profissional deve ser desenvolvida de forma articulada com o ensino regular ou por estratégias diversas de educação continuada, em instituições especializadas ou no ambiente de trabalho.

Pois bem! Agora, como já destacado alhures, o art. 428 permite que se submetam à Aprendizagem, não mais apenas adolescentes, mas jovens com mais de 14 (catorze) e menos de 24 (vinte e quatro) anos, sendo que, conforme os novos §§ 5º e 6º, a idade máxima poderá ser ainda excedida quando se tratar de jovem com algum tipo de deficiência.

Essa distensão da faixa etária (agora, o interstício normal em que é permitida a aprendizagem passou de quatro para dez anos, podendo ser ainda maior no caso de pessoas com deficiência), permite antever a possibilidade de contratação de uma mesma pessoa diversas vezes na condição de aprendiz, desde que por empregadores distintos. Isto não será possível, porém, quando já houver qualificação profissional anterior atestada para a função a ser desempenhada.

3. Pressupostos de validade e características da aprendizagem

Os parágrafos do art. 428 da CLT estabelecem os pressupostos de validade dessa modalidade especial de contrato de emprego, extraindo-se, deles e do *caput* ao qual estão jungidos, as principais características da aprendizagem:

> § 1º A validade do contrato de aprendizagem pressupõe anotação na Carteira de Trabalho e Previdência Social, matrícula e frequência do aprendiz na escola, caso não haja concluído o ensino médio, e inscrição em programa de aprendizagem desenvolvido sob a orientação de entidade qualificada em formação técnico-profissional metódica.
>
> § 2º Ao menor aprendiz, salvo condição mais favorável, será garantido o salário mínimo hora.
>
> § 3º O contrato de aprendizagem não poderá ser estipulado por mais de dois anos, exceto quando se tratar de aprendiz portador de deficiência.
>
> § 4º A formação técnico-profissional a que se refere o *caput* deste artigo caracteriza-se por atividades teóricas e práticas, metodicamente organizadas em tarefas de complexidade progressiva desenvolvidas no ambiente de trabalho.
>
> § 5º A idade máxima prevista no *caput* deste artigo não se aplica a aprendizes portadores de deficiência.
>
> § 6º Para os fins do contrato de aprendizagem, a comprovação da escolaridade de aprendiz portador de deficiência mental deve considerar, sobretudo, as habilidades e competências relacionadas com a profissionalização. (NR)
>
> § 7º Nas localidades onde não houver oferta de ensino médio para o cumprimento do disposto no § 1º deste artigo, a contratação do aprendiz poderá ocorrer sem a frequência à escola, desde que ele já tenha concluído o ensino fundamental.

A partir do conceito e disposições previstas no art. 428 e seus parágrafos, já com as alterações e acréscimos promovidos pela Lei n. 11.788, de 2008, passaremos a tratar das principais características do contrato de aprendizagem.

3.1. Relação de emprego especial

O contrato de trabalho (o vocábulo, seguindo tendência da própria CLT, foi utilizado no sentido de emprego) do aprendiz constitui relação de emprego mesmo, mas de natureza especial. Ele se distingue dos contratos de trabalho (emprego) em geral especialmente pela sua natureza formativo-educacional voltada para a qualificação profissional, mas também por envolver uma relação triangular — empresa, instituição de aprendizagem qualificada e adolescente (de 14 a 18 anos incompletos) ou jovem de 18 a 24 anos (incompletos) e, bem assim, pessoas com deficiência (estas sem limitação etária) —, exigindo-se, ainda, que esteja vinculado a um programa de aprendizagem.

3.2. Formação técnico-profissional metódica

O contrato de aprendizagem deve propiciar formação técnico-profissional metódica, sendo que quando se tratar de adolescente, em razão da proteção integral e prioritária que lhe deve ser destinada, a formação em questão deve revelar-se compatível com o desenvolvimento físico, moral e psicológico do aprendiz.

Por formação técnico-profissional metódica deve ser entendida a atividade que alterna teoria (estudo) e prática, mas não de forma aleatória. Necessariamente haverá um método de ensino-trabalho (projeto pedagógico), organizado de forma a que as tarefas confiadas ao aprendiz aumentem gradativamente de complexidade, a fim de que o objetivo — principal — de aprendizagem no ambiente de trabalho seja alcançado. O programa de aprendizagem (conteúdo pedagógico) deve conter, no mínimo, os objetivos do curso, os conteúdos a serem ministrados aos aprendizes e a carga horária prevista, tudo em respeito ao que prevê o art. 1º, § 3º, III e IV da Instrução Normativa SIT/MTE n. 26, de 20 de dezembro de 2001.

A comprovação da escolaridade de aprendiz com deficiência mental deve considerar, sobretudo, as habilidades e competências relacionadas com a profissionalização (§ 6º do art. 428 da CLT e art. 3º, parágrafo único, do Decreto n. 5.598/05, que regulamenta a aprendizagem no Brasil).

Não se pode olvidar que, em razão da necessária formação técnico-profissional, ao aprendiz que concluir com aproveitamento o curso de aprendizagem deve ser assegurada a outorga obrigatória de certificado de qualificação profissional, conforme exigência contida no art. 430, § 2º, da CLT.

3.3. Forma especial de contratação: escrita e com anotação na CTPS

O contrato de aprendizagem deve ser ajustado por escrito, ou seja, ao contrário dos contratos de trabalho em geral (que, segundo o art. 442 da CLT podem ser expressos — que são aqueles ajustados verbalmente ou por escrito — e até tácitos), tem forma prescrita na lei, pressuposto que, não observado, subtrai a validade da contratação na referida modalidade (art. 104, III, do Código Civil, de aplicação supletiva no Direito do Trabalho por força do que prevê o art. 8º da CLT).

O contrato escrito deve indicar expressamente o curso, objeto da aprendizagem, a jornada diária, a jornada semanal, a remuneração mensal e os termos inicial e final (art. 1º, § 2º, da IN SIT/MTE n. 26, de 20 de dezembro de 2001).

O contrato também não dispensa, ao contrário do que muitos leigos imaginam, o registro imediato em livro, ficha ou sistema eletrônico (art. 41 da CLT) e nem a anotação na CTPS (com a restituição do documento regularizado em no máximo 48 horas, a teor do que prevê o art. 29 da CLT), que deve ser feita na página destinada a "Contrato de Trabalho", trazendo, no campo função, a expressão "aprendiz de", acrescida da função constante no programa de aprendizagem, que deve guardar relação com as funções previstas na Classificação Brasileira de Ocupações — CBO, do Ministério do Trabalho e Emprego.

A condição especial de aprendizagem (inclusive com data de início e término do curso, identificação da entidade que a ministra etc.), deve ser explicitada no campo destinado a "Anotações Gerais".

3.4. Contratação por prazo determinado

Além da forma especial escrita, o contrato de aprendizagem deve ter também previamente estabelecido, como já salientado, o termo *ad quem*, isto é, a data de término, uma vez que é modalidade de contrato por prazo determinado, não podendo ser estipulado por prazo superior a dois anos.

Embora tenha sido ampliada a faixa etária, de forma até incoerente, o legislador manteve a duração máxima prevista no § 3º do art. 428, ou seja, o limite continua sendo de dois anos. A duração da aprendizagem pode ser inferior, mas não superior ao prazo legalmente fixado, o que implica dizer que cursos que eventualmente fossem dimensionados para ter duração mais dilatada, terão de adequar-se ao lapso temporal referido.

Exemplificando: se o adolescente foi contratado aos 14 anos, poderá trabalhar até os 16 como aprendiz; se contratado aos 15, até 17; se contratado aos 16, até os 18; se contratado aos 17, antes seria também até os 18, pois esta era a idade limite para aprendizagem no Brasil. Agora, porém, trabalharia até os 19 e, assim, sucessivamente, até que atingisse os 24 anos, quando então o contrato se expiraria, como se verá abaixo (exceto para aprendiz com deficiência).

3.5. Programa de aprendizagem — aspecto pedagógico

Como já destacado, a partir do advento da Lei n. 11.180, de 2005, a aprendizagem aplica-se ao maior de catorze e ao menor de vinte e quatro anos que esteja, necessariamente, inscrito em programa de aprendizagem.

Referido programa deverá ser desenvolvido sob orientação de entidade qualificada (sobre a qual discorreremos mais à frente) em formação técnico-profissional metódica, uma vez que é dever do empregador assegurar ao adolescente referida formação técnico-profissional metódica, o que significa dizer que o contrato não pode ser entendido pelo seu aspecto meramente produtivo, derivando também daí sua classificação como especial.

3.6. Frequência obrigatória na escola

Inicialmente exigia-se que, caso o aprendiz não houvesse concluído o ensino fundamental, deveria obrigatoriamente estar matriculado na escola, com acompanhamento da frequência escolar.

Essa exigência, que é um dos pressupostos de validade do contrato de aprendizagem, foi ampliada pela Lei n. 11.788, de 2008, que alterou o § 1º e acrescentou um novo § 7º ao art. 428 da CLT.

Em relação à alteração, a obrigatoriedade agora é de matrícula e frequência do aprendiz na escola, para o aprendiz que ainda não concluiu o ensino médio. Tal exigência, como não houve ressalva, aplica-se tanto ao adolescente como ao aprendiz com mais de 18 (dezoito) anos, para este, aliás, com maior razão ainda.

O novo § 7º apenas ressalva que, nas localidades onde não houver oferta de ensino médio (triste realidade), ficará dispensada a frequência do aprendiz à escola, desde que tenha concluído o ensino fundamental. Ideal mesmo seria manter a obrigatoriedade, instalando o ensino médio em referidas localidades.

3.7. Garantia do salário mínimo horário

Está assegurado o salário mínimo hora ao aprendiz, mesmo maior. Conquanto em mais uma das inúmeras impropriedades técnicas que coroam as modificações legislativas, o § 2º do art. 428 continue inalterado, dispondo que "ao **menor** aprendiz, salvo condição mais favorável, será garantido o salário mínimo hora" (grifos nossos), por questão de coerência, há que se entender que tal disposição se estende também ao agora **maior** aprendiz.

Isto significa que, sendo adolescente ou jovem com mais de 18 anos, não poderá receber menos que o salário mínimo hora, mas também não terá direito a receber mais do que ele, exceto se houver previsão específica de condição mais benéfica para o **aprendiz**, e não genérica, como aquela que estipula o piso salarial para a categoria em Convenção ou Acordo Coletivo de Trabalho.

Melhor esclarecendo: as Convenções ou Acordos Coletivos de Trabalho não se aplicam ao aprendiz, exceto se dispuserem, elas próprias, em sentido contrário.

O salário será também proporcional às horas trabalhadas. As últimas leis que fixaram o salário mínimo estabeleceram, além do seu valor mensal, também o valor diário e horário. A Lei n. 12.255, de 15 de junho de 2010, adotando a Medida Provisória n. 474, de 2009, fixou em R$ 510,00 o valor do salário mínimo (mensal) a partir de 1º de janeiro de 2010 (art. 1º, I). No parágrafo único, estabeleceu como valor diário do salário mínimo R$ 17,00 e como valor horário, R$ 2,32.

Assim, o salário a ser pago mensalmente ao aprendiz (adolescente ou maior) dependerá da jornada por ele cumprida. Não se enxerga, aí, nenhuma afronta ao art. 7º, IV, da CF. A discriminação, na hipótese, como lembra Caio Franco Santos (2003, p. 83), "se justifica não pela idade do aprendiz, mas pela natureza especial do contrato de aprendizagem, que tem objeto distinto do contrato de emprego comum".

Agora, definitivamente, a idade não poderia mais, de fato, ser considerada como elemento de discriminação. Como também anotado por Santos, a diferença de salário por motivo de idade seria ilícita (art. 7º, XXX, da CF). Se houver, no entanto, como já mencionado, previsão mais favorável — como piso salarial previsto em norma coletiva para os aprendizes, por exemplo — deverá ela ser observada.

Sem apoio em lei, o Decreto n. 5.598, de 1º de dezembro de 2005, que regulamenta a contratação de aprendizes, pretendeu, na parte final do parágrafo único do art. 17, estender ao aprendiz o direito "[...] piso regional de que trata a Lei Complementar n. 103, de 14 de julho de 2000". Exorbitou o Executivo em seu poder de regulamentação, pois a lei não prevê tal alcance.

A Lei Complementar n. 103 referida, autoriza os Estados e o Distrito Federal a instituir o piso salarial a que se refere o inciso V do art. 7º da Constituição Federal, "[...] para os empregados que não tenham piso salarial definido em lei federal, convenção ou acordo coletivo de trabalho" (art. 1º), excluindo ainda, da hipótese, os servidores públicos municipais (inciso II da mesma lei) e, por fim, possibilitando sua extensão aos empregados domésticos (§ 2º), mas não aos aprendizes.

Poucos estados criaram seus pisos salariais. De qualquer forma, somente se estenderá aos aprendizes o piso salarial estadual se a lei que o instituir assim expressamente prever. Isto porque, embora não inclua o aprendiz, a LC n. 103/00 também não veda a sua inclusão. Logo, se houver previsão mais favorável ao aprendiz, ainda que por lei estadual, esta deve ser respeitada, como seria qualquer outra, inclusive a prevista no próprio contrato de aprendizagem, em razão do permissivo contido no art. 428, § 2º, da CLT (adoção de condição mais favorável).

Para se ter ideia do que estamos falando, o Estado de São Paulo, por exemplo, instituiu, pela Lei n. 12.640, de 11 de julho de 2007, seus pisos salariais (hoje, de acordo com a Lei n. 13.983, de 17 de março de 2010, que modificou o art. 1º da lei original, as três faixas foram fixadas em R$ 560,00, R$ 570,00 e R$ 580,00, de acordo com a complexidade das funções nelas discriminadas).

Entretanto, a própria Lei Instituidora (n. 12.640/07) deixou claro, no seu art. 2º, que referidos pisos salariais não se aplicam "[...] aos trabalhadores que tenham outros pisos definidos em lei federal, convenção ou acordo coletivo, aos servidores públicos estaduais e municipais, **bem como aos contratos de aprendizagem** [...]" (grifos nossos). As primeiras vedações (exceto a dos serviços públicos estaduais, que foi acrescida) já derivam da LC n. 103/00, tendo sido redundante a previsão. Entretanto, além de não estender os benefícios da lei aos aprendizes, São Paulo excluiu deles, expressamente, o direito à percepção dos pisos estaduais.

Assim, deve ser vista com cautela a previsão contida no art. 17, parte final do parágrafo único, do decreto regulamentador.

3.8. Obrigações dos aprendizes

Como qualquer outro empregado, o aprendiz, além de direitos, tem as obrigações normais derivadas de um contrato de trabalho, uma vez que o contrato de aprendizagem também é comutativo. Além das obrigações normais mencionadas, o aprendiz deve executar com zelo e diligência as tarefas que lhe forem confiadas, necessárias à sua formação, conforme exigência contida na parte final do *caput* do art. 428 da CLT, de inteira aplicação.

3.9. Aprendizagem para pessoas com deficiência

A idade máxima não se aplica aos aprendizes com algum tipo de deficiência (e a lei, em relação a estes, não estabeleceu nenhum outro limite, pelo que há de entender-se inexistente qualquer limitação) e, no que respeita à comprovação de escolaridade destes, quando a deficiência for mental, será norteada por critérios específicos, que levem em conta sobretudo as habilidades e competências relacionadas com a profissionalização.

Tem se entendido que as cotas de contratação obrigatória de aprendizes e deficientes não podem ser preenchidas pelo mesmo indivíduo (aprendiz com deficiência). Afinal, a Lei n. 7.853/89, que estipula a obrigatoriedade de cotas também para aqueles que possuam alguma deficiência (art. 36 do Decreto n. 3.298/99) é distinta. Assim, são contratos de trabalho igualmente distintos e, se ao jovem com deficiência deve assegurar-se oportunidade de aprendizagem profissional, do mesmo modo deve ser lhe (e a outros em igual condição) preservado o direito de vincular--se a uma relação de emprego por prazo indeterminado.

4. *Alterações positivas*

Além de a consolidação de previsões contidas em leis esparsas no corpo da CLT ter facilitado a compreensão global da aprendizagem, todas as modificações que ocorreram podem ser consideradas positivas (apesar de, em alguns aspectos, padecendo de falta de técnica). A última, que ampliou a exigência de matrícula e frequência na escola até quando completado o ensino médio, reforça a prioridade que deve se dar as aspecto educativo dessa modalidade de contrato.

Paulo Sérgio João (2001, p. 520), considera que as alterações na CLT foram substanciais, "[...] tanto do ponto de vista formal como conceitual, ampliando as chances de proteção ao menor e das empresas que se engajavam em projetos de aprendizagem". Referia-se, por óbvio, àquelas introduzidas pela Lei n. 10.097/00. As novas modificações, na verdade, atingiram a própria essência do contrato de aprendizagem, pois agora este nem mesmo se restringe a adolescentes.

Atento às modificações anteriores, Ricardo Tadeu Marques da Fonseca (2001, p. 135), em lições que se aplicam — por adequadas — ao novo modelo adotado, diz que o "[...] próprio trabalho do aprendiz deve, portanto, desenvolver-se por meio de uma dinâmica pedagogicamente orientada, sob o ponto de vista teórico e prático, conduzindo à aquisição de um ofício ou de conhecimentos básicos gerais para o trabalho qualificado". Afinal, "[...] tem característica discente o contrato de aprendizagem" (MARTINS, 2010, p. 633).

Já Caio Franco Santos identifica, no contrato de aprendizagem, possível solução, pela qualificação profissional que proporcionará, para quebrar um ciclo de pobreza que se eterniza de geração em geração. Diz ele em nota:

> Para o indivíduo inserto numa sociedade capitalista que superprotege a propriedade privada, a educação e a profissionalização constituem a chance realista de quebrar o ciclo perverso que aprisiona o pobre na pobreza. O ciclo se completa em seis etapas: 1) o sujeito é pobre, porque assim também é seu pai; 2) sendo pobre, a necessidade o impele precocemente ao trabalho; 3) o trabalho precoce prejudica o rendimento escolar, quando não provoca o abandono do estudo; 4) sem educação, a pessoa é desqualificada profissionalmente e despreparada intelectualmente; 5) a sorte do trabalhador despreparado é o desemprego, o subemprego ou, se tanto, o emprego mal remunerado; 6) com os parcos rendimentos do subemprego, ou sem nenhum do desemprego, o pobre dá a seu filho, como única herança, a pobreza.

Merecem profunda reflexão as colocações do autor paranaense.

5. Contratação obrigatória de aprendizes e regras a serem observadas pelas empresas

O art. 429 da CLT, antes mesmo da modificação promovida pela Lei n. 10.097/00, já previa a obrigatoriedade de estabelecimentos de qualquer natureza empregar adolescentes aprendizes, matriculando-os nos cursos dos Serviços Nacionais de Aprendizagem (aqueles pertencentes ao sistema "S"). Tal preceito era — e continua sendo — solenemente ignorado.

O número mínimo de aprendizes a ser matriculado deve corresponder a 5% dos trabalhadores existentes em cada estabelecimento[4] cujas funções demandem formação profissional, nunca excedendo a 15%, até para que, sob o rótulo de aprendizagem, não se valham os empregadores da contratação de mão de obra mais barata. A lei (CLT, art. 429, § 1º), explicita que havendo frações de unidade quando do cálculo das percentagens, elas darão lugar à admissão de um aprendiz.

Parâmetros são traçados pela Secretaria de Inspeção do Trabalho — SIT do Ministério do Trabalho e Emprego — MTE sobre as funções que demandam formação profissional e sobre a base a ser utilizada para cálculo do número de aprendizes. Eis o que dispõe o art. 1º, nos §§ 4º, 5º, 6º e 7º da Instrução Normativa SIT/MTE n. 26, de 20 de dezembro de 2001:

---

(4) Conforme o art. 9º, § 2º do Decreto n. 5.598, de 1º de dezembro de 2005, "entende-se por estabelecimento todo complexo de bens organizado para o exercício de atividade econômica ou social do empregador, que se submeta ao regime da CLT".

§ 4º Para a definição das funções que demandam formação profissional deverão ser considerados a Classificação Brasileira de Ocupações — CBO e os seguintes fatores:

I — o nível das capacidades profissionais e dos conhecimentos técnico-teóricos requeridos para o exercício da atividade profissional;

II — a duração do período de formação necessário para a aquisição das competências e habilidades requeridas; e

III — a adequação da função às necessidades da dinâmica de um mercado de trabalho em constante mutação. (Alterado pela Instrução Normativa n. 26, de 20 de dezembro de 2002)

§ 5º O cálculo do número de aprendizes a serem contratados terá por base o total de trabalhadores existentes em cada estabelecimento, cujas funções demandem formação profissional, excluindo-se aquelas:

I — desenvolvidas em ambientes que comprometam a formação moral do adolescente;

II — cuja presunção de insalubridade ou periculosidade, relativa ao serviço ou local de trabalho, não possa ser elidida;

III — que exijam habilitação profissional de nível técnico ou superior;

IV — cujo exercício requeira licença ou autorização vedadas para menores de dezoito anos;

V — objeto de contrato de trabalho por prazo determinado, cuja vigência dependa da sazonalidade da atividade econômica;

VI — caracterizadas como cargos de direção, de gerência ou de confiança, nos termos do inciso II e do parágrafo único do art. 62 da CLT; e

VII — prestadas sob o regime de trabalho temporário instituído pela Lei n. 6.019, de 3 de janeiro de 1973.

§ 6º Para comprovar a impossibilidade prevista no inciso II do parágrafo anterior, a empresa deverá apresentar parecer circunstanciado, assinado por profissional legalmente habilitado em segurança e saúde no trabalho, que deverá ser renovado quando promovidas alterações nos locais de trabalho ou nos serviços prestados.

§ 7º Os serviços executados por trabalhadores terceirizados deverão ser computados na cota da empresa prestadora de serviços.

O Decreto n. 5.598, de 1º de dezembro de 2005, que regulamentou a contratação de aprendizes (DOU de 2.12.2005), estabeleceu, no seu art. 10, que a CBO deverá mesmo ser utilizada para definir as funções que demandam formação profissional. Reproduzindo em parte os termos da Instrução Normativa acima referida, prescreveu, no § 1º do mesmo artigo, a exclusão de funções que exigem, para o seu exercício, habilitação profissional de nível técnico ou superior, ou, bem assim, aquelas que estejam caracterizadas como cargos de direção, de gerência ou de confiança, de conformidade com o art. 62, II e parágrafo único (geral) e do art. 224, § 2º (relativo a bancários), ambos da CLT.

Agora, em função da ampliação da idade máxima, o Decreto estipula que, na base de cálculo da percentagem obrigatória de aprendizes, deverão ser incluídas todas as funções que demandem formação profissional, "independentemente de serem proibidas para menores de dezoito anos" (art. 10, § 2º). No art. 11, porém, estabelece que os adolescentes entre catorze e dezoito anos deverão ter prioridade quando da contratação dos aprendizes, excetuando as seguintes hipóteses:

> I — as atividades práticas da aprendizagem ocorrerem no interior do estabelecimento, sujeitando os aprendizes à insalubridade ou à periculosidade, sem que se possa elidir o risco ou realizá-las integralmente em ambiente simulado;
>
> II — a lei exigir, para o desempenho das atividades práticas, licença ou autorização vedada para pessoa com idade inferior a dezoito anos; e
>
> III — a natureza das atividades práticas for incompatível com o desenvolvimento físico, psicológico e moral dos adolescentes aprendizes.

Nas situações relacionadas nos referidos incisos, o parágrafo único do mesmo art. 11 do Decreto regulamentador dispõe que, então, a aprendizagem deverá ser ministrada para jovens de dezoito a vinte e quatro anos.

Conclui-se, pois, que os limites (cotas) mencionados agora compreendem também aprendizes com mais de dezoito e menos de vinte e quatro anos de idade, incluídos também aqueles que, com algum tipo de deficiência, ultrapassem a idade máxima em questão. Em relação aos primeiros (maiores de 18 e menores de 24 anos), algumas restrições não mais subsistem, como as de impossibilidade de aprendizagem em ambiente insalubre ou perigoso, ou cujo exercício requeira licença ou autorização vedadas para menores de dezoito anos.

O quadro descritivo dos locais e serviços considerados perigosos e insalubres para menores de 18 anos foi estabelecido pela Portaria n. 20, de 13 de setembro de 2001, da Secretaria de Inspeção do Trabalho — SIT, que proíbe o trabalho do adolescente nas atividades constantes do mencionado quadro, que contém 81 hipóteses de vedação, tendo, a nosso ver, da perspectiva jurídica (ainda que válida a intenção), extrapolado o Ministério do Trabalho e Emprego seu poder regulamentador, conforme já tivemos a oportunidade de sustentar(5).

Deve ser lembrado que, com base em parecer técnico circunstanciado, assinado por profissional legalmente habilitado em segurança e saúde no trabalho, atestando a não exposição a riscos que possam comprometer a saúde e a segurança dos adolescentes, poderá ser eliminada a proibição. Ou seja: mesmo os estabelecimentos que tenham ambientes e/ou funções insalubres, perigosas ou penosas podem contratar aprendizes, ainda que com menos de 18 anos de idade, desde que referido parecer seja emitido, e afaste a exigência de riscos.

Conforme já dito, esse parecer teria de ser depositado na unidade descentralizada do Ministério do Trabalho e Emprego da localidade onde se desenvolver a atividade (art. 1º, § 2º, da Portaria SIT/MTE n. 20/01). Os trabalhos técnicos ou administrativos também serão permitidos, desde que realizados fora das áreas de

---

(5) Ver, a propósito, o item 5.3.1, do livro *O princípio da proteção integral e o trabalho da criança e do adolescente no Brasil* (OLIVA, 2006. p. 170-181).

risco à saúde e à segurança (art. 2º da mesma Portaria). A proibição, ressalte-se, refere-se tão somente à admissão do adolescente como empregado ou como aprendiz no próprio emprego ou ambiente de trabalho, quando os locais e serviços forem considerados insalubres ou perigosos.

As empresas, entretanto, não estão desobrigadas de matricular aprendizes nos cursos dos Serviços Nacionais de Aprendizagem. A lei proíbe o trabalho em locais perigosos ou insalubres, mas não veda a matrícula nas escolas dos referidos serviços, pois, caso contrário, restaria inviabilizada a qualificação profissional de adolescentes em diversos setores produtivos.

Deve ser lembrado que os empregadores que descumprirem a legislação de aprendizagem estão sujeitos a autuação pelo Ministério do Trabalho e Emprego e, bem assim, à instauração de inquérito civil público pelo Ministério Público do Trabalho, que poderá resultar em ação civil pública, caso não haja a celebração de um termo de compromisso de ajustamento de conduta. Além disto, dependendo da situação e até de eventual configuração de ilícito penal, providências poderão ser adotadas, igualmente, pelo Ministério Público Estadual/Promotoria da Infância e da Juventude e pelo Ministério Público Federal.

6. Microempresas e empresas de pequeno porte dispensadas

Estão dispensadas da obrigatoriedade de contratação de aprendizes as microempresas e as empresas de pequeno porte (Lei n. 9.841/99, art. 11). Tal dispensa foi ratificada pelo art. 14, I, do Decreto n. 5.598/05. Isto se deve, conforme pontua Renato Rua de Almeida (2000, p. 1250), por ser consenso que "a pequena empresa é fonte de empregabilidade, merecendo, portanto, [...] novo modelo jurídico para sua vida e, em particular, para a regulação do trabalho subordinado".

O favorecimento às pequenas empresas, segundo o magistério do insigne professor da PUC-SP, se traduz no fato de que a União, os Estados, o Distrito Federal e os Municípios "devem dispensar-lhes tratamento jurídico diferenciado, visando incentivá-las à expansão pela simplificação de suas obrigações administrativas, tributárias, previdenciárias e creditícias (art. 179), a que se acrescentam as trabalhistas" (ALMEIDA, 2003, p. 72).

E finaliza valendo-se de expressão que teria sido, segundo Ari Possidônio Beltran, cunhada por Orlando Teixeira da Costa:

> Portanto, pode-se concluir que são as pequenas empresas aquelas que, com a *flexibilização diferenciada* de toda a legislação que lhes for aplicada, terão condições de promover o pleno emprego.
>
> De fato, por pleno emprego deve-se entender também o combate ao crescimento do trabalho informal [...].

Explicado o tratamento diferenciado adotado em relação às microempresas e empresas de pequeno porte. O art. 429 da CLT excepciona, ainda, da limitação nele fixada, as entidades sem fins lucrativos que tenham por objetivo a educação profissional (§ 1º), o que será mais bem exposto adiante.

7. *Aprendizagem proporcionada pelos serviços nacionais ou entidades qualificadas*

Em regra, a aprendizagem deve ser ministrada pelas entidades integrantes do Sistema Nacional de Aprendizagem, o conhecido sistema "S". São elas: Serviço Nacional de Aprendizagem Industrial — SENAI, Serviço Nacional de Aprendizagem Comercial — SENAC, Serviço Nacional de Aprendizagem Rural — SENAR, Serviço Nacional de Aprendizagem de Transportes — SENAT e Serviço Nacional de Aprendizagem de Cooperativismo — SESCOOP.

Em casos tais, nem ônus para as empresas deve haver, porquanto já contribuem para o financiamento do referido sistema "S". De outro turno, do aprendiz também nada deve ser cobrado, porquanto é do empregador a obrigação de oferecer o curso de formação técnico-profissional metódica.

A grande inovação introduzida pela Lei n. 10.097/00 foi a possibilidade de, não havendo cursos ou vagas suficientes nos referidos serviços para atender à demanda dos estabelecimentos, ser a aprendizagem ministrada por outras entidades qualificadas em formação técnico-profissional metódica.

Tais entidades, de acordo com o art. 430, I e II, da CLT, podem ser Escolas Técnicas de Educação (inclusive agrotécnicas) ou entidades sem fins lucrativos, que tenham por objetivo a assistência ao adolescente e à educação profissional, desde que registradas no Conselho Municipal dos Direitos da Criança e do Adolescente. No caso das últimas, pode se imaginar a cobrança facultativa, do empregador, de mensalidade referente ao curso oferecido ao aprendiz.

A Portaria n. 702, de 18 de dezembro de 2001, do Ministério do Trabalho e Emprego, em cumprimento ao determinado no § 3º do art. 430 da CLT, fixou normas para avaliação da competência das entidades mencionadas no inciso II. O inteiro teor da referida portaria pode ser encontrado no seguinte endereço eletrônico: <http://www.mte.gov.br/Empregador/FiscaTrab/Legislacao/Portarias/conteudo/port_702.asp>. Por sua relevância no sentido de orientar entidades que pretendam adequar-se às exigências legais, transcrevemo-la:

PORTARIA N. 702, DE 18 DE DEZEMBRO DE 2001.

Estabelece normas para avaliação da competência das entidades sem fins lucrativos que tenham por objetivo a assistência ao adolescente e a educação profissional, e que se proponham a desenvolver programas de aprendizagem nos termos do art. 430 da Consolidação das Leis do Trabalho — CLT.

O MINISTRO DE ESTADO DO TRABALHO E EMPREGO, no uso da atribuição que lhe confere o § 3º do art. 430 da Consolidação das Leis do Trabalho — CLT, resolve:

Art. 1º As entidades assistenciais e educacionais sem fins lucrativos de que trata o inciso II do art. 430 da Consolidação das Leis do Trabalho — CLT, que se proponham a desenvolver programas de aprendizagem para adolescentes na faixa de 14 a 18 anos de idade, deverão proceder à inscrição desses programas junto ao Conselho Municipal dos Direitos da Criança e do Adolescente, na forma do parágrafo único do art. 90 da Lei n. 8.069, de 13 de julho de 1990.

Art. 2º O programa de aprendizagem para o desenvolvimento de ações de educação profissional, no nível básico, deve contemplar o seguinte:

I — público alvo do curso: número de participantes, perfil socioeconômico e justificativa para seu atendimento;

II — objetivos do curso: propósito das ações a serem realizadas, indicando sua relevância para o público alvo e para o mercado de trabalho;

III — conteúdos a serem desenvolvidos: conhecimentos, habilidades e competências, indicando sua pertinência em relação aos objetivos do curso, público alvo a ser atendido e potencial de aplicação no mercado de trabalho;

IV — carga horária prevista: duração total do curso em horas e distribuição da carga horária, justificada em função do conteúdo a ser desenvolvido e do perfil do público alvo;

V — infraestrutura física: equipamentos, instrumentos e instalações demandados para o curso, em função dos conteúdos, da duração e do número e perfil dos participantes;

VI — recursos humanos: número e qualificação do pessoal técnico-docente e de apoio, em função dos conteúdos, da duração e do número e perfil dos participantes;

VII — mecanismos de acompanhamento, avaliação e certificação do aprendizado;

VIII — mecanismos de vivência prática do aprendizado e/ou de apoio;

IX — mecanismos para propiciar a permanência dos aprendizes no mercado de trabalho após o término do contrato de aprendizagem.

Parágrafo único. Para a execução do programa de aprendizagem, as entidades mencionadas no art. 1º poderão contar com a cooperação de outras instituições públicas ou privadas.

Art. 3º A Secretaria de Inspeção do Trabalho — SIT/MTE baixará instrução para orientar a fiscalização das condições de trabalho no âmbito dos programas de aprendizagem.

Art. 4º A Secretaria Executiva promoverá e coordenará os estudos para revisão e atualização da legislação infralegal relativa à aprendizagem, no prazo de sessenta dias da data de publicação desta Portaria.

Art. 5º Esta Portaria entra em vigor na data de sua publicação, revogadas as Portarias ns. 43, de 23 de abril de 1953; 127, de 18 de dezembro de 1956; 28, de 4 de fevereiro de 1958; e 1.055, de 22 de novembro de 1964.

FRANCISCO DORNELLES

Ressalte-se que a aprendizagem deve ocorrer em ambientes adequados ao desenvolvimento dos programas específicos. Assim, incumbe ao Auditor Fiscal do Trabalho realizar a inspeção, tanto na entidade responsável pela aprendizagem, quanto no estabelecimento do empregador (art. 14, *caput*, da Instrução Normativa SIT-MTE n. 26, de 20 de dezembro de 2001).

Os Conselhos Tutelares também poderão promover a fiscalização dos programas desenvolvidos por referidas entidades sem fins lucrativos, atentando para a regularidade da constituição da entidade (inclusive registro no Conselho Municipal dos Direitos da Criança e do Adolescente), do seu programa de aprendizagem, aspectos pedagógicos, instalações físicas, condições em que a aprendizagem é ministrada e proibições gerais previstas no ECA.

Afigura-se relevante, também, por isto, a transcrição da Resolução n. 74, de 13 de setembro de 2001, do Conselho Nacional dos Direitos da Criança e do Adolescente — CONANDA, que estabelece os critérios de registro das entidades sem fins lucrativos e, bem assim, no art. 3º, *caput* e I a VII, a possibilidade de sua fiscalização pelos Conselhos Tutelares:

> RESOLUÇÃO N. 74 DE 13 DE SETEMBRO DE 2001.
>
> Dispõe sobre o registro e fiscalização das entidades sem fins lucrativos que tenham por objetivo a assistência ao adolescente e à educação profissional e dá outras providências.
>
> O Presidente do Conselho Nacional dos Direitos da Criança e do Adolescente — CONANDA, no uso de suas atribuições legais estabelecidas na Lei n. 8.242, de 12 de outubro de 1991, e
>
> Considerando que o art. 430 da Consolidação das Leis do Trabalho — CLT, alterado pela Lei n. 10.097, de 19 de dezembro de 2000, estabelece que, na hipótese de os Serviços Nacionais de Aprendizagem não oferecerem cursos ou vagas suficientes para atender à demanda dos estabelecimentos, esta poderá ser suprida por Escolas Técnicas de Educação e entidades sem fins lucrativos, que tenham por objetivo a assistência ao adolescente e à educação profissional;
>
> Considerando o teor dos artigos 90 e 91 do Estatuto da Criança e do Adolescente, que determinam, respectivamente, que as entidades governamentais e não governamentais inscrevam seus programas de proteção e socioeducativos destinados às crianças e aos adolescentes junto aos Conselhos Municipais dos Direitos da Criança e do Adolescente, e que as entidades não governamentais devam, como condição para o seu funcionamento, ser registradas nos Conselhos Municipais dos Direitos da Criança e do Adolescente;
>
> Resolve:
>
> Art. 1º Os Conselhos Municipais dos Direitos da Criança e do Adolescente ficam obrigados a:
>
> I — Proceder ao registro específico das entidades não governamentais como entidades sem fins lucrativos que tenham por objetivo a assistência ao adolescente e à educação profissional, nos termos do art. 91, *caput*, do Estatuto da Criança e do Adolescente;
>
> II — Comunicar o registro da entidade ao Conselho Tutelar, à autoridade judiciária e à unidade descentralizada do Ministério do Trabalho e Emprego com jurisdição na respectiva localidade;
>
> III — Proceder ao mapeamento das entidades sem fins lucrativos que façam a intermediação do trabalho de adolescentes, promovam o trabalho educativo e ofereçam cursos de profissionalização e aprendizagem, contendo:

a) a identificação da entidade, na qual devem constar as seguintes informações: nome, endereço, CNPJ ou CPF, natureza jurídica e estatuto e ata de posse da diretoria atual;

b) a relação dos adolescentes inscritos no programa ou na entidade, na qual devem constar as seguintes informações: nome, data de nascimento, filiação, escolaridade, endereço, tempo de participação no programa ou na entidade, endereço da empresa ou órgão público onde estão inseridos;

c) a relação dos cursos oferecidos, na qual devem constar as seguintes informações: programa, carga horária, duração, data de matrícula, número de vagas oferecidas, idade dos participantes.

Parágrafo único. Cópia do mapeamento deverá ser enviada à respectiva unidade descentralizada do Ministério do Trabalho e Emprego.

Art. 2º As entidades referidas no inciso II do art. 430 da Consolidação das Leis do Trabalho ficam obrigadas a se registrar no Conselho Municipal dos Direitos da Criança e do Adolescente e a depositar seus programas de aprendizagem no mesmo e na respectiva unidade descentralizada do Ministério do Trabalho e Emprego.

Parágrafo único. As entidades de base estadual deverão fazer o registro no Conselho Municipal dos Direitos da Criança e do Adolescente do Município onde o programa está sendo implementado e enviar cópia do mesmo ao respectivo Conselho Estadual dos Direitos da Criança e do Adolescente.

Art. 3º Os Conselhos Tutelares devem promover a fiscalização dos programas desenvolvidos pelas entidades, verificando:

I — A adequação das instalações físicas e as condições gerais do ambiente em que se desenvolve a aprendizagem;

II — A compatibilidade das atividades desenvolvidas pelos adolescentes com o previsto no programa de aprendizagem nas fases teórica e prática, bem como o respeito aos princípios estabelecidos pelo Estatuto da Criança e do Adolescente;

III — A regularidade quanto à constituição da entidade;

IV — A adequação da capacitação profissional ao mercado de trabalho, com base na apuração feita pela entidade;

V — O respeito à condição peculiar de pessoa em desenvolvimento do adolescente;

VI — O cumprimento da obrigatoriedade de os adolescentes já terem concluído ou estarem cursando o ensino obrigatório, e a compatibilidade da jornada da aprendizagem com a da escola;

VII — A ocorrência de ameaça ou violação dos direitos do adolescente, em especial tratamento desumano, violento, aterrorizante, vexatório ou constrangedor, bem como exploração, crueldade ou opressão praticados por pessoas ligadas à entidade ou aos estabelecimentos onde ocorrer a fase prática da aprendizagem;

VIII — A observância das proibições previstas no art. 67 do Estatuto da Criança e do Adolescente.

Parágrafo único. As irregularidades encontradas deverão ser comunicadas ao Conselho Municipal dos Direitos da Criança e do Adolescente e à respectiva unidade descentralizada do Ministério do Trabalho e Emprego.

Art. 4º Esta resolução entra em vigor na data de sua publicação.

Cláudio Augusto Vieira da Silva — Presidente

Há que se perquirir se, com a ampliação da idade máxima para aprendizagem, as entidades previstas no inciso II do art. 430, à luz do que estabelecem a Lei, a Portaria mencionada e a Resolução em questão, poderiam também ministrar aprendizagem a maiores. É do que trataremos a seguir.

7.1. Entidades de assistência e educação profissional não podem contratar e ministrar aprendizagem para maiores

A Lei n. 11.180/05 não promoveu qualquer alteração no art. 430 da CLT. Assim, há que se entender que, se os Serviços Nacionais de Aprendizagem não oferecerem cursos ou vagas suficientes para atenderem os jovens de 18 a 24 anos, em relação a estes, a demanda poderá até ser suprida por Escolas Técnicas de Educação (inciso I), mas não pelas entidades mencionadas no inciso II do artigo citado. É que ele é expresso ao mencionar que referidas entidades são aquelas, sem fins lucrativos, "que tenham por objetivo a **assistência ao adolescente** e à educação profissional, **registradas no Conselho Municipal dos Direitos da Criança e do Adolescente**" (grifos nossos).

Além disto, a Portaria n. 702 transcrita, também limita o desenvolvimento de programas de aprendizagem por referidas entidades a "adolescentes na faixa de 14 a 18 anos de idade", esclarecendo (art. 1º) que a inscrição desses programas junto ao Conselho Municipal dos Direitos da Criança e do Adolescente se dará "na forma do parágrafo único do art. 90 da Lei n. 8.069, de 13 de julho de 1990", que trata de entidades que executem programas de proteção e socioeducativos destinados a crianças e adolescentes (e não a maiores de 18 anos).

Ressalte-se que os critérios estão traçados na Resolução CONANDA n. 74/01, acima transcrita. Não divisamos, portanto, hermenêutica que possibilite a referidas entidades a atuação com jovens na faixa etária compreendida entre 18 e 24 anos.

7.2. Contratação pelo tomador de serviços ou pela entidade — vínculo empregatício e responsabilidade

O art. 431 da CLT trouxe flexibilização perfeitamente justificável a nosso ver, dados os propósitos da aprendizagem. Passou a admitir que a contratação do aprendiz seja efetivada pela empresa onde se realizará a aprendizagem ou pelas entidades mencionadas no inciso II do art. 430[6], residindo nesta última possibilidade legal a grande novidade introduzida pela Lei n. 10.097/00 (e lá se vão dez anos da modifi-

(6) Note-se que a contratação, de início, deve ser feita diretamente pelo estabelecimento obrigado ao cumprimento da cota de aprendizagem, que assume a condição de empregador e deve inscrever o aprendiz em programa de aprendizagem. Apenas quando não houver vagas nas entidades integrantes do sistema "S" (devendo tal insuficiência ser verificada pela inspeção do trabalho) é que, supletivamente, a contratação pode ser feita pelas entidades sem fins lucrativos mencionadas (*vide* arts. 13 e 15 do Decreto n. 5.598/05).

cação). Contratado pela entidade, não se formará vínculo de emprego entre o adolescente aprendiz e a sua tomadora de serviços.

Deve ser registrado, para que não pairem dúvidas, que a alternativa legal, mesmo após o advento da Lei n. 11.180/05, só se aplica aos adolescentes, não se estendendo aos jovens de 18 a 24 anos, pelas razões já expostas.

Respeitável corrente doutrinária entende que, se houver a contratação pela entidade, inexistirá vínculo empregatício. Nesse sentido, eis o que diz o professor Amauri Mascaro Nascimento (2009, p. 181):

> [...] Há uma hipótese na qual o contrato de aprendizagem não configurará vínculo de emprego, portanto sem obrigações trabalhistas, quando o aprendiz é admitido por entidades sem fins lucrativos de assistência ao adolescente e à educação profissional regularmente registradas, caso em que o trabalho do aprendiz em empresa tomadora dos serviços não gerará relação de emprego. Trata-se, portanto, de um tipo especial de aprendiz não empregado, quando a regra geral é a do aprendiz-empregado.

Divergimos, respeitosamente, do entendimento *supra*. O art. 431 da CLT, ao referir-se à possibilidade de contratação do aprendiz por entidades, em momento algum disse que não haveria vínculo empregatício. Declarou, apenas, que nesta hipótese, a relação de emprego não se formaria com a empresa tomadora de serviços, nada mais. Não pode se emprestar interpretação tão ampliativa ao dispositivo, que desnaturaria o próprio contrato de aprendizagem.

Como visto linhas atrás, o art. 428 da CLT é de clareza solar[7]: contrato de aprendizagem é o contrato de trabalho (leia-se de emprego) especial. Um de seus pressupostos de validade, inclusive, é a anotação na Carteira de Trabalho e Previdência Social (art. 428, § 1º). Assim, não parece haver dúvida: se a entidade for a contratante, será ela a empregadora, cabendo ao empregado todos os direitos relativos a um contrato de emprego, especial por ser de aprendizagem.

No mesmo sentido, a Secretaria de Inspeção do Trabalho, por meio da Instrução Normativa SIT/MTE n. 26, de 20 de dezembro de 2001, estabelece:

---

(7) Com tal asserção não concorda Sergio Pinto Martins (2010. p. 637), para quem (referindo-se ao art. 431) "a redação do artigo dá margem a muitas dúvidas. Na verdade, não é a entidade sem fins lucrativos que vai contratar o aprendiz, mas irá prestar o ensino da aprendizagem. A expressão *caso em que não gera vínculo de emprego* diz respeito apenas ao que vem antes da vírgula, ou seja: *pelas entidades mencionadas no inciso II do art. 430*, isto é, às entidades sem fins lucrativos. Não gerará, portanto, vínculo de emprego com a empresa tomadora na hipótese de os cursos de aprendizagem serem prestados por entidades sem fins lucrativos. Implicará, porém, a formação de contrato de trabalho com a empresa, quando a aprendizagem não for prestada por entidade sem fim lucrativo, pois o art. 428 da CLT mostra que o contrato de aprendizagem é um contrato de trabalho especial, de prazo determinado. Do contrário, o art. 428 da CLT não faria referência à existência de contrato de trabalho. Se estiverem presentes cumulativamente os requisitos pessoa física, continuidade, subordinação, salário e pessoalidade (art. 3º da CLT), haverá vínculo de emprego com a tomadora dos serviços, diante do princípio da realidade". Não é possível acolher, *data venia*, referido entendimento. Mesmo presentes tais requisitos, na situação aventada haverá vínculo empregatício com a entidade e não com a tomadora dos serviços. A não ser que a contratação seja fraudulenta.

Art. 7º Os Auditores-Fiscais do Trabalho verificarão se as entidades sem fins lucrativos que contratam aprendizes, em conformidade com o art. 431 da Consolidação das Leis do Trabalho — CLT, **efetuaram o devido registro e a anotação na Carteira de Trabalho e Previdência Social — CTPS** e, se estão assegurando **os demais direitos trabalhistas e previdenciários** oriundos da **relação de emprego especial de aprendizagem**, examinando ainda:

I — a existência de certificado de registro da entidade sem fins lucrativos no Conselho Municipal dos Direitos da Criança e do Adolescente, como entidade que objetiva a assistência ao adolescente e à educação profissional;

II — a existência de programa de aprendizagem contendo, no mínimo, objetivos do curso, conteúdos a serem desenvolvidos e carga horária prevista;

III — declaração de frequência escolar do aprendiz no ensino regular;

IV — contrato ou convênio firmado entre a entidade e o estabelecimento tomador dos serviços para ministrar a aprendizagem; e

V — os contratos de aprendizagem firmados entre a entidade e cada um dos aprendizes.

Parágrafo único. Deverão constar **nos registros e nos contratos de aprendizagem** a razão social, o endereço e o número de inscrição no Cadastro Nacional de Pessoa Jurídica — CNPJ da empresa tomadora dos serviços de aprendizagem, que estiver atendendo à obrigação estabelecida no art. 429 da CLT. (grifos nossos).

Como se vê, o Ministério do Trabalho e Emprego também entende que haverá vínculo empregatício entre a entidade contratante e o aprendiz, determinando, inclusive, para fins de responsabilização pelo eventual inadimplemento dos direitos trabalhistas deste, a perfeita identificação do tomador de serviços "nos registros e nos contratos de aprendizagem".

Mais recentemente, o Decreto n. 5.598, de 1º de dezembro de 2005, espancou dúvidas porventura ainda remanescentes. Além de reafirmar, no art. 4º, que "a validade do contrato de aprendizagem pressupõe anotação na Carteira de Trabalho e Previdência Social", estabeleceu que uma das obrigações da entidade sem fins lucrativos é assumir a condição de empregador (art. 15, § 2º, I), "com todos os ônus dela decorrentes, assinando a Carteira de Trabalho e Previdência Social do aprendiz e anotando, no espaço destinado às anotações gerais, a informação de que o específico contrato de trabalho decorre de contrato firmado com determinado estabelecimento para efeito do cumprimento de sua cota de aprendizagem".

A contratação do aprendiz desta forma, ou seja, por intermédio de entidade sem fins lucrativos, somente deve ser formalizada, conforme art. 15, § 2º do Decreto n. 5.598/05, "após a celebração de contrato entre o estabelecimento e a entidade sem fins lucrativos". A entidade desenvolverá o programa de aprendizagem e o estabelecimento "assume a obrigação de proporcionar ao aprendiz a experiência prática da formação técnico-profissional metódica a que este será submetido" (art. 15, I e II do decreto regulamentador mencionado).

Ademais, qual o sentido de o § 1º-A do art. 429 da CLT (regra reproduzida também pelo decreto regulamentador, no art. 14, II) excepcionar referidas entidades do limite fixado (15%) para a contratação de aprendizes, se estes, quando por elas contratados, não fossem empregados?

Ora, referido artigo estabelece percentuais para a contratação de empregados aprendizes, e as entidades não se cingem aos referidos percentuais porque poderão contratar até mesmo todos aqueles que estejam a ela vinculados, colocando-os à disposição de terceiros (tomadores).

No mesmo sentido Caio Franco Santos (2003, p. 19):

> Após a reforma da aprendizagem promovida pela Lei n. 10.097/00, a CLT passou a oferecer às entidades sem fins lucrativos a possibilidade de assistir o adolescente de forma lícita, sem prejudicar-lhe sobremaneira a formação profissional e sem submetê-lo à indignidade da exploração de sua força de trabalho. Agora, as entidades podem intermediar a contratação de aprendizes, assumindo a condição de empregadora.

A intermediação, cumpre ressaltar, apresenta grandes vantagens, pois, tendo natureza filantrópico-assistencial, as entidades que a efetuam acabam não sendo obrigadas a recolher, por exemplo, a parte do empregador na Previdência Social, o que favorece, também, o tomador de serviços, que além disto terá considerada válida a contratação para o preenchimento das cotas empresariais obrigatórias.

Tárcio José Vidotti também sustenta que "a *mens legis* é efetivamente a inexistência de aprendizagem empresária sem o vínculo empregatício" (VIDOTTI, 2001, p. 68). Lembramos, com ele, que o projeto que se converteu na Lei n. 10.097/00, trazia, como parágrafo único ao art. 431, disposição no sentido de que o inadimplemento das obrigações trabalhistas, por parte das referidas entidades, implicaria responsabilidade solidária da empresa tomadora.

Referido parágrafo foi vetado sob o argumento — absolutamente equivocado, diga-se — de que haveria incoerência entre o fato de a lei afirmar a inexistência do vínculo empregatício com o tomador e querer responsabilizá-lo. Não haveria nenhuma incompatibilidade, na medida em que a responsabilidade solidária se daria apenas no campo da satisfação dos direitos pecuniários do trabalhador.

De qualquer modo, alegou-se também (Mensagem n. 1.889, de 19 de dezembro de 2000), que a supressão do referido parágrafo único não acarretaria qualquer prejuízo aos trabalhadores, por ser "pacífico o entendimento do Tribunal Superior do Trabalho no sentido de que o inadimplemento das obrigações trabalhistas, por parte do empregador, implicaria na responsabilidade subsidiária do tomador de serviços".

Ora, verifica-se que houve alusão expressa a empregador, o que autoriza, também, interpretação histórica que conduza ao sentido por nós defendido neste estudo. E fica esclarecido, portanto, que o tomador dos serviços do aprendiz poderá ser subsidiariamente responsabilizado caso a entidade não cumpra suas obrigações trabalhistas, na condição de empregadora (Súmula n. 331, IV, do TST).

8. Direitos específicos dos aprendizes

O aprendiz tem, em regra, os mesmos direitos do empregado em geral. Há, porém, algumas particularidades que precisam ser destacadas.

8.1. Salário mínimo horário ou condição mais favorável

Ao aprendiz, inclusive aos que já completaram 18 anos de idade, é assegurado apenas o salário mínimo horário, ou seja, proporcional ao tempo trabalhado, como já exposto anteriormente, exceto se houver previsão de condição mais favorável, entendida como tal a fixada no próprio contrato de aprendizagem ou em Convenção ou Acordo Coletivo de Trabalho em que seja previsto piso salarial específico (para o aprendiz).

Chegamos a admitir que outra hipótese de condição mais favorável seria quando os Estados ou o Distrito Federal, nos termos da Lei Complementar n. 103, de 14 de julho de 2000, instituíssem "piso salarial" próprio, induzidos pela previsão contida no art. 17, parágrafo único, do Decreto n. 5.598/05. Não obstante, nos termos já expostos anteriormente, convencidos estamos de que o piso salarial estadual (ou, se for o caso, do Distrito Federal, se adotado), não se aplicará ao aprendiz, a não ser que a própria Lei Estadual (ou do DF) assim o disponha.

O direito apenas ao salário mínimo horário, sem nem sequer exigir-se observância aos pisos salariais previstos em normas coletivas para as categorias profissionais, acaba sendo fator de estímulo à contratação do aprendiz. É uma forma de compensar o empregador pelo fato de referida modalidade de contrato não ser voltada para o aspecto produtivo, e sim para a formação técnico-profissional.

O custo da contratação do aprendiz, só por isto, é mais baixo que o da contratação de um empregado normal. Mas não deve animar-se o empregador só por isto. O objetivo do contrato não é simplesmente oferecer mão de obra mais barata. A aprendizagem não pode prestar-se à precarização das relações de trabalho. Deve o empregador encarar a obrigatoriedade de contratação de aprendizes como parte de sua responsabilidade social.

Importante é também a conscientização de que, formando adequadamente o seu quadro de pessoal (pois nada o impede — e, ao contrário, o bom senso aconselha — de contratar, ao término do curso com aproveitamento, o bom aprendiz como empregado comum), terá o empresário melhores resultados. Além disto, há outros fatores que, sopesados, acabam favorecendo a contratação dos aprendizes, como já destacamos e destacaremos ao longo deste estudo.

8.2. Jornada especial e limitações — inclusão das horas destinadas à aprendizagem teórica

Os aprendizes que ainda não completaram o ensino fundamental têm sua jornada diária de trabalho limitada a seis horas, sendo vedadas a prorrogação e compensação de horários (art. 432 da CLT). Conquanto agora a obrigatoriedade de matrícula e frequência na escola tenha sido ampliada para exigir a conclusão do ensino médio, não houve alteração do referido artigo. Somente interpretação ampliativa levaria à conclusão de que a jornada especial de seis horas se estenderia aos aprendizes que estejam cursando (obrigatoriamente) o ensino médio.

Tal vedação estende-se às hipóteses previstas nos incisos I e II do art. 413 da CLT, ou seja, não é possível nem mesmo compensação na própria semana, mediante Convenção ou Acordo Coletivo de Trabalho, e nem tampouco excepcionalmente, mesmo em caso de força maior, com pagamento de adicional de no mínimo 50% (no mesmo sentido o art. 3º da IN SIT/MTE n. 26, de 20 de dezembro de 2001).

A ocorrência de compensação ou prorrogação frequente, nos parece, além de assegurar a percepção das horas extraordinárias com adicional de pelo menos 50%, desnaturaria o próprio contrato de aprendizagem, transformando-o em contrato comum. Esta, porém, não é a opinião de Sergio Pinto Martins (2010, p. 637-638):

> Entendo que não fica desnaturado o contrato de aprendizagem se houver prorrogação ou compensação da jornada, desde que haja aprendizagem e observe-se os prazos do contrato por tempo determinado. O empregador incorrerá em multa administrativa por ter prorrogado ou compensado a jornada do aprendiz, prevista no art. 434 da CLT, mas o contrato de aprendizagem não restará descaracterizado, pois os requisitos para a validade do pacto de aprendizagem estão no § 1º do art. 428 da CLT. Se houver prorrogação além da jornada normal, o empregador deverá pagar as horas extras e o adicional respectivo, pois, do contrário, haveria enriquecimento ilícito da empresa.

Poderá ser dilatado o limite até oito horas diárias, aí sim, quando os aprendizes tiverem completado o ensino fundamental (deveria o legislador ter estendido para o ensino médio, mas não o fez), desde que na jornada estejam computadas as horas destinadas à parte teórica da aprendizagem (o que, também, a nosso sentir, aplica-se ao ensino médio, mesmo antes da modificação).

Ainda no que respeita à jornada, mesmo que inferior a vinte e cinco horas na semana, não caracteriza o trabalho em regime de tempo parcial previsto no art. 58-A da CLT, como deixa claro o art. 18, § 2º, do Decreto n. 5.598/05. De qualquer modo, a jornada do aprendiz compreende (conforme fixado pelo art. 20 do mesmo decreto, sem estabelecer exceção) as horas destinadas às atividades teóricas e práticas, que podem ser simultâneas ou não, incumbindo à entidade qualificada em formação técnico-profissional metódica fixá-las no plano do curso.

Acerca das aulas teóricas, devem ser ministradas "em ambiente físico adequado ao ensino, e com meios didáticos apropriados". A teoria, conforme permite o decreto que regulamenta a aprendizagem (art. 22, § 1º), pode ser dada "sob a forma de aulas demonstrativas no ambiente de trabalho", sendo vedada, porém, na hipótese, qualquer atividade laboral durante referidas aulas. Além disto, é vedado ao tomador dos serviços do aprendiz cometer-lhe atividades diversas daquelas previstas no programa de aprendizagem em desenvolvimento.

Com relação às aulas práticas, tanto podem ocorrer na própria entidade qualificada em formação técnico-profissional metódica, como — o que é mais comum — no estabelecimento contratante ou concedente da experiência prática do aprendiz. Ocorrendo o ensino prático no estabelecimento, uma novidade foi acrescida pelo Decreto n. 5.598/05 (art. 23, § 1º): a empresa deve designar, formalmente, após ouvir a entidade mencionada, um empregado monitor, que ficará responsável pela coordenação de exercícios práticos e acompanhamento das atividades do aprendiz no estabelecimento, de acordo com o programa de aprendizagem.

8.3. Certificado de qualificação profissional

Ao concluir o curso de aprendizagem com aproveitamento, o aprendiz terá direito também a um certificado de qualificação profissional, que trará enunciado "o título e o perfil profissional para a ocupação na qual o aprendiz foi qualificado" (art. 31, parágrafo único, do Decreto n. 5.598/05).

Esta certificação obrigatória atesta o caráter educacional da aprendizagem.

8.4. Alíquota do FGTS de apenas 2%

A alíquota do FGTS do aprendiz (não apenas adolescente) foi estabelecida em 2%. Neste sentido, o art. 2º da Lei n. 10.097/00, acresceu o § 7º do art. 15 da Lei n. 8.036/90. "Desta forma, acentua-se mais uma peculiaridade desse contrato especial", observa Paulo Sérgio João (2001, p. 521) esclarecendo:

> Quanto ao acesso ao FGTS pelos menores após o término da rescisão do contrato de trabalho, a legislação ainda não contempla a hipótese de liberação de depósitos em caso de término antecipado de contrato de aprendizagem, presumindo-se aplicáveis as mesmas hipóteses indicadas pela Lei n. 8.036/90, no art. 14, para os contratos de prazo determinado.

O tratamento diferenciado, a exemplo do que ocorre com o salário, apesar de alguma divergência doutrinária, também aqui se justifica, pela natureza especial do contrato de aprendizagem. Não se vislumbra, tanto numa como noutra situação, qualquer inconstitucionalidade em nome de pretensa isonomia, pois esta, conforme visão aristotélica, é tratar iguais de forma igual e desiguais de forma desigual, na exata medida das desigualdades existentes. E ninguém ousará dizer que o contrato de aprendizagem é um contrato comum, pelas razões já expostas.

Este, como o salário, também é fator de estímulo ao empresariado (em razão da redução dos custos) à contratação de aprendizes.

8.5. As férias do aprendiz

No que respeita às férias, no caso de empregado aprendiz com menos de 18 anos de idade (adolescente), deverão coincidir com um dos períodos das férias escolares do ensino regular quando por ele solicitado, conforme art. 136, § 2º, da CLT. Não poderá haver fracionamento (art. 134, § 2º, da CLT).

Como a duração máxima da aprendizagem é de dois anos, caso o contrato de aprendizagem não se converta em relação de emprego comum, as férias relativas ao segundo período aquisitivo serão indenizadas por ocasião da rescisão.

8.6. Inaplicabilidade de normas coletivas sem previsão específica

As Convenções e Acordos Coletivos de Trabalho, conforme já mencionado anteriormente e especificado no art. 26 do Decreto n. 5.598/05, "apenas estendem suas cláusulas sociais ao aprendiz quando expressamente previsto e desde que não excluam ou reduzam o alcance dos dispositivos tutelares que lhes são aplicáveis". Ou seja: em regra, as normas dos referidos instrumentos normativos não se aplicam aos aprendizes, a não ser que disponham em contrário e, ainda assim, somente se tais disposições forem mais favoráveis que a lei.

Há recomendações para que os Auditores Fiscais do Trabalho realizem gestões junto às empresas e sindicatos para que estendam alguns benefícios previstos em normas coletivas aos aprendizes, podendo exemplificar-se com cestas básicas, vales-refeição, seguros e planos de saúde. Deve ser sinalado que, no caso de contratação pelas entidades, o aprendiz só fará jus a benefícios previstos nas normas coletivas firmadas pela própria entidade (no caso de ACT) ou pelo sindicato que a represente, não se lhe aplicando, ainda que existentes, previsões mais favoráveis das normas coletivas que vinculem o tomador de serviços, pois deste, conforme permissão expressa na lei, não é empregado.

8.7. Vale-transporte

O decreto regulamentador publicado no final de 2005 (que inclusive revogou expressamente o antigo Decreto n. 31.546, de 6 de outubro de 1952), deixou evidenciado também, no art. 27, que o aprendiz tem direito ao vale-transporte previsto na Lei n. 7.418, de 16 de dezembro de 1985. Tal direito, é bom que se diga, deve compreender os trajetos necessários ao deslocamento não apenas entre a residência do aprendiz e a empresa (e vice-versa), como também o da instituição onde cursa o programa de aprendizagem, já que o contrato de aprendizagem engloba, também, as horas que passa na referida instituição.

8.8. Normas de segurança

Um meio ambiente do trabalho saudável e equilibrado é direito de todos. Assim, dúvida não pode haver de que ao aprendiz (notadamente em relação àquele com idade inferior a dezoito anos, ao qual deve ser assegurado ainda o respeito à sua condição peculiar de pessoa em desenvolvimento) aplicam-se as normas de segurança e saúde (medicina) no trabalho, previstas no Capítulo V (arts. 154 a 201) do Título II da CLT e na Portaria n. 3.214/78, que aprovou a redação das Normas Regulamentadoras — NRs. Assim, serão incluídos os aprendizes no PCMSO — Programa de Controle Médico e Saúde Ocupacional (NR-7) e se submeterão a todos os exames médicos ocupacionais (admissional, periódico, demissional etc.).

8.9. Estabilidade durante a aprendizagem

Durante o tempo estipulado para a duração do contrato de aprendizagem, considerando as características especiais dessa modalidade de contratação, o empregador não pode despedir livremente o empregado. Não existe o denominado direito potestativo (que não admite oposição) de rompimento unilateral do contrato pelo empregador. Há, isto sim, uma estabilidade dita provisória no emprego.

É o que pensa também Tárcio José Vidotti (2001, p. 70):

> Essas hipóteses de rescisão contratual previstas no art. 433 da CLT são taxativas, vale dizer, o aprendiz goza de estabilidade no curso da aprendizagem, sendo inaplicáveis ao contrato de aprendizagem o disposto nos arts. 479 e 480 da CLT.
>
> Justifica-se a existência da estabilidade por não ser desejável permitir a interrupção da aprendizagem no meio de seu curso, haja vista que a formação profissional do trabalhador se coaduna com as diretrizes básicas do modelo nacional de educação, no qual é prioridade o direito à profissionalização e, ainda, direito do adolescente à profissionalização é dever de todos, consoante art. 227 da Constituição Federal.

Havendo estabilidade, ainda que limitada ao prazo de duração do contrato, que é determinado, caso seja despedido fora das hipóteses previstas em lei, poderá pleitear o aprendiz em Juízo a sua reintegração. Além disto, por aplicação supletiva (art. 769 da CLT) dos artigos 273 e 461 do Código de Processo Civil, poderá requerer, inclusive, que o juiz antecipe a tutela final pretendida.

Assim já nos posicionamos na obra *Tutela de urgência no processo do trabalho*, na parte que cuida da antecipação da tutela (2002, p. 54):

> Em quaisquer das hipóteses de estabilidade, a via adequada para a reintegração imediata é a antecipação da tutela, devendo o pedido ser deduzido no corpo da própria ação em que se busca a reparação definitiva

do direito lesado (nas hipóteses mencionadas, como obrigação de fazer). Ou seja: ao processo do trabalho, no caso, aplicam-se as regras gerais do processo civil, pelas razões já expostas. [...].

Conforme Caio Franco Santos (2003, p. 135), as hipóteses de rescisão antecipada, no caso do contrato especial de trabalho do aprendiz, são específicas e estão quase todas previstas no art. 433 da CLT. Como por ele observado, referido artigo afasta, nas situações de rescisão antecipada nele previstas, a indenização do art. 479 (também a do 480, acrescentaríamos). E, por absoluta incompatibilidade, a seu ver, é inaplicável igualmente o art. 481 da CLT.

9. Hipóteses de rescisão — normal ou antecipada — do contrato de aprendizagem

As hipóteses de rescisão, normal ou antecipada, estão previstas na CLT. Por entender que a classificação proposta por Caio Franco Santos é realmente adequada — tanto em relação às seis hipóteses identificadas no art. 433 da CLT, como no que respeita às outras —, vamos adotá-la. Ei-las:

9.1. Conclusão da aprendizagem

Cumpridas todas as etapas do programa de aprendizagem, o contrato de trabalho se extinguirá no seu termo, conforme prevê o art. 433 da CLT, no seu *caput*, uma vez que estará encerrado o ensinamento técnico-profissional metódico. A extinção é automática. O tempo de duração, como salientado, poderá ser inferior mas nunca superior a dois anos (a lei, agora, não abre qualquer exceção, embora haja programas que exigiriam mais tempo de aprendizado)[8].

As verbas rescisórias são aquelas previstas quando do término de um contrato por prazo determinado normal. Sendo superior a um ano a duração do contrato de aprendizagem, haverá necessidade de homologação da rescisão perante o sindicato da categoria profissional correspondente ou Ministério do Trabalho e Emprego (art. 477, § 1º, da CLT). Em localidades em que não existir sindicato ou unidade descentralizada do MTE, a assistência deve ser prestada pelo Representante do Ministério Público ou, onde houver, pelo Defensor Público e, na falta ou impedimento destes, pelo Juiz de Paz (art. 477, § 3º, da CLT).

---

(8) Segundo Sergio Pinto Martins (2010. p. 635), "nas hipóteses em que os cursos são de três anos, excedido o prazo de dois anos do contrato, este se transforma em prazo indeterminado. O curso até poderá continuar a ser feito até ser terminado e, posteriormente, ser conferido o diploma. Após os dois anos, contudo, o contrato de trabalho será por tempo indeterminado e não mais se configurará como pacto de aprendizagem, de natureza especial, mas como contrato de trabalho comum". A nosso ver, os Serviços Nacionais de Aprendizagem, Escolas Técnicas ou entidades que se dediquem ao ensinamento técnico-profissional metódico, devem adequar seus programas para cumprimento em, no máximo, dois anos. Excedido o prazo, descaracterizada estará a aprendizagem. Somente modificação da limitação legal poderia alterar referido quadro.

9.2. Ao completar 24 anos

Conforme Caio Franco Santos, "o dia anterior ao do aniversário é o último do contrato de aprendizagem" (*Op. cit.*, p. 137). De fato, se o contrato se destinava apenas à aprendizagem de adolescente, ao completar 18 anos o empregado perde referida condição, passando a ser adulto, agora até mesmo com capacidade civil plena. Agora, de qualquer modo, a idade limite foi ampliada para 24 anos, a não ser para aprendizes com deficiência, em relação aos quais não há idade máxima.

Assim, independentemente de cumprido ou não o programa de aprendizagem, atingida a idade limite (agora de 24 anos), estará extinto o contrato (art. 433, *caput*, da CLT).

O intento, entretanto, é que não haja contratação do aprendiz em idade avançada, incompatível com a duração do seu programa de aprendizagem. Não se deseja que haja a possibilidade de atingir os 24 anos sem concluir o curso. Tanto que, como lembra Caio Santos, com acerto, a hipótese de alcance da idade máxima não está inserida dentre aquelas de rescisão antecipada.

Se presumível a impossibilidade de completar o curso no tempo faltante para que o jovem aprendiz complete 24 anos, isto será causa de nulidade do contrato de aprendizagem, pois, de antemão, se sabia que não haveria conclusão do aprendizado a ser, ao menos supostamente, ministrado. Em situação tal, a teor do art. 9º da CLT, caracterizada a fraude, ter-se-á como um contrato de trabalho normal aquele rotulado de aprendizagem, com todas as consequências daí advindas: diferenças salariais, de FGTS etc.

9.3. Desempenho insuficiente ou inadaptação do aprendiz

É uma das hipóteses de rescisão antecipada do contrato de aprendizagem. Não se confunde com a falta disciplinar grave. Conforme Santos (*Op. cit.*, p. 138), as expressões se complementam para designar a mesma coisa. Só será aferível a inadaptação do aprendiz pelo seu desempenho insuficiente nas partes teórica e prática do ensinamento técnico-profissional metódico. O aprendiz não consegue desenvolver as habilidades necessárias ao exercício da profissão, talvez por falta de vocação, como sugere o autor citado.

Deve haver, necessariamente, a manifestação da entidade responsável pela execução da aprendizagem, a quem cabe a sua supervisão e avaliação, por meio de laudo específico que ateste o desempenho insuficiente ou inadaptação do aprendiz (art. 29, I, do Decreto n. 5.598/05). O ônus da prova da inadaptação, por ser fato autorizador da extinção antecipada do contrato de trabalho, é do empregador (inteligência dos arts. 818 da CLT e 333, II, do CPC).

Não se confunde, absolutamente, com justa causa, como salientado.

9.4. Falta disciplinar grave

Ocorrerá quando o aprendiz incidir em uma das hipóteses de justa causa taxativamente previstas no art. 482 da CLT. Caio Franco Santos observa que, se o aprendiz deixa de frequentar as aulas teóricas, poderá ser considerado desidioso. Como corolário do fato de que as atividades teóricas também integram a jornada, considera ele que se alguma falta grave for praticada na entidade de educação profissional, restará configurada, igualmente, a justa causa para o despedimento.

9.5. Ausência injustificada à escola que implique perda do ano letivo

Antes da modificação prevista pela Lei n. 11.788, de 2008, no entender de Caio Franco Santos, a despeito de o legislador não ter expressamente disposto a respeito, a perda do ano letivo por faltas injustificadas que autorizaria a ruptura do contrato de trabalho por justa causa do aprendiz seria só aquela que ocorresse no ensino fundamental, não no médio, porquanto a condição de validade do contrato de aprendizagem restringia-se àquele.

Hoje, tal entendimento não prevalece, uma vez que, conforme a nova redação do § 1º do art. 428, a matrícula e frequência na escola até completar o ensino médio passou a ser pressuposto de validade do contrato de aprendizagem. Assim, a ausência injustificada à escola que implique perda do ano letivo, justificadora do rompimento antecipado do contrato, vale tanto para aprendizes que estejam cursando o ensino fundamental como para aqueles que ainda não concluíram o ensino médio, dada a obrigatoriedade instituída em 2008.

A comprovação, a princípio, deve ser feita por meio de declaração do estabelecimento de ensino (art. 29, III, do Decreto n. 5.598/05). Para Sergio Pinto Martins (2010, p. 641) haverá rescisão antecipada, mas sem justa causa, exceto "se ficar comprovada a desídia do empregado na prestação dos serviços ou outra hipótese contida no art. 482 da CLT, que ensejará dispensa por justa causa". Concordamos inteiramente com a opinião externada.

9.6 A pedido do aprendiz

O empregado pode rescindir, unilateralmente e sem necessidade de exposição de quaisquer motivos, o contrato de aprendizagem. Isto deriva do fato, óbvio, de que não pode ser obrigado a permanecer vinculado a um empregador, caso não o queira. Não se sujeita a aviso prévio e nem a indenização, uma vez que houve a expressa exclusão da incidência do art. 480 da hipótese. Além disto, como o aspecto produtivo das atividades práticas deve ser secundário, entende Caio Franco Santos que nem prejuízo indenizável haveria para o empregador.

Deve ser lembrada, porém, a necessidade de manifestação dos responsáveis legais pelo aprendiz, quando adolescente (art. 439 da CLT). Além disto, para ter validade o pedido de demissão se o empregado contar mais de um ano de serviço, deve haver assistência do Sindicato, Ministério do Trabalho ou, na falta de ambos, das autoridades já mencionadas (art. 477, §§ 1º e 3º da CLT).

10. Hipóteses de rescisão não previstas no art. 433 da CLT

Com percuciência, Caio Franco Santos conseguiu identificar mais três hipóteses de rescisão antecipada do contrato de aprendizagem: despedida indireta, culpa recíproca e extinção do estabelecimento.

Parece mesmo certo que, se o empregado aprendiz pode praticar falta grave, o seu empregador também. Assim, se o empregador infringir os preceitos contidos no art. 483 da CLT, poderá dar o aprendiz por rescindido o contrato, por culpa do empregador. Admitida a despedida indireta, impõe-se também o reconhecimento da possibilidade de culpa concorrente ou recíproca, que autorizaria, também, o rompimento definitivo do contrato de trabalho de aprendizagem.

Por fim, extinto o estabelecimento não haveria mesmo como subsistir estabilidade, pois não houve, aí, nenhum ato discriminatório visando a atingir o empregado aprendiz.

Além destas, é possível acrescentar que, se o empregador (pessoa física ou empresário) morrer, por impossibilidade material de sua manutenção, o contrato também estaria extinto. A falência também implicaria extinção do contrato de aprendizagem, exceto se autorizada a continuidade dos negócios.

10. Contratação de aprendizes por entes públicos, empresas públicas e sociedades de economia mista

A Constituição Federal de 1988, no seu art. 37, submeteu toda a administração pública, direta e indireta, aos princípios da legalidade, impessoalidade, moralidade, publicidade e, a partir do advento da EC n. 19/98, também ao da eficiência. No inciso II do referido artigo, condicionou-se o acesso e investidura, não mais apenas no cargo (Carta de 1967/1969, art. 97, parágrafo primeiro), mas também no emprego público, à prévia aprovação em concurso público de provas ou de provas e títulos.

São nulos de pleno direito contratos em que o servidor não se submete a regular concurso público, gerando tão somente o direito à percepção de salários pela contraprestação dos serviços, em caráter indenizatório, uma vez que não seria possível devolver-se a energia despendida pelo trabalhador. Não fazem surgir, porém, outros benefícios e/ou direitos laborais.

Confira-se, a propósito, o entendimento hoje cristalizado na Súmula n. 363 do Tribunal Superior do Trabalho, do seguinte teor:

> Súmula n. 363. CONTRATO NULO. EFEITOS. A contratação de servidor público, após a CF/88, sem prévia aprovação em concurso público, encontra óbice no respectivo art.

37, II e § 2º, somente lhe conferindo direito ao pagamento da contraprestação pactuada, em relação ao número de horas trabalhadas, respeitado o valor da hora do salário mínimo, e dos valores referentes aos depósitos do FGTS. (Redação dada pela Resolução n. 121/03 — DJ 21.11.2003).

Não seria razoável, pois, admitir que, mesmo em se tratando de aprendizagem, fosse dispensável a realização de concurso. O Decreto n. 5.598/05, no art. 16, ao regulamentar a contratação de aprendizes por empresas públicas e sociedades de economia mista, estabeleceu que ela dar-se-á de forma direta, nos termos do § 1º do art. 15 do mesmo decreto, ou seja, pelas empresas e sociedades em questão, que assumirão a condição de empregadoras, devendo inscrever o empregado aprendiz em programa de aprendizagem a ser ministrado pelos Serviços Nacionais de Aprendizagem (sistema "S").

Tal contratação, entretanto, não ficará ao arbítrio dos diretores das empresas públicas ou sociedades de economia mista, estabelecendo o supracitado art. 16 que deverá ser realizado processo seletivo mediante edital para tanto.

Não está descartada, porém, a possibilidade de contratação de aprendizes por empresas públicas e sociedades de economia mista por intermédio de entidade sem fins lucrativos, situação em que o vínculo empregatício se formará com esta, que assinará a Carteira de Trabalho e Previdência Social do aprendiz.

Interpretação literal do que consta no *caput* do art. 16 do Decreto regulamentador leva à conclusão de que, em circunstância tal, não haveria necessidade de processo seletivo (pois a alusão ali contida à exigência refere-se à contratação direta). Não obstante, parece-nos ser este um precedente perigoso, que pode resultar em transgressão da proibição constitucional, com ampla possibilidade de privilegiar-se apaniguados dos ocupantes momentâneos do poder. Tal dispensa, ao que nos parece, colide com a Constituição Federal, não devendo ser adotada.

No que respeita à contratação de aprendizes por órgãos e entidades da administração direta, autárquica e fundacional, o parágrafo único do art. 16 sob comento apenas diz que "observará regulamento específico, não se aplicando o disposto neste Decreto". Tal exclusão se justifica em relação ao regime estatutário, mas não quando o regime adotado for o da CLT. Na última hipótese, a não ser no que alude à exigência de concurso público (que deve sempre ser exigido, quer seja direta ou indireta a contratação), o Decreto deve ser aplicado.

Sobre a exigência de concurso público quando a contratação se dá por entidades sem fins lucrativos, mesmo quando envolver órgãos e entidades da administração direta, não há — é bom que se advirta — consenso doutrinário e jurisprudencial. Há quem, com ponderáveis razões, entenda possível que a administração pública direta contrate aprendizes, tanto diretamente, por meio de concurso público, como indiretamente, sem necessidade de concurso, por meio de entidades sem fins lucrativos que seriam empregadoras[(9)].

---

(9) Conferir, por todos, o excelente trabalho *Contrato de aprendizagem e administração pública* desenvolvido por Carlos Eduardo Oliveira Dias (2010. p. 62-71).

CONCLUSÃO

Como se vê, o contrato de aprendizagem — especial, segundo a própria lei — tem nuanças que precisam ser estudadas até com certa profundidade, pois a ignorância acerca de seus pressupostos, características e limites pode, ainda que não haja deliberada intenção de fraude, descaracterizá-lo por completo.

Alguns pontos podem, a nosso ver, ser destacados à guisa de conclusão:

a) O contrato de aprendizagem é contrato de emprego, embora especial, que pode ser celebrado com pessoas de catorze (completos) a vinte e quatro (incompletos) anos de idade, exceto para aquelas que possuam algum tipo de deficiência, em que não há limitação etária;

b) É meio idôneo para exorcizar o fantasma do desemprego ou do subemprego de jovens sem qualificação profissional ou experiência;

c) A aprendizagem precisa basear-se em programa (projeto pedagógico) e propiciar formação técnico-profissional metódica, ou seja, deve aliar aspectos teóricos e práticos, desenvolvidos a partir de um método de ensino com atividades de complexidade progressiva;

d) Quando se tratar de aprendiz adolescente, o tratamento a ele dispensado deve nortear-se pela observância do Princípio da Proteção Integral, insculpido, no plano constitucional, no art. 227 da CF/88, e, no plano infraconstitucional, no Estatuto da Criança e do Adolescente;

e) Ao contrário de outros, o contrato de aprendizagem é solene (deve ser escrito) e triangular (envolve aprendiz, empregador ou tomador e, de forma indireta ou até direta, a entidade de qualificação). Não dispensa registro em livro, folha ou sistema eletrônico do empregador e nem anotação na CTPS, que, quando a contratação se der por entidade sem fins lucrativos, será por esta procedida;

f) É modalidade de contrato por prazo determinado, com duração máxima de dois anos, que deve ajustar-se à proposta pedagógica;

g) O aprendiz que ainda não completou o ensino médio tem matrícula e frequência obrigatórias na escola;

h) À exceção das microempresas e empresas de pequeno porte, ou ainda das entidades sem fins lucrativos que se dediquem à formação de adolescentes, todas as demais são obrigadas a contratar aprendizes, observando o mínimo de 5% e o máximo de 15% do seu quadro de pessoal em relação às funções que exijam qualificação profissional;

i) A aprendizagem deve ser proporcionada pelos Serviços Nacionais de Aprendizagem (SENAI, SENAC, SENAR, SENAT e SESCOOP), sem quaisquer ônus para os empregadores. Apenas se não houver cursos ou vagas suficientes, ou seja, em caráter supletivo, poderão atuar as Escolas Técnicas de Educação e as entidades sem fins lucrativos que tenham por objeto a assistência ao adolescente e à educação profissional, desde que registradas no Conselho Municipal dos Direitos da Criança e do Adolescente;

j) As entidades sem fins lucrativos mencionadas só poderão contratar, como aprendizes, os adolescentes. A contratação de jovens com mais de dezoito anos de idade, como vem ocorrendo, escapa à própria razão de sua existência, implicando mesmo o reconhecimento de fraude;

k) Os aprendizes têm direito ao salário mínimo horário (salvo condição mais favorável que, em regra, não inclui os pisos salariais estaduais), jornada especial com limitações, obtenção de certificado de conclusão ao término do curso com aproveitamento, FGTS de 2%, férias coincidentes com as escolares quando adolescentes, vale-transporte, trabalho em meio ambiente saudável e equilibrado com observância das normas de segurança e estabilidade durante o prazo de contratação;

l) A CLT prevê as hipóteses específicas de rescisão normal ou antecipada do contrato de aprendizagem, às quais outras podem ser incluídas;

m) A contratação de aprendizes por entes da administração pública direta, empresas públicas e sociedades de economia mista, devem ocorrer a partir da realização de concurso público. Conquanto haja controvérsia, do concurso também não se deve prescindir quando a contratação se der por meio de entidades sem fins lucrativos registradas nos Conselhos Municipais dos Direitos da Criança e do Adolescente.

Sem dúvida muitos aspectos não foram abordados. Entretanto, nos parece que o mais importante, além de fomentar o debate, é contribuir para a conscientização sobre a necessidade de cumprimento da lei de aprendizagem por parte da classe empresarial, sem fraudes ou busca pura e simples de barateamento da mão de obra e/ou precarização das relações de trabalho. Trata-se, na verdade, de responsabilidade social que, se observada, reverte em benefício de todos, inclusive do próprio empregador do aprendiz, como é possível facilmente constatar.

Referências bibliográficas

ALMEIDA, Renato Rua de. Da intervenção administrativa em sindicato — a estrutura da CLT em face das normas internacionais. *Revista LTr*. São Paulo: LTr, v. 38, p. 794-798, set. 1974.

______. A pequena empresa e a teoria da flexibilização diferenciada. *Revista do Advogado*, São Paulo: AASP, ano XXIII, n. 70, p. 72-74, jul. 2003.

______. A pequena empresa e os novos paradigmas do direito do trabalho. *Revista LTr*, São Paulo: LTr, v. 64, p. 1249-1254, out. 2000.

BONAVIDES, Paulo. *Curso de direito constitucional.* 13. ed. rev. e atual. São Paulo: Malheiros, 2003.

DIAS, Carlos Eduardo Oliveira. Contrato de aprendizagem e administração pública. *Revista da Associação dos Magistrados da Justiça do Trabalho da 15ª Região — Amatra XV,* São Paulo: LTr, n. 3, p. 62-71, 2010.

FONSECA, Ricardo Tadeu Marques da. *A proteção ao trabalho da criança e do adolescente no Brasil*: o direito à profissionalização. Dissertação (Mestrado). Faculdade de Direito da Universidade de São Paulo (FADUSP), 1995.

_____. A reforma no instituto da aprendizagem no Brasil: anotações sobre a Lei n. 10.097/00. *Revista do Tribunal Regional do Trabalho da Décima Quinta Região,* São Paulo: LTr, n. 14, p. 126-139, jan./mar. 2001.

_____. O trabalho de crianças e adolescentes no Brasil do século XXI. *Revista do Tribunal Regional do Trabalho da Décima Quinta Região,* São Paulo: LTr, n. 16, p. 74-83, jul./set. 2001.

JOÃO, Paulo Sérgio. Contrato de aprendizagem — comentários à Lei n. 10.097, de 19 de dezembro de 2000. *LTr Suplemento Trabalhista,* São Paulo: LTr, ano 37, n. 109/01, p. 519-522, 2001.

MARTINS, Sergio Pinto. *Direito do trabalho.* 26. ed. São Paulo: Atlas, 2010.

NASCIMENTO, Amauri Mascaro. *Iniciação ao direito do trabalho.* 34. ed. São Paulo: LTr, 2009.

OLIVA, José Roberto Dantas. *O princípio da proteção integral e o trabalho da criança e adolescente no Brasil.* São Paulo: LTr, 2006.

_____. *Tutela de urgência no processo do trabalho*: ações cautelares, antecipação da tutela e mandado de segurança. São Paulo: Juarez de Oliveira, 2002.

OLIVEIRA, Oris de. *O trabalho da criança e do adolescente.* São Paulo: LTr; Brasília OIT, 1994.

_____. *O trabalho infantil*: o trabalho infanto-juvenil no direito brasileiro. Brasília: OIT, 1993.

SANTOS, Caio Franco. *Contrato de emprego do adolescente aprendiz*: a aprendizagem de acordo com a Lei n. 10.097/00. Curitiba: Juruá, 2003.

VIDOTTI, Tárcio José. Breves anotações a respeito das alterações promovidas pela Lei n. 10.097/00 no contrato de aprendizagem. *Revista do Tribunal Regional do Trabalho da Décima Quinta Região,* São Paulo: LTr, n. 16, p. 59-73, jul./set. 2001.

Trabalho Artístico e Doméstico

Há Tanto Tempo...

Pato Papaterra(*)

Nunca me senti tão sozinho e criticado entre amigos e familiares quando o filme "Cidade de Deus" foi indicado para o Oscar. De fato, naquela época já remota, devo ter me tornado um cara chato, defendendo que a indicação para o prêmio máximo do cinema americano, " na verdade, era uma vergonha para a sociedade brasileira!"

"Você tá louco" criticavam-me nas discussões intermináveis sobre "aquele filme oportunista", como eu o classificava radicalmente.

Mas para que contrariar a maioria? Às vezes, me perguntava.

A razão da minha solitária posição, antes de ter um motivo estético ou artístico, passava por um princípio ético e moral, que ainda teimo em defender neste artigo. Pois, água mole em pedra dura...

Primeiro, quero deixar claro que conheço o Fernando Meireles do tempo de ginásio e admiro o seu trabalho desde a época do "Olhar Eletrônico"; sobre sua capacidade e talento não discuto. O cara é fera! E, mesmo fazendo um baita sucesso, ele continua gente boa e é bem humorado; merece respeito.

Mas assisti "Cidade de Deus" com os meus alunos do Supletivo Santa Cruz no cinema da escola, onde nos conhecemos. Na ocasião, atenciosamente, ele compareceu à sessão para, depois, conversar com todo mundo. Educadamente, então, não pude deixar de lamentar, sem graça, quando ele me perguntou em particular se eu havia gostado do filme. Situação constrangedora, mas não havia outro jeito: levantei os ombros e abanei a cabeça com olhar negativo. Pois acho que nada me deixa mais incomodado do que a violência. E não falo só da violência nua e crua do *bang-bang* em ritmo de propaganda, tão bem explorada no filme. Falo da violência em usar crianças como atores ou atrizes! É uma exploração das grossas quando alguns limites básicos são desrespeitados. Como, por exemplo, fazer uma criança com arma na mão dar um tiro no pé de outro menino de seis anos de idade que, copiosamente, chorava implorando perdão. Para que aquela cena? Para chocar?

(*) Ator, professor, carnavalesco e escritor.

Pois para mim chocou a ideia da coisa, totalmente impregnada na fita! Mais que gratuita, me parecia cruel a sua realização. Merecia a minha censura.

"Mas você viu como o menino trabalha bem?" argumentavam meus opositores. "Ele tem talento!" "Com certeza o veremos trabalhando numa novela algum dia. É uma saída de vida para ele."

Pois é. Isto era o mais terrível de saber e ouvir.

A cena era forte, realmente. E quem assistiu ao filme deve estar agora se lembrando da ação. Com o senão do mau gosto estético, colocar uma criança naquelas condições era demais para o meu estômago. Era desumano, no mínimo! Afinal, o trabalho infantil não é proibido? Então, qual é a diferença entre uma criança fazer uma cena como essa (como se fosse possível um menino daquela idade representar como um ator de verdade) e de outra criança ganhar uma grana extra para a família nas ruas de São Paulo ou trabalhar num forno de carvão no sertão do Piauí? O suposto *status* digno do ofício artístico ou a grana da produção são impunes à lei?

Esta era a primeira questão elementar que eu levantava. E sei lá como entender a permissão para este desrespeito evidente à lei e à dignidade humana. Em todo caso... As pessoas aceitavam. Arte é arte. Não podemos censurar, diziam. "E a liberdade de expressão?"

Reconheço que sou daqueles caras exagerados. Só para se ter uma ideia do meu radicalismo, eu não vejo saída nenhuma para uma sociedade que precisa de leis escritas e específicas para defender os menores e os mais fracos; não há sintoma mais claro de uma grave doença social do que a **necessidade** de um "Estatuto do Menor". Os adultos de uma sociedade minimamente sadia, por assim serem considerados, já deveriam tratar com dignidade as crianças e, portanto, do seu futuro. Todavia, está claro, não somos uma sociedade sadia, eu sei. Então, me parecia ainda mais contraditória a exploração do trabalho infantil naquele filme violento e oportunista, mas badalado por todos. "É incrível!" "Achei sensacional!" Por isso, não haveria vergonha maior de ser representado na festa do Oscar, com aquele tapete vermelho, pelo " fruto de uma sociedade elitista, hipócrita, que aplaude o cruel trabalho infantil dos mais pobres!"

"Você tá ficando louco?!" diziam sem me entender, argumentando a favor do filme. "Ele retrata a nossa realidade nua e crua! Quem sabe assim eles, as autoridades competentes, olham para o problema da violência em nossas favelas."

"Quanta hipocrisia!" Eu pensava. Pois, para mim, a violência era o próprio filme e a sua aceitação.

Realmente, as pessoas gostam e aplaudem as crianças, pobres coitadas, imitando cenas de adultos. E não percebem a enorme crueldade que há por trás disto. O espetáculo é fabuloso, pois impressiona! Talvez, então, todos fechem os olhos para a barbaridade reveladora de uma sociedade desumana e incapaz de se enxergar em suas mazelas herdadas da escravidão.

"Você pirou de vez!" decretavam quando eu chegava a este ponto da argumentação. "Francamente! O que a escravidão tem a ver com tudo isso?" — declaravam-se desanimados com esta visão horrorosa da realidade brasileira. E não era por menos, reconhecia: "Narciso sempre acha lindo o que vê no espelho!"

Pirei?

Então, vamos por partes, desvendando o horror que eu via naquele filme. Não vamos brigar, hoje.

Há mais de trinta anos, sou professor de teatro e aprendi a reconhecer o potencial artístico dos pequenos seres humanos quando representam papéis em seus jogos e brincadeiras. Porque elas agem com naturalidade, buscando o prazer da imitação. E se entregam de corpo e alma para tal. Por isso, nos encantam com suas representações graciosas, repletas de detalhes, em que revelam a extraordinária capacidade de observação e sensibilidade que têm para interpretar a vida adulta. São craques nesse jogo. É uma característica essencial das crianças (como os atores mirins do filme Cidade de Deus) com seis ou sete anos de idade: elas brincam felizes, naturalmente, por necessidade. Assim crescem e aprendem, interpretando papéis em situações complicadas, em que buscam e testam soluções para suas vidas reais. Todos nós sabemos da importância que isto tem na formação de um indivíduo. Basta olharmos para os filhotes de outros mamíferos que testam suas habilidades necessárias à vida adulta. Para o ser humano, então, isto é vital na formação do caráter de uma pessoa sadia. É o jogo do faz de conta, simbólico, no qual se testar é a única regra. É, portanto, o jogo do **eu**. Se **eu** sinto medo, **eu** sinto medo como se fosse de verdade, mas, sem mais nem menos, **eu** posso virar um super homem e resolver aquela situação incômoda. E pronto. Adquiro forças e tudo fica resolvido. Não há regras para isso! O objetivo é que **eu**, no meu papel, saia recompensado no final da brincadeira. É assim que as crianças crescem.

Quem não sabe disto? "Vão brincar, meninos!", diziam os nossos pais.

Mas temos aqui que diferenciar esse jogo simbólico das crianças do jogo dramático da arte de representar dos adultos. No teatro, temos regras claras, pois apresentamos para um público. Portanto o sentido da coisa é promover uma discussão coletiva, estética. É um jogo diferente do jogo da criança. Quando representa, o adulto tem objetivos sociais, de entretenimento coletivo. Por isso, compromete-se a respeitar as regras estabelecidas socialmente daquela representação, assumindo o papel de uma personagem definida e, provavelmente, **diferente do seu eu.** Ou seja, a cena busca expressar valores éticos e morais, enquanto todos se divertem, representando as personagens envolvidas em um conflito. O **eu** verdadeiro desaparece do jogo, portanto. Esta é a defesa do adulto para não entrar em surto psicótico em cena.

Lembro-me do ator Paulo Autran, numa entrevista, dizer que o maior desafio de sua carreira foi atuar ao lado de uma criança na peça Eqqus: ela (a criança) monopolizava a atenção do público, relegando ao famoso ator o papel de mero coadjuvante. É a maldição para qualquer estrela! Até mesmo Chaplin ficou ofuscado pelo Garoto.

Realmente, as crianças são capazes de muito mais em cena. a figura angelical exposta no palco é deveras cativante para a plateia adulta. E é fácil saber por quê. Quando ela representa, o seu **eu** está presente! A fantasia se torna realidade e a representação passa a ser verdadeira, facilmente! Quem não se lembra da cena em que o menino Pixote, no filme de Hector Babenco, começa a chupar o peito da Marília Pêra de verdade e a cena não foi cortada?!

Era aí que a porca torcia o rabo para mim! Pois uma coisa me intrigava naquela cena do tiro no pé. Como o Fernando havia feito um menino de seis anos de idade chorar tão realisticamente? Não era apenas um jogo de faz de conta. Havia sacanagem ali!

Mas antes que eu fizesse a pergunta naquela noite na escola, uma aluna a fez. E o Fernando respondeu, em público, como quem havia descoberto a pólvora:

> "Foi difícil" falou o diretor indicado para o Oscar. "Mas, no final, a gente descobriu um jeito. Perguntamos para o menino o que mais o deixava triste. E ele respondeu que era ficar sozinho, sem a mãe. Então, dissemos: vamos imaginar que a sua mãe não vai voltar mais para te pegar. Ou melhor: sua mãe morreu! Daí, ele começou a chorar. E eu aproveitei e filmei."

Era claro e simples: ele havia usado uma técnica adulta de representação, a tal "memória emotiva" proposta e formulada pelo teatrólogo russo Stanislaviski!

Sacanagem? Bem... É para adultos...$$$!

Não existe nada mais sedutor do que uma criança representando. E os produtores sabem disto muito bem. Estendem longos tapetes vermelhos para disputarem estatuetas de ouro. Há um potencial enorme dentro de cada ser humano mirim. Por isso, os senhores de escravos, também encantados com a graça e a habilidade dos negrinhos e negrinhas, faziam seus pequenos escravos brincarem e dançarem como macaquinhos na sala da casa grande para o divertimento e o deleite da família. E, para a minha indignação, foi a mesma coisa que fizemos quando assistimos a este filme.

"Pronto! Você voltou a radicalizar" — diziam meus oponentes já cansados de discutir.

Então, eu tinha que apelar e usava o meu argumento final: "se fosse o seu filho, você deixaria fazer aquela cena?"

Bem... Aí...

Só, então, algumas pessoas me entendiam.

Pois é. Vivemos numa sociedade narcisista e elitista, na qual só o filho de rico, herdeiro de algum senhor de escravos no passado, merece o respeito de ser tratado como criança. É por isso que precisamos de um Estatuto do Menor bem claro e respeitado, infelizmente.

O Intolerável Trabalho Infanto-Juvenil Doméstico e a Inviolabilidade do Lar

Maria Zuíla Lima Dutra(*)

Sumário: 1. Introdução. 2. A proteção legal das crianças e dos adolescentes. 3. Características do trabalho infanto-juvenil. 4. A exploração expressa em números e o longo caminho a percorrer. 5. O enfrentamento dessa inquietante situação social à luz dos normativos legais existentes. 6. Asilo inviolável e a adequada interpretação do art. 5º, XI, da Constituição Federal. Conclusão.

1. Introdução

A gente tem de trabalhar, mesmo, senão não come.
Gilmário, trabalhador desde os sete anos(1)

No Brasil, as dificuldades socioeconômicas que afetam milhões de famílias, em virtude da reconhecida desigualdade na distribuição da renda têm causas longínquas no tempo. Em virtude do desemprego e dos baixos salários, muitas famílias utilizam a força de trabalho de seus filhos para complemento de renda.

No campo, os meninos e as meninas seguem os pais nas lidas de muitas culturas (milho, mandioca, arroz, feijão etc.) ou nos serviços realizados nas carvoarias, nas olarias, na feitura de tijolos, além de outras tantas atividades.

Nas cidades, as crianças e os adolescentes trabalham dentro e fora de casa, auxiliando a família em serviços, como ajudantes de mecânicos, de confeiteiros, borracheiros, feirantes, serviços domésticos etc.

(*) Mestre em Direitos Fundamentais e Relações Sociais. Especialista em Direito das Relações Sociais. Juíza do Trabalho Titular da 5ª Vara de Belém. Professora de Direito da Universidade da Amazônia e do Curso de Especialização do Centro de Ensino Superior do Amapá. Membro Permanente da Comissão de Conciliação do E. TRT da 8ª Região. Autora do livro *Meninas domésticas, infâncias destruídas:* legislação e realidade social, publicado pela LTr, e de diversos artigos publicados na Revista do TRT da 8ª Região e outros periódicos nacionais.

(1) *Apud* PORTO, Cristina *et al. Trabalho infantil* — o difícil sonho de ser criança. São Paulo: Ática, 2004. p. 51.

Nas ruas das cidades brasileiras de modo geral, a presença de crianças é visível em todos os pontos, na figura de vendedores, engraxates, guardadores de carro, carregadores, catadores de papel, palhaços, mágicos, mendigos, entre outros. Nas praias, recolhem latas para reciclar e, nos lixões, acompanham a família, coletando material para venderem a sucateiros.

É inquestionável que o trabalho infanto-juvenil apresenta-se como uma das graves consequências do passivo social, cuja realidade está evidente em cada ponto deste País. O processo de concentração de renda contribui para elevar o universo dos excluídos, com reflexos diretos na negação da dignidade e da cidadania a milhões de brasileiros e brasileiras, que se expressam na luta pela sobrevivência, na desinformação, na inconsciência do real e não acesso ao saber. Estatísticas mostram que essas pequenas criaturas trabalham em situações de extrema miséria, lutando pela sobrevivência, sem tempo para **brincar e estudar**.

2. A proteção legal das crianças e dos adolescentes

Teve início na Inglaterra, em 1802, com o Ato da Moral e da Saúde[2], que limitava a jornada de trabalho para doze horas. Em Marx lemos que, de 1802 a 1833, o parlamento inglês chegou a promulgar cinco leis sobre trabalho, mas que não passaram de letra morta, considerando que "astuciosamente não votou recursos para sua aplicação compulsória"[3]. Esse exemplo de proteção às crianças e adolescentes foi seguido por outros países do Velho Mundo.

No Brasil, essa forma de exploração remonta à época da colonização, pois antes mesmo de serem estabelecidas as relações entre o branco conquistador e os grupos aqui existentes, as caravelas portuguesas já traziam crianças trabalhadoras, no século XVI. Segundo Cristina Porto *et al.*[4],

> "(...) as famílias pobres de Portugal embarcavam os filhos de 9 a 16 anos como grumetes e pajens nos navios. (...) Para a produção de cana-de-açúcar no país, os portugueses trouxeram escravos da África. Até o final do século XIX, 4% dos africanos que desembarcavam no mercado do Valongo, no Rio de Janeiro, eram crianças. Tinham vida curta: apenas um terço chegava aos 10 anos. Aos 7, já eram carregadores, mensageiros, pajens e sacos de pancadas das crianças brancas."

Dizem as autoras que, para os pais dessas crianças, significava bom negócio alistar seus filhos entre os tripulantes dos navios, ainda que viessem a perdê-los em

---

(2) BARROS, Alice Monteiro de. O trabalho do menor e as inovações introduzidas pela Lei n. 10.097, de 19 de dezembro de 2000. *Revista do Tribunal Superior do Trabalho*, Brasília, v. 67, n. 1, p. 91, jan./mar. 2001.

(3) MARX, Karl. *O capital.* 14. ed. Tradução de Reginaldo Sant'Anna. Rio de Janeiro: Bertrand, 1994. livro 1, v. I, Cap. VIII, p. 316.

(4) PORTO, Cristina *et al. Op. cit.*, p. 42.

alto mar, diante dos soldos recebidos como pagamento. Por outro lado, o fato de ser elevado o índice de mortalidade nas viagens também não os assustava, porque a alta taxa de óbitos em Portugal fazia com que a chance de morrer vítima de fome ou de alguma doença em terra fosse igual ou até pior do que a de perecer a bordo das embarcações.

Todavia, a primeira medida legal de proteção ao trabalho de crianças e adolescentes que realmente foi efetivada, no Brasil, deu-se por meio do Decreto n. 17.943-A, de 12 de outubro de 1927, que proibia o trabalho aos que se encontrassem na faixa etária inferior a doze anos, sendo essa idade ampliada para quatorze anos, a partir de 1932. Finalmente, em 1946, a Constituição proibiu a diferença salarial entre crianças e adultos e o trabalho noturno a quem tivesse menos de dezoito anos. Não obstante, muitos brasileiros pobres continuaram utilizando-se do trabalho infanto-juvenil para sobreviver, sendo aceito naturalmente por governos e pela sociedade até meados de 1980, quando a questão passou a ser percebida pela opinião pública. A grande modificação ocorreu entre 1994 e 1995, com a criação do Fórum Nacional de Prevenção e Erradicação do Trabalho Infantil e com o surgimento de programas de renda mínima, como o Bolsa-Escola, em face das denúncias publicadas pela imprensa nacional e internacional.

Com a promulgação do Estatuto da Criança e do Adolescente — ECA[5], em 1990, a sociedade passou a combater com mais firmeza o trabalho infanto-juvenil, sob o aspecto dos direitos sociais. O ECA tem o capítulo V dedicado à proteção de crianças e adolescentes trabalhadores. A idade mínima foi alterada para dezesseis anos, em 1998, com a Emenda Constitucional n. 20 (art. 1º).

O ECA faz distinção entre aquele que possui menos de doze anos e o adolescente aprendiz, considerado como o que possui entre quatorze e dezesseis anos. Este faz jus à bolsa de aprendizagem, mas não tem proteção trabalhista. Distingue ainda os adolescentes de dezesseis a dezoito anos incompletos, que possuem direitos trabalhistas e previdenciários.

No âmbito internacional, a Convenção sobre os Direitos da Criança[6] é considerada o instrumento de direitos humanos mais aceito em todo o mundo. Foi ratificada por 193 países — incluindo o Brasil —, e contém a essência do tratamento que deve ser dispensado aos adolescentes e às crianças. Sem dúvida, um dos maiores abusos praticados contra os direitos dessas pessoas é a exploração do seu trabalho, em virtude das graves consequências que acarretam ao seu desenvolvimento físico, mental e psicológico, com reflexos no futuro da sociedade.

Para o Unicef, crianças e adolescentes vitimados pelo trabalho precoce precisam de tratamento prioritário, de modo a propiciar-lhes a possibilidade de mudança de rumo em suas vidas, geralmente de absoluta miséria e muito sofrimento.

---

(5) O ECA foi instituído pela *Lei n. 8.069*, no dia 13 de julho de 1990.

(6) Essa Convenção foi adotada pela Assembleia Geral das Nações Unidas, com vigência a partir de 20 de novembro de 1989.

3. Características do trabalho infanto-juvenil

Segundo a legislação brasileira são consideradas crianças as pessoas com até doze anos incompletos, e adolescentes os indivíduos entre doze e dezoito anos incompletos. Tecnicamente, define-se como infanto-juvenil o trabalho que se executa abaixo da idade mínima básica (dezesseis anos, exceto na condição de aprendiz), fase em que o trabalho é considerado proibido.

Assim, qualquer trabalho desenvolvido por integrantes dessa camada da população, que provoque estresse físico ou psicológico, a exemplo das atividades nas ruas ou em lugares inadequados, ou em situação de perigo físico ou mental, ou ainda na realização de **serviços domésticos** ou qualquer outra atividade que lhe retire o tempo para **brincar e estudar**, não pode continuar sendo aceito normalmente pela sociedade deste século XXI.

O **trabalho infanto-juvenil doméstico** é aquele realizado no domicílio de terceiros, remunerado ou não, e consiste, em geral, em lavar e passar roupas, cozinhar, promover a limpeza da casa e, muitas vezes, cuidar de animais (gato, cachorro, passarinho etc.) e também dos filhos dos patrões (na condição de babá).

O Unicef[7] estabelece que o trabalho de crianças e adolescentes adquire características de exploração quando envolve atividade em período integral; muitas horas de atividade ou serviço que provoque excessivo estresse físico, emocional ou psicológico; atividade e vida nas ruas em más condições; remuneração inadequada; responsabilidade excessiva; atividade que impeça o acesso à educação; atividade que comprometa a dignidade e a autoestima da criança, como escravidão ou trabalho servil e exploração sexual; atividade prejudicial ao pleno desenvolvimento psicológico.

Trata-se de prática historicamente constatada. Por exemplo, na visão de Marx[8], o progresso econômico, científico e tecnológico experimentado pela sociedade capitalista durante a revolução industrial, as transformações no modo de produção favoreceram a exploração do trabalho humano e, por consequência, o trabalho de crianças e adolescentes foi intensificado: "De um lado nós temos um progresso histórico e fator de desenvolvimento econômico da sociedade e, do outro, meio civilizado e refinado de exploração". Não obstante tal afirmativa ter sido feita ainda no século XVIII, continua bem atual. Hoje convivemos com a revolução tecnológica, cujo carro-chefe continua sendo o capital, em busca de lucros cada vez maiores. O crescente nível de desemprego e as necessidades de sobrevivência possibilitam que crianças e adolescentes sejam introduzidos precocemente no mercado de trabalho, em troca de salário irrisório para contribuir com a subsistência da família, ou somente em troca de comida e abrigo. O trabalho para esses meninos e meninas assume o tempo das brincadeiras tão necessárias nessa fase da vida.

---

(7) Disponível em: <www.educaraemrevista.ufpfr.br/arquivos> Acesso em: 7.9.2005.

(8) MARX, K. *Op. cit.*, p. 418.

4. A EXPLORAÇÃO EXPRESSA EM NÚMEROS E O LONGO CAMINHO A PERCORRER

Alguns debates têm sido travados em torno de fazer distinção entre trabalho infanto-juvenil tolerado e não tolerado. A propósito, a Recomendação sobre Eliminação do Trabalho Infantil da OIT (junho 1997), preparatória sobre o tema na Assembleia Geral em 1998, destaca o combate às formas mais intoleráveis de exploração do trabalho de crianças e adolescentes. A Conferência de Oslo, ocorrida de 27 a 30 de outubro de 1997, editou uma Agenda de Ação, ressaltando as formas mais intoleráveis de trabalho. De igual modo, a Declaração da Assembleia Geral da OIT (de 1998), que foi submetida à de 1999, refere-se às piores formas de trabalho infantil (em suas diversas modalidades) que devem ter preferência no combate(9).

Algumas formas de trabalho infantil antes defensáveis ou simplesmente aceitáveis, **como o doméstico**, hoje são intoleráveis devido ao conhecimento gerado sobre os danos físicos e mentais que causam às crianças.

Embora a sociedade tolere alguns tipos de trabalho de meninos e meninas, filiamo-nos à corrente daqueles que entendem que todos são intoleráveis, por ser inadmissível que o combate a esse tipo de exploração fique em segundo plano, por representar danos irreparáveis à vida dessas pequenas criaturas.

De acordo com Relatório divulgado pela OIT(10), a América Latina e o Caribe apresentaram os melhores resultados. Apenas 5% das crianças de cinco a 14 anos estão envolvidas no trabalho, representando redução de dois terços no período de quatro anos. Segundo esse documento, existe real possibilidade de eliminar o trabalho infantil em suas piores formas, no prazo de 10 anos, se o ritmo de redução atual for mantido e o momento atual de sensibilização para combater o trabalho infantil continuar. O estudo atribui esse resultado à conscientização da sociedade, vontade política e ações concretas, particularmente no campo do combate à pobreza e na área da educação. O relatório apresenta o Brasil como exemplo aos demais países no enfrentamento do trabalho infanto-juvenil.

Apesar desses avanços, na última pesquisa envolvendo atividades do serviço doméstico, ocorrida em 2005, o Brasil ainda registrava 494.002(11) crianças submetidas à exploração no trabalho doméstico na casa de terceiros. Esse dado é mais preocupante quando cruzado com os resultados de pesquisas efetivadas pelo Lumen Instituto de Pesquisa para a Organização Internacional do Trabalho nas cidades de Belém, Belo Horizonte e Recife. Nessa obra, constata-se que o trabalho infantil doméstico atinge em cheio as meninas (92,71%), majoritariamente as pardas e negras (74,70%), as quais ordinariamente provêm de famílias de baixa renda. Trata-se de um retrato cruel da discriminação social contra crianças pobres, do sexo feminino, pardas e negras (OIT, 2003, p. 49).

(9) Disponível em: <www.amatra1.com.br/artig/artigo2.htm> Acesso em: 7.9.2005.
(10) Disponível em: <www.oitbrasil.org.br> Acesso em: 8.3.2010.
(11) Disponível em: <www.ibge.gov.br> Acesso em: 7.9.2005.

Oriundas de famílias cuja renda não lhes permite emergir da linha da pobreza, filhas de mães com baixa escolaridade e órfãs de políticas públicas de assistência social que lhes possibilitem priorizar os estudos e o gozo de sua infância, inúmeras crianças são atiradas ao mercado de trabalho, que as recebe de braços abertos, aniquilando-lhes o futuro de forma impiedosa.

Como bem acentua Brito Filho[12]:

> "(...) os números, por si sós, já são alarmantes, de tão expressivos, se considerados em comparação com o total de pessoas que trabalham, tornam-se ainda mais significativos. Verificando os números apresentados por Domenico de Masi, segundo o qual apenas 1 bilhão de pessoas no mundo trabalham, temos que aproximadamente 1/4 (um quarto) da força de trabalho mundial é composta de crianças e adolescentes."

O ECA contempla as infrações de natureza penal e administrativa que são passíveis de aplicação em caso de descumprimento das normas de proteção à criança e ao adolescente. Tal norma reproduz o estatuído no art. 227, § 4º da Constituição Federal de 1988[13]. Outra importante medida neste sentido foi a promulgação da Lei n. 9.455/97 (substituta do art. n. 233 do ECA), que definiu os crimes de tortura, incluindo as formas usuais de violência doméstica dentro do tipo penal. Neste sentido, também integram o nosso ordenamento jurídico (por meio do Decreto n. 40/91, Decreto n. 98.396/89 e Decreto n. 678/92) os seguintes documentos internacionais, subscritos pelo Brasil: a Convenção Contra a Tortura e Outros Tratamentos ou Penas Cruéis, Desumanos ou Degradantes, adotada pela Assembleia Geral das Nações Unidas em 1984; a Convenção Interamericana para Prevenir e Punir a Tortura, concluída em Cartagena em 1985 e a Convenção Americana sobre Direitos Humanos (Pacto de São José da Costa Rica), adotada no âmbito da OEA, em 1969.

Na verdade, o que acaba acontecendo, na maioria dos casos, é que as crianças e adolescentes que trabalham dificilmente recebem condições para se desenvolverem plenamente (intelectual e emocionalmente), por serem privadas de acesso à escola.

A Carta Magna da República reconhece aos trabalhadores o direito de desempenhar suas atividades em ambiente que preserve sua dignidade, vida, saúde e integridade física e moral, e a completa reparação dos danos sofridos no desenvolvimento de suas atividades laborais.

A obrigatoriedade de proteção ao trabalhador e ao ambiente de trabalho, apregoada pela Constituição da República de 1988, inclui o amparo contra os efeitos adversos de fatores físicos, químicos e biológicos no local de serviço e meio ambiente imediato; da tensão mental resultante da jornada excessiva; do ritmo das atividades laborais, e da promoção de melhores condições visando à distribuição adequada do

(12) BRITO FILHO, José Claudio Monteiro de. *Trabalho decente*. São Paulo: LTr, 2004, p. 105.

(13) Diz o artigo: "A lei punirá severamente o abuso, a violência e a exploração sexual da criança e do adolescente".

tempo e à adaptação das instalações e locais adequados à capacidade mental, física e ao bem-estar do trabalhador.

As sociedades modernas fundamentam-se no trabalho "entendido como dominação e exploração da natureza e da força do trabalhador"[14]. A grande maioria das pessoas encontra-se sujeita a um "tipo de desenvolvimento que apenas atende às necessidades de uma parte da humanidade (os países industrializados), deixando os demais na carência, quando não diretamente na fome e na miséria"[15]. Na verdade, nós integramos "uma espécie que se mostrou capaz de oprimir e massacrar seus próprios irmãos e irmãs da forma mais cruel e sem piedade"[16].

Por essas razões, concordamos com o teólogo Leonardo Boff[17] quando declara que "os valores humanos da sensibilidade, do cuidado, da convivibilidade e da veneração podem impor limites à voracidade do poder-dominação e à produção-exploração". Deve haver um novo pacto social entre os povos, que fixe a "autolimitação e a obrigação de viver sob a justa medida"[18], respeitando o outro como ser da criação.

Fato relevante é que esse tipo de exploração passou a ser encarado como grave problema social a ser combatido por todos: governos, organizações de empregadores e empregados e sociedade civil. Na última década do século XX, o trabalho infanto-juvenil foi proibido e vários programas de governos e ações de entidades não governamentais foram implantados, transformando o Brasil em modelo para muitos países[19], sendo que tais ações não têm sido suficientes para erradicar o problema, que tem como raízes básicas as desigualdades sociais.

Não podemos deixar de reconhecer os avanços registrados em nosso País, todavia ainda temos um longo caminho a percorrer, pois apesar dos resultados obtidos até o ano de 2008, os índices ainda revelam quadro grave de violação de direitos e de transgressão às leis, considerando que a legislação brasileira só permite o trabalho como aprendiz para jovens a partir de quatorze anos.

Nos últimos dez anos, houve redução de mais de 50% no número de crianças trabalhando no Brasil (de 10 milhões, em 1992, para 4,5 milhões em 2008)[20]. O contingente representa 10,2% das crianças desta idade, frente a 10,8% em 2007. Das crianças que trabalham, quase um milhão (993 mil) estão na faixa etária de até 13 anos.

Sem dúvida, trata-se de progresso significativo, reconhecido por todos os órgãos que desenvolvem esse trabalho, inclusive a comunidade internacional. Mas é preciso continuar com ações firmes e eficientes para alterarmos esse quadro que ainda persiste

(14) BOFF, Leonardo. *Saber cuidar:* ética do humano — compaixão pela terra. 3. ed. Petrópolis: Vozes, 1999. p. 137.

(15) *Ibidem*, p. 137.

(16) *Idem.*

(17) *Ibidem*, p. 124.

(18) *Ibidem*, p. 125.

(19) Disponível em: <www.correioweb.com.br> Acesso em: 7.9.2005.

(20) Pesquisa PNAD — 2008 — do site IBGE: <www.ibge.org.br> Acesso em: 6.3.2010.

em índices inaceitáveis, pois enquanto houver trabalho infanto-juvenil, por menor que seja o índice, não podemos considerar o Brasil no rol dos países civilizados.

É inaceitável, em pleno século XXI, a existência de formas degradadas de relações de trabalho, pois é o futuro da sociedade que se encontra comprometido. Para o Unicef, o trabalho infanto-juvenil no Brasil e no mundo possui relação direta com o grau de escolaridade e a pobreza. Assim sendo, sua erradicação depende de eficiente combate às desigualdades sociais, de desenvolvimento da educação e de garantia dos direitos humanos.

5. O enfrentamento dessa inquietante situação social à luz dos normativos legais existentes

O princípio do tratamento da pessoa como um fim em si mesmo requer não apenas o dever de não prejudicar ninguém, mas também o dever de possibilitar a felicidade do outro, pelo reconhecimento e respeito aos seus direitos.

A Constituição da República (1988) inclui entre as garantias fundamentais o respeito ao Estado de Direito e às instituições democráticas, o direito à vida e às liberdades pessoais. Por outro lado, em termos econômicos, o Estado brasileiro intervém na economia de forma acentuada, a exemplo da excessiva carga tributária (uma das mais altas do planeta)[(21)], além da possibilidade de elaboração de medidas provisórias que podem mudar as regras do jogo a qualquer momento, dentre outras formas.

Os prejuízos decorrentes do trabalho infanto-juvenil obrigam a uma urgente e eficiente intervenção do governo, capaz de equilibrar a distribuição de renda produzida pelo mercado e reduzir as desigualdades sociais, pois formar capital humano implica em investir, sistemática e continuadamente em áreas como educação, saúde, entre outras.

Em texto produzido pelo Grupo de Estudos na Academia Brasileira de Direito Constitucional, sob orientação de Aldacy Rachid Coutinho[(22)], foi dito ser "insustentável o fato de que durante séculos estejamos inertes frente à miséria, muito bem acompanhados de *leis para inglês ver*" (grifos no original).

---

(21) O Jornal *O Estado de S. Paulo* (2005: p. B-5), edição de 18.5.2005, destaca a conclusão do estudo realizado pelo Instituto Brasileiro de Planejamento Tributário — IBPT no sentido de que: "Neste ano, até 20/05, o brasileiro trabalhou só para pagar imposto (quatro meses e vinte dias). Em 1986, os impostos consumiam apenas 2 meses e 20 dias de trabalho". A matéria acrescenta ainda que "o pagamento de impostos e contribuições representou 37,81% da renda do contribuinte em 2004. Neste ano, chegará a 38,35%". O levantamento do IBPT demonstra também que o cidadão de classe média gasta mais 31% (trinta e um por cento) com serviços privados que deveriam ser prestados pelo governo (saúde, educação, segurança, previdência etc.), totalizando 7 meses e 10 dias de trabalho por ano, ou seja, uma pessoa de classe média trabalhou de 1º de janeiro até o dia 10 de setembro de 2004 para pagar tributos e serviços.

(22) COUTINHO, Aldacy Rachid *et al.* Direito constitucional ao salário mínimo. *Revista LTr*, v. 67. n. 1, p. 1, jan. 2003.

O respeito aos direitos humanos será sempre o eixo principal de qualquer modelo de sociedade que deseje a liberdade e a igualdade de todos. A presença de milhares de crianças e adolescentes na escravidão do trabalho é um exemplo contundente de que "apesar de gozarmos de direitos no plano jurídico, somente poucos temos recursos para exercê-los na vida real"[(23)]. Para Coutinho,

> "(...) milhões de crianças e adolescentes — pressionados pela pobreza de suas famílias — viram-se obrigados a deixar de lado hábitos e condutas próprias de suas idades. Seus direitos a brincadeiras, à assistência escolar, à saúde, entre outros, não podem ser exercidos cabalmente por terem de trabalhar. A existência de trabalho infantil é um fator de negação à cidadania."[(24)]

O desenvolvimento social objetiva "melhorar a qualidade de vida humana enquanto humana"[(25)], a partir da garantia do respeito aos direitos humanos, com base na construção coletiva do social que cria "estratégias de compensação e de integração"[(26)], ou seja, promove a verdadeira igualdade entre as pessoas. Essa inclusão passa necessariamente pela libertação dos oprimidos, dos marginalizados e dos excluídos, na medida em que se conscientizem da injustiça de sua situação e se organizem entre si em busca de transformar as estruturas sociais em que estão inseridos[(27)]. Dessa forma, entendemos que a afirmativa de existência dos direitos humanos implica em seu efetivo cumprimento. E quais são esses direitos?

A Declaração Universal dos Direitos Humanos, proclamada pela ONU em assembleia realizada em 1948, representa a convergência de aspirações e conquistas remotas e atuais, relativas à confirmação dos direitos elementares, aparecendo como uma das referências frontais a determinar a primeira geração dos direitos humanos, relativos ao princípio das liberdades individuais.

Mas, em 20 de novembro de 1959, foi aprovada, por unanimidade, na Assembleia Geral das Nações Unidas, a Declaração dos Direitos da Criança, que enumera os direitos e as liberdades a que, segundo o consenso da comunidade inter-nacional, faz jus toda e qualquer criança. Muitos dos direitos e liberdades contidos nessa Declaração fazem parte da Declaração Universal dos Direitos Humanos. Em seu preâmbulo, a nova Declaração diz expressamente que "a criança, em decorrência de sua imaturidade física e mental, requer proteção e cuidados especiais, quer antes ou depois do nascimento". E prossegue, afirmando que "à criança a humanidade deve prestar o melhor de seus esforços".

---

(23) GLASINOVICH, Walter Alancón. Reflexões sobre o processo de erradicação do trabalho infantil na América Latina. In: TRIBUNAL SUPERIOR DO TRABALHO (org.). *Fórum Internacional sobre Direitos Humanos e Direitos Sociais*, São Paulo: LTr, 2004. p. 84.

(24) *Ibidem*, p. 85.

(25) BOFF, L. 1999. *Op. cit.*, p. 138.

(26) *Idem*.

(27) BOFF, L. 1999. *Op. cit.*, p. 141.

Para Comparato, a unidade do ser humano e a dignidade do homem e da mulher decorrem de "direitos inatos e iguais em todas as partes do mundo, não obstante as inúmeras diferenças individuais e grupais"(28). É dessa igualdade de essência da pessoa que se extrai o "núcleo do conceito universal de direitos humanos"(29). O titular dos direitos humanos não é o ser humano abstrato, como concebido pelo capitalismo, mas o conjunto de grupos sociais esmagados pela miséria, pela doença, pela fome e pela marginalização(30). É por isso que o entendimento da dignidade da pessoa e de seus direitos tem resultado "da dor física e do sofrimento moral"(31). É o sofrimento que vem aprofundando a afirmação histórica dos direitos humanos(32).

Hodiernamente, o tema Direitos Humanos tem sido objeto de inúmeros debates, não obstante a consciência universal apontar para o fato de que os direitos fundamentais nascem com o indivíduo, logo, não podem ser considerados como uma concessão estatal. Por esse motivo, o preâmbulo da Declaração Universal dos Direitos Humanos (ONU-1948), não fala em direitos outorgados ou reconhecidos; diz que eles são proclamados, representando autêntica afirmação de que eles preexistem a todas as instituições políticas e sociais. Daí a imensa responsabilidade do Estado em proteger os Direitos mínimos de qualquer pessoa humana.

No relatório de 1993 que trata sobre o Desenvolvimento Humano, a ONU recomenda que as pessoas sejam o sujeito de toda a produção tecnológica, econômica e política, levando-lhe a sugerir as seguintes medidas a serem seguidas pelos Estados-membros: reorientação dos mercados que sirvam às pessoas e não pessoas aos mercados; desenvolvimento e investimento em novos modelos de desenvolvimento centrados na pessoa humana e sustentáveis ecologicamente; enfoque na cooperação internacional nas necessidades humanas e não nas prioridades dos Estados; e desenvolvimento de novos padrões de administração global e nacional, com maior descentralização e possibilitando maior autoridade aos governos locais.

Os Direitos Humanos têm lugar considerável na consciência política e jurídica contemporânea. Implicam, com efeito, um Estado de Direito e o respeito das liberdades fundamentais sobre as quais repousa toda democracia.

Como qualidade intrínseca, a dignidade é, portanto, algo que integra a substância da pessoa e encontra-se inserida como um dos direitos fundamentais no art. 1º de nossa Constituição Federal. Como bem acentua Brito Filho(33), "a dignidade, dessa feita, deve ser considerada como um atributo do homem, algo que dele faz

(28) COMPARATO, Fábio Konder. *A afirmação histórica dos direitos humanos.* 4. ed. rev. e atual. São Paulo: Saraiva, 2005. p. 90-91.

(29) *Ibidem*, p. 20.

(30) *Ibidem*, p. 53.

(31) *Ibidem*, p. 37.

(32) *Ibidem*, p. 55.

(33) BRITO FILHO, José Cláudio Monteiro de. Trabalho com redução do homem à condição análoga à de escravo e dignidade da pessoa humana. In: *Revista do MPT-PB*, João Pessoa: Grafipel, n. 1, p.144, jun. 2005.

parte, e, portanto, o faz merecedor de um mínimo de direitos". Nesse sentido, acrescenta o mesmo autor[34] "dar trabalho, e em condições decentes, então, é forma de proporcionar ao homem os direitos que decorrem desse atributo que lhe é próprio: a dignidade". Ele conclui seu pensamento nesse parágrafo citando a OIT que diz: "O controle abusivo de um ser humano sobre outro é a antítese do trabalho decente"[35].

Comentando sobre os direitos humanos, o cientista brasileiro Comparato[36] levanta um questionamento aduzindo que "na verdade, a indagação central de toda filosofia é bem esta: Quem é o homem?". Para ele, "a sua simples formulação já postula singularidade eminente deste ser, capaz de tomar a si mesmo como objeto de reflexão"[37].

O mesmo autor, na introdução da obra já citada"[38], faz profunda reflexão que responde à sua indagação primeira, dizendo que todos os homens e mulheres, apesar das variadas diferenças biológicas e culturais que os distinguem entre si, merecem idêntico respeito, por serem os únicos seres deste mundo capazes de amar, de descobrir a verdade e de criar a beleza. Para ele, afirmar os direitos humanos significa reconhecê-los universalmente com a certeza de que "em razão dessa radical igualdade, ninguém — nenhum indivíduo, gênero, etnia, classe social, grupo religioso ou nação — pode afirmar-se superior aos demais"[39].

6. Asilo inviolável e a adequada interpretação do art. 5º, XI, da Constituição Federal[40]

Os graves problemas sociais de nosso País desafiam as afirmações de cidadania e de dignidade, inscritas tão solenemente em nossa Constituição. Os operadores do Direito do Trabalho não podem ficar insensíveis a essa realidade. Faz-se imperativo conhecer o sentido autêntico da norma, dentro do contexto social em que ela é aplicada.

A norma pode ser vista de dois modos: o ideal (na visão do legislador) e o real (como resultado de sua aplicação ao caso concreto). O exemplo típico desse dualismo na história tem sido o Direito Comum, que na tentativa de impor a igualdade num mundo desigual, acabou por fortalecer a desigualdade.

O Direito do Trabalho nasceu com o propósito de contrapor-se àquele Direito idealmente igualitário, mas realmente desigualador. A lógica do Direito Laboral

(34) *Ibidem*, p. 146.
(35) BRITO FILHO, José Cláudio Monteiro de. Ob. cit. p.147.
(36) COMPARATO, F. K. *Op. cit.*, p. 3.
(37) COMPARATO, F. K. *Op. cit.*, p. 3.
(38) *Ibidem*, p. 1.
(39) *Idem*.
(40) DUTRA, Maria Zuíla Lima. *Meninas domésticas, infâncias destruídas:* legislação e realidade social. São Paulo: LTr, 2007. p. 128/132.

consiste em reduzir desigualdades, porém não vem conseguindo atingir plenamente o seu objetivo, pela dificuldade de dar mais efetividade à norma.

O momento que estamos vivendo é de acelerado processo histórico e de transição paradigmática, no qual verdades estabelecidas já não dão conta de interpretar a dinâmica deste processo. De outro ângulo, os avanços tecnológicos têm produzido um contingente avassalador de dados e informações nas últimas décadas, fazendo com que as reflexões globalizantes compartilhem com a fragmentação dos discursos.

No Brasil, a Constituição Federal de 1988 considera a dignidade da pessoa humana como fundamento da República. Com essa opção, a pessoa ocupa o centro das preocupações do ordenamento jurídico, de modo que todo fundamento seja direcionado a sua proteção. Assim sendo, as normas constitucionais (compostas de princípios e regras), estão alicerçadas nessa perspectiva conforme unidade sistemática do ordenamento jurídico. O objetivo do Direito passa a ser a proteção da pessoa humana, como instrumento relevante ao seu pleno desenvolvimento.

Uma das grandes dificuldades de combate ao trabalho infanto-juvenil doméstico repousa, sem dúvida alguma, no apoio consubstanciado no art. 5º, XI, da CF/88, que considera a residência como "asilo inviolável do indivíduo", sendo interpretada literalmente pelos operadores do Direito, sem atentar ao fato de que o dispositivo inclui como exceção a essa *inviolabilidade*, o caso de *prestar socorro*.

Pretendemos aqui aprofundar a análise desses dois aspectos, à luz do tema ora em estudo, começando com a conceituação do termo *inviolabilidade*. Encontramos no Dicionário Jurídico[41], que o termo é:

> "(...) derivado do latim, *inviolabilis* (que é respeitado, que é livre, que não se quebra), entende-se a *prerrogativa* ou *privilégio* outorgado a certas coisas ou pessoas, em virtude do que *não podem ser atingidas, molestadas ou violadas*. Se, assim, como a qualidade de *imunes* são protegidas pela *imunidade*, de modo a não serem perturbadas." (grifos no original)

O mesmo dicionarista De Plácido e Silva conceitua *inviolabilidade de domicilio*[42], dizendo que:

> "Entende-se a não permissão para que se *penetre* ou se *entre* uma casa particular, mesmo com mandato judicial, sem o consentimento ou autorização de pessoa ali residente (...) Excepcionalmente, entanto, é suspensa a prerrogativa quando: a) *durante o dia*, se torna preciso penetrar-se nela para promover qualquer diligência legal, desde que se tenha a competente autorização judiciária; b) *a qualquer hora do dia ou da noite*, **quando algum crime está sendo ali praticado** ou na iminência de o ser; c) nos casos de

(41) SILVA, De Plácido e. *Vocabulário jurídico*. 1. ed. Rio de Janeiro: Forense, 1989. v. 2, p. 518.
(42) *Ibidem*, p. 519.

incêndio, inundação **ou de outro perigo** possa atingir as pessoas ali residentes, para livrarem-se deles" (grifos: em negrito nossos; em itálico, no original).

Como se constata, a inviolabilidade comporta exceções, incluindo a situação "quando algum crime está sendo ali praticado (...) ou de outro perigo". Pergunta-se então: o fato de uma menina estar sendo explorada no trabalho doméstico (trabalho proibido por lei), sem receber salário ou com salário menor que o mínimo legal, sem condições de estudar, sem lazer, sendo humilhada, sendo assediada sexualmente, enfim, não configura que naquela residência *algum crime está sendo ali praticado?* E mais ainda, essa menina não está correndo um *outro perigo* referente à descaracterização de sua identidade? Diante de tais fatos, essa casa continua inviolável? Entendemos que não.

Para fortalecer o nosso entendimento, procuramos também o significado jurídico de *prestar socorro.* Segundo De Plácido e Silva[43], socorro vem

> "De *socorrer*, do latim *succurrere* (ir ou vir em auxílio, auxiliar, aliviar), em sentido jurídico exprime, propriamente, a *assistência*, o *amparo*, ou a *medida de providência*, destinados às pessoas que se *mostrem em dificuldades*, ou *necessitadas* de um auxílio ou proteção" (grifos no original).

Por sua vez, Aurélio Buarque de Holanda Ferreira[44] diz que socorro significa "ato ou efeito de socorrer", enquanto socorrer equivale a "defender, proteger, auxiliar, ajudar".

Será que essas meninas que estão sendo exploradas no trabalho doméstico na casa de terceiros, não estão necessitando de socorro? De auxílio? De proteção? Entendemos que sim.

O espaço privado da vida doméstica comporta dimensões públicas, políticas, econômicas e religiosas, segundo Adriano Duarte Rodrigues[45], da Universidade Nova de Lisboa. Analisando a experiência individual e coletiva que se forma a partir da percepção do mundo em que homens e mulheres estão inseridos, ele faz distinção entre os conceitos de espaço, de esfera e de dimensão públicos, que nos ajudam a ratificar o entendimento acerca da possibilidade de quebra da inviolabilidade do lar em determinadas circunstâncias.

O cientista conceitua o *espaço público* como o conjunto das áreas territoriais abertas à circulação de todos, não passíveis de apropriação por indivíduos nem por entidades particulares, a exemplo das estradas, das praças, da orla marítima, nas quais qualquer um é livre para circular, passar ou nelas se deter. A *esfera pública*

---

(43) SILVA, D. P. *Op. cit.*, p. 263.

(44) FERREIRA, Aurélio Buarque de Holanda. *Novo dicionário da língua portuguesa.* 1. ed. Rio de Janeiro: Nova Fronteira, 1975. p. 1327.

(45) RODRIGUES, Adriano Duarte. *Experiência, modernidade e campo dos media.* Universidade de Lisboa, 1999. Disponível em: <www.ubita.ubi.pt/comum/rodrigues-adriano-expcampmedia.html> Acesso em: 19.11.2003. p. 22-23.

constitui-se pelo conjunto das ações e dos discursos relacionados com o nível da experiência de todos, "que interferem com a experiência da interação e da sociabilidade"[46]. Relaciona-se com o "direito de cada um à livre expressão e à liberdade de ação, independentemente da natureza pública ou privada do espaço em que este direito se exerce"[47]. Por fim, a *dimensão pública* é conceituada como sendo a "relação que cada um dos campos sociais possui com os restantes campos sociais"[48], correspondendo à noção de interface entre os variados campos sociais. Neste sentido, podemos afirmar que até mesmo "os espaços privados da domesticidade são atravessados por dimensões públicas"[49].

Historicamente, o que distinguia a esfera familiar era que os homens viviam juntos em função de suas carências. A esfera privada da família era o plano no qual as necessidades da vida eram atendidas e garantidas. A força compulsiva era a própria vida, sendo imprescindível a companhia de outros para a sobrevivência da espécie[50].

A divisão do trabalho relaciona-se à atividade do labor nas condições da esfera pública, não podendo restringir-se à privacidade do lar, razão por que as atividades do trabalhador doméstico podem ser vistas por outras pessoas não integrantes da família ali residente.

Para essa classe de trabalhadores, viver uma vida inteiramente privada significa ser destituído de coisas essenciais à vida: ser privado da realidade que advém do fato de ser visto e ouvido por outros; privado de uma relação objetiva com eles decorrente do fato de ligar-se e separar-se deles mediante um mundo comum de coisas; e privado da possibilidade de realizar algo mais permanente que a própria vida. A privação reside na ausência de outros; para estes, o homem privado não se dá a conhecer e, portanto, é como se não existisse.

A distinção entre as esferas pública e privada equivale à diferença entre o que deve ser exibido e o que deve ser ocultado. Não resta dúvida de que o desenvolvimento pleno de uma criança interessa a toda a sociedade diante da interface existente entre o ser individual e o coletivo.

No momento em que alguém, no âmbito do espaço doméstico, é ameaçado na sua integridade, ou corre perigo de vida no aspecto físico e psicológico, esse mesmo espaço doméstico não estará quebrando a sua própria inviolabilidade, já que se trata de crime de ação pública? E, nesse contexto, não se torna legítima a entrada não consentida do poder público nesse espaço que, ele mesmo, se expõe à esfera pública?

Neste sentido, quando uma menina está sendo explorada no trabalho doméstico, sem possibilidade de desenvolver as suas potencialidades e capacidades, ao arrepio

(46) RODRIGUES, A. D. Art. cit., p. 22.
(47) *Ibidem*, p. 22.
(48) *Idem.*
(49) *Ibidem*, p. 22-23.
(50) ARENDT, Hannah. *A condição humana.* 10. ed. Trad. Roberto Raposo. Rio de Janeiro: Forense Universitária, 2005. p. 59-77.

da lei, claro está que o Estado pode sim fiscalizar uma casa, porque tal situação enquadra-se perfeitamente na excepcionalidade do citado dispositivo constitucional, diante da dimensão pública daquele espaço doméstico. A Constituição Federal deve ser interpretada de forma sistêmica, tendo por pano de fundo o respeito aos direitos humanos. Trata-se de encarar o Direito como integridade, conforme teoria de Ronald Dworkin.

Para este cientista, princípios são normas e não valores, devendo o juiz utilizar um procedimento de adequação e não de ponderação. E qual a razão desse entendimento? Ronald Dworkin entende que a atividade jurisdicional é marcada pela historicidade e irrepetibilidade, pois cada caso é único, exigindo do magistrado um juízo de adequação, visando a encontrar a norma adequada ao caso concreto.

O autor indica que essa posição significa levar o Direito a sério, o que implica na reformulação das ideias de interpretação. Ele defende que o ordenamento jurídico deve ser entendido como integridade, querendo dizer que diante do caso concreto, todas as normas existentes no ordenamento podem ser utilizadas para solucioná-lo, porque o Direito deve ser entendido como um todo, cuja interpretação vise a dar integridade às normas. Além do mais, encontramos claramente no art. 5º da Lei de Introdução ao Código Civil que "na aplicação da lei, o juiz atenderá aos fins sociais a que ela se dirige e às exigências do bem comum", ou seja, a lei precisa ser interpretada no seu contexto integral.

O conceito de integridade desenvolvido por Ronald Dworkin veio modificar substancialmente a ideia de interpretação jurídica e o papel do juiz na aplicação do Direito. O autor chega a comparar a interpretação jurídica com um romance, no qual cada momento histórico seria um capítulo da obra, ficando sob a responsabilidade do juiz encontrar a cadeia lógica dos capítulos.

Em sua teoria deontológica das pretensões de validade jurídica, Ronald Dworkin rompe com o círculo hermenêutico dos positivistas e com aqueles que interpretam o Direito com objetivos políticos, demonstrando como obter raciona-lidade nas decisões jurídicas recorrendo aos princípios e seu conceito de interpretação construtiva, assentado nas práticas sociais.

Desse modo, buscar a integridade do Direito é garantir segurança jurídica, além da aceitabilidade racional de uma decisão, buscando princípios válidos, a partir dos quais seja possível justificar uma ordem jurídica concreta, de modo que nela se encaixem todas as decisões como se fossem componentes coerentes.

Para esse autor, a prática da argumentação exige de cada participante uma visão geral dos demais, objetivando possibilitar a prevalência do melhor argumento, fazendo com que a interpretação não ocorra isoladamente, mas intersubjetivamente, levando em consideração o paradigma de sua época. É nesse contexto que esse cientista entende os princípios como normas, passíveis de adequação para a solução dos conflitos.

Uma das dificuldades para enfrentamento desse problema apresenta-se na inviolabilidade da casa do indivíduo, consoante interpretação literal dada ao texto constitucional, desconectada da realidade sócio-histórica. Contudo, o dispositivo vem acompanhado de exceções, que interpretadas à luz da doutrina de Ronald Dworkin (o Direito como integridade) nos permite concluir que diante de denúncias da presença de crianças no trabalho doméstico a casa passa a enquadrar-se nas hipóteses excepcionadas na Carta Magna (art. 5º, XI) permitindo o acesso dos Fiscais do Trabalho para a constatação do fato. Daí a necessidade de conscientizar a população para promover as denúncias que levarão o Ministério Público do Trabalho a adotar as medidas legais necessárias.

Não podemos perder de vista que não basta tomar consciência da necessidade de erradicar o trabalho infanto-juvenil doméstico; é preciso ter coragem e esperança, no sentido de que vale a pena lutar. Trata-se de um compromisso com a "vida em abundância" de que nos fala o evangelista João (10,10).

Conclusão

Um ponto pacífico entre os doutrinadores reside no fato de que o ser humano é o elemento central do Direito, considerando que não existe ordenamento jurídico destinado a regular conduta de outros seres. Todas as normas jurídicas têm por objeto a conduta do ser humano. Nesse sentido, o Direito Laboral desenvolveu o entendimento de que o trabalho humano não pode ser tratado ou confundido como uma simples mercadoria, e que a dignidade do trabalhador é um bem jurídico a ser defendido e preservado.

Ocorre que o Direito tradicional não leva em conta as características que se agregam à personalidade do ser humano pelo fato de participar de determinado grupo social. No princípio, inclusive, abstraía o conceito de pessoa para alguns seres humanos, reduzindo-os à condição de coisa, a exemplo da escravidão. Em muitas situações, como do trabalho infanto-juvenil doméstico, o Direito no século XXI continua tratando o ser humano como um ente isolado e abstrato, apesar de algumas pequenas alterações e atenuações nos sistemas normativos.

Defender a dignidade do trabalho e ter o ser humano como centro de toda atividade jurídica não significa manter posição conservadora de leis ultrapassadas ou ser avesso às mudanças por simples comodismo. O debate sempre estimula e o que é novo só pode surgir da relação que permita o confronto das ideias.

Diante da constatação da necessidade de mudança, pensamos como Kant, para quem o ser humano, e apenas ele, não pode ser empregado como um meio para a realização de um fim, pois é fim de si mesmo, uma vez que, apesar do caráter profano de cada indivíduo, ele é sagrado, porque na sua pessoa pulsa a humanidade.

Para a filósofa e pensadora política Hannah Arendt(51) "o fato de que o homem é capaz de agir significa que se pode esperar dele o inesperado, que ele é capaz de realizar o infinitamente improvável". Na verdade, é preciso mudar pensando em melhorar. Uma mudança, para chegar a bom termo, precisa de um rumo, ainda que o destino final não seja totalmente conhecido. Precisamos encontrar a certeza talvez na incerteza, "(...) uma certeza mais aberta capaz de se questionar e recomeçar para poder sair do lugar. Porquanto, as certezas não nos permitem sair do lugar"(52).

Para quem assume o caráter humanístico existe a crença de que sempre é possível mudar a ordem das coisas e que, diante da injustiça, da impunidade e da barbárie, precisamos assumir o papel de sujeitos da história, transformando em atos a nossa indignação, de modo a contribuir para que os direitos humanos sejam respeitados.

O certo é que, apesar de todos os esforços, ainda há muito por que lutar. Por isso, urge aprofundar e acelerar o debate e a procura de soluções, tendo presente que a erradicação do trabalho infanto-juvenil doméstico é uma tarefa difícil, não impossível.

(51) ARENDT, H. *Op. cit.*, p. 191.

(52) DEMO, Pedro. *Certeza da incerteza.* Brasília: Plano, 2000. p.10.

Piores Formas de Trabalho Infantil

Exploração do Trabalho Sexual de Crianças e Adolescentes: Abordagem das causas sociais, consequências psicológicas e atuação do Poder Judiciário como medidas de proteção

Maria Lilian Leal de Souza(*)
Mirella D'arc de Melo Cahú Arcoverde(*)

I — Introdução

A realidade mundial demonstra a existência de trabalho infantil e no Brasil a situação não é diferente, de acordo com a Pesquisa Nacional por Amostra de Domicílios — PNAD de 2001que mostrou que mais de cinco milhões de meninos e meninas entre 5 a 17 anos ainda trabalham, dos quais 45% estão abaixo dos 14 anos. Muitos destes meninos e meninas trabalham nas piores formas de trabalho infantil; segundo a classificação da OIT — Organização Internacional do Trabalho, compreende o *Trabalho Infantil Doméstico — TID, Exploração Sexual Comercial, Tráfico e Plantio de Entorpecentes, Economia Agrícola Familiar, Trabalho Informal Urbano.*

Especificamente a Exploração do Trabalho Sexual de Crianças e Adolescentes é situação latente no Brasil, possível de ser observada nas ruas, bares e pontos turísticos das cidades, sem a respectiva atuação da sociedade, pela existência do que ousamos chamar de tolerância social ao fato da exploração do trabalho sexual de crianças e adolescentes.

Não podemos diferenciar a sociedade civil e o papel dos operadores do direito nessa tolerância social pois a Constituição Federal de 1988 dispõe em seu art. 227[(1)],

> É dever da família, da sociedade e do Estado assegurar à criança e ao adolescente, com absoluta prioridade, o direito à vida, à saúde, à

(*) Juízas do Trabalho da 13ª Região e membros da Comissão de Direitos Humanos da Amatra 13.

(1) BRASIL. Constituição/88. *Constituição da República Federativa do Brasil.* São Paulo: Saraiva, 2009.

alimentação, à educação, ao lazer, à profissionalização, à cultura, à dignidade, ao respeito, à liberdade e à convivência familiar e comunitária, além de colocá-los a salvo de toda forma de negligência, discriminação, exploração, violência, crueldade e opressão.

Nesse sentido, qualquer atuação ou omissão que diga respeito aos cuidados da criança e do adolescente devem ser analisadas juridicamente, atribuindo a parcela de responsabilidade a cada agente envolvido.

É importante enfatizar que nas políticas públicas do Governo Federal somente nos últimos três anos o assunto de exploração sexual comercial tem chamado a atenção dos políticos, os quais têm focalizado as suas ações principalmente na provisão de serviços psicossociais e de saúde básica. A OIT — Organização Internacional do Trabalho identificou a necessidade de desenvolver um programa específico de formação profissional para meninos e meninas adolescentes buscando construir uma metodologia adequada para a reintegração deles/delas, desta feita no legal e salutar mercado do trabalho.

Objetivamos sensibilizar as diversas parcelas da sociedade civil para a questão da exploração sexual de crianças e adolescentes, a fim de que seja observado, preliminarmente, como um trabalho, degradante e considerado como uma das piores formas de *trabalho humano*, a que estão submetidas inúmeras crianças e adolescentes no Brasil e no mundo.

Ainda abordar os possíveis prejuízos ao desenvolvimento das crianças e adolescentes que foram submetidos a tal tipo de exploração, iniciando um enfoque sobre a forma como seria restabelecida a legalidade e a dignidade dos explorados.

A análise parte da abordagem da situação atual do trabalho sexual de crianças e adolescentes, bem como da enumeração dos efeitos psicológicos ocasionados aos explorados sexualmente. Objetivamos entender como se dá o processo de formação do valor "trabalho" nessas crianças e adolescentes. Ainda, juridicamente, serão analisados os conceitos de trabalho, relação de trabalho e exploração sexual, bem como perspectiva da possibilidade de medidas jurídicas para restabelecimento do valor trabalho aos explorados, por meio de medidas assecuratórias de tratamento específico psicológico.

II — A EVOLUÇÃO DO TRATAMENTO JURÍDICO AO TRABALHO DE CRIANÇAS E ADOLESCENTES

As relações no mundo do trabalho, de um modo geral, são matizadas, em sua grande maioria, pela ideia de exploração, decorrente da tradicional análise sob o enfoque econômico e os conceitos marxistas dos meios de produção no sistema capitalista de mercado. Poucas vezes as relações de trabalho ou emprego são tratadas por seus atores, como relações interpessoais ou sociais. Na atual visão da sociedade, constituem, antes de tudo, negócio entre o tomador ou beneficiário do serviço e o seu prestador, com vantagens e interesses mútuos.

Essa mutualidade, no entanto, não corresponde aos parâmetros de igualdade, pois os sujeitos da *relação trabalho* estão em condições bem diversas, com franca vantagem para quem paga pelo serviço e a ideia de submissão envolvendo o trabalhador, empregado ou não. O estado de sujeição é marca diferencial nesse tipo de relação humana, diferenciando-a de outras relações contratuais.

Se essa desigualdade evidente já é cristalizada nas relações de trabalho ou emprego entre pessoas com capacidade jurídica plena, acentua-se ainda mais quando o trabalhador é criança ou adolescente. A sua incapacidade física e psicológica, porque ainda em desenvolvimento, é reconhecida juridicamente também, e ao invés de motivar a sua proteção, coloca-o em posição de pessoa explorada, pois o expõe a jornadas longas, baixa remuneração, além de serviços prestados em ambientes ou com agentes insalubres ou perigosos, em vários casos.

O Brasil é signatário da Convenção n. 182 da OIT e, após a Constituição Federal de 1988, alterou-se o paradigma do sistema legal brasileiro a respeito de crianças e adolescentes. O legislador constituinte os alçou da condição de "menores" (ideia de inferior, menor) a "sujeitos de direitos" (sujeito ser humano). A alteração não estanca na denominação usada para referência, mas na chamada a uma nova consciência quanto às necessidades de se oferecer proteção a esses sujeitos, como forma de preservar-lhes a integridade física, psíquica e social. A sociedade passa a ser convocada a participar ativamente na construção de novas condições de vida para crianças e adolescentes e a considerar suas questões como prioridade absoluta.

Em 1990, o legislador infraconstitucional tratou de editar a Lei n. 8.069 (Estatuto da Criança e do Adolescente), como instrumento regulatório e que serviu principalmente como marco paradigmático, garantindo à criança e ao adolescente o respeito ao seu processo de desenvolvimento integral.

Consoante disposição da Constituição Federal de 1988, em seu art. 7º, XXXIII, há a previsão de proibição de trabalho noturno, perigoso ou insalubre a menores de 18 anos, e de qualquer trabalho a menores de 16 anos, salvo na condição de aprendiz, a partir de 14 anos. Na aprendizagem[(2)] há previsão legal de um contrato de trabalho especial, em que são garantidos os direitos trabalhistas e previdenciários, com participação em curso de aprendizagem profissional e período de trabalho para exercitar a prática do ofício. Aos maiores de 16 anos e menores de 18 anos, restou proibido o trabalho noturno, perigoso ou insalubre, realizado em locais prejudiciais à sua saúde física, psíquica, moral e social, ou realizados em locais e horários que prejudiquem a frequência escolar.

---

(2) BRASIL. *Lei da Aprendizagem n. 10.097, de 19 de dezembro de 2000.* Altera dispositivos da Consolidação das Leis do Trabalho — CLT, aprovada pelo Decreto-Lei n. 5.452, de 1º de maio de 1943. Disponível em: <http://www.planalto.gov.br/ccivil_03/LEIS/L10097.htm> Acesso em: 13.1.2010.

Tais providências legais, mesmo com a força da norma máxima do ordenamento jurídico, não foram suficientes ainda para erradicar o trabalho infantil. O estado de pobreza e abandono social de muitas famílias brasileiras, aliado a outros fatores socioculturais, tornam essa questão ainda mais complexa.

III — As omissões e tolerâncias: a questão cultural e o descaso

Um dos maiores entraves encontrados nas campanhas de combate ao trabalho infantil diz respeito à crença tão antiga quanto equivocada de que o trabalho precoce é fonte de boa formação para a criança, pois, segundo os seus defensores, transmite a ideia de responsabilidade e ensina muitos dos conceitos e elementos necessários à vida profissional futura.

Na atividade parlamentar, várias foram as tentativas para redução da idade mínima laboral, com a justificativa de combater a violência juvenil e dar aos jovens a oportunidade de desenvolvimento. A atuação da Frente Parlamentar de Defesa dos Direitos da Criança e do Adolescente, juntamente com segmentos da sociedade civil organizada impediram as alterações legislativas a esse respeito, até agora.

Essas tentativas de alteração, no entanto, encontram ressonância em boa parte da sociedade que crê na alternativa da ocupação precoce de jovens como meio de diminuição da criminalidade. Em artigo publicado no jornal Magistratura e Trabalho, editado pela Associação dos Magistrados da 2ª Região — Amatra 2, o Deputado Federal Paulo Henrique Lustosa (PMDB-CE), Coordenador da Frente Parlamentar de Defesa dos Direitos da Criança e do Adolescente, expõe a preocupação com o engano dessa crença, asseverando que não há ambiente melhor para o desenvolvimento infantil que a escola e a família, e que não existem estudos que relacionem a criminalidade com a falta de trabalho para adolescentes.

A tão acanhada noção de cidadania da sociedade e o crescente aumento da violência praticada por jovens provocam, como primeira alternativa pensada, a ocupação de meninos e meninas em tarefas laborais comuns e não apenas na condição de aprendizes. A luta parece ser no sentido de mantê-los ocupados com a produção de bens e serviços e não em atividades socioeducativas.

Seguindo em suas reflexões a respeito do trabalho infantil, o Deputado Paulo Henrique Lustosa defende a ideia de que os ambientes familiar e escolar são os mais saudáveis para a infância e adolescência e questiona a qualidade de trabalho que um adolescente poderá desenvolver. Alerta, ainda, para o fato de que o trabalho que substitui a boa formação escolar é fonte de desqualificação de mão de obra e que constitui uma violência praticada contra o jovem, o seu afastamento da família e da comunidade escolar, por motivo de trabalho.

O trabalho precoce pode, na verdade, trazer para o seu executante a formação distorcida de certos conceitos sociais como, por exemplo, o de oportunidade. Se o trabalho infantil lhe é oferecido como uma oportunidade e o que se experimenta são situações de exploração e desigualdade, oportuno deixa de ser aquilo que é útil e proveitoso e torna-se a porta fechada para uma melhor formação intelectual e social.

A perda da convivência com familiares, colegas de escola, amigos e do tempo necessário para as atividades lúdicas e criativas gera a ideia de desamparo na mente de quem se vê obrigado a cuidar de responsabilidades inadequadas para a fase de desenvolvimento infanto-juvenil. Esses fatores podem, inclusive, trazer a noção de nada mais ter a perder e de buscar uma vida mais fácil em atividades ilícitas.

Quando essas perdas somam-se à exploração ou utilização ilícita de mão de obra, como acontece com a exploração sexual comercial de crianças e adolescentes, as vias de escape de suas vítimas estão misturadas, muitas vezes, com práticas ilícitas, seja no consumo de álcool e drogas, seja no envolvimento em furtos e outros crimes.

A sociedade passa a não saber discernir a respeito de valores envolvidos nessa questão complexa. Em seu artigo "O Sistema de Garantia de Direitos da Criança e do Adolescente Visto Pelo Avesso", Thiago Holanda e Gilberto Braga[3] analisam as dificuldades de implementação do Estatuto da Criança e Adolescente — ECA e trazem um importante ponto para reflexão:

> O sentimento que permeia o imaginário brasileiro da vontade da punição, do impulso primário de vingança, tende a produzir em relação às crianças e adolescentes uma dupla e contraditória projeção: vítimas passivas ou sujeitos protagonistas de violência e situação de instabilidade social.

Uma conquista de natureza jurídica nem sempre corresponde às mudanças efetivas no plano da justiça e de efetivação de direitos. Mudam-se as leis, as regulamentações jurídicas e permanecem formas tradicionais de dominação.

Como personagem importante, mas com corpo impreciso, a sociedade não toma para si a parte da responsabilidade que lhe foi atribuída pelo art. 227 da Constituição Federal, na promoção de direitos e na proteção de crianças e adolescentes. E da omissão, o comportamento social chega ao preconceito, passando pelo descaso e pela tolerância com o desrespeito aos direitos fundamentais de crianças e adolescentes.

IV — Exploração sexual como trabalho

É importante analisar que muitos operadores do direito e diversos segmentos da sociedade têm dificuldade em qualificar a exploração sexual como um trabalho realizado pelas crianças e adolescentes, que são submetidos a esse tipo de exploração. Vejamos que o *Dicionário Brasileiro Globo*[4], define "trabalho" como:

---

(3) ALTAMIRANO, Thiago de Holanda; TEIXEIRA, Gilberto Braga. O sistema de garantia de direitos da criança e do adolescente visto pelo avesso. In: DIÓGENES, Glória (org.). *Os sete sentimentos capitais:* exploração sexual comercial de crianças e adolescentes. São Paulo: Annablume, 2008. p. 214/215.

(4) FERNANDES, Francisco; LUFT, Celso Pedro; MARQUES, Guimarães F. *Dicionário brasileiro Globo.* 52. ed. São Paulo: Globo, 1999.

S. m.

1. Aplicação de atividade física ou intelectual;

2. esforço; tarefa; serviço;.

3.Labutação, luta, lida;.

4. Obra feita ou que está em via de execução;

5. Atividade humana aplicada à produção de riqueza.

O trabalho consistiria em qualquer ocupação manual ou intelectual, realizada pelo indivíduo, objetivando um resultado final. A relação de trabalho se formaria sempre que dois ou mais sujeitos atuam de forma em que um realiza o serviço e o outro se beneficia do serviço realizado. De tal sorte, que não há como retirar do conceito geral de trabalho quando uma criança ou adolescente é submetido à realização de serviços de ordem sexual a outro, que se beneficia do serviço prestado, mediante pagamentos de qualquer espécie.

O que qualifica esse tipo de relação como de exploração sexual é que no caso em concreto não podemos falar numa situação de igualdade entre os sujeitos envolvidos de forma a termos uma livre manifestação de vontade. Especificamente porque em um dos polos da relação temos uma criança ou um adolescente, muitas das vezes em premente necessidade de obter condições materiais para sobrevivência e, ainda, estimulado pelos pais que se beneficiam com o pagamento dos serviços.

Quando falamos em qualquer relação entre indivíduos que os vincule numa situação de exigência de direitos e imposição de deveres, para que seja permeada pelo Princípio Constitucional da Liberdade se faz necessária a presença de ato de vontade das partes e que esse ato de vontade seja livre e desimpedido.

Pois bem, chegamos à conclusão de que sempre que são contratados serviços de ordem sexual temos um contrato de trabalho como qualquer outro, só que especificamente objetivando que sejam prestados serviços sexuais.

Importante ressaltar que não estamos falando, no presente artigo, na hipótese da existência de uma relação de emprego entre as partes, na medida em que não se fazem presentes outros requisitos legais que qualificam juridicamente a relação como de emprego.

Considerada como uma das piores formas de trabalho infantil, pela Convenção n. 182 da OIT[5] ratificada pelo Brasil, a exploração sexual comercial de crianças e

(5) Cf. Convenção n. 182 da OIT, ratificada pelo Brasil em 19.11.2000. Art. 2º Para os efeitos desta Convenção, o termo criança aplicar-se-á a toda pessoa menor de 18 anos. Art. 3º Para os fins desta Convenção, a expressão as piores formas de trabalho infantil compreende: (a) todas as formas de escravidão ou práticas análogas à escravidão, como venda e tráfico de crianças, sujeição por dívida, servidão, trabalho forçado ou compulsório, inclusive recrutamento forçado ou compulsório de crianças para serem utilizadas em conflitos armados; (b) utilização, demanda e oferta de criança para fins de prostituição, produção de material pornográfico ou espetáculos pornográficos; (c) utilização, demanda e oferta de criança para atividades ilícitas, particularmente para a produção e tráfico de drogas conforme definidos nos tratados

adolescentes é claramente tolerada pela sociedade ou objeto do seu mais criminoso descaso.

Em todas as regiões brasileiras, nas capitais e cidades do interior dos Estados, meninos e meninas são introduzidos nas redes de exploração sexual, levados a esta situação por múltiplos e complicados fatores. Além da ausência de políticas públicas que lhe ofereçam proteção, essas crianças e adolescentes ainda enfrentam o descaso e o preconceito dos mais diversos segmentos da sociedade.

É possível perceber, com muita clareza, que a condição de crianças e adolescentes como pessoas em desenvolvimento e sujeitos de direitos, embora expressamente declarada em normas constitucional e infraconstitucional, não se efetivou, seja por deficiências das políticas públicas, seja por uma arraigada cultura de banalização e tolerância da exploração sexual que vitimiza esses sujeitos.

Não há como aceitar qualquer entendimento diverso ao se admitir que a exploração sexual de criança e adolescente é trabalho, na medida em que pela Convenção n. 182 da OIT, ratificada pelo Brasil desde 2000, esse consiste em umas das piores formas de trabalho das crianças. Ora, se assim é considerado nessa norma, não há porque se refutar a noção de trabalho no exame dessa situação fática da sociedade.

V — Consequências e efeitos da exploração

V.1 — A "Dimensão Trabalho" no indivíduo

O estudo do que chamaremos de "Dimensão Trabalho" no indivíduo é pressuposto teórico, quando enfatizamos a quebra da legalidade pela situação de exploração da força de trabalho, e na medida em que falamos em restabelecimento do explorado ao *status* de indivíduo que goza os seus plenos direitos e deveres sociais.

O princípio da reparação civil decorrente do cometimento de qualquer ato ilícito traz em si a necessidade de entendimento do que seria o livre e desimpedido exercício de suas potencialidades mentais e no caso da situação de crianças e adolescentes explorados sexualmente essas potencialidades sofrem danos pela introdução ao trabalho na forma mais degradante possível, isto é, ainda na infância e com fins de exploração do trabalho sexual.

Nesse sentido, convém em primeira abordagem tecer alguns comentários sobre em que consiste no indivíduo a "dimensão trabalho".

Na sociedade capitalista, sem pretensão de realizar aprofundamentos teóricos sobre economia, podemos dizer que a produção e a distribuição das riquezas são

internacionais pertinentes; (d) trabalhos que, por sua natureza ou pelas circunstâncias em que são executados, são susceptíveis de prejudicar a saúde, a segurança e a moral da criança.

regidas pelo mercado, no qual, em tese, os preços são determinados pelo livre jogo da oferta e da procura. O capitalista, proprietário de empresa, compra a força de trabalho de terceiros para produzir bens que, após serem vendidos, lhe permitem recuperar o capital investido e obter um excedente denominado lucro. No capitalismo, as classes não mais se relacionam pelo vínculo da servidão (período feudal da Idade Média), mas pela posse ou carência de meios de produção e pela livre contratação do trabalho e/ou trabalhadores.

De tal sorte que, os indivíduos que não possuem bens para disponibilizar, como capital, se submeterão, para prover sua subsistência, à venda da sua força de trabalho, mão de obra. E em razão dessa situação fática econômica, o trabalho com intuito lucrativo passou a fazer parte não só do cotidiano dos indivíduos, como, no plano subjetivo, a atender aos sentimentos de autoconfiança e sucesso na vida.

E, nesse sentido, a inserção da criança e adolescente ao ambiente de trabalho, especificamente no ambiente de trabalho degradante da exploração sexual, permeia de deficiências o sentimento quanto ao significado do ato de trabalhar, da mesma forma que prejudica o seu desenvolvimento mental e sexual regulares.

São elementos cientificamente comprovados, como justificadores da proibição do trabalho infantil, a não formação completa de ossos e músculos, ventilação pulmonar reduzida, maior frequência cardíaca. Ainda, a exposição das crianças ao mundo do trabalho faz com que ocorra o aparecimento de sintomas como enxaqueca, tonturas, nervosismo, taquicardia e dificuldade de concentração, situações que implicam em dificuldades no rendimento escolar. Também podemos falar em problemas psicológicos como medo, insegurança e tristeza.

A absorção de toxinas pelo fígado, baço, rins, estômago e intestino é maior e por isso a possibilidade maior de ter infecções. O corpo da criança produz mais calor durante a realização do trabalho, o que aumenta a possibilidade de fadiga e desidratação. Sua pele é mais suscetível aos agentes físicos, mecânicos, químicos e biológicos, ficam mais suscetíveis aos acidentes de trabalho na medida em que não possuem completamente desenvolvida a visão periférica e os equipamentos de proteção não são feitos para suas medidas. A maior sensibilidade aos ruídos faz com que seja mais fácil ocorrerem perdas auditivas.

O trabalho infantil também acarreta a exclusão no desenvolvimento do indivíduo. Na fase da infância fica excluído das brincadeiras, do estudar e do aprender. Na fase adulta fica excluído do mercado de trabalho pela falta de qualificação. E na fase da velhice fica excluído da previdência pela ausência de condições dignas de sobrevivência.

O conceito de trabalho, segundo o hegelianismo[6], é o "processo por meio do qual o espírito humano, ao colocar nos objetos externos todas as suas potencialidades

(6) HOUAISS, Antonio; VILLAR, Mauro de Salles; FRANCO, Francisco Manoel de Mello. *Dicionário Houaiss da língua portuguesa.* Rio de Janeiro: Objetiva, 2001.

subjetivas, descobre e desenvolve plenamente a sua própria realidade". Uma criança ou adolescente envolvido em uma rede de exploração sexual, não somente não vivenciará esse conceito, como ainda adquirirá a noção negativa do que é trabalho.

A socióloga Glória Diógenes promoveu, em conjunto com uma equipe de educadores-pesquisadores, um estudo-pesquisa a respeito da exploração sexual de crianças e adolescentes na cidade de Fortaleza — Ceará, que resultou na sua publicação no livro *Os Sete Sentimentos Capitais — Exploração Sexual Comercial de Crianças e Adolescentes*. Esse estudo demonstra com maestria os efeitos da exploração sexual suportados pelas meninas e meninos envolvidos nessa atividade.

O trabalho da socióloga Glória Diógenes revela dados alarmantes sobre a situação dos jovens envolvidos nas redes de exploração sexual como, por exemplo, o ingresso nessa atividade antes dos 12 anos de idade, com rápido envolvimento com drogas e álcool.

O drama vivido por esses meninos e meninas nas ruas não parece ser objeto de preocupação da sociedade, que permanece alheia e insensível aos seus medos, angústias e necessidades variadas. A rápida rotulação em "meninos(as) de rua" os classifica em uma categoria indigna de qualquer providência, alvo de desprezo e, não raro, de agressões físicas e verbais, justificadas pela equivocada e maldosa ideia de que o ingresso na vida da exploração sexual se deu por livre escolha e a permanência nela é fruto somente de uma rejeição a uma vida de trabalho digno.

O dado sobre a idade de ingresso nessa atividade é de fundamental importância para que se verifique que tal ocorre em uma época de ausência de discernimento para escolhas seguras. Antes dos 12 anos de idade, e mesmo em outras fases da adolescência, os valores ainda não estão formados ou adquiridos suficientemente para a dosagem equilibrada entre liberdade, autonomia e vida digna. Crianças e adolescentes são presas fáceis de adultos que agenciam serviços sexuais, mediante promessas de dinheiro "fácil" e bens cobiçados por jovens dessa idade, independente da faixa social.

Outro fator que estimula o deslocamento desses meninos e meninas para as ruas é a situação familiar difícil, seja por conflitos entre membros da família e/ou agregados, ou por necessidades materiais básicas. Os vínculos familiares e laços afetivos se afrouxam, deixando partir esses jovens cedo demais, favorecendo o envolvimento com drogas, álcool e exploração sexual. A família que seria a guardiã e fonte de proteção é, em muitos casos, o fator principal que lança crianças e adolescentes nas ruas.

A violência sofrida nas ruas é apenas a continuidade do desrespeito e da violência que já existia em casa, perpetrada por pessoas da intimidade desses jovens, inclusive por figuras de extrema importância como mães e pais.

Um dos piores efeitos da exploração sexual comercial na fase de infância e adolescência é que, em uma personalidade ainda em formação, agrega-se uma outra personalidade, como uma camada de barbárie que se fixou no indivíduo que pouco conheceu de si mesmo.

Traduz muito bem essa condição, a primorosa análise feita pela educadora social Helena Damasceno(7) sobre a situação de crianças e adolescentes envolvidos na rede de exploração sexual, utilizando personagens fictícios para muito bem expor a realidade:

> Primeiramente, entretanto, ocorre um quebra com os vínculos iniciais, com os motivos que as levaram para a rua. Depois disso é que se estabelecem outras conexões. É a morte e o renascimento do corpo simbólico de vivências. É o corpo transbordando todos os significados que o contemplam. (...) Quando a criança sai de casa ela traz a Maria, seus valores, medos, sua identidade e subjetividade. Quando ela vai pra rua, já não é a Maria. Talvez seja a Violeta, que sai e que contempla outras reticências e identidades. Quando a criança ou adolescente está em situação de exploração sexual, quando ela já está na pista, ela já não é a Maria nem a Violeta. Ela é a Joana, outra pessoa, outro significante que toma posse do palco e que concentra também outras reticências e simbologias. Quando a criança e/ou adolescente adentram o espaço da rua, acessando suas regras e valores, eles quebram com o instituído até então. Portanto, eles produzem outros significantes. É um "transbordamento de corpos" simbólicos: Maria, Violeta, Joana. Podemos perguntar quem é esse ser humano fragmentado diante da violência. (...) Se ninguém o conhece, ninguém pode feri-lo. Se ninguém sabe quem ele é, ele nada terá de enfrentar sobre as violências anteriores e que não pertencem a ele, mas ao outro.

Para a criança ou adolescente participante dessa perversa e degradante relação de trabalho, por tamanha violação à sua dignidade, deforma-se a noção de que é capaz de produzir algo bom e valioso, a partir de seus talentos. O mundo do trabalho se lhes apresenta ainda mais assustador e difícil do que para outros jovens inseridos em outros contextos. Além do inegável desrespeito à sua integridade e dignidade, o trabalho prestado na exploração sexual é recheado de histórias de violência de toda ordem, em uma submissão crescente e completamente humilhante que, ao mesmo tempo em que a criança ou o adolescente é chamado a uma relação íntima, não se estabelece a mínima confiança com o seu contratante. Todas as características próprias de uma relação de trabalho saudável estão aí distorcidas.

É justamente a dimensão trabalho a fonte dos mais intensos dissabores e traumas, ficando bem longe do conceito filosófico de trabalho como oportunidade para desenvolvimento pleno das potencialidades subjetivas. As experiências laborais produtivas para esses jovens são de uma negatividade tal que a sua autoimagem

(7) DAMASCENO, Helena. Retrato em branco e preto: uma fotografia dos narradores pesquisados. In: DIÓGENES, Glória (org.). *Os sete sentimentos capitais:* exploração sexual comercial de crianças e adolescentes. São Paulo: Annablume, 2008. p. 55.

como trabalhador se denigre ainda mais a cada dia. Helena Damasceno[8] expõe essa situação, do seguinte modo:

> O tempo parece assumir um caráter de muitas avarias. Os sonhos parecem estar mais distantes, enquanto a urgência e o *stress* da vida estão sob maior foco. O cotidiano dessas crianças e adolescentes proclama necessidades que precisam ser supridas e que, aparentemente, estão submetidas ao ato de fazer programa. Nessa violência não há dignidade, há uma espécie de normatização da força de trabalho arrematada no corpo de cada criança e adolescente em situação de exploração sexual.

Glória Diógenes alerta para outras consequências decorrentes dessa relação de trabalho, lucrativa para agenciadores e cruel para os explorados, pois o estigma que carregam intensifica o isolamento em que se encontram e passa a limitar ainda mais a vida em família, na escola, as oportunidades de profissionalização e até mesmo o acesso a serviços de saúde.

VI — O Poder Judiciário como agente protetor

O Brasil, que em sua atual Constituição se qualifica como Estado Democrático de Direito (art. 1º), inclui em seus *fundamentos* a cidadania, a dignidade da pessoa humana e os valores sociais do trabalho e da livre iniciativa. Dentre os *objetivos* fundamentais da República brasileira (art. 3º), destacam-se a construção de uma sociedade livre, justa e solidária, a erradicação da pobreza e a marginalização, a promoção do bem comum, sem preconceito de origem, raça, sexo, cor, idade e quaisquer outras formas de discriminação.

A prevalência dos direitos humanos aparece na Constituição como *princípio* da República (art. 4º). Além de tudo o que está estabelecido no Título I da Constituição Federal, o art. 5º elenca direitos fundamentais de observação e respeito obrigatórios. Embora esses artigos não façam qualquer distinção com relação aos seus destinatários, o legislador constituinte, ao tratar sobre a ordem social (Título VIII), incluiu garantia de proteção e prioridade absoluta para crianças e adolescentes.

Em um quadro de exploração sexual comercial de crianças e adolescentes, os *fundamentos, objetivos, princípios e garantias* estabelecidos na Constituição são francamente desrespeitados, exigindo uma pronta atuação do Ministério Público e do Poder Judiciário, não somente para fazer cessar a prestação de trabalho degradante, como também para a responsabilização dos transgressores das garantias fundamentais e para a reparação integral dos danos sofridos pelas vítimas.

Mas, apesar de tudo o que já foi construído e da permanente atuação dos Conselhos Tutelares, Centros de Referência da Cidadania, Ministério Público e de instituição da sociedade civil organizada, o problema da exploração sexual continua

(8) *Op. cit.*, p. 15.

em marcha acelerada, aproveitando-se do vácuo do Estado, da miséria das famílias, tanto material como de outras ordens, dos interesses comerciais e econômicos de quem agencia ou facilita a exploração.

É que as ações de retaguarda e combate não têm sido suficientes para a prevenção e nem para o integral apoio à criança ou adolescente já inserido nos esquemas de exploração sexual comercial. À insuficiência de recursos humanos e materiais soma-se a complexidade da situação familiar e social em que as crianças e adolescentes estão inseridos, evidenciando o desgaste do atual modelo de atendimento, seja quanto às medidas preventivas, seja quanto ao resgate de jovens explorados.

É comum a situação na qual a assistência social chega em momentos em que um grande dano já foi causado, em que a camada de angústia e desesperança já se incrustou na personalidade dessas meninas e meninos, alterando-lhes as percepções de mundo de forma perene e significativa.

Mesmo nos casos em que o Sistema de Garantia de Direitos cuidou da reorientação dos jovens resgatados, as providências giraram em torno da assistência médico-psicológica, de reinserção na escola e, quando possível, em algum programa que lhe ensine uma profissão nova, sem maior continuidade nessa assistência. Há algo, porém, muito além de tudo isso, que precisa de cuidado urgente e prioritário: *a ressignificação da dimensão trabalho*, que foi gravemente ferida ou até mesmo, destruída, pela exploração que essas crianças e adolescentes sofreram desde cedo e por tempo demais.

Os novos aprendizados, sejam na escola regular, sejam em cursos profissionalizantes, vão capacitar esses jovens para atuar em ofícios diversos, mas eles estarão sempre marcados pela visão adquirida nos primeiros contatos com a dimensão trabalho. Muitos dos traumas sofridos tiveram origem justamente na prestação de um trabalho, a partir do qual foram massacrados, humilhados e desconsiderados em seu valor como pessoa. Um novo ingresso no mundo do trabalho pode trazer de volta toda a carga de pouca valia que essa criança ou esse adolescente se acostumou a carregar.

Observa-se, portanto, a necessidade de providência por parte do Estado de ações que visem a reconfigurar a dimensão trabalho na vida desses indivíduos explorados, em atendimento especial que permita a essa criança ou adolescente perceber o seu potencial criativo e laboral. Revela-se fundamental, nesta fase, o apoio de equipe multidisciplinar que possa verificar os danos físicos e psicológicos sofridos, ajudar na recuperação da saúde nesses níveis. Os programas oficiais que compõem a rede de proteção de crianças e adolescentes precisam prestar esse outro tipo de assistência.

Desde a adoção pelo Brasil do paradigma de Estado Democrático de Direito, as ações do Estado para a garantia dos direitos próprios da cidadania não podem ser vistos como assistenciais e caritativos. A omissão de políticas públicas que resguardem direitos fundamentais do indivíduo é uma clara afronta aos princípios constitucionais e a, partir de então, passa a dar lugar a uma pretensão a ser buscada junto ao Poder Judiciário.

O princípio da separação dos Poderes que estrutura o funcionamento do país é frequentemente citado como óbice à atuação do Judiciário no tocante às obrigações impostas ao Estado para que adote as medidas de efetividade da cidadania. Ocorre, porém, que a separação de que trata o art. 2º da Constituição Federal[9] não é uma separação de "poderes", mas uma separação de funções. O poder do Estado é uno e as ações do Executivo, Legislativo e Judiciário devem conviver em harmonia tal que se alcance o máximo cumprimento da Constituição.

Desse modo, a decisão do Poder Judiciário que imponha ao Estado obrigações de prestar proteção integral às crianças e adolescentes vítimas da exploração sexual comercial é típica das suas funções e não fere o princípio da separação dos poderes, ainda que pareça atingir a discricionariedade do administrador público na escolha das políticas públicas a serem viabilizadas.

Não se pode negar que no cumprimento das atribuições que lhe são próprias, os três Poderes da República podem experimentar tensões entre seus comandos. Mas, diante da equivalência de funções desses Poderes, há apenas a prevalência da Constituição e não de um Poder sobre o outro. Sempre que houver o desrespeito aos ditames constitucionais, seja por ação ou omissão, cabe ao Poder Judiciário uma postura mais ativa. Se assim não fosse permitido, o nosso ordenamento jurídico não contemplaria a possibilidade do controle da constitucionalidade.

Diante de situações de grave afronta aos direitos da cidadania como acontece na exploração sexual comercial de crianças e adolescentes, deverá o juiz decidir no sentido de "conciliar o texto constitucional com uma prática constitucional adequada", como defende o jurista Américo Bedê Freire Júnior[10], que ensina também:

> O legislador não é o único responsável por viabilizar a Constituição. O juiz tem a missão constitucional de impedir ações ou omissões contrárias ao texto, sem que com essa atitude esteja violando a Constituição. O juiz não é mais a simples boca da lei, mas intérprete constitucional qualificado, que vai permitir que a Constituição não soçobre numa realidade instável como a que vivemos. Tal postura é ínsita à nova leitura da separação dos poderes, adequada ao nosso tempo de globalização e falta de paradigmas. Não podemos pensar a separação de poderes com os fundamentos de uma sociedade que não mais existe, ao contrário, devemos construir um princípio que possa ter aplicação em nossos dias.

---

(9) Cf. Constituição Federal. Art. 2º São Poderes da União, independentes e harmônicos entre si, o Legislativo, o Executivo e o Judiciário.

(10) FREIRE JÚNIOR, Américo Bedê. *O controle judicial de políticas públicas.* São Paulo: Revista dos Tribunais, 2005. p. 44.

A efetividade dos direitos fundamentais origina-se, em grande parte, de políticas públicas adotadas pelo Estado. Desse modo, a adoção dessas políticas não pode ser encarada como mera faculdade e sim como obrigação imposta por norma constitucional para que garantias fundamentais como dignidade, liberdade e valor social do trabalho não sejam transformados em meras intenções, sem qualquer efeito prático. Por essa razão, o juízo de conveniência quanto à execução de medidas de proteção às vítimas da exploração sexual não pode se afastar da força vinculante da Constituição ou resultar em uma política pública negativa na forma de omissão. A esse respeito, Américo Bedê Júnior(11) defende a ideia de que "não existe discricionariedade na omissão do cumprimento da Constituição. Na verdade, trata-se de arbitrariedade que pode e precisa ser corrigida".

Os defensores da ideia de que o Poder Judiciário não pode interferir nas decisões de políticas públicas utilizam a limitação de recursos ou "reserva do possível", como justificativa para o não atendimento às necessidades sociais que precisam ser supridas. Há uma diferença, porém, entre a inexistência de recursos para implementação de uma política pública em determinado momento e a sua reiterada protelação. Esse retardo no início de providências por parte do Estado, pode ser corrigido por decisão judicial que imponha obrigação de fazer, consistente na adoção de determinada medida, firmando uma prioridade e fixando prazos e limites para a execução.

O fundamento jurídico e social para decisões dessa natureza reside nos princípios constitucionais e na norma positivada, garantidores dos direitos fundamentais que não podem ser relegados à oportunidade futura de efetivação. As providências se tornam ainda mais urgentes quando se trata de crianças e adolescentes em situação de risco, como as que estão envolvidas em exploração sexual comercial, não somente pela prioridade absoluta de que trata o art. 227 da Constituição Federal, como também pela gravidade dos efeitos que recaem sobre esses indivíduos e sobre toda a sociedade, pela via indireta.

A efetividade dos dispositivos constitucionais que tratam sobre garantias e direitos há de ser confirmada também por meios judiciais, servindo de alerta a lição de Pontes de Miranda(12):

> Nada mais perigoso do que fazer-se Constituição sem o propósito de cumpri-la. Ou de só se cumprir nos princípios de que se precisa, ou se entende devam ser cumpridos — o que é pior (...). No momento, sob a Constituição que, bem ou mal, está feita, o que nos incumbe, a nós, dirigentes, juízes e intérpretes, é cumpri-la. Só assim saberemos a que serviu e a que não serviu, nem serve. Se a nada serviu em alguns pontos, que se emende, se reveja. Se em algum ponto a nada serve — que se corte esse pedaço inútil. Se a algum bem público desserve, que pronto se elimine.

---

(11) *Ibidem*, p. 7.

(12) MIRANDA, Pontes de. *Apud Ibidem*, p. 73.

> Mas, sem a cumprir, nada saberemos. Nada sabendo, nada poderemos fazer que mereça crédito. Não a cumprir é estrangulá-la ao nascer.

Um importante papel há de ser desempenhado pelo Ministério Público que, por meio de ação civil pública em que denuncie omissões do Estado na proteção de crianças e adolescentes utilizados por agenciadores e clientes da exploração sexual comercial, acione o Poder Judiciário para que, por decisão fundamentada em normas e princípios constitucionais, o Estado seja obrigado a priorizar crianças e adolescentes, cuidando para que recebam assistência médica e psicológica.

Uma análise multidisciplinar da questão durante o processo é imprescindível para que sejam identificadas as necessidades das crianças e adolescentes no integral resgate dessa pessoa, ferida e estigmatizada pela prática ilícita da exploração sexual. Um laudo médico poderá indicar as condições físicas em que se encontram esses jovens e indicar tratamentos adequados. Importante também a atuação de um psicólogo clínico e de um psicólogo do trabalho; o primeiro, para analisar e dimensionar os efeitos da exploração sexual na psique da criança e o segundo, para tratar da relação que se estabeleceu entre exploração sexual e a dimensão trabalho, apontando os caminhos da ressignificação do trabalho na vida desses meninos e meninas.

Com apoio nas informações técnicas de equipe capacitada para analisar as questões sob vários ângulos, a decisão judicial pode impor ao Estado que adote providências no sentido de oferecer a proteção integral à criança ou adolescente e a eliminar a camada de barbárie que se instalou sobre esse indivíduo, como outra personalidade, cuja visão de mundo está contaminada pela degradação a que foi submetido.

Essas medidas, objeto da decisão judicial, devem ser específicas, conforme indicação dos laudos técnicos e adotadas independentemente de outras políticas públicas já existentes e impostas com todos os meios legais coercitivos para sua implementação.

É importante ressaltar que essa pretensão perseguida em uma ação civil pública não substitui e nem exclui aquelas que tratam sobre as indenizações de natureza moral e material, que atendem a outros propósitos. As providências pleiteadas na ação civil pública tratada estarão focadas no ressurgimento de um novo ser ou no resgate daquela personalidade, que se viu maltratada e "coisificada" pela exploração sexual.

Conclusão

A realidade mundial demonstra a existência de trabalho infantil e no Brasil a situação não é diferente, conforme dados do PNAD — 2001, segundo os quais mais de 5 milhões de meninos e meninas de idade entre 5 e 17 anos ainda trabalham, sendo que 45% estão abaixo dos 14 anos. Acrescente-se a esse fato, por si só alarmante, a constatação de que muitos desses meninos e meninas executam as piores formas de trabalho infantil: *Trabalho Infantil Doméstico — TID, Exploração Sexual Comercial, Tráfico e Plantio de Entorpecentes, Economia Agrícola Familiar, Trabalho Informal Urbano.*

A Exploração do Trabalho Sexual de Crianças e Adolescentes é observável diariamente em ruas, bares e pontos turísticos das cidades, bem como é notória a inércia da sociedade que se reserva ao papel de praticar o que ousamos chamar de tolerância social diante de tal situação.

Nesse contexto, não há que dissociar a sociedade civil e o papel dos operadores do direito, uma vez que o art. 227 da Constituição Federal de 1988 estabelece com clareza como dever da família, da sociedade e do Estado de assegurar às crianças e aos adolescentes o bem-estar e a proteção contra todo tipo de exploração e violência, notadamente.

Resulta, então, a atribuição do Poder Judiciário de analisar juridicamente qulaquer atuação ou omissão relativa às políticas públicas que digam respeito à criança ou ao adolescente, atribuindo a parcela de responsabilidade de cada agente envolvido.

No âmbito internacional, já existem subsídios suficientes e até determinações taxativas que permitem a formulação de políticas públicas dedicadas especificamente à questão da exploração sexual de crianças e adolescentes, não sendo mais admissível ao Brasil manter-se alheio a essa situação, que se revela como uma mácula e uma contradição à qualificação constitucional do país como Estado Democrático de Direito.

Restou evidenciado que os contratos de trabalho estão caracterizados por uma adjetivação de mutualidade, sem, no entanto, corresponder aos parâmetros de igualdade, pois os sujeitos da relação trabalho estão em condições bem diversas, com franca vantagem para quem paga pelo serviço e a ideia de submissão envolvendo o trabalhador, empregado ou não. O estado de sujeição é marca diferencial nesse tipo de relação humana, diferenciando-a de outras relações contratuais.

Em um quadro de exploração sexual comercial de crianças e adolescentes, os fundamentos, objetivo, princípios e garantias estabelecidos na Constituição são francamente desrespeitados, exigindo uma pronta atuação do Ministério Público e do Poder Judiciário, não somente para fazer cessar a prestação de trabalho degradante, como também para a responsabilização dos transgressores das garantias fundamentais e para a reparação integral dos danos sofridos pelas vítimas.

Este trabalho teve por objetivos contribuir para um debate interdisciplinar entre operadores do direito, psicólogos, médicos, educadores e outros membros da sociedade civil, apresentando enfoques sociológico, psicológico e jurídico que sirvam de parâmetro das abordagens necessárias à definição de ações que reestabeleçam o valor *trabalho* às crianças e adolescentes submetidos à exploração sexual.

Jamais poderemos entender que foi restabelecida a legalidade e realizada a inclusão social dessas crianças resgatadas da situação de trabalho de exploração sexual sem que seja realizado um trabalho específico e psicológico de ressignificação do valor *trabalho* para cada uma das crianças exploradas, findando por outras medidas de introdução ao real mercado de trabalho livre da exploração.

Essas medidas apenas são possíveis com um comprometimento integral da sociedade, iniciando pela leitura do que consiste a exploração sexual de crianças e adolescentes. Faz-se necessário trabalhar com os diversos setores da sociedade que a definição da exploração sexual infantil permeia a própria definição de trabalho degradante, de forma a se sobrepor a valores de ordem religiosa, moral e de costumes

No desfavorável contexto da exploração sexual, a criança e/ou adolescente, cuja identidade torna-se fragmentada, associa a exploração ao trabalho, numa visão distorcida segundo a qual onde há oportunidade de ganhar dinheiro ou o sustento, há também a agressão à sua dignidade, intimidade e todos os seus valores, numa relação em que o seu corpo é um mero objeto de satisfação de desejos ou interesse econômico de usuários e agenciadores.

Há que se considerar ainda a premente necessidade de atendimento especial a esses indivíduos explorados, oferecendo à criança e ao adolescente oportunidades em que possam resgatar o seu potencial criativo, laboral, o que deverá ser feito com o concurso de equipe multidisciplinar com capacidade de avaliar e sanar danos físicos, psicológicos e emocionais sofridos, recuperando a sua saúde em todos os níveis.

A omissão ou atuação deficiente do Estado quanto à políticas públicas de assistência a essas crianças e adolescentes é uma clara afronta aos direitos e garantias individuais previstos na Constituição Federal. Para sanar tal situação, o Poder Judiciário deve atuar de forma mais efetiva, impondo ao Estado obrigações de prestar proteção integral a esses indivíduos, independente do planejamento e execução dos Órgãos públicos integrantes do Sistema de Garantia de Direitos. Essa atuação do Poder Judiciário está dentro da sua função típica de decidir no sentido de se fazer cumprir as normas constitucionais.

A partir da percepção de que a exploração sexual é *trabalho*, poderemos entender que a criança ou adolescente submetido a esse tipo de exploração teve na formação de sua condição humana e condição trabalhadora uma introdução de sentimentos degradantes que podem permear toda a sua significação do que é o trabalho. Assim, apenas será possível restabelecer a ordem jurídica e introduzir novamente essas crianças na vida social com um trabalho coordenado de cunho psicológico de reconstrução dos valores relacionados ao *trabalho*, além da adoção de outras medidas de recolocação dessas crianças no ambiente social saudável.

Bibliografia

BRASIL. Constituição/88. *Constituição da República Federativa do Brasil.* São Paulo: Saraiva, 2009

______ . *Lei da Aprendizagem n. 10.097, de 19 de dezembro de 2000.* Altera dispositivos da Consolidação das Leis do Trabalho — CLT, aprovada pelo Decreto-Lei n. 5.452, de 1º de maio de 1943. Disponível em: <http://www.planalto.gov.br/ccivil_03/LEIS/L10097.htm> Acesso em: 13.1.2010.

DIÓGENES, Glória (org.). *Os sete sentimentos capitais*: exploração sexual comercial de crianças e adolescentes. São Paulo: Annablume, 2008.

FERNANDES, Francisco; LUFT, Celso Pedro; MARQUES, Guimarães F. *Dicionário brasileiro Globo*. 52 ed. São Paulo: Globo, 1999

FREIRE JÚNIOR, Américo Bedê. *O controle judicial de políticas públicas*. São Paulo: Revista dos Tribunais, 2005.

HOUAISS, Antonio; VILLAR, Mauro de Salles; FRANCO, Francisco Manoel de Mello. *Dicionário Houaiss da língua portuguesa*. Rio de Janeiro: Objetiva, 2001.

LUSTOSA, Paulo Henrique. Trabalho infantil x desenvolvimento infantil. *Revista Amatra*, São Paulo, ano IX, n. 74, p. 4, abr./maio/jun. 2009

Trabalho Infantil: Piores Formas, Causas e Consequências

Maria de Fátima Pereira Alberto(*)
Carmem Plácida Souza Cavalcante(**)
Daniele Cristine da Silva Cirino(***)
Denise Pereira dos Santos(****)
Gabriel Pereira de Souza(*****)

Introdução

O objetivo deste artigo é apresentar as causas e consequências da inserção precoce no trabalho, a partir de pesquisas realizadas no estado da Paraíba, em quatro piores formas de trabalho infantil. Os dados produzem a reflexão de que o trabalho infantil tem caráter disciplinador, discriminatório e reprodutor intergeracional. Além disso, ainda acarreta riscos psicológicos e sociais.

Os dados aqui apresentados são frutos de pesquisas sobre as piores formas de trabalho infantil na Paraíba, mais especificamente nas atividades informais de rua, na cultura do abacaxi, no trabalho doméstico e na exploração sexual comercial.

A referida pesquisa fez parte do Projeto Catavento, desenvolvido pela Organização Internacional do Trabalho — OIT, em parceria com o Fórum Estadual de Erradicação do Trabalho Infantil e Proteção ao Adolescente Trabalhador —

(*) Doutora em Sociologia pela Universidade Federal de Pernambuco, Professora do Departamento de Psicologia e do Programa de Pós-graduação em Psicologia Social da UFPB, líder do Núcleo de Pesquisa sobre o Desenvolvimento da Infância e Adolescência em Situação de Risco Social e Pessoal da UFPB.
(**) Psicóloga pela Universidade Federal da Paraíba/UFPB.
(***) Aluna do Curso de Especialização em Saúde Pública. Psicóloga pela Universidade Federal da Paraíba/UFPB.
(****) Mestranda do programa de Pós-graduação em Psicologia Social da Universidade Federal da Paraíba/UFPB. Psicóloga da Secretaria de Educação do Município de João Pessoa. Núcleo de Pesquisa sobre o Desenvolvimento da Infância e Adolescência em Situação de Risco Social e Pessoal da UFPB.
(*****) Mestrando do programa de Pós-graduação em Psicologia Social da Universidade Federal da Paraíba/UFPB. Psicólogo pela Universidade Federal da Paraíba/UFPB. Núcleo de Pesquisa sobre o Desenvolvimento da Infância e Adolescência em Situação de Risco Social e Pessoal da UFPB.

FEPETI, com a ONG Casa Pequeno Davi, com a Delegacia Regional do Trabalho — DRT —, e com a Universidade Federal da Paraíba — UFPB. A UFPB foi representada pelo Núcleo de Pesquisas sobre o Desenvolvimento da Infância e Adolescência em Situação de Risco Pessoal e Social.

Tratando a problemática à luz dos conceitos

Por **trabalho infantil,** está se considerando a definição da OIT, ou seja, as atividades desenvolvidas por pessoas com idades inferiores às estipuladas pela Convenção n. 138 (Convenção da Idade Mínima), assinada pelos Estados-Membros. Segundo a qual a idade mínima não será inferior à idade de conclusão da escolaridade obrigatória ou, em qualquer hipótese, não será inferior a 15 anos.

No Brasil, consideram-se atividades de trabalho as desempenhadas por crianças ou adolescentes até os quatorze anos de idade — a mínima limite para ingresso no trabalho (na condição de aprendiz) e a máxima obrigatória para a escolaridade conforme determinam a Constituição Federal do Brasil (art. 227, § 3º, inciso I) e o Estatuto da Criança e do Adolescente (art. 60).

Por trabalho infantil, compreende-se o exercício da atividade socialmente útil ou esquemas de profissionalização divergentes, a exemplo do tráfico e da prostituição (COSTA, 1990). Em outros termos, o que o trabalhador e a trabalhadora precoces fazem são atividades variadas, a cuja ação objetiva está inerente a intenção de obter pagamento, que pode ser em espécie ou em gênero.

Apesar desse conceito, trabalhou-se com sujeitos até 18 anos, porque havia a preocupação da OIT de mapear o **trabalho infantil nas piores formas**. A Convenção n. 182 da OIT (OIT, 2010) define as piores formas de trabalho infantil como sendo atividades desempenhadas por crianças até 18 anos de idade, com as seguintes características:

- todas as formas de escravidão ou práticas análogas à escravidão, como venda e tráfico de crianças, sujeição por dívida, servidão, trabalho forçado ou compulsório, inclusive recrutamento forçado ou compulsório de crianças para serem utilizadas em conflitos armados;
- utilização, demanda e oferta de criança para fins de prostituição, produção de material pornográfico ou espetáculos pornográficos;
- utilização, demanda e oferta de criança para atividades ilícitas, particularmente para produção e tráfico de drogas conforme definidos nos tratados internacionais pertinentes;
- trabalhos que, por sua natureza ou pelas circunstâncias em que são executados, são susceptíveis de prejudicar a saúde, a segurança e a moral da criança.

Historicizando o trabalho infantil

O trabalho infantil sempre existiu ao longo da história da humanidade, mas com características diferentes ao longo do tempo. Na Antiguidade e na Idade Média, tinha como meta o aprendizado de um ofício. Na modernidade, ele assume caráter disciplinador e explorador (NASCIMENTO, 1995).

A Revolução Industrial descaracterizou o aprendizado e introduziu a exploração e o assalariamento. Preconizou a criança e adultizou-a, transformando as relações familiares. Segundo Marx (1987, p. 235), o emprego da criança na produção só foi possível com a mecanização, pois (...) *a maquinaria torna a força muscular dispensável, ela se torna o meio de utilizar trabalhadores sem força muscular ou com desenvolvimento imaturo, mas com membros de maior flexibilização.* O capital não mais prescindiria do trabalho infantil.

Nos países centros do capitalismo, o progresso tecnológico, a luta da classe operária e a mobilização da força de trabalho imigrante contra o trabalho infantil expulsaram ou reduziram a inserção das crianças no mundo do trabalho (NOGUEIRA, 1993). Expulsaram pelo menos durante certo período histórico. Diminuiu em intensidade e afastou-se da produção formal. Mas, na contemporaneidade, o trabalho infantil assumirá outras formas.

Segundo Paone (2007), também nos países industrializados, está presente a mão de obra de crianças e adolescentes, com modalidades e características diferentes dos demais países do mundo. O fenômeno também é encontrado em países que deveriam ser de primeira linha na política de proteção a menores, tais como: Reino Unido, Itália e outros países europeus. No Reino Unido, a evolução do trabalho de menores tem sido uma consequência da política conservadora dos anos 80 e da *deregulation* que vem afetando as políticas de proteção para menores.

Ainda segundo o autor acima citado, na Europa, crianças e adolescentes são empregados para atividades remuneradas, tais como atividades temporárias, trabalhos de rua, pequenas atividades comerciais ou trabalho doméstico. Na Grã-Bretanha, trabalham cerca de 15% das crianças entre 11 e 14 anos de idade. Na Itália, uma pesquisa da Confederação Geral Italiana do Trabalho — CGIL, de 2000, estimou um número de quase 350 milhões de casos relacionados ao abandono escolar, a acidentes no trabalho, à porcentagem de menores trabalhadores de comunidades estrangeiras e à crescente difusão de formas mistas de escola-trabalho. Enquanto nos EUA, o número de crianças e adolescentes entre 12 e 17 anos, empregados em várias atividades de trabalho, é de 5,5 milhões; quase 27% do total de menores de idade. A estes, se somam os menores de 12 anos empregados em trabalhos urbanos de venda de roupa, no comércio ambulante e trabalhos temporários (PAONE, 2007).

A história da criança e do adolescente das classes populares no Brasil tem sido marcada por um processo de exclusão social. O tratamento dedicado a eles variou do reconhecimento da necessidade de oferecer abrigo, proteção e educação, por intermédio de instituições caritativas no século XVIII, passando pelas "ações disciplinares", no século XIX, até à reclusão dos "menores infratores" na FEBEM do século XX (LONDOÑO, 1991). Compõem essa história de barbárie: abusos sexuais, privações alimentares, disciplinas rigorosas, trabalho infantil, trabalhos forçados, perigosos e exaustivos (GÓES e FLORENTINO, 2004; RAMOS, 2004; VENÂNCIO, 2004).

Decorrente da pobreza, do fim do sistema escravista, da entrada de imigrantes no país e do êxodo rural, o número de crianças e adolescentes praticamente dobrou nas ruas dos centros urbanos. Isso fez com que o Estado adotasse políticas de governo e legislação específica para o encaminhamento desses às instituições do governo ou filantrópicas com a finalidade de serem disciplinados por meio do trabalho (ALBERTO, 2003).

A formação para o trabalho voltada aos adolescentes das classes populares foi historicamente norteada pelo objetivo de se "diminuir a criminalidade e vagabundagem", como afirma Pillotti (1995). E desenvolvida por meio de várias propostas e políticas de formação, entre elas: Rodas de Expostos; Casas de Educandos e Artífices em 1840; Institutos, escolas profissionais, patronatos agrícolas, reformatórios, escolas premonitórias e corretivas do período republicano; Escolas de Aprendizes Artífices de 1909. Continua nos séculos XX e XXI — a exemplo do Programa Bom Garoto no Governo Sarney.

Embora, ao longo da história do Brasil, diversas leis tentem proibir o trabalho infantil, apenas nos anos 90, com a criação do Estatuto da Criança e do Adolescente — ECA, e a partir de 1992, com a criação do Programa Internacional para a Erradicação do Trabalho — IPEC, criado pela Organização Internacional do Trabalho — OIT, é que a erradicação e a prevenção assumem contornos práticos e dimensões internacionais (ACCIÓN, 1996; ALBERTO, 2002).

Dados sobre o trabalho infantil

Segundo o Relatório Global da OIT (OIT, 2006), em 2004 havia 218 milhões de crianças trabalhando no mundo, dos quais, 126 milhões estavam em trabalhos perigosos. A diminuição, entre 2000 e 2004, foi de 11% e, de 26%, para aqueles que se ocupavam de trabalhos perigosos. A América Latina e o Caribe estão fazendo os maiores avanços. O menor progresso é na Ásia e na África. Nesta última, associa-se com a infecção do HIV/AIDS.

Os motivos para a redução são avanços com as ratificações das Convenções ns. 138 (da Idade mínima) e 182 (das Piores formas), compromissos políticos para redução da pobreza e educação básica.

Entretanto, entre 2004 e 2006, houve novo aumento da taxa de ocupação de crianças e adolescentes no mundo, chegando, segundo o relatório da OIT de 2006, a 250 milhões (OIT, 2006).

A PNAD de 2005 (IBGE, 2006) revelou um ligeiro crescimento na Taxa de Ocupação das pessoas de 5 a 17 anos de idade, o que representou um acréscimo de 0,4 pontos percentuais, passando de 11,8%, em 2004, para 12,2% em 2005. Em termos absolutos, o número de trabalhadores de 5 a 17 anos saltou de 5,3 milhões para 5,4 milhões, no período de 2004 a 2005, com um acréscimo de 148 mil crianças.

Embora os meninos respondam por dois terços do total de crianças empregadas em 2005, o maior crescimento dos novos ocupados se deu entre as meninas. No período de 2004 a 2005, enquanto o número de novos meninos que ingressaram em alguma atividade de trabalho aumentou em 56,4 mil, o número de novas meninas trabalhando aumentou em 91,9 mil (Brasil, 2006).

Considerando-se todas as variáveis indicadas, tem-se que o aumento no período teve uma maior contribuição dos seguintes grupos ou regiões: meninas no geral, crianças de 10 a 14 anos, crianças das regiões Nordeste e Sudeste, e crianças envolvidas com atividade agrícola (Brasil, 2006).

Em 2004, a Paraíba ocupava o 6º lugar no *ranking* no Brasil (em termos proporcionais), passando a ocupar, em 2005, o 3º lugar no país entre os estados com maior número de trabalhadores crianças e adolescentes na faixa de 5 a 15 anos, só perdendo para o Piauí e o Maranhão. Em 2005, a Paraíba tinha 104.133 crianças e adolescentes trabalhadoras na faixa de 5 a 15 anos. Em 2006, a Paraíba tinha 145.103 trabalhadores na faixa de 5 a 17 anos (IBGE, 2006).

Em 2008, no Brasil, havia 92,5 milhões de pessoas ocupadas, com 5 anos ou mais de idade, sendo que 4,5 milhões tinham de 5 a 17 anos de idade. As pessoas ocupadas representavam 10,2% da população nesta faixa de idade, 0,7% menos do que em 2007. O Nordeste apresentou a maior proporção, 12,3% (1,7 milhão). Dentre os homens, a proporção de pessoas ocupadas de 5 a 17 anos de idade (13,1% — 2,9 milhões de pessoas) foi maior do que entre as mulheres (7,1% — 1,5 milhão) aspecto que se repetiu em todo o país (IBGE, 2009).

Causas do trabalho infantil

A presença dos meninos e das meninas trabalhando está ligada a diversos fatores de ordem macroestrutural. São todos aqueles fatores sociais, políticos e econômicos que forjam a necessidade de a família enviar seus filhos ao mercado de trabalho: a) a tecnologia e a flexibilização do mercado de trabalho, as quais geram desemprego estrutural; b) o acirramento das forças produtivas, o qual gera a concen-tração de renda; c) a transformação e a precarização das relações e condições de trabalho; d) as políticas econômicas recessivas, que geram o fechamento de empresas e a desvalorização dos salários; e) os fatores climáticos (secas) e a mecanização da lavoura, que expulsam as famílias do campo para as cidades; f) a cultura de natu-ralização decorrente de longo processo histórico. Todos estes fatores geram pobreza, desemprego e/ou salário insuficiente para o sustento da família, que, assim, não consegue mais atender às necessidades materiais e subjetivas dos seus filhos, o que, por sua vez, acaba gerando conflitos que empurram as crianças e adolescentes para as ruas.

O trabalho precoce faz parte do subdesenvolvimento. O desenvolvimentismo explora indiretamente os trabalhadores dos países pobres com o fim de estes mesmos trabalhadores beneficiarem os países ricos e as elites dos países pobres, para beneficiar uma pequena minoria — implicando o desgaste da mão de obra já barata e a disseminação de diferentes formas de trabalho clandestino, sem garantias nem direitos.

A (...) *incorporação precoce do braço infantil ao processo de trabalho, para nele substituir o adulto que, apesar de barato, tornou-se caro nos termos da lógica cerrada da acumulação sem limite e sem escrúpulos.* (MARTINS, 1993, p. 13)

Estes fatores são agravados pela ausência do Estado em não assegurar a garantia dos direitos desses sujeitos em processo de desenvolvimento, mediante a oferta de políticas sociais.

Consequências do trabalho infantil

A literatura pertinente permite compreender que há, no interior da problemática, uma discussão que aponta os seguintes aspectos fundamentais: o trabalho precoce é uma *estratégia de sobrevivência, discriminatório e disciplinador.* É uma estratégia de sobrevivência, porque os pais não conseguem garantir a sobrevivência da família. É *discriminatório,* porque as crianças trabalhadoras pertencem à classe baixa. São crianças pobres, filhas de trabalhadores, desempregados, proletários e lupem-proletários, os quais compõem os excluídos sociais. É um instrumento *disciplinador,* porque é pensado como uma alternativa para crianças pobres, como uma forma de prevenir a marginalização e de adestrá-las para o mundo do trabalho.

Neste sentido é que se pensa, aqui, a inserção de crianças e adolescentes das classes populares no trabalho. Esta é uma forma de disciplinamento, de adestramento, de que fazem uso as classes dominantes, que, sob formas variadas, as conduzem ao mercado de trabalho. Há formas sutis de relações de poder, como, por exemplo, incutir nos meninos e meninas, desde cedo, a domesticação do corpo e da mente para o trabalho, além da introjeção do trabalho como elemento formador, ou, ainda, como um antídoto à marginalidade. Assim, o sistema político de dominação transforma o corpo, com a disciplina e com a força do trabalho.

O Trabalho pesado em idade precoce tem implicações diretas no desenvolvimento físico e mental da criança. O corpo, mais do que o do adulto, sofre os efeitos da fadiga por causa do dispêndio excessivo de energia. E a maioria das crianças sofre também de má nutrição, em razão da ingestão de comidas inadequadas, que baixam a resistência delas e as fazem ainda mais vulneráveis a doenças.

Os meninos e meninas trabalhadores precoces vivenciam também um sofrimento no corpo decorrente dos conteúdos das tarefas que demandam esforço físico e provocam desgaste. As implicações para o desenvolvimento não são apenas físicas, mas também psicossociais. Isto porque a tal sofrimento do corpo pode corresponder um estado de insatisfação e ansiedade. Ambos, porém, poderão constituir-se em aspectos somatizados que repercutirão no desenvolvimento, podendo aparecer sob a forma de irritabilidade, agressividade, dificuldades de relacionamento principalmente na escola (ALBERTO, 2002).

Trabalhadores infantis vivenciam o analfabetismo, baixa escolaridade e evasão escolar. O trabalho cansa o corpo, o cansaço compromete o estudo. O trabalho atrapalha o estudo. Aliado ao cansaço, há o desestímulo diante da escola cujos conteúdos não conseguem aprender nem acompanhar. Devido à inadaptação à escola, advém o desestímulo. Preferem então trabalhar. Serão precarizados para o resto da vida. Eles acham que, fazendo o que fazem, as suas expectativas de futuro não são reais. Segundo Forastieri (1997), crianças que são debilitadas, famintas ou angustiadas por causa do trabalho estariam em condição inferior para a escola quando comparadas, em contrapartida, com crianças que não trabalham. O trabalho pode também, a longo prazo, ter impacto negativo no desenvolvimento social, quando não conduz a educação pobre e sem perspectiva de emprego.

O trabalho precoce reproduz, intergeracionalmente, a pobreza e violenta os direitos sociais determinados na legislação, nacional e internacional: Constituição Federal, Estatuto da Criança e do Adolescente, Convenção Internacional dos Direitos da Criança, Declaração Universal dos Direitos da Criança, Convenções da OIT ns. 138 (OIT, 2010) e 182 (OIT, 2010). Violenta o direito ao pleno desenvolvimento humano e social ao cercear-lhe as oportunidades para a educação, para a aquisição de capital cultural, para uma inserção social digna no futuro.

Segundo Alberto (2002), a inserção precoce conduz às vivências subjetivas de sofrimento, as quais se apresentam de várias formas: no sofrimento físico e no sofrimento psíquico. A inserção precoce tem implicações psicossociais: prejuízo para a escolaridade, adultização precoce, baixa autoestima, socialização desviante, perda das expectativas de futuro.

Pesquisas feitas na Paraíba

O Núcleo de Pesquisas sobre o Desenvolvimento da Infância e Adolescência em Situação de Risco Pessoal e Social da Universidade Federal da Paraíba tem feito várias pesquisas no Estado e identificou crianças e adolescentes trabalhando em várias atividades. Dentre estas, destacam-se: vendedores(as) nas ruas, vendedores nos sinais, vendedores nas feiras, olheiros e lavadores de carro, pescadores de marisco e catadores de siri-mole, engraxates, catadores de lixo, ajudantes de mercadinho, feirantes, fretistas (carregadores de feira), limpadores de túmulos em cemitério, entregadores de botijões de gás de cozinha, agricultura (cana-de-açúcar, abacaxi, acerola), trabalho doméstico, exploração sexual comercial, malabares.

Metodologia de pesquisa nas piores formas de trabalho infantil

Para a coleta dos dados que compõem esse artigo, elaborou-se um questionário(1) no formato do Diagnóstico Rápido(2), aplicado, em campo, a crianças e adolescentes, com idades entre 7 e 18 anos.

O Diagnóstico Rápido consiste no uso de um conjunto de instrumentos, quantitativos e qualitativos, com o objetivo de conhecer e compreender uma determinada realidade num contexto econômico e social particular, e atingir um número de sujeitos sem utilizar amostragens científicas ou grupos de controle.

Em cada uma das modalidades, adotaram-se alguns critérios comuns e outros específicos de acordo com cada atividade. O elemento comum foi que a Coordenação do Projeto Catavento promoveu contatos prévios entre os pesquisadores e diversas instituições governamentais e não governamentais que atuam direta ou indiretamente na temática do trabalho infantil nos municípios objeto da pesquisa. Foram realizadas as pesquisas em quatro municípios da Paraíba: em João Pessoa (trabalho doméstico), Guarabira (trabalho informal em condição de rua), Santa Rita (cultura do abacaxi) e Patos (exploração sexual comercial). A escolha dos municípios deu-se no FEPETI.

Quanto aos aspectos específicos, o trabalho informal urbano em condição de rua e a exploração sexual comercial, a pesquisa foi feita nas ruas; a do abacaxi, foi feita nas plantações; e a do trabalho doméstico, nas escolas públicas.

Participou da pesquisa a seguinte amostra: 115 no trabalho doméstico, 81 no informal urbano em condição de rua, no Abacaxi 108, na ESCCA 99.

Após a aplicação dos questionários, construiu-se um banco de dados no *software* SPSS para o tratamento dos dados. Antes de se digitar essas informações, os questionários passaram por leituras cuidadosas, para identificação e correção de possíveis erros, e pelo processo de categorização das respostas às questões abertas. Após a categorização das questões abertas, efetuou-se a enumeração de todas as respostas, no questionário, para que se pudesse passar para a próxima etapa, a de inserção dos dados no *SPSS*.

Uma vez inseridos no referido *software*, os dados passaram por outra revisão na tentativa de se eliminar qualquer tipo de erros, inclusive de digitação. Após a revisão, extraíram-se as frequências das variáveis, limparam-se os dados errados, emitiram-se as frequências numéricas, as categorias semânticas e os cruzamentos para que se procedesse à descrição e a análise dos dados.

---

(1) No caso do Trabalho Infantil Doméstico, do Trabalho Infantil Urbano e do Trabalho Infantil na Agricultura os questionários foram elaborados pelo Núcleo de Pesquisas sobre o Desenvolvimento da Infância e Adolescência em Situação de Risco Pessoal e Social, a exceção foi o questionário utilizado para a pesquisa com crianças e adolescentes em situação de Exploração Sexual Comercial, pois ele foi elaborado pela OIT em Genebra.

(2) A Metodologia do Diagnóstico Rápido tem sido desenvolvida pela OIT desde 2001, particularmente para investigar as piores formas de trabalho infantil.

Alguns dados emergentes da pesquisa sobre as piores formas de trabalho infantil

Para efeito desse artigo, os dados referentes às quatro atividades objetos de pesquisa trataram da idade, do sexo, da etnia, da renda, ocupação dos pais, da escolarização, dos riscos psicológicos e sociais.

Quanto às idades, as crianças e adolescentes trabalhadoras nas atividades domésticas apresentaram a idade mínima de 7 anos; a que mais apareceu foi a de18 anos. Nas atividades informais de rua, a idade mínima foi a de 8 anos, e a que mais apareceu foi a de 12 anos. Na ESCCA, a mínima foi a de 09 anos, e a que mais apareceu foi a de 16 anos. No abacaxi, a idade mínima foi a de 11 anos, e a que mais apareceu foi a de 15 anos. Em todas as atividades de trabalho infantil, a idade máxima foi a de 18 anos.

Quanto ao sexo, nas atividades trabalho doméstico (67,8%) e ESCCA (69%), sobressaiu-se a inserção precoce de meninas. Já nas atividades informais em condição de rua (91,4%) e cultura do abacaxi (87%), se sobressaíram meninos.

Em todas as quatro atividades, a etnia que mais apareceu foi a afrodescendente, com mais de 60%. Esse total foi obtido do somatório de mulata, negra, morena e parda. Outro fator comum às quatro atividades é a renda familiar cuja média varia de ½ salário mínimo a 3½ salários mínimos. Essa renda advém do trabalho infantil e do trabalho dos pais. A ocupação daqueles é no mesmo ramo de atividades: comércio, para informais em condição de rua; agricultura, para os trabalhadores no abacaxi; serviço, para o trabalho doméstico — neste caso, 40% das mães também trabalham como domésticas. No caso da ESCCA, não se tem essa informação.

Quanto à escolarização, todos apresentaram defasagem escolar. Em todas as atividades, houve referências significativas às dificuldades para assimilar os conteúdos abstratos da escola. Os dados mostram a dificuldade deles para abstraírem, falarem de si, expressarem suas emoções por meio da linguagem. Os dados também mostram que, nas quatro atividades, quanto maior o número de horas trabalhadas pela pessoa, maior o número de reprovações. E quanto maior o tempo de trabalho, ou quanto mais cedo começaram a trabalhar, maior a defasagem escolar.

Embora em todas as quatro modalidades, identifique-se o prejuízo advindo da relação inserção precoce no trabalho e escolaridade, há diferenças entre as atividades. No *trabalho doméstico*, 100% das pessoas que participaram da pesquisa estudavam, 52,2% cursavam o ensino fundamental; 64,5% tinham defasagem de 1 a 9 anos, predominando 1 ano de defasagem, para 39,2%; 58%% já foram reprovados pelo menos uma vez. A causa principal alegada foi a relação com a estrutura escolar. As meninas apresentam maior defasagem do que os meninos, o que é significativo em termos de análise de gênero, porque a construção social mostra uma feminização da atividade, sendo, portanto, compreensível que as implicações para elas sejam mais explícitas. E uma delas é a escolaridade. Existe correlação substancial estatisticamente significativa (r=0,676) entre idade e anos de defasagem escolar ($p < 0,05$), ou seja, quanto maior a idade do entrevistado, maior o número da defasagem escolar. Aqueles na faixa etária de 12 a 15 anos são os que têm maiores anos de defasagem escolar.

Nas atividades *informais urbanas em condição de rua*, 98,8% estudavam, sendo que 92,5% no ensino fundamental; 97% apresentavam defasagem escolar, com 73,8% de reprovação (pelo menos uma vez). As meninas apresentavam maior defasagem, entre 1 e 2 anos de trabalho, e os meninos apresentavam maior defasagem para quem tinha de 3 a 8 anos de trabalho, o que significa que, ao longo do tempo, os meninos ou são mais reprovados, ou desistem mais do que as meninas.

Na *cultura do abacaxi*, 79,6 estudavam e 20,4% não estudavam. Todos cursavam o ensino fundamental. Tinham uma defasagem de 1 a 8 anos, predominando 4 anos de defasagem com 26,2%. O que significa que o trabalho infantil na cultura do abacaxi atrapalha o processo de escolarização.

Na *ESCCA*, 58% não estudavam no momento da pesquisa; 32% (segundo relatos) estudavam, mas não na escola; participavam de programas sociais ou de formação profissional. Apenas 10% estudavam em escolas regulares no momento da pesquisa. Sendo que 90% tinham cursado o ensino fundamental incompleto; 2%, o fundamental completo; 6%, o médio incompleto, e 2%, o médio completo. A análise dos dados revela que a segregação acontece em todas as atividades, mas são maiores na ESCCA, doméstico e rural, ou seja, **quanto mais precárias a atividade de trabalho infantil e a dimensão de gênero, mais implicações ocorrem no processo de escolarização**.

Quanto aos riscos psicológicos, os dados mostram que, no trabalho doméstico, 60% tinham dificuldades para aprender matemática; 49,9% tinham dificuldades para expressar sentimentos; 43,9% tinham dificuldades para expressar ideias, e 41,7% tinham dificuldades para compreender informações.

Nas atividades informais em condição de rua, 30% tinham dificuldades para aprender matemática; 28,4% tinha dificuldades para ler na escola; **27,5% tinham medo de perder o tempo da infância**, e 24,7% tinham dificuldades para escrever na escola.

Na cultura do abacaxi, 68,5% tinham dificuldade para aprender matemática; **62,3% tinham medo de ficar adultos antes do tempo**; 57,4% tinham dificuldades para compreender uma informação, e **57% tinham medo de perder o tempo da infância**.

Todos tinham dificuldades com a matemática, nas atividades informais em condição de rua. No abacaxi, havia o medo de perderem a infância e ficarem adultos antes do tempo. No trabalho doméstico e na cultura do abacaxi, tinham dificuldades para compreender uma informação.

Nos riscos sociais, todos revelaram que atrapalhavam a formação profissional. Na cultura do abacaxi e no trabalho doméstico, também apareceu em segundo lugar

o risco do envelhecimento precoce. No informal, o segundo risco mais identificado foi o da violência.

DISCUSSÃO DOS DADOS

O trabalho infantil começa cedo no contexto do lar, onde se dá uma aprendizagem no contexto da família para depois tornar-se remunerado. As implicações dessa inserção precoce são tão significativas que, ao chegar à idade em que realmente deveria trabalhar, falta à criança o capital cultural, só restando-lhe o trabalho doméstico remunerado.

A inserção precoce diz respeito a uma divisão sexual do trabalho, de modo que as meninas estão em maior número naquelas atividades historicamente naturalizadas à mulher. Enquanto os meninos se fazem mais presentes naquelas atividades consideradas como naturalizadas ao masculino: a rua e a roça.

A preponderância do trabalho da menina pode ser explicada a partir de diversos fatores, mas há alguns que se sobressaem:

> • A cultura de naturalização, presente nos espaços das classes populares que concebe o espaço doméstico como feminino. São mulheres porque para elas se convencionou o que Bourdieu (*apud* TAVARES, 2002) chama de "economia do cuidado", que significa cuidar da casa, da família, da comunidade, do outro "*em ciclos que se produzem ao longo da vida das mulheres*".
>
> • A ideologia que concebe para as classes populares, principalmente mulheres e meninas, o espaço doméstico como uma espécie de *habitus* natural.
>
> • A herança do patriarcalismo e do escravismo que, no Brasil, se herdou do processo de colonização e formação que concebe que a iniciação das meninas pobres deve se dar, no trabalho doméstico, por volta de sete ou oito anos de idade, no contexto familiar, resvalando, depois para o mercado de trabalho remunerado, o que é percebido como natural para mulheres, crianças, mestiças e pobres (TAVARES, 2002).

A análise étnica indica que a inserção precoce no trabalho contempla uma dimensão discriminatória e excludente, que reproduz a cultura histórica do Brasil: o trabalho é essencialmente para negros e pobres. Os dados corroboram a análise de outros autores de que, no Nordeste brasileiro (TAVARES, 2002; OIT, 2003), predomina a inserção precoce no trabalho de crianças e adolescentes afrodescendentes. Assim como também confirma outro dado de que, embora a condição financeira não seja o único fator determinante da inserção precoce no trabalho, uma vez que também há de se elencar a cultura, sem dúvida, a pobreza é o fator determinante.

Os dados desta pesquisa, referentes à renda familiar média, entre 1/2 salário mínimo a 31/2 salários mínimos, corroboram outras pesquisas (KASSOUF, 2002) que demonstram que o aumento da renda da família diminui a probabilidade de as crianças trabalharem. Conforme (MOREIRA *et al.*, 1995, p. 14), (...) *não se pode negar que o elevado grau de pobreza da classe trabalhadora é o principal responsável pela inserção prematura dos jovens no mercado de trabalho.* Esta posição é também compartilhada por Cervini e Burger (1991).

Um dos problemas do afastamento da escola em decorrência do trabalho precoce é que essas crianças e adolescentes, ao serem obrigados a optar pelo trabalho e afastar-se da escola, perderão a possibilidade de adquirir o capital cultural fundamental para seu futuro, para seu desenvolvimento psicossocial, intelectual e de cidadania. Embora na ciência não se possa fazer afirmações, de previsão futurista, inferi-se, nesse artigo que a probabilidade de que s meninos e meninas, quando estiverem na idade certa para ingresso no mercado de trabalho, não terão acesso às profissões que requerem escolaridade e que possibilitam a cidadania. Baseamo-nos, para fazer tais afirmações, em pesquisas de outros autores que investigaram adultos que foram trabalhadores precoces. Emerson; Souza (2002) e Kassouf (2000) identificaram um impacto negativo do trabalho precoce na renda dos sujeitos, quando se tornam adultos, sobretudo aliado à baixa escolaridade. Concluem que a perda de renda quando da inserção precoce no trabalho é mais significativa do que os ganhos que se poderia ter pela renda do trabalho, e pela experiência adquirida no trabalho precoce. Beegle, Dehejia e Gatti, (2005) encontram, em seus estudos sobre as consequências do trabalho precoce no Vietnã, que, em médio prazo, o trabalho precoce aumentou a renda das famílias das crianças trabalhadoras; porém, encontrou também que, a longo prazo, o trabalho precoce gera um déficit de renda devido à baixa escolaridade, que anula esses ganhos.

A relação dos meninos e das meninas com a instituição escolar não é fácil. Boa parte das várias dificuldades que eles apresentam para não frequentar a escola advém das dificuldades de relacionamento dela, isto é, o corpo institucional, com os educandos. São crianças e adolescentes adultizados precocemente que não encontram, no modelo de escola a que têm acesso, o acolhimento de que necessitam para progredir nos estudos. Predomina uma inabilidade da escola para lidar com os comportamentos de meninos que já são autônomos. É essa inabilidade da escola uma das causas das reprovações e da evasão escolar. O que justifica a defasagem escolar retendo número significativo de sujeitos no ensino fundamental. É também um fator explicativo para o analfabetismo juvenil cada vez mais crescente.

Verificou-se também que os meninos e meninas enfrentam dificuldades para assimilar os conteúdos abstratos da escola. A dificuldade de utilização do formato abstrato da escola se contradiz com o formato concreto que experienciam. Os dados mostram a dificuldade deles para abstraírem, para falarem de si, para expressarem suas emoções por meio da linguagem. Mas a dificuldade para falarem de si não é apenas a de linguagem, mas também a de elaborar um pensamento congruente que dê conta de uma análise de suas vidas e de suas condições. Esses dados parecem corroborar aqueles encontrados por Freitag (1993): as crianças escolarizadas tendem a expressar-se de forma mais socializada, enquanto crianças sem experiência escolar se expressam de modo mais preso aos padrões da fala egocêntrica.

Outro aspecto analítico pode ser interpretado no que tange às implicações do trabalho no processo de escolarização dessas crianças e adolescentes, cuja adultização precoce, socialização desviante, cansaço, baixo nível de escolaridade, histórias de reprovação, repetência e defasagem escolar (ALBERTO, 2002; TAVARES, 2002; FORASTIERI, 1997; NOGUEIRA, 1993; CERVINI; BURGER, 1991) impedem o acompanhamento do processo escolar. Diante de tais problemas, a escola, por não conseguir trabalhar com essas diferenças, contribui para que a criança desista, se afaste, vivencie a evasão escolar.

Percebe-se, pelos dados, a exposição aos riscos psicológicos e sociais. O trabalho precoce adultiza os sujeitos nele envolvidos, porque atribui responsabilidades e obrigações a crianças e adolescentes prematuramente. Estas responsabilidades prematuras têm consequências para a saúde, porque impedem o acesso desses sujeitos às vivências apropriadas e necessárias ao desenvolvimento, além de gerar um sentimento de sobrecarga, de perda, de pressão, de exploração, o que poderá levar, inclusive, ao desestímulo ao trabalho na vida adulta (ALBERTO, 2002).

Riscos podem ser analisados com diversos significados possíveis. Aqui está sendo considerada a possibilidade de perda, dano ou perigo. A noção de riscos está associada tanto à presença de máquinas, ambiente de trabalho, substâncias ou situações perigosas, quanto à probabilidade de um acidente, inter-relações, doença ou sofrimento. É preciso considerar que os riscos não são estáticos e aliam-se aos contextos em que se inserem os indivíduos (PORTO, 2000). Tratando-se de crianças e adolescentes, cujas leis proíbem o trabalho, estes aspectos assumem contornos de Direitos Humanos. Embora não se tenha indagado das crianças e dos adolescentes as queixas, vale ressaltar que a cada categoria de riscos podem corresponder alguns efeitos, podendo atingir caráter mórbido.

Alberto (2002) considera que a inter-relação das condições de trabalho com a organização do trabalho tem implicações para a saúde física e mental de crianças e adolescentes trabalhadores. Ela se dá segundo uma construção social que hierarquiza os trabalhos entre meninos e meninas, caracterizando a existência de relações sociais de sexo e divisão sexual do trabalho. O sofrimento dos meninos e das meninas é devido aos seguintes aspectos: dores no corpo, olhar, expressão e tratamento do OUTRO, medo decorrente dos riscos, em razão das exigências de esforço físico e desgaste provocados pelas tarefas e postura do corpo, dentre outros. Há vivências subjetivas de sofrimento na inter-relação com o OUTRO, por causa do não reconhecimento da utilidade das atividades que desempenham e do local onde trabalham: nas ruas. Os meninos e as meninas criam defesas coletivas e individuais: o silêncio, os risos, os gracejos, as zombarias e o choro, a vadiagem e as brigas na escola, uso da virilidade, minimização da realidade, a acomodação e o uso de drogas como formas de fuga. A inserção precoce é nefasta na vida dessas crianças e adolescentes, cujas implicações psicossociais aparecerão nos seguintes aspectos: uma imagem negativa de si e uma baixa autoestima, a adultização precoce, a defasagem escolar, a socialização desviante e a falta de perspectivas de futuro.

No caso dos trabalhadores precoces, a noção de risco deve estar relacionada com sua condição de crescimento, não se focalizando apenas os fatores imediatos, mas aqueles que ameaçam o seu desenvolvimento ao longo do tempo (MEIRELLES, 1998).

Segundo Campos (2001), o trabalho infantil ressalta o processo de exclusão social e de reprodução dos baixos padrões de vida material, o que, por sua vez, não garante a esses sujeitos promoção e desenvolvimento na sociedade nem rendimentos significativos no futuro.

Vogel e Mello (1991) ressaltam que a saída de casa da criança e do adolescente para a inserção precoce no trabalho volta-se contra a família, resultando em perda, não só para o potencial gerador de renda, mas ainda para a sua imagem pública, além de constituir um rude golpe em sua capacidade de reproduzir-se como unidade de agregação e no sistema de papéis, pois a família tem uma criança que já nasce adulta.

No caso da Exploração Sexual Comercial conduz a vivências subjetivas de sofrimento, que se apresentam de várias formas: no sofrimento no corpo e do corpo, no sofrimento psíquico que se expressa na inter-relação com o outro, no sofrimento diante do medo, no sofrimento pela humilhação. As implicações psicossociais relacionadas com as vivências subjetivas de sofrimento são: imagem negativa de si e baixa autoestima, adultização precoce, prejuízos à escolaridade, socialização desviante com o uso de drogas, perda das expectativas de futuro.

A humilhação imposta pela ESC ataca a dignidade de meninos e meninas e gera um sentimento de vergonha em decorrência do olhar e do tratamento do outro que os faz ver a sua condição de vida, trabalho e submissão. Assim como a violência sexual praticada contra adolescentes, incluindo abuso sexual e exploração sexual comercial, caracteriza-se como fator de vulnerabilidade dos jovens frente ao HIV/AIDS.

Alguns desses aspectos, como a violência física e psicologia, uso de álcool e drogas, AIDS, doenças sexualmente transmissíveis e gravidez, foram abordados na pesquisa sobre ESC em dois momentos: o primeiro na unidade sobre saúde e o outro nas consequências da ESC. No primeiro momento, o objetivo era verificar em que medida essas crianças e adolescentes já vivenciavam situações de risco, algumas das quais poderiam inclusive contribuir para a inserção na ESC, como é o caso das violências. No segundo momento em termos de consequência da ESC para analisar o envolvimento com estas situações mais na perspectiva de serem decorrentes da ESC. Logo é possível compreender que os riscos a que estão vulneráveis se tornam mais prementes com a vivência da situação de exploração sexual comercial, como é o caso das drogas, quando o uso se torna algumas vezes uma forma de enfrentar a ESC, de suportar ou aliviar o sofrimento (ARAÚJO, 1997; ALBERTO, 2002; LIBÓRIO, 2003).

Alguns autores que analisaram a ESC, dentre eles Libório (2003) e Leal (2001), apontaram as influências das relações de gênero e raça/etnia na produção desta realidade social, o que explica que a maior parte das crianças e adolescentes seja do sexo feminino e afrodescendentes.

Azevedo e Guerra (1993), Saffioti (1989), afirmam que a exploração sexual comercial de crianças e adolescentes é uma das violações ao direito da criança, fruto de cruzamento de vários outros tipos de violência na qual está implícita a ideia de dominação perpassada pelas categorias de sexo e de idade, práticas de uma sociedade "androcêntrica" e "adultocêntrica", ou seja, dominada por homens e adultos, os quais partem do pressuposto de que podem e devem violentar as meninas mulheres.

No Brasil, há prática cultural de erotizar os corpos das meninas quer seja transformando-se o corpo delas em objeto de desejo, quer seja explorando sexualmente. Tal prática, embora contemple uma dimensão histórica culturalmente construída, naturalizou-se de modo que encontramos, desde a literatura, referências à prevalência da violência sexual sobre as meninas. E, no Brasil, também é cultural a prevalência da violência sexual às meninas negras ou afrodescendentes. Em *Casa grande e senzala*, Gilberto Freyre (1987) refere-se a essa prática.

Compreende-se, a partir do exposto, que a violência e a comercialização do sexo, envolvendo crianças e adolescentes no Brasil, constitui-se uma prática cultural histórica que consiste em explorar predominantemente meninas, afrodescendentes. Ou seja, constitui uma forma de violência cuja base explicativa reside em quatro pilares: a) no processo de dominação de uma determinada classe social sobre outra, no caso das classes burguesas sobre as classes populares; b) no patriarcalismo sedimentado no poder do homem; c) na violência racial dos brancos sobre os negros e d) no abuso da criança e do adolescente. Estas práticas culturais se disseminam e chega aos dias de hoje aliada a outros agravantes, a violação dos direitos humanos e a impunidade. Trata-se de violação porque desrespeita todas as Leis e Convenções Internacionais hoje existentes, referentes aos quatro aspectos: condições financeiras, infância e adolescência, gênero e raça. Trata-se de impunidade porque expõe a dificuldade do Estado em coibir tais práticas.

Considerações finais

Considerando-se todos os aspectos aqui identificados cujos dados remetem às causas e consequências do trabalho infantil, que embora nesse artigo sejam tratados a partir de uma determinada região do país, elas mostram-se, pelos autores tomados como referência, que elas repetem-se em outras regiões. Cumprem-se como recomendações que, dentre outras coisas, conceba-se e efetivem-se políticas públicas educacionais, que se trabalhem as dimensões culturais e desenvolvam-se políticas de emprego e renda com as famílias.

Referências

ACCIÓN. *Los niños y el trabajo.* Genebra, n. 2, p. 3, nov. 1996.

ALBERTO, M. F. P. Infância e Estado: controle e disciplinamento. *Conceitos: Previdência, Realidade Social e Educação,* 5(9), 2003, p. 38-44.

ALBERTO, Maria de Fátima Pereira. *Dimensões subjetivas do trabalho precoce de meninos em condição de rua em João Pessoa.* Recife. Tese (Doutorado em Sociologia). Programa de Pós-graduação em Sociologia, Universidade Federal de Pernambuco, 2002.

ARAÚJO, M. de M. B. *A menina, a rua e a violência:* um estudo sobre as meninas de rua em João Pessoa. Dissertação Mestrado em Serviço Social. Universidade Federal da Paraíba, 1997.

AZEVEDO, M. A.; GUERRA, V. N. de A. (orgs.). *Infância e violência doméstica:* fronteiras do conhecimento. São Paulo: Cortez, 1993.

BEEGLE, Kathleen, DEHEJIA, Rajeev, GATTI, Roberta. *Why should we care about child labor?* the education, labor market, and health consequences of child labor. World Bank Policy Research Working Paper n. 3.479, 2005. Disponível em: <http://econ.worldbank.org/external/default/main?pagePK=64165259&piPK=64165421&theSitePK=469372&menuPK=64216926&entityID=000012009_20050210093624> Acesso em: 18.7.2009.

BRASIL. Ministério da Saúde. *Lei n. 8.069, de 13 de julho de 1990.* Dispõe sobre o Estatuto da Criança e do Adolescente. 3. ed. Brasília: Ministério da Saúde, 2008.

______. Senado Federal. *Constituição da República Federativa do Brasil.* Brasília: Senado, 1988.

CAMPOS, H. R. *Pobreza e trabalho infantil sob o capitalismo.* Tese (Doutorado). Programa de Pós-Graduação em Educação. Natal: Universidade Federal do Rio Grande do Norte, 2001.

CERVINI, Ruben, BURGER, Freda. O menino trabalhador no Brasil urbano dos anos 80. In: FAUSTO, Ayrton; CERVINI, Ruben (orgs.). *O trabalho e a rua:* crianças e adolescentes no Brasil urbano dos anos 80. 2. ed. São Paulo: Cortez, 1996.

COSTA, Antônio Carlos Gomes da. *Participar é preciso.* [s.l.]: Ministério da Ação Social, Centro Brasileiro para a Infância e Adolescência — CBIA, 1990. Série Direitos da Criança 1.

EMERSON, Patrick, SOUZA, André Portela. *Is there a child labour trap?* Intergeracional persistence of child labour in Brazil. Working Paper n. 2-W14. Nashville, TM: Vanderbilt University/Department of Economics, 2002. Disponível em: <www.vanderbilt.edu/econ> Acesso em: 13.5.2009.

FORASTIERI, Valentina. *Children at work:* health and safety risks. Geneva: International Labour Office, 1997.

FREITAG, Bárbara. *Escola, Estado e sociedade.* São Paulo: EDART, 1993.

______. *Casa grande e senzala:* formação da família brasileira sob o regime da economia patriarcal. 25. ed. Rio de Janeiro: Olympio, 1987.

GOES, J. R.; FLORENTINO, M. Crianças escravas, crianças dos escravos. In: PRIORE, M. del (org.). *História das crianças no Brasil.* São Paulo: Contexto, 2004.

HAGEMANN, Frank; DIALLO, Yacouba; ETIENNE, Alex; MEHRAN, Farhad. *Global child labour trends 2000 to 2004.* Geneva: International Labour Organization-SIMPOC, 2006.

INSTITUTO BRASILEIRO DE GEOGRAFIA E ESTATÍSTICA. *Síntese de indicadores sociais.* IBGE, 2009. Disponível em: <http://www.ibge.gov.br/home/estatistica/populacao/condicaodevida/indicadoresminimos/sinteseindicsociais2009/default.shtm> Acesso em: 30.1.2010.

KASSOUF, Ana Lúcia. *Aspectos socioeconômicos do trabalho infantil no Brasil.* Brasília: Secretaria de Estado dos Direitos Humanos, 2002.

______. O efeito do trabalho infantil para o rendimento e a saúde dos adultos. In: XXII Encontro Brasileiro de Econometria. CEPEA/EsalQ/USP, Campinas, 2000. *Anais do XXII Encontro Brasileiro de Econometria.* CEPEA/EsalQ/USP. Campinas: Centro de Estudos em Pesquisa Econômica Aplicada do Departamento de Economia, Administração e Sociologia da EsalQ/USP (CEPEA/EsalQ/USP), 2000. Disponível em:<http://www.cepea.esalq.usp.br/pdf/sbe2000.pdf> Acesso em: 16.4.2009.

LEAL, M. L. P. *A mobilização das ONGs para o enfrentamento da exploração sexual comercial de crianças e adolescentes no Brasil.* Tese não publicada (Doutorado). Programa de Pós-Gradução em Serviço Social. São Paulo: Pontifícia Universidade Católica de São Paulo, 2001.

LIBÓRIO, R. M. C. *Desvendando vozes silenciadas:* adolescentes em situação de exploração sexual. Tese (Doutorado). Programa de Pós-graduação em Psicologia, Departamento de Psicologia Escolar e do Desenvolvimento. São Paulo: Universidade de São Paulo, 2003.

LONDOÑO, F. T. A origem do conceito menor. In: PRIORE, M. del (org.). *A história da criança no Brasil.* São Paulo: Cortez, 1991.

MARTINS, José de Souza (coord.). *O massacre dos inocentes*: a criança sem infância no Brasil. São Paulo: Hucitec, 1993.

MARX, Karl. Processo de trabalho e processo de valorização. In: MARX, Karl. *O capital* — crítica da economia política. O processo de produção do capital. São Paulo: Difel, 1987. v. 1, t. 1.

MOREIRA, Emília de Rodat Fernandes *et al. Os caras pintadas de suor e fuligem da cana.* Relatório técnico de pesquisa. João Pessoa: UFPB, CNPq, 1995.

NASCIMENTO, Amauri Mascaro. *Curso de direito do trabalho* — história e teoria geral do direito do trabalho: relações individuais e coletivas do trabalho. 11. ed. São Paulo: Saraiva, 1995.

NOGUEIRA, Maria Alice. *Educação, saber, produção em Marx e Engels.* 2.ed. São Paulo: Cortez, 1993.

ORGANIZAÇÃO INTERNACIONAL DO TRABALHO. *A eliminação do trabalho infantil:* um objetivo ao nosso alcance — Relatório Global. Brasília: OIT, 2006.

______. *Convenção n. 138*. Convenção sobre idade mínima para admissão a emprego, 1973. Disponível em: <http://www.oitbrasil.org.br/ipec/download/conv_138.pdf> Acesso em: 29.3.2010.

______. *Convenção n. 182*. Convenção sobre proibição das piores formas de trabalho infantil e ação imediata para sua eliminação, 1999. Disponível em: <http://www.oitbrasil.org.br/ipec/download/conv_182.pdf> Acesso em: 29.3.2010.

______. *Recomendação 190*. Sobre proibição das piores formas de trabalho infantil e ação imediata para sua eliminação, 1999. Disponível em: <http://www.oitbrasil.org.br/ipec/download/rec_190.pdf> Acesso em: 29.3.2010.

______. *O trabalho infantil doméstico nas cidades de Belém, Recife e Belo Horizonte:* um diagnóstico rápido. Brasília: OIT, 2003.

PAONE, Gianni. Los países ricos y los niños que trabajan: la paradoja occidental. *Laboreal*, v. 3, n. 2, p. 29-43, dez. 2007. Disponível em:<http://laboreal.up.pt/revista/ artigo.php?id =48u56oTV658223432:979343662> Acesso em: 1º.1.2008.

PORTO, M. F. de S. Análise de riscos nos locais de trabalho: conhecer para transformar. In: *Cadernos de Saúde do Trabalhador*, São Paulo: Kingraf, Instituto Nacional de Saúde do Trabalhador, p. 1-42, jun. 2000.

RAMOS, F. P. A história trágico-marítima das crianças nas embarcações portuguesas do século XVI. In: PRIORE, M. del (org.). *História das crianças no Brasil*. 4. ed. São Paulo: Contexto, 2004.

SAFFIOTI, H. Exploração sexual de crianças. In: AZEVEDO, M. A.; GUERRA, N. V. N. (orgs.). *Crianças vitimizadas*: a síndrome do pequeno poder. São Paulo: Iglu, 1989.

TAVARES, Maurício Antunes. *Onde está Kelly?* o trabalho oculto de crianças e adolescentes exploradas nos serviços domésticos na cidade do Recife. Recife: Cendhec, 2002.

VENANCIO, R. P. Os aprendizes da guerra. In: PRIORE, M. del (org.). *História das crianças no Brasil*. 4. ed. São Paulo: Contexto, 2004.

VOGEL, Arno; MELLO, Marco A. da S. Da casa à rua: a cidade como fascínio e descaminho. In: FAUSTO, Ayrton; CERVINI, Ruben. (orgs.). *O trabalho e a rua*: crianças e adolescentes no Brasil urbano dos anos 80. São Paulo: UNICEF, FLACSO: Cortez, 1991.

Trabalho Infantil e Fundamentos para a Proteção Jurídica da Criança e do Adolescente

Xisto Tiago de Medeiros Neto(*)

Sumário: I — Os direitos da criança e do adolescente. I.1 — Considerações básicas. I.2 — A evoluçao da proteçao constitucional no Brasil. II — Trabalho infantil. II.1 — Definição, abrangência e configuração. II.2 — Marco legal e situações de proteção. II.3 — As Convenções ns. 136 e 182 da Organização Internacional do Trabalho. II.4 — Fundamentos para a proteção trabalhista. II.5 — Mitos e verdades sobre o trabalho infantil. II.6 — Perfil das principais ocorrências. II.7 — Efeitos trabalhistas do labor infantil. II.8 — A atuação do Ministério Público. II.8.1 – Introdução. II.8.2 — Formas de atuação: medidas e iniciativas.

I — Os direitos da criança e do adolescente

I.1 — Considerações básicas

A afirmação da dignidade do ser humano — nas múltiplas fases e projeções da sua vivência — é fruto de lento e penoso processo de conquistas históricas, permeado por avanços e retrocessos. Essa evolução gradual, para a qual contribuíram, de maneira decisiva, diversificados fatores (políticos, econômicos, sociais, filosóficos, morais e até religiosos), resultou na consagração da doutrina dos direitos humanos fundamentais, compreendidos como "o conjunto de faculdades e instituições que, em cada momento histórico, concretizam as exigências da dignidade, liberdade e igualdade humanas, as quais devem ser reconhecidas positivamente pelos ordenamentos jurídicos em nível nacional e internacional"(1).

Diversos documentos políticos e declarações de direitos, produzidos ao longo da história, revelam a luta pelo respeito ao ser humano, como indivíduo, nas perspectivas pessoal e social, tendo por fundamento a sua plena e inalienável dignidade.

(*) Procurador Regional do Ministério Público do Trabalho. Professor da UFRN e da Escola Superior do MPU. Mestre em Direito Público.

(1) LUÑO, Antonio Enrique Pérez. *Los derechos fundamentales*. 6. ed. Temas Clave de la Constitucion Española, colección dirigida por Pedro de Veja. Madrid: Tecnos.

O movimento de proclamação e busca de efetivação dos direitos fundamentais deu-se no rumo de sua **universalização**, diante da crescente generalização ou internacionalização, e da sua **multiplicação ou especificação** quanto ao gênero (homem e mulher), às fases da vida (infância, adolescência, velhice) e aos estados normais e excepcionais na existência humana (doença e deficiência)[(2)].

No que diz respeito, propriamente, aos **direitos da criança e do adolescente**, observa-se que se encontram especificados e reconhecidos em vários instrumentos internacionais e em normas de alçada constitucional e infraconstitucional, **integrando inequivocamente o elenco dos direitos fundamentais do homem**, resultado do processo de valorização da dignidade da pessoa, em suas etapas iniciais de desenvolvimento e formação[(3)].

Destaca-se que a necessária e impostergável proteção destinada aos direitos da criança e do adolescente sedimentou-se no século XX, com a força da proclamação da sua essencialidade. Foi este último século, nas palavras de Maria Luíza Marcílio, o século da descoberta, valorização, defesa e proteção da criança, quando foram formulados os seus direitos básicos, reconhecendo-se, com eles, que a criança é um ser humano especial, com características específicas, e que tem direitos próprios, sendo neste mesmo século que os avanços da Medicina, das ciências jurídicas, das ciências pedagógicas e psicológicas, descobrem a especificidade da criança e a necessidade de formular seus direitos, que passam a ser tidos como especiais[(4)].

No campo laboral, há de ser ressaltado que a era moderna espelhou a cruel realidade da livre exploração do trabalho infanto-juvenil, acentuada ao longo da Revolução Industrial, em pleno regime liberal, constituindo triste capítulo da história da humanidade. O incremento do labor infantil foi marcante, com a desconsideração absoluta da condição peculiar das crianças e da natureza do serviço a que se obrigavam, prevalecendo a visão unidirecional do empregador, primacialmente focada na obtenção de lucro máximo, o que era estimulado com o barateamento da mão de obra e a vulnerabilidade e incapacidade reivindicativa peculiares às pessoas de tenra idade inseridas no trabalho. Vivenciou-se o flagrante desrespeito aos direitos mais fundamentais do ser humano, em relação à sua vida, liberdade, saúde, assistência, educação e segurança.

Na Inglaterra, por exemplo, deu-se em grande escala a utilização de crianças nas atividades fabris e de mineração, submetidas a jornadas e condições de trabalho

---

(2) Cf. BOBBIO, Norberto. *A era dos direitos.* Rio de Janeiro: Campos, 1992. p. 62-63.

(3) Em estudo sobre o tema, anota Kátia Magalhães Arruda que "parece um paradoxo pretender lutar para dar às crianças o direito de ser criança, mas se observarmos com atenção a história da humanidade, vamos concluir que todas as lutas pelos direitos humanos tinham como objetivo precípuo dar ao homem o direito de ser humano em sua integralidade". (*A exploração do trabalho de crianças no Brasil.* São Luís, 1997, monografia apresentada no curso de mestrado em Direito da UFC, publicada com o apoio do TRT 16ª Região, p. 24-25).

(4) A construção dos direitos da criança brasileira. In: MARCÍLIO, Maria Luíza; PUSSOLI, Lafaiete (coords.). *Cultura dos direitos humanos.* São Paulo: LTr, 1998. p. 77.

desumanas. A necessidade de coibir abuso de tal natureza gerou, naquele país, a primeira lei de tutela trabalhista no mundo, exatamente na área da proteção às crianças: *the act for preservation of health and moral aprentices employed in cotton and others mills*, de 1802, expedido pelo Ministro Robert Peel, constituindo a primeira norma positiva que corresponde à ideia contemporânea do Direito do Trabalho, e que fixou em 12 anos a jornada laboral do menor de idade[(5)].

O relato do professor catedrático espanhol Manoel Alonso Olea, a respeito dessa realidade, é impressionante:

> "As jornadas de trabalho, de até quatorze e dezesseis horas, monotonamente repetidas, são extremas para qualquer idade; aplicadas, como o foram por vezes, a crianças de até oito e nove anos, em oficinas e minas, e ainda de idades inferiores na indústria têxtil, constituíram um dos episódios mais tristes e lamentáveis da história da economia, o *grande escândalo moral da Revolução Industrial*, e mais, caso se considere que a razão básica de sua utilização foi rigorosamente econômica, a saber, a de conseguir economizar nos custos, pelos salários baixos tradicionalmente pagos ao trabalho infantil (...). Na indústria têxtil britânica, os aprendizados começavam aos sete anos e, em determinadas comarcas, as crianças trabalhavam *desde os cinco, desde os quatro anos, desde que os considerassem capazes de atenção e obediência, em situação de escravidão virtual — para que o mestre 'fizesse com ela o que quisesse* (...)."[(6)]

Assistiu-se, em seguida, no plano mundial, à evolução de uma linha legislativa direcionada à criação de normas de proteção ao trabalho de crianças e adolescentes, obtendo, posteriormente, o *status* de regras constitucionais na maioria dos ordenamentos jurídicos — como se deu no Brasil —, integrando o rol dos direitos e garantias fundamentais, principalmente a partir do movimento denominado de "constitucionalismo social".

Assim se deu com a mudança do perfil do Estado, passando a intervir no domínio econômico e social, a fim de buscar garantir um mínimo de equilíbrio e justiça nas relações privadas, de maneira especial na proteção aos hipossuficientes, notadamente os trabalhadores, reduzidos a condições aviltantes em face do sistema produtivo. Inscriu-se, por consequência, no texto das Constituições, normas de proteção aos direitos concebidos sob a ótica social.

Some-se a isso, a produção de uma série de documentos de âmbito supraestatal, fruto da atuação de organismos internacionais, na busca de incrementar e uniformizar a tutela ao trabalho de crianças e adolescentes, do que são exemplo maior as Convenções e Recomendações adotadas pela Organização Internacional do Trabalho —

---

(5) Cf. NASCIMENTO, Amauri Mascaro. *Compêndio de direito do trabalho*. 2. ed. atual. São Paulo: LTr, 1976. p. 590.

(6) *Introdução ao direito do trabalho*. Curitiba: Gênesis, 1997. p. 333-335.

OIT, a partir de 1919, e, posteriormente, pela Organização das Nações Unidas — ONU.

Nesse passo, ganhou força e aceitação a nova perspectiva descortinada pela **doutrina sociojurídica da proteção integral**, sob a consideração de que a criança e o adolescente "têm direito a uma proteção especial ao seu desenvolvimento físico, mental, espiritual e social, por meio de uma forma de vida saudável e normal e em condições de liberdade e dignidade"(7).

Assenta-se, pois, que o **sistema jurídico de proteção trabalhista às crianças e aos adolescentes** encontra fundamento na proclamação e efetivação dos direitos humanos fundamentais, garantidos por instrumentos internacionais (Declarações, Convenções, Tratados e Recomendações) e por normas constitucionais, que conferem fundamento de validade à legislação infraconstitucional, como são exemplos, no Brasil, a Consolidação das Leis do Trabalho e o Estatuto da Criança e do Adolescente.

Enfim, esse conjunto normativo, harmônico e integrado, dada a natureza e essência do direito tutelado, compõe-se de regras de ordem pública, de natureza imperativa.

I.2 — A evolução da proteção constitucional no Brasil

Em análise histórica, registra-se, inicialmente, que não se encontra, na *Constituição do Império de 1824*, e na primeira *Constituição Republicana de 1891*, nenhuma referência protecionista à criança.

É na *Constituição de 1934* que, de forma inovadora, inseriu-se preceito de proteção à criança, com a fixação da idade mínima para o trabalho aos 14 anos. Estatuiu, nesse sentido, o seu art. 121, alínea *d*, a "proibição de trabalho a menores de quatorze anos, de trabalho noturno a menores de dezesseis; e em indústrias insalubres, a menores de dezoito anos e a mulheres".

A *Constituição de 1937*, outorgada por Getúlio Vargas, estabeleceu como competência privativa da União legislar sobre normas de defesa e proteção da saúde, inclusive das crianças, dispondo em seu art. 137, alínea *k*, sobre a vedação do "trabalho de menores de quatorze anos; de trabalho noturno a menores de dezesseis e, em indústrias insalubres, a menores de dezoito anos e a mulheres".

Na *Constituição democrática de 1946* reiterou-se o limite de idade mínima de 14 anos para o labor, vedando-se o trabalho de menores de 18 anos em indústrias insalubres e em trabalhos noturnos. A disposição do art. 157, inciso IX, proibia o "trabalho de menores de quatorze anos; em indústrias insalubres, a mulheres e

(7) Esse princípio basilar foi consagrado pela Convenção sobre os Direitos da Criança adotada pela Resolução L. n. 44 (XLIV), da Assembleia Geral das Nações Unidas, em 20 de novembro de 1989, ratificada pelo Brasil em 24 de setembro de 1990.

menores de dezoito anos; e de trabalho noturno, a menores de dezoito anos, respeitadas, em qualquer caso, as condições estabelecidas em lei e as exceções admitidas pelo juiz competente".

Nas *Cartas Políticas de 1967 e 1969*, a idade mínima foi estabelecida em 12 anos, condição que representou retrocesso, em termos de proteção, à luz das Convenções Internacionais existentes. Com efeito, da primeira dessas Constituições, observava-se a redação do art. 158, X, no sentido da "proibição de trabalho a menores de doze anos e de trabalho noturno a menores de dezoito anos, em indústrias insa-lubres a estes e às mulheres".

Enfim, a *Carta Magna de 1988*, em sintonia com o pensamento moderno no campo da garantia dos direitos humanos fundamentais (individuais e sociais) inerentes à criança e ao adolescente, fixou a idade mínima para o trabalho em 16 (dezesseis) anos, salvo na condição de aprendiz, a partir dos 14 (catorze) anos, e a proibição de trabalho noturno, perigoso ou insalubre a menores de dezoito anos (art. 7º, XXXIII).

O novo Estatuto Constitucional acolheu, na esteira da normativa internacional, a **doutrina sociojurídica da proteção integral**, do que é expressão o seu *art. 227*, fruto de emenda popular subscrita por um milhão e meio de cidadãos[8].

A criança e o adolescente, considerados, assim, cidadãos plenos, portadores da condição peculiar de pessoas em desenvolvimento[9] e não adultos em miniatura ou pessoas incompletas —, alçam-se à condição de sujeitos de direitos[10], não sendo

(8) Este dispositivo constitucional inspirou a norma insculpida no art. 3º do Estatuto da Criança e do Adolescente (Lei n. 8.069/90): "A criança e o adolescente gozam de todos os direitos fundamentais inerentes à pessoa humana, sem prejuízo da proteção integral de que trata esta Lei, assegurando-se-lhes, por lei ou por outros meios, todas as oportunidades e facilidades, a fim de lhes facultar o desenvolvimento físico, mental, moral, espiritual e social, em condições de liberdade e de dignidade".

(9) Antonio Carlos Gomes da Costa, em elogiável síntese, aduz que "o conceito de pessoa em condição peculiar de desenvolvimento complementa de forma magnífica a concepção de sujeito de direitos. Reconhece-se, mediante este conceito, que as crianças e adolescentes são detentoras de todos os direitos que têm os adultos e que sejam aplicáveis à sua idade. Além disso, são reconhecidos os seus direitos especiais, decorrentes do fato de que, face à peculiaridade natural do seu processo de desenvolvimento, não conhecem suficientemente tais direitos, não estão em condições de exigi-los do mundo adulto e não são capazes, ainda, de prover por si mesmos suas necessidades básicas sem prejuízo do seu desenvolvimento pessoal e social". (*O novo direito da infância e da juventude do Brasil:* 10 anos do Estatuto da Criança e do Adolescente — avaliando conquistas e projetando metas. UNICEF, Caderno 1, p. 11).

(10) Anotam Mônica Silva Ferreira e Patrícia Anido Noronha que "esta concepção reconhece a criança enquanto cidadã, conferindo-lhe todos os direitos necessários para uma evolução peculiar às suas necessidades, como o direito ao respeito, à dignidade e à liberdade, dados que devem ser levados em conta no processo de assistência e proteção da mesma e que confere a outros, além do Juiz, o poder de buscar a garantia desses direitos." E arrematam salientando que "esta concepção da criança enquanto sujeito de direitos já era pleiteada por alguns juristas (...) Tem como significado o atendimento da criança enquanto cidadã, *não podendo mais ser tratada como objeto passivo da intervenção da família, da sociedade e do Estado* (COSTA, 1992, p. 14). O fato de ser considerada pessoa em condição peculiar de desenvolvimento tem relação com os direitos que as crianças e os adolescentes devem ter como os direcionados aos adultos e presentes na formulação dos direitos humanos, somados aos que estejam de acordo com sua idade, necessidade e interesse, tendo ainda prioridade absoluta em quaisquer ações sociais". (As legislações que tutelaram a infância e a juventude no Brasil. In: BAZÍLIO, Luiz Cavalieri; EARP, Maria de Lourdes Sá;

mais visualizados como meros objetos de direitos. Fez-se ruir, assim, a ultrapassada doutrina assistencialista que embasou os Códigos de Menores de 1927 e 1979[(11)]. Importante realçar que, para os efeitos da proteção legal, no âmbito da legislação brasileira, considera-se criança a pessoa até 12 anos de idade incompletos e adolescente a pessoa entre 12 e 18 anos[(12)].

Como acentua a professora Josiane Rose Petry Veronese, é clara a mudança do paradigma "do direito tutelar, caracterizador da 'doutrina da situação irregular', para um direito protetor-responsabilizador, da 'doutrina da proteção integral'"[(13)].

A Constituição vigente, ao proclamar em seu art. 1º que a República Federativa do Brasil constitui-se em Estado Democrático de Direito, elege entre os seus fundamentos **a cidadania, a dignidade da pessoa humana e o valor social do trabalho**, cuja efetivação passa a ser o pilar essencial de todas as ações empreendidas pelo organismo estatal, **principalmente as de índole legislativa pertinentes à tutela trabalhista da criança e ao adolescente**. Nesse sentido, salienta-se que o elenco das normas fundamentais de proteção à criança e ao adolescente é aberto, possibilitando a incorporação de outros direitos e garantias decorrentes do regime e dos princípios adotados pela própria Constituição da República, ou, ainda, dos tratados (*lato sensu*) internacionais em que o país seja parte (art. 5º, § 1º).

Evidencia-se, também, que os direitos sociais básicos albergados no texto constitucional integram o elenco dos **direitos fundamentais** (Título II), assinalando o art. 6º da Norma Maior que "são direitos sociais a educação, a saúde, o trabalho, a moradia, o lazer, a segurança, a previdência social, **a proteção à maternidade e à infância**, a assistência aos desamparados, na forma desta Constituição".

Vê-se, por fim, que o legislador constituinte, na área da **assistência social**, elegeu como um dos seus objetivos a proteção à infância e à adolescência, ao lado da promoção da integração ao mercado de trabalho, segundo se observa do art. 203, incisos I e III da Carta Política. Igualmente é nítida a linha principiológica abraçada pelo ordenamento jurídico pátrio, no rumo de incentivar e garantir, com prioridade, a **formação educacional** básica e profissional da criança e do adolescente (arts. 205, 208, 212 e 214 da CF). Disso sempre decorrerá a primazia do estímulo à educação

---

NORONHA, Patrícia Anido (orgs.). *Infância tutelada e educação:* história, política e legislação. Rio de Janeiro: Ravil, 1998. p. 151 e 154).

(11) Tânia da Silva Pereira observa, com pertinência, que "o Código de Menores de 1979 (Lei n. 6.697, de 10 de outubro de 1979) adotou a *Doutrina da Proteção ao Menor em Situação Irregular*, que abrange os casos de abandono, a prática da infração penal, desvio de conduta, falta de assistência ou representação legal; enfim, a lei de menores era instrumento de controle social da infância e do adolescente, vítimas de omissões da família, da sociedade e do Estado em seus direitos básicos." (*Apud* FERREIRA, Mônica Silva; NORONHA, Patrícia Anido. *As legislações...*, p. 149).

(12) A distinção foi explicitada pelo Estatuto da Criança e do Adolescente (Lei n. 8.069, de 13 de julho de 1990). A Convenção dos Direitos da Criança, adotada pelas Nações Unidas em 20.9.1989, em seu art. 1º, considera criança todo ser humano com menos de 18 anos, assim também o fazendo a Convenção n. 182 da OIT, em seu art. 2º.

(13) *Temas de direito da criança e do adolescente.* São Paulo: LTr, 1997. p. 9.

em relação à ocorrência do trabalho, preservando-se, porém, mecanismos próprios de compatibilização e adequação entre esses direitos, em sistema de valorização recíproca.

II — Trabalho infantil

II.1 — Definição, abrangência e configuração

A realidade do **trabalho infantil** traduz intolerável violação de direitos humanos e a negação de princípios fundamentais de ordem constitucional, como o são os princípios da *proteção integral* e da *prioridade absoluta*, que encontram fundamento na norma-fonte da **dignidade humana**, de maneira a ensejar imediata e eficaz reação dos órgãos de proteção, especialmente aqueles incumbidos de assegurar e tutelar os direitos das crianças e adolescentes.

O termo *trabalho infantil*, em sua acepção atual, compreende a realização, *por crianças e adolescentes com idade inferior a 16 anos*, tanto de atividades que visem à obtenção de ganho para prover o sustento próprio e/ou da família, como também o labor que não tenha natureza remunerada.

Na realidade brasileira, identificam-se situações variadas de ***trabalho infantil***, sob as mais diversas configurações, que podem ser assim classificadas:

- Em relação à *área*, vê-se o trabalho urbano (comércio e indústria) e o trabalho rural (agricultura e pecuária).

- Quanto ao *tempo*, verifica-se o trabalho contínuo (extração e venda de pedras; mineração), o trabalho sazonal (plantação e colheita de frutas e outras culturas) e o trabalho de natureza eventual ou episódica (eventos esportivos ou culturais).

- No que respeita à *forma*, caracteriza-se o trabalho subordinado (cerâmicas; carvoarias e salinas), o trabalho autônomo ou por conta própria (vendedor ambulante; flanelinha), o trabalho terceirizado (tecelagem) e o trabalho forçado (*em fazendas*).

- Considerado o *local*, observa-se o trabalho em estabelecimentos privados (galpão; fábrica; loja) e em espaços e vias públicas (lixões; matadouros; feiras; ruas e avenidas).

- Em face da *natureza da atividade*, destaca-se o trabalho produtivo (*que visa ao lucro*); o trabalho voluntário e assistencial (entidades beneficentes; igrejas); o trabalho doméstico; o trabalho familiar; o trabalho de subsistência; o trabalho artesanal; o trabalho artístico e desportivo; e, ainda, o trabalho ilícito (tráfico de drogas; prostituição).

São, pois, amplas e inesgotáveis as possibilidades de ocorrência do *trabalho infantil*, e, em regra, a sua existência sempre descortinará uma realidade de *exploração*, *abuso, negligência ou violência*, perante a qual incidirá a responsabilidade da própria família, de terceiros beneficiários do labor desenvolvido e também do Poder Público, podendo alcançar as esferas civil, penal, trabalhista e administrativa.

No que pertine à caracterização do *trabalho infantil* em nosso país, destacam-se os dados regularmente apresentados pelo IBGE, por meio da Pesquisa Nacional por Amostragem Domiciliar — PNAD, que toma por base a faixa etária de 5 a 15 anos, ressaltando-se, em síntese, os seguintes principais aspectos:

• o universo dos trabalhadores infantis é majoritariamente masculino (66%), ainda que, em algumas ocupações, como o trabalho infantil doméstico, haja predominância de mulheres (62,6%); das mulheres de 5 a 15 anos que trabalham 61% são afrodescendentes (negras e pardas);

• pouco mais da metade dos trabalhadores infantis é de cor parda (53,9%), sendo que 41,7% dos trabalhadores infantis são brancos, 3,8% são negros e 0,4% são indígenas ou amarelos. Boa parte dos identificados como pardos se concentra no trabalho agrícola e a maioria daqueles identificados como negros realiza atividades no serviço doméstico ou em outros campos de trabalho de tipo não agrícola;

• do total de trabalhadores infantis, 49,8% estão na zona rural e 50,2% na urbana. De cada 100 crianças e adolescentes de 5 a 15 anos de idade da zona rural, 22 estão envolvidos em trabalho. Na zona urbana essa relação é de 5 para cada grupo de 100;

• a maior concentração de trabalho infantil está entre os não remunerados (54,1%), vindo em segundo lugar o grupo dos empregados, com 22,3%; a terceira posição é dos trabalhadores na produção para o próprio consumo (9,4%), seguida pelo grupo dos trabalhadores domésticos (7,3%) e os trabalhadores por conta própria (6,3%);

• entre os 10 e os 15 anos, o trabalho infantil ocorre majoritariamente na atividade agrícola (51,76%), vindo em segundo lugar o ramo de comércio, com 17,3%;

• nesse mesmo grupo etário, do total de crianças e adolescentes brasileiros trabalhadores, a maioria (61,8%) trabalha sem receber qualquer remuneração. Dentre os que são remunerados, 40,8% ganham até meio salário mínimo por mês, enquanto 15,3% ganham até 1 salário mínimo;

• dentre os que trabalham na faixa etária de 5 a 15 anos, cerca de 10,6% estão fora da escola. As crianças e os adolescentes trabalhadores apresentam nível de escolarização inferior ao daqueles que não trabalham e estão com idade mais avançada para a série cursada;

• a incidência de acidentes de trabalho e doenças osteomusculares em crianças e adolescentes é bem maior do que em adultos. Entre os acidentados, o problema principal foi *corte* (50%), seguido por fraturas ou torções (14%) e por dores musculares, cansaço, fadiga, insônia ou agitação (9,7%);

• em termos absolutos, o maior número de trabalhadores infantis se encontra na Região Nordeste (37,1%). Em segundo lugar, está a Região Sudeste, com 23%.

II.2 — Marco legal e situações de proteção

A legislação brasileira, relativamente ao *trabalho infantil*, guarda consonância com os preceitos estabelecidos na Constituição de 1988, cujas normas incorporaram os postulados de proteção erigidos pela *Convenção dos Direitos da Criança*, adotada em 1989 pela Organização das Nações Unidas — ONU, e que fixa, em seu art. 32, as seguintes obrigações:

> Art. 32
>
> 1. Os Estados Partes reconhecem o direito da criança de estar protegida contra a exploração econômica e contra o desempenho de qualquer trabalho que possa ser perigoso ou interferir em sua educação, ou que seja nocivo para sua saúde ou para seu desenvolvimento físico, mental, espiritual, moral ou social.
>
> 2. Os Estados Partes adotarão medidas legislativas, administrativas, sociais e educacionais com vistas a assegurar a aplicação do presente artigo. Com tal propósito, e levando em consideração as disposições pertinentes de outros instrumentos internacionais, os Estados Partes deverão, em particular:
>
> a) estabelecer uma idade ou idades mínimas para a admissão em empregos;
>
> b) estabelecer regulamentação apropriada relativa a horários e condições de emprego;
>
> c) estabelecer penalidades ou outras sanções apropriadas a fim de assegurar o cumprimento efetivo do presente artigo.

Nesse sentido, a regra-vetor constitucional está encartada no *caput* do **art. 227**, com a seguinte disposição:

> Art. 227. É dever da família, da sociedade e do Estado assegurar à criança e ao adolescente, com absoluta prioridade, o direito à vida, à saúde, à alimentação, à educação, ao lazer, à profissionalização, à cultura, à dignidade, ao respeito, à liberdade e à convivência familiar e comunitária, além de colocá-los a salvo de toda forma de negligência, discriminação, exploração, violência, crueldade e opressão.

E, no **art. 7º, inciso XXXIII**, com a alteração introduzida pela Emenda Constitucional n. 20/98[14], a Carta Magna, conforme antes ressaltado, estabelece a proibição de

> • qualquer trabalho, a pessoas com idade inferior a 16 (dezesseis) anos, salvo na condição de aprendiz, a partir dos 14 (quatorze) anos; e
>
> • trabalho noturno, perigoso ou insalubre a pessoas com idade inferior a 18 (dezoito) anos.

(14) O texto original, de 1988, previa a idade mínima de 14 anos.

Trata-se de norma essencial de natureza proibitiva, com visível escopo protetivo e tutelar, estabelecendo o direito fundamental ao *não trabalho* em certa época da vida do ser humano, e ao *trabalho protegido*, no período seguinte do seu desenvolvimento, no objetivo de preservar a formação, educação, lazer e convivência familiar da criança e do adolescente, de modo a impedir a ocorrência de prejuízos e abusos.

Há, assim, constitucionalmente, duas situações de proteção à criança e ao adolescente, em face do trabalho: **em primeiro**, a regra geral do *direito ao não trabalho* da pessoa com idade inferior a 16 anos; **em segundo**, o *direito ao trabalho protegido*, a partir dos 16 até os 18 anos, e, excepcionalmente, a contar dos 14 anos, na condição de aprendiz.

A adequada interpretação desse preceito constitucional conduz ao entendimento de que a proibição *a qualquer trabalho a menores de dezesseis anos*, de acordo com a própria expressão gramatical, estende-se a todo o tipo de atividade laboral, como medida protetiva da sua integridade física, psíquica e social, não se restringindo apenas ao trabalho tipicamente subordinado, uma vez que a proteção almejada pela norma é ampla, a compreender todos os aspectos da vida da criança e do adolescente (pessoal, familiar, educacional e social).

Defende-se o acerto desta posição, à luz de uma interpretação sistemática e diante do princípio da proteção integral, pois se diversa fosse a intenção do legislador teria utilizado, certamente, a expressão "proibição a qualquer emprego", e não a "qualquer trabalho".

Com efeito, é incontestável que o labor precoce de crianças e adolescentes interfere diretamente em todas as dimensões do seu desenvolvimento, a saber:

- afeta o *desenvolvimento físico*, uma vez que os expõe a riscos de lesões, deformidades físicas e doenças, muitas vezes superiores às possibilidades de defesa de seus corpos;
- compromete o *desenvolvimento emocional*, na medida em que as crianças submetidas ao trabalho precoce podem apresentar, ao longo de suas vidas, dificuldades para estabelecer vínculos afetivos em razão das condições de exploração a que estiveram expostas e dos maus-tratos que receberam de patrões e empregadores; e
- prejudica o *desenvolvimento social*, pois as crianças e adolescentes, antes mesmo de atingir a idade adulta, se veem obrigados a realizar trabalhos que requerem maturidade, comportamento e convivência com o mundo adulto, sendo afastados do convívio social com pessoas de sua idade.

A proibição constitucional, porém, não é *absoluta*, comportando três exceções à regra geral do limite mínimo de 16 anos para o trabalho, que são avistadas no próprio sistema jurídico, relativamente às seguintes atividades específicas:

• as pertinentes ao *contrato de aprendizagem*[15], conforme já anotado, a partir dos 14 anos, situação que se estende até a idade dos 18 anos, marco da aquisição da capacidade trabalhista plena;

• as de *natureza desportiva*, na hipótese de *atleta não profissional em formação*, a partir dos 14 anos, com previsão de recebimento de auxílio financeiro da entidade de prática desportiva formadora, sob a forma de bolsa aprendizagem, conforme previsto no art. 29, § 4º, da Lei n. 9.615/98 (Lei Pelé); e

• as de *natureza artística* (p. ex.: no circo; na publicidade; na televisão e no teatro), condicionadas a expedição de alvará judicial, e desde que atendidos os pressupostos a seguir:

I) a manifestação artística não possa ser, comprovadamente, desempenhada por maior de 16 anos;

II) existir prévia e expressa autorização dos representantes legais;

III) a manifestação artística ou esportiva não for prejudicial ao desenvolvimento biopsicossocial da criança e do adolescente, devidamente comprovada essa condição por laudo médico-psicológico;

IV) demonstrar-se a apresentação de matrícula, frequência e bom aproveitamento escolares;

V) inexistir coincidência entre o horário escolar e a atividade de trabalho, resguardados os direitos de repouso, lazer e alimentação;

VI) garantir-se efetiva e permanente assistência médica e psicológica;

VII) assegurar-se a proibição de labor em locais e serviços perigosos, noturnos, insalubres, penosos e prejudiciais à moralidade;

VIII) observar-se jornada, carga horária, intervalos de descanso, alimentação e meio ambiente compatíveis com a condição da criança e do adolescente, conforme fixado pela autoridade judicial;

IX) houver o acompanhamento do responsável legal durante a realização da atividade; e

X) garantir-se o depósito, em caderneta de poupança em nome da criança ou do adolescente, de percentual mínimo incidente sobre a remuneração devida.

O *alvará de autorização* para a criança e o adolescente participar de *atividade de natureza artística* tem sido expedido, costumeiramente, pelo Juiz da Infância e Juventude, com base na disposição do art. 149, II, e §§ 1º e 2º, do ECA, que assim prevê:

---

(15) O contrato de aprendizagem está previsto nos arts. 428 e seguintes da CLT, definido como o contrato de trabalho especial, ajustado por escrito e por prazo determinado, em que o empregador se compromete a assegurar ao maior de 14 e menor de 24 anos, inscrito em programa de aprendizagem, formação técnico--profissional metódica, compatível com o seu desenvolvimento físico, moral e psicológico, e o aprendiz, a executar com zelo e diligência, as tarefas necessárias a essa formação.

Art. 149. Compete à autoridade judiciária disciplinar, através de portaria, ou autorizar, mediante alvará:

(...)

II — a participação de criança e adolescente em:

a) espetáculos públicos e seus ensaios;

b) certames de beleza.

§ 1º Para os fins do disposto neste artigo, a autoridade judiciária levará em conta, dentre outros fatores:

a) os princípios desta lei;

b) as peculiaridades locais;

c) a existência de instalações adequadas;

d) o tipo de frequência habitual ao local;

e) a adequação do ambiente a eventual participação ou frequência de crianças e adolescentes;

f) a natureza do espetáculo

§ 2º As medidas adotadas na conformidade deste artigo deverão ser fundamentadas, caso a caso, vedadas as determinações de caráter geral.

Atualmente, porém, registra-se acentuada divergência de posições jurídicas a respeito, seja por não se aceitar o trabalho artístico como exceção à regra geral proibitiva do labor em idade inferior a 16 anos — haja vista a compreensão de encontrar-se revogado, pela norma constitucional (art. 7º, XXXIII), o referido art. 149, II, do ECA, não se admitindo exceções que não tenham previsão expressa na Carta Magna —, seja também em razão de se entender que, hoje, a autoridade competente para autorizar a realização do trabalho artístico seria o Juiz do Trabalho — e não o Juiz de Direito —, diante da ampliação da competência da Justiça Laboral, promovida pela Emenda Constitucional n. 45/04 (art. 114), para abarcar todas as questões decorrentes de qualquer "relação de trabalho".

A jurisprudência tem se posicionado pela imprescindibilidade do alvará judicial autorizativo da participação de criança ou adolescente com idade inferior a 16 anos em atividade de *natureza artística*, como se vê da decisão seguinte proferida pela Superior Tribunal de Justiça:

ADMINISTRATIVO. AUTO DE INFRAÇÃO. PARTICIPAÇÃO DE MENOR EM ESPETÁCULO PÚBLICO. PRÉVIA AUTORIZAÇÃO JUDICIAL. NECESSIDADE. APLICAÇÃO DO ART. 149, II, *A*, DO ECA. MULTA DO ART. 258 DO ECA. PRECEDENTES.

1. É pacífico o entendimento nesta Corte de que os programas televisivos têm natureza de espetáculo público, aplicando-se, portanto, o art. 149, II, *a*, do ECA, de modo que é necessário o alvará judicial para participação de menores, mesmo que acompanhados dos pais e/ou responsáveis, sob pena de incidir na infração capitulada no art. 258 do ECA (AGA 545737/RJ, 1ª T., Min. Teori Albino Zavascki, DJ 28.3.2005).

Ressalte-se, também, estarem revogados, inequivocamente, por força da Constituição Federal em vigor, os *arts. 405, § 2º, § 4º, e 406, da Consolidação das Leis do Trabalho*, que, à época, na realidade da década de 40, e sob a égide do vetusto Código de Menores de 1927, previam a possibilidade de autorização judicial para o trabalho de crianças e adolescentes, nas seguintes situações, por meio de alvará fornecido pelo *Juiz de Menores*[(16)]: (I) trabalho exercido nas ruas, praças e outros logradouros, desde que verificado se a ocupação é indispensável à própria subsistência do menor ou à de seus pais, avós ou irmãos, e se dessa ocupação não poderá advir prejuízo à sua formação moral; (II) trabalho como jornaleiro, desde que o menor se encontrasse sob o patrocínio de entidades destinadas ao seu amparo, oficialmente reconhecidas; (III) trabalho prestado em teatros de revista, cinemas, boates, cassinos, cabarés, *dancings* e estabelecimentos análogos, em empresas circenses, em funções de acrobata, saltimbanco, ginasta e outras semelhantes, desde que a representação tenha fim educativo ou a peça de que participe não possa ser prejudicial à sua formação moral; e desde que se certifique ser a ocupação do menor indispensável à própria subsistência ou à de seus pais, avós ou irmãos e não advir nenhum prejuízo à sua formação moral.

Anote-se, enfim, que, fora da hipótese de *trabalho artístico* — e desde que atendidas as condições antes elencadas —, qualquer autorização judicial concedida por meio de alvará, permitindo o labor de criança ou adolescente com idade inferior a 16 anos, será flagrantemente inconstitucional, por ferir a norma do art. 7º, XXXIII, de caráter fundamental.

No ponto, invoca-se ainda o teor do Enunciado n. 2, aprovado no *Fórum Nacional dos Centros de Apoio da Infância e da Juventude dos Ministérios Públicos Estaduais*, em seu XI Encontro Nacional, nos seguintes termos:

> Caracteriza grave violação aos direitos humanos infanto-juvenis, bem como ao ordenamento jurídico brasileiro, a concessão de alvará ou autorização judicial para o trabalho de crianças e adolescentes com idade inferior a 14 anos, devendo tal prática ser veementemente combatida pelo Ministério Publico dos Estados e do Distrito Federal, com a observação de que o trabalho de adolescentes entre 14 e 16 anos só é permitido na condição de aprendiz, nos termos da Lei n. 10.097/00.

O Estatuto da Criança e do Adolescente — ECA (Lei n. 8.069/90), por sua vez, em compasso com as disposições constitucionais, dedicou o Capítulo V à *Proteção*

---

(16) Os referidos dispositivos da CLT assim previam:
Art. 405. (...). § 2º O trabalho exercido nas ruas, praças e outros logradouros dependerá de prévia autorização do Juiz de Menores, ao qual cabe verificar se a ocupação é indispensável à sua própria subsistência ou à de seus pais, avós ou irmãos e se dessa ocupação não poderá advir prejuízo à sua formação moral.
§ 4º Nas localidades em que existirem, oficialmente reconhecidas, instituições destinadas ao amparo dos menores jornaleiros, só aos que se encontrem sob o patrocínio dessas entidades será outorgada a autorização do trabalho a que alude o § 2º.
Art. 406. O Juiz de Menores poderá autorizar ao menor o trabalho a que se referem as letras *a* e *b* do § 3º do art. 405: I — desde que a representação tenha fim educativo ou a peça de que participe não possa ser prejudicial à sua formação moral; II — desde que se certifique ser a ocupação do menor indispensável à própria subsistência ou à de seus pais, avós ou irmãos e não advir nenhum prejuízo à sua formação moral.

ao Trabalho e ao Direito à Profissionalização, fixando, igualmente, limite para a idade mínima em qualquer trabalho (art. 60), correspondente, hoje, a 16 anos, salvo a partir dos 14, na condição de aprendiz.

Além disso, essa lei reforçou a vedação, ao adolescente com idade entre os 16 e 18 anos, do trabalho:

> I — noturno, realizado entre as 22 horas de um dia e as 5 horas do dia seguinte;
>
> II — perigoso, insalubre ou penoso;
>
> III — realizado em locais prejudiciais à sua formação e ao seu desenvolvimento físico, psíquico, moral e social;
>
> IV — realizado em horários e locais que não permitam a frequência à escola (art. 67)[17].

A Consolidação das Leis do Trabalho — CLT, desde a sua edição, destacou o Capítulo IV do seu Título III, para tratar "Da Proteção do Trabalho do Menor", assim estatuindo no art. 403, em redação atualizada:

> Art. 403. É proibido qualquer trabalho a menores de 16 anos de idade, salvo na condição de aprendiz, a partir dos 14 anos.
>
> Parágrafo único. O trabalho do menor não poderá ser realizado em locais prejudiciais à sua formação, ao seu desenvolvimento físico, psíquico, moral e social e em horários e locais que não permitam a fequência à escola.

Em suma, observa-se que, em nosso país, a base constitucional das normas de proteção à criança e ao adolescente em face do trabalho:

- compõe-se de regras imperativas, alinhadas no rol dos direitos fundamentais;
- adota, em plenitude, o princípio da proteção integral, considerando a condição peculiar das crianças e adolescentes como pessoas em desenvolvimento;

---

(17) A condição especial da criança e do adolescente — considerados pessoas em desenvolvimento às quais se confere proteção integral — torna imperativo o resguardo absoluto à sua saúde física e mental, em relação à atividade laboral. Sendo assim, fácil é ver, em primeiro, que a realização de trabalho em jornada noturna é fator cientificamente comprovado de maior desgaste e comprometimento físico e psíquico do trabalhador, em face da inversão do relógio biológico, razão por que se impede que o adolescente com idade inferior a 18 anos submeta-se a essa condição potencialmente danosa. Quanto à proibição de trabalho em atividades insalubres e perigosas, mais ainda revela-se como pertinente e imperioso o dispositivo em tela. Seria em qualquer hipótese inadmissível sujeitar-se a saúde e a integridade de crianças e adolescentes a trabalhos que, por sua natureza, condições ou métodos, viessem a expô-los a agentes nocivos à saúde, acima dos limites de tolerância fixados em razão da natureza e da intensidade do agente e do tempo de exposição aos seus efeitos (como é o caso da atividade ou operação insalubre), ou àquelas que, por sua natureza ou métodos de trabalho, impliquem o contato permanente com inflamáveis ou explosivos em condições de risco acentuado (o que ocorre com as atividades ou operações perigosas). Bem se sabe que, mesmo os adultos, cuja formação físico-psíquica já é definida, quando submetidos continuamente a tais atividades, em regra, são vítimas de algum tipo de dano ou prejuízo à saúde, não raro resultando em sequelas comprometedoras da sua higidez. A contundência relativa à vedação ao menor de 18 anos de trabalhar nas condições descritas atende ao imperativo maior da preservação da sua dignidade. Saliente-se, ademais, que, à vista da norma constitucional do art. 227, *caput*, é igualmente vedada qualquer outro trabalho que caracterize situação de risco à integridade física, moral e psíquica do adolescente com idade inferior a 18 anos.

• estabelece, por consequência, como regras essenciais, a vedação de qualquer trabalho em idade inferior a 16 anos, salvo a partir dos 14, na condição de aprendiz, além da proibição para o trabalho noturno, insalubre, perigoso ou desenvolvido em situação de risco à integridade física, moral e psíquica;

• admite, de forma excepcional, a realização de atividade de natureza artística por crianças e adolescentes com idade inferior a 16 anos, mediante a expedição de alvará judicial, condicionando-se a autorização ao atendimento de requisitos básicos de proteção;

• guarda integração e harmonia com as normas oriundas de tratados internacionais (*lato sensu*);

• garante àqueles que se encontram na faixa etária permitida para o labor a percepção dos direitos trabalhistas e previdenciários, assim também aos que laboraram, para terceiros, em idade não permitida; e

• prioriza o acesso à educação fundamental e à formação, principalmente a profissional.

II.3 — As Convenções ns. 136 e 182 da Organização Internacional do Trabalho

A fixação da idade mínima para o trabalho deve ser concebida como iniciativa de natureza protetiva ao adolescente e à criança, constituindo parte integrante do conjunto de ações e compromissos político-jurídicos, de tendência mundial, que visam a propiciar a tutela dos seus direitos fundamentais, com ênfase a assegurar educação fundamental e os meios e condições necessárias à formação e qualificação profissional.

Ressalta-se, nesse passo, que o Brasil é signatário das Convenções Internacionais do Trabalho ns. 136 e 182, adotadas no âmbito da Organização Internacional do Trabalho — OIT, ambas voltadas para a grave questão do *trabalho infantil*.

A Convenção n. 138, ratificada em 2001 (Decreto n. 4.134), definiu a imposição de idade mínima para o trabalho, a partir dos 14 anos ou mais, com base em fatores como a escolaridade obrigatória e a proteção à saúde e à segurança da criança.

A Convenção n. 182, com ratificação no ano de 2000 (Decreto n. 3.597), dispôs sobre *a proibição e ação imediata para eliminação das piores formas de trabalho infantil*, considerando, dentre outros fatores, que a efetiva eliminação das piores formas de trabalho infantil requer ação imediata e global, que leve em conta a importância da educação fundamental e gratuita e a necessidade de retirar a criança da todos esses trabalhos, promover sua reabilitação e integração social, e ao mesmo tempo, atender às necessidades de suas famílias. Em seu art. 3º, explicitou que a expressão piores formas de trabalho infantil compreende:

a) todas as formas de escravidão ou práticas análogas à escravidão, como venda e tráfico de crianças, sujeição por dívida e servidão, trabalho forçado ou compulsório, inclusive recrutamento forçado ou compulsório de crianças para serem utilizadas em conflitos armados;

b) utilização, procura e oferta de criança para fins de prostituição, de produção de material pornográfico ou espetáculos pornográficos;

c) utilização, procura e oferta de crianças para atividades ilícitas, particularmente para a produção e tráfico de drogas conforme definidos nos tratados internacionais pertinentes;

d) trabalhos que, por sua natureza ou pelas circunstâncias em que são executados, são susceptíveis de prejudicar a saúde, a segurança e a moral da criança.

Em consequência desse compromisso internacional, foi editado pelo Poder Executivo o *Decreto n. 6.481*, de 12 de junho de 2008, que aprovou, em nosso país, a Lista das Piores Formas de Trabalho Infantil.

II.4 — Fundamentos para a proteção trabalhista

Afirma-se, nesta quadra, categoricamente, que a proteção jurídica dispensada à criança e ao adolescente, em relação à idade mínima para o trabalho e às condições para a sua realização, justifica-se por fundamentos de ordem:

• *fisiológica*: em razão dos comprometimentos irreversíveis à saúde e dos riscos mais acentuados dos acidentes de trabalho e outras doenças laborais, à vista da condição peculiar de pessoas em desenvolvimento e, portanto, da maior vulnerabilidade física;

• *moral e psíquica*: diante da gravidade de sujeitá-los a determinadas tarefas, rotinas ou ambientes laborais cujas condições e peculiaridades comprometem e prejudicam a sua formação e valores;

• *econômica*: considerando-se que a ocupação de postos de trabalho próprios dos adultos, além de possibilitar o incremento da informalidade e da fraude, representa distorção e dano social, aumentando a escala de desemprego;

• *cultural*: tendo-se em conta privá-los da instrução, da capacitação e da qualificação adequada para o ingresso no exigente mercado formal de trabalho, mantendo-os no ciclo de exclusão; e

• *jurídica*: em face da sua inequívoca vulnerabilidade, diante da inaptidão para compreender os termos de um contrato, direitos e deveres, e da incapacidade para valoração das condições laborais que lhes são postas ou exigidas.

Em cartilha editada pelo Ministério do Trabalho e Emprego, intitulada *Saiba tudo sobre o trabalho infantil*, baseando-se em fundamentos de ordem científica, foram listadas também dez razões pelas quais se condena o trabalho infantil. São elas:

> (1) Crianças ainda não têm seus ossos e músculos completamente desenvolvidos. Correm maior risco de sofrer deformações nos ossos, cansaço muscular e prejuízos ao crescimento e ao desenvolvimento, dependendo do ambiente e condições de trabalho a que forem submetidas;
>
> (2) A ventilação pulmonar (entrada e saída de ar dos pulmões) é reduzida; por isso, crianças têm maior frequência respiratória, o que provoca maior absorção de substâncias tóxicas e maior desgaste do que nos adultos, podendo, inclusive, levar à morte;
>
> (3) Crianças têm maior frequência cardíaca que os adultos para o mesmo esforço (o coração bate mais rápido para bombear o sangue para o corpo) e, por isso, ficam mais cansados do que eles, ainda que exercendo a mesma atividade;
>
> (4) A exposição das crianças às pressões do mundo do trabalho pode provocar diversos sintomas como, por exemplo, dores de cabeça, insônias, tonteiras, irritabilidade, dificuldade de concentração e memorização, taquicardia e, consequentemente, baixo rendimento escolar. Isso ocorre mais facilmente nas crianças porque o seu sistema nervoso não está totalmente desenvolvido. Além disso, essas pressões podem causar diversos problemas psicológicos, tais como medo, tristeza e insegurança;
>
> (5) Crianças têm fígado, baço, rins, estômago e intestinos em desenvolvimento, o que provoca maior contaminação pela absorção de substâncias tóxicas;
>
> (6) O corpo das crianças produz mais calor que o dos adultos quando submetidos a trabalhos pesados, o que pode causar, dentre outras coisas, desidratação e maior cansaço;
>
> (7) Crianças têm a pele menos desenvolvida, sendo mais vulneráveis que os adultos aos efeitos dos agentes físicos, mecânicos, químicos e biológicos;
>
> (8) Crianças possuem visão periférica menor que a do adulto, tendo menos percepção do que acontece ao seu redor. Além disso, os instrumentos de trabalho e os equipamentos de proteção não foram feitos para o tamanho de uma criança. Por tudo isso, ficam mais sujeitos a sofrer acidentes de trabalho;
>
> (9) Crianças têm maior sensibilidade aos ruídos que os adultos, o que pode provocar perdas auditivas mais intensas e rápidas;
>
> (10) O trabalho infantil prova uma tríplice exclusão: na infância, quando a criança perde a oportunidade de brincar, estudar e aprender; na idade

adulta, quando perde oportunidades de trabalho por falta de qualificação profissional; na velhice, pela consequente falta de condições dignas de sobrevivência.

II.5 — Mitos e verdades sobre o trabalho infantil

"O trabalho infantil no Brasil, ao longo da sua história, nunca foi representado como *fenômeno negativo* na mentalidade da sociedade brasileira." É o que registra, com acerto, o Plano Nacional de Prevenção e Erradicação do Trabalho Infantil e Proteção ao Trabalhador Adolescente, elaborado em 2004 pela CONAETI — Comissão Nacional de Erradicação do Trabalho Infantil[18], sob coordenação do Ministério do Trabalho e Emprego[19].

Aponta o documento referido, que até a década de 1980, o consenso em torno desse tema estava consolidado para entender o trabalho como sendo um *fator positivo* no caso de crianças que, dada sua situação econômica e social, viviam em condições de pobreza, de exclusão e de risco social. Tanto a elite como as classes mais pobres compartilhavam plenamente dessa forma de encarar o trabalho infantil. Um conjunto de ideias simples, mas de grande efeito, se manteve inquestionável durante séculos. Frases tais como: "É natural o pai ensinar o trabalho para o filho", ou "É melhor a criança trabalhar do que ficar na rua exposta ao crime e aos maus costumes", e, ainda, "trabalhar educa o caráter da criança", ou "É bom a criança ajudar na economia da família" traduziam a noção fortemente arraigada de que "trabalho é solução para a criança".

E ainda descreve que "alguns empregadores entendiam que estavam fazendo um favor à criança dando a ela uma oportunidade de "aprender um ofício", "ganhar uns trocados" ou "aproveitar o tempo em algo útil". Já que "o trabalho é bom por natureza", não podia ter consequências negativas para a criança.

Em continuação, explicita, de forma contundente, que

> Se para a elite social o trabalho infantil era uma medida de prevenção, para os pobres era uma maneira de sobreviver. Se para uns criança desocupada na rua era um perigo a ser duramente combatido, para os outros era oportunidade, espreita. Para aqueles, a solução era o trabalho ou a prisão; para estes, era encontrar uma fonte permanente de rendimentos. Caso de segurança pública para os primeiros e de destino para os segundos. Por razões diferentes, elite e classes desfavorecidas concordavam: *lugar de criança pobre é no trabalho.*

---

(18) A CONAETI, além da elaboração e monitoramento do Plano, tem como atribuição analisar e redefinir as atividades perigosas e insalubres para crianças e adolescentes com menos de 18 anos de idade, o que resultou no Decreto n. 6.481/08, que aprovou a lista das Piores Formas de Trabalho Infantil.

(19) *Prevenção e erradicação do trabalho infantil e proteção ao trabalhador adolescente.* Brasília: Ministério do Trabalho e Emprego, Secretaria de Inspeção do Trabalho, 2004.

Por isso criança trabalhadora era tida como exemplo de virtude, e criança desocupada era vista como sinônimo de algo perdido, como sintoma de problema. A mídia frequentemente celebrava os casos a serem colocados como exemplo de crianças e adolescentes trabalhadores: sua disciplina, sua seriedade, sua dedicação, sua coragem. De outro lado, colocava toda negatividade nos casos de crianças e adolescentes pegos na rua ou cometendo delitos: eles não estavam trabalhando e, por conseguinte, estavam delinquindo e, no pior dos casos, se prostituindo. Eles se tornavam, quase por natureza, desonestos, preguiçosos, perigosos, desorientados, desordeiros.

Esses mitos culturais funcionaram como catalisadores das ações das instituições públicas e privadas a respeito das crianças e adolescentes trabalhadores.

A educação, desvinculada de um usufruto econômico imediato, era colocada como desnecessária e até problemática. Aprender a brincar, divertir-se e vivenciar o caráter lúdico e contemplativo de algumas atividades foram encarados como total perda de tempo ou como atividade carente de sentido. Educação que não ensinasse a trabalhar era tida como uma atividade desviante, ora das tradições familiares (pois muitos pais, mães e avós tiveram de trabalhar ao lado dos seus pais), ora da própria realidade econômica das famílias dessas crianças, pois a equação era trabalhar para sobreviver ou passar fome.

A cultura do "aproveitar o tempo" defendeu o trabalho como sendo fundamental para essa premissa. Todo trabalho significava tempo aproveitado, mesmo quando o trabalho não significasse ganhos econômicos. De outro lado, toda atividade educativa e lúdica carecia de legitimidade e era, portanto, caracterizada como negativa e como uma "perda de tempo" da qual não se obteria ganho ou benefício algum. Em setores mais tradicionais, o lúdico era, inclusive, relacionado com o próprio *mal*, e o trabalho, com o *bem*, dando, assim, um fundo religioso à alternativa em favor do trabalho das crianças. Sofrimento e sacrifício serão recompensados transcendentalmente. O divertimento, em troca, será castigado.

Enfim, toda essa polêmica a respeito do trabalho infantil fez com que ele fosse encarado, no pior dos casos, como um problema menor, e não como um crime ou como uma violação dos direitos de crianças e adolescentes. A inércia secular do Brasil diante do trabalho social só pode ser entendida quando considerada a força da mentalidade que albergava o trabalho infantil em seu seio como parte da natureza das coisas.

Tal mentalidade manteve milhões de crianças e adolescentes ligados a atividades que, além de marginalizá-los de toda possibilidade de desenvolvimento físico, psíquico e espiritual, reproduziam todos os vícios de uma sociedade desigual, excludente, corrupta e antiética.

É notório, pois, que em nossa cultura encontram-se ainda arraigados alguns mitos ou falsos dogmas, que são utilizados hipocritamente para se defender e tolerar o *trabalho infantil*, não obstante as evidências inabaláveis da sua prejudicialidade e os efeitos social e economicamente nefastos da sua existência. Daí porque, faz-se necessário, assim, enumerá-los e desconstituí-los, com argumentos e dados reais[20], à luz da verdade, conforme se faz a seguir:

1. O MITO: "A causa da incorporação de crianças pelo mercado de trabalho é a precarização das relações de trabalho. O trabalho é formativo, é uma escola de vida que torna o homem mais digno".

A VERDADE: O trabalho precoce é deformador da infância. As longas jornadas de trabalho, as ferramentas, a rotina e a repetição, os utensílios e o próprio maquinário inadequado à idade resultam em sérios problemas de saúde e elevação dos índices de mortalidade. Se a precarização das relações de trabalho atinge de modo nefasto o trabalhador adulto, teoricamente apto à defesa de seus direitos, ela massacra a criança trabalhadora, vítima indefesa de toda sorte de exploração.

2. O MITO. "O trabalho tem de ser considerado um fator positivo no caso de crianças que, dada a sua situação econômica e social, vivem em condições de pobreza e risco social".

A VERDADE. Tal pensamento ignora os direitos fundamentais da criança, em sua fase da vida, discriminando-a, além de fechar os olhos para a realidade cientificamente comprovada dos malefícios do trabalho na vida da criança. Implica, também, incentivo à perpetuação da pobreza da família e das suas gerações futuras.

3. O MITO: "É melhor a criança trabalhar do que ficar na rua, exposta ao crime e aos maus-costumes".

A VERDADE. Crianças e adolescentes que trabalham em condições desfavoráveis pagam com o próprio corpo e comprometem o desenvolvimento psíquico. O trabalho infantil sempre se realiza em ambientes e situações nocivas a sua saúde e segurança. Tanto quanto o abandono da rua, a exploração da criança no trabalho traduz prejuízos irreversíveis e uma condenação injusta.

4. O MITO. "Trabalhar educa o caráter da criança, é um valor ético e moral. É melhor ganhar uns trocados, aproveitar o tempo com algo útil, pois o trabalho é bom por natureza".

---

(20) Este elenco foi adotado com base no estudo *A questão do trabalho infantil: mitos e verdades*, de autoria da Procuradora do Trabalho Jane Araújo dos Santos Vilani, publicado na *Revista Inclusão Social*, Brasília, v. 2, n. 1, p. 83-92, out. 2006/mar. 2007.

A VERDADE. A infância é tempo de formação física e psicológica; tempo de brincar e de aprender. O trabalho precoce deforma e subtrai da criança uma fase essencial da vida, com sequelas irreversíveis. Além disso, impede a frequência escolar e prejudica a formação da criança. O direito de aproveitar a infância é irrenunciável e inalienável.

5. O MITO. "É bom a criança ajudar na economia da família, ajudando-a a sobreviver".

A VERDADE. Quando a família se torna incapaz de prover seu próprio sustento, cabe ao Estado apoiá-la e assisti-la; não à criança. Demonstra-se, estatisticamente, que mais de 50% das crianças nada recebem pelo trabalho realizado, e o valor recebido pelas crianças que são remuneradas, representa, em regra, cerca de 10% da renda familiar.

6. O MITO. "Criança desocupada na rua é sinônimo de perigo, de algo perdido, sintoma de problema".

A VERDADE. Era esse o fundamento do vetusto Código de Menores de 1927, e da doutrina ultrapassada da *situação irregular*. Hoje existe um novo paradigma constitucional, que concebe a criança como sujeito de direitos, alvo de proteção obrigatória, especial e prioritária da atuação do Estado, da família e da sociedade.

7. O MITO. "Criança que trabalha fica mais esperta, aprende a lutar pela vida e tem condição de vencer profissionalmente quando adulta".

A VERDADE. A visão da realidade global — e não de raríssimos casos isolados — é de que o trabalho precoce é árduo, cansativo e prejudicial, não constituindo estágio necessário para uma vida bem-sucedida, pois não qualifica e é inútil, por consequência, como mecanismo de promoção social.

8. O MITO. "É natural que as crianças trabalhem com os pais, aprendendo um ofício; é natural que os pais levem seus filhos para o trabalho, quando não têm onde deixá-los".

A VERDADE. A criança não está, na verdade, aprendendo um ofício, pois as atividades que desenvolve nos locais de trabalho, a exemplo das feiras, dos lixões, das olarias, das plantações e das carvoarias, não possibilitam aprendizagem e não são, na maioria das vezes, sequer remuneradas. A criança perde a chance e o direito de estudar, de profissionalizar-se quando adulta e ingressar no mercado de trabalho, com qualificação superior à dos seus pais.

9. O MITO. "Criança trabalhadora é sinônimo de disciplina, seriedade e coragem; a que vive em vadiagem se torna preguiçosa, desonesta e desordeira".

A VERDADE. O trabalho infantil gera absenteísmo escolar e rouba da criança o tempo e a disposição de estudar. A criança que trabalha também sofre uma série de injustiças: é mal remunerada, as jornadas são extenuantes, o ambiente é prejudicial e sujeita-se a constantes abusos, desde insultos até agressões físicas e sexual. Disciplina e outros valores se aprende junto à família e à escola.

10. O MITO. "O Estatuto da Criança e do Adolescente é uma utopia e está dissociado da realidade brasileira; é preciso adaptá-lo às reais condições sociais e econômicas do país".

A VERDADE. A questão do trabalho infantil insere-se na órbita da exigência de respeito aos direitos humanos fundamentais. O desafio de todos, e principalmente do Estado brasileiro, é tornar efetivas as garantias previstas no ECA, transformando a realidade das crianças e adolescentes.

Por tudo isso é que devem ser enfrentadas e denunciadas todas e quaisquer justificativas culturais e econômicas manipuladas para a defesa do trabalho precoce. É preciso, enfim, compreender "a falsa lógica do discurso ideológico justificador dessas práticas exploratórias, ainda tão naturalizadas em países subdesenvolvidos e emergentes (como o Brasil)", uma vez que, "a partir das lacunas desse discurso ideológico poder-se-á construir o discurso emancipador dos direitos humanos da infância e adolescência. E a partir desse novo discurso construir-se também uma prática renovada e efetiva de prevenção e erradicação do trabalho infantil".

Não se pode olvidar que "acima dos costumes e das tradições culturais dos povos estão os princípios universais e indivisíveis dos direitos humanos"(21).

II.6 — Perfil das principais ocorrências

Lista-se, a seguir, o perfil das principais ocorrências de *trabalho infantil*, cujo conhecimento é fundamental, com vistas a nortear a atuação do Ministério Público:

1) Trabalho infantil no âmbito familiar

Abrange situações em que a criança e o adolescente com idade inferior a 16 anos trabalha diretamente com os pais ou parentes, e em função ou favor deles, seja na própria residência, seja em outro local (p. ex.: na agricultura e/ou pecuária; no artesanato; em casa de farinha comunitária; em oficina; como ambulante).

Neste caso, não há a figura do terceiro que explora ou se beneficia do trabalho. Os pais ou o responsável legal é que submetem a criança e o adolescente à execução da atividade, ou permitem tal situação.

---

(21) Referências extraídas do documento *Guia metodológico para implementação de planos de prevenção e erradicação do trabalho infantil*. Brasília: OIT, 2007.

Por isso, a atuação dos órgãos de proteção, especialmente o Ministério Público, deve se direcionar para a família: de um lado, encaminhando-se a criança ou o adolescente para engajamento em programa social; de outro, conscientizando-se os pais, exigindo-se o seu compromisso e, quando necessário, até mesmo propondo ação de responsabilização, conforme previsto no ECA.

2) Trabalho infantil doméstico

Nesta modalidade, a criança ou o adolescente trabalha para terceiros, em suas residências, em serviços de natureza tipicamente doméstica (na limpeza e arrumação da casa; na cozinha; como babá).

Constitui situação de trabalho de difícil observação e fiscalização, pois oculta-se entre os muros e atrás das portas residenciais, que têm a prerrogativa da inviolabilidade, de acordo com o que prevê a Constituição Federal (art. 5º, XI).

Anota-se que nem sempre tal trabalho é remunerado, pois o serviço doméstico, em muitas situações, tem sido tomado, equivocada e ardilosamente, como uma forma de acolhida da criança ou do adolescente pobre, pela família receptora, principalmente quando são oriundos de outras localidades do interior do Estado. Assim, a tradição tem reproduzido uma percepção social errônea de que nestes casos o acolhimento (teto; comida; entrega de produtos de higiene; permissão para estudar), sob a aparência de um favor, deve ser "compensado" ou "retribuído" com a prestação de serviços da pessoa em prol da família, no âmbito residencial.

A estatística, em relação ao trabalho infantil doméstico, tem registrado que a incidência de acidentes laborais (queimaduras; alergias; problemas de coluna; quedas) e de maus-tratos e abusos sexuais, assim como de problemas de exaustão e adoecimentos, é muito superior à média observada nos demais casos.

Aponta-se, também, que o ECA capitulou como infração administrativa, nos termos do art. 248, a seguinte conduta:

> Art. 248. Deixar de apresentar à autoridade judiciária de seu domicílio, no prazo de cinco dias, com o fim de regularizar a guarda, adolescente trazido de outra comarca para a prestação de serviço doméstico, mesmo que autorizado pelos pais ou responsável:
>
> Pena: multa de três a vinte salários de referência, aplicando-se o dobro em caso de reincidência, independentemente de despesas de retorno do adolescente, se for o caso.

Com efeito, o adolescente somente poderá prestar serviço doméstico, se, além da idade permitida, tiver regularizada a sua guarda pelo representante da família que o receber.

3) Trabalho infantil em benefício de terceiro

Toda vez que a criança ou o adolescente realizar atividade laboral em que, direta ou indiretamente, beneficie economicamente terceiro, configurar-se-á situação de exploração.

São muitas as possibilidades de ocorrência destes casos: nas cerâmicas; nas pedreiras; na tecelagem; nas salinas; nas carvoarias; na agropecuária; na mineração; no artesanato; no comércio ambulante (venda de flores; de artigos de praia; de bebidas; de sorvete; de doces e salgados).

Pode ocorrer, inclusive, que a criança ou o adolescente labore em companhia dos pais, porém em favor de outrem, que é o beneficiário do trabalho, ainda que na contratação do serviço haja intermediários, os quais serão solidariamente responsáveis.

Não é determinante ou essencial, nestas situações, que haja subordinação, formalização ou vínculo direto, pessoal ou jurídico, com o beneficiário do serviço, para o fim de caracterizar-se a sua responsabilidade. A tolerância, sob qualquer forma, inclusive por omissão, quanto a permitir e se valer do *trabalho infantil* é suficiente para configurar a conduta ilícita e a violação de direitos fundamentais.

Há casos, de maior gravidade, em que o trabalho infantil ocorre em condições de servidão ou análogas à de escravo, segundo se observa principalmente em fazendas e propriedades situadas em locais de difícil acesso.

Em todas essas situações, a atuação dos órgãos de proteção, com destaque para o Ministério Público, deve ser de natureza tipicamente repressiva, em face do explorador, com a providência, também, voltada para o afastamento imediato da criança ou do adolescente do trabalho e o seu encaminhamento necessário, no plano assistencial e educacional.

4) Trabalho infantil "por conta própria"

Observam-se situações em que a criança ou o adolescente exerce atividade laboral sem vinculação à família ou a terceiros. Há inúmeros casos de abandono ou de afastamento do lar, em que o sustento passa a se dar *por conta própria*.

Disso são exemplos os denominados "flanelinhas", "pastoreadores de carros", "limpadores de vidros" dos carros (nos sinais de trânsito); "catadores de papel, latas e lixo"; "engraxates".

Aqui, pela flagrante situação de risco, é fundamental a retirada da criança ou do adolescente do trabalho, e, concomitantemente, a sua inserção em programa social e, se for o caso, a sua acolhida em lugar adequado, em caso de abandono ou inexistência de lar ou impossibilidade de seu retorno.

5) Trabalho infantil artístico

Vê-se a incidência dessa atividade principalmente em programas de televisão e na publicidade, com abrangência também à área da moda (desfiles, apresentações, exposições, ensaios).

Nesta seara, é regra o incentivo e interesse dos pais ou responsável legal na realização do trabalho da criança e do adolescente, seja pela projeção social pessoal e familiar que representa, seja pelas possibilidades econômicas que propicia. Por isso que não tem sido rara a participação ou omissão dos pais em situações de abuso e desrespeito, ocorrentes neste cenário.

Observa-se, por importante, que, se não forem atendidos os requisitos anteriormente indicados — a partir dos quais admite o ordenamento jurídico a atividade artística desenvolvida por criança e adolescente com idade inferior a 16 anos —, mediante a expedição de alvará judicial com a imposição das condições em que deve ocorrer o trabalho, todas as demais situações em desconformidade com o modelo posto devem ser consideradas irregulares e prejudiciais.

6) Trabalho infantil em atividades ilícitas

Nesta área, tem-se as situações de maior dano e prejudicialidade para a criança e o adolescente. São atividades em que são eles utilizados e manipulados por criminosos ou organizações criminosas, para a prática de ilícitos, a maioria graves, como o tráfico de drogas, a pornografia e a exploração sexual comercial.

Em tais fronteiras, é fundamental a atuação do Ministério Público, não obstante as evidentes dificuldades presentes, havendo de ser realizada de maneira integrada com os órgãos policiais.

II.7 — Efeitos trabalhistas do labor infantil

É também importante salientar que, em caso de ocorrência de utilização ou exploração ilegal do trabalho de crianças e adolescentes com idade inferior a 16 anos, não obstante a necessidade de se exigir imediatamente a cessação das atividades, pondo-se fim a tal situação, assegura-se-lhes, por lógico, a percepção de todos os direitos trabalhistas (contratuais e rescisórios) e previdenciários.

Assim ocorre porque, apesar de ser proibido legalmente o trabalho, a prestação de serviços veio a ser efetivada, gerando efeitos irreversíveis no tempo, de molde a inviabilizar o retorno ao *status quo ante*, notadamente diante dos prejuízos concretos e irreparáveis causados à criança e ao adolescente.

Reconhece-se, por isso, ao lado dos direitos laborais típicos, o direito consequente à indenização por danos morais, uma vez que, não fosse assim, em hipótese tipificadora de odioso enriquecimento sem causa, restaria premiado o infrator que agiu ilicitamente, valendo-se do labor da criança e do adolescente e impingindo-lhes danos. A jurisprudência, sobre esse ponto, tem proclamado firme e pacificamente que

> "Seria incompatível com os princípios da primazia da realidade e da proteção negar, por completo, eficácia jurídica ao contrato celebrado entre as Partes, em razão da menoridade do Reclamante.(...) Assim, o empregador que se beneficia dos serviços prestados pelo

empregado menor deve arcar com os encargos correspondentes ao contrato de trabalho." (3ª T. — Proc. TST-RR-449.878/98.5, Rel. Ministra Maria Cristina Irigoyen Peduzzi, 3.4.2002)

"A limitação de idade é imposta em benefício do menor e não em seu prejuízo, razão pela qual o período de trabalho prestado antes dos 14 (quatorze) anos deverá ser computado como tempo de serviço para fins previdenciários." (STJ, Recurso Especial n. 356.459-RS, 6ª T, Rel. Ministro Fernando Gonçalves, DJU 24.6.2002)

II.8 — A ATUAÇÃO DO MINISTÉRIO PÚBLICO

II.8.1 — INTRODUÇÃO

O *Ministério Público* é instituição vocacionada à defesa da ordem jurídico-democrática e à promoção dos direitos fundamentais, em dimensão individual e coletiva, nas variadas e complexas áreas de interesses essenciais da sociedade.

Portanto, qualquer situação de *trabalho de crianças e adolescentes em condição irregular* deve ser objeto da *atuação prioritária* do membro do Ministério Público, por força da dicção dos artigos 127, *caput*, 129, II e III, e 227, *caput* e § 3º, da Constituição da República.

A atuação do Ministério Público, em face de situações que caracterizam violação ou ameaça a direitos fundamentais da criança e do adolescente, deve ocorrer de forma prioritária.

Assim o é diante da verificação da existência de *trabalho infantil*.

Em registro inicial, salienta-se que não há um procedimento padrão, uniforme, previamente elaborado, para a atuação do Ministério Público em tal questão, considerando, como visto, a diversidade das situações de *trabalho infantil* encontradas e a complexidade inerente a cada uma delas, exigindo, assim, buscar-se a adequação e a ordem das medidas em consonância com o quadro observado.

Necessário enfatizar que a atuação, focada na criança e no adolescente, sempre assumirá a *dimensão protetiva e assistencial*, a partir da efetivação da sua retirada do trabalho, e, ao mesmo tempo, providenciando-se a inserção na escola ou o retorno, e, ainda, a integração em programas sociais e profissionalizantes (após os 14 anos), como é exemplo o PETI — Programa de Erradicação do Trabalho Infantil.

A atuação terá *natureza repressiva*, em relação ao explorador, intermediário ou beneficiário do serviço, mediante a adoção de medidas judiciais objetivando a sua punição e responsabilização (civil, trabalhista e, inclusive, de natureza criminal).

O Ministério Público também deve atuar, conforme previsto nos arts. 70 a 73 do ECA, de *forma pedagógica e preventiva*: realizando audiências públicas sobre a questão; participando de seminários e reuniões; integrando órgãos de defesa e promoção dos direitos da criança e do adolescente e promovendo campanhas educativas e de conscientização.

A atuação deve priorizar, ademais, a integração e a articulação com órgãos públicos e privados envolvidos com a garantia dos direitos fundamentais da criança e do adolescente, devendo-se conferir destaque às parcerias e convênios (p. ex.: Conselho Tutelar; Conselho de Direitos; Secretarias de Ação Social e de Educação; ONGs; Serviços Sociais; Organismos Internacionais).

Atente-se, também, para a circunstância de que, em cada situação de *trabalho infantil* as atribuições outorgadas pelo sistema jurídico ao **Ministério Público Estadual** e ao **Ministério Público do Trabalho** não são conflitantes ou exclusivas, mas convergentes e complementares, em relação aos campos de iniciativas e responsabilização, por força do que, em prol dos direitos a tutelar, orienta-se, sempre que possível, a atuação concertada entre os ramos, que podem, inclusive, em conjunto:

- expedir recomendação;
- instaurar inquérito civil;
- realizar audiências, inclusive de caráter público;
- realizar inspeção; e
- propor ação civil pública, em litisconsórcio ativo (art. 5º, § 5º, da Lei n. 7.347/85; art. 210, § 1º, do ECA).

11.8.2 — Formas de atuação: medidas e iniciativas

Em regra, o Ministério Público do Estado atua prioritariamente na **responsabilização civil e criminal** dos pais, responsáveis e terceiros, enquanto que o Ministério Público do Trabalho promove a **responsabilização trabalhista** dos beneficiários do trabalho da criança e do adolescente (empregador; intermediário; explorador).

No que respeita à **responsabilização administrativa** do Poder Público, nas situações de omissão ou negligência quanto a políticas públicas específicas de proteção à criança e ao adolescente em face do trabalho, configura-se hipótese de atribuição concorrente entre os ramos estadual e do trabalho do Ministério Público.

Indicam-se, adiante, as medidas e iniciativas principais que podem e devem ser adotadas pelo membro do Ministério Público, diante das situações de *trabalho infantil* observadas:

- abertura de procedimento administrativo (art. 201, VII; e art. 223 do ECA): seja de ofício, em razão de notícia ou conhecimento pessoal de situação de ocorrência de *trabalho infantil* na Comarca; seja por representação ou denúncia formulada por terceiros;
- solicitação ao Conselho Tutelar de elaboração de relatório circunstanciado sobre o caso concreto investigado ou sobre fatos determinados.

De acordo com a situação, pode-se indicar/sugerir ao Conselho o registro das seguintes informações:

— o nome da criança e do adolescente;

— os dados pessoais dos pais;

— o local da residência;

— o número de pessoas da família;

— a renda familiar;

— a matrícula e frequência à escola;

— o motivo da ocorrência do trabalho infantil;

— o estado/situação em que se encontra a criança ou o adolescente;

— o local em que ocorre o trabalho;

— a forma de pagamento;

— o nome e endereço do beneficiário do trabalho, do explorador ou do intermediário (p. ex.: dono do negócio; tomador do serviço; comprador da mercadoria; fornecedor dos instrumentos de trabalho; proprietário do imóvel etc.);

• requisição de fiscalização específica à Superintendência Regional do Trabalho no Estado (nova denominação da antiga Delegacia Regional do Trabalho, órgão do Ministério do Trabalho e Emprego, que possui atribuição de fiscalizar o cumprimento das normas trabalhistas, inclusive situações de trabalho infantil), com apresentação de relatório circunstanciado;

• envio de notificação aos pais ou responsável legal para fazer cessar imediatamente o trabalho da criança e do adolescente, em caso de trabalho infantil no âmbito familiar, e principalmente se a situação for de risco, perigosa, insalubre ou penosa;

• convocação dos pais, responsável legal ou terceiro para o fim de: prestar esclarecimentos; assinar termo de compromisso ou receber recomendação escrita, se for o caso;

• convocação ou intimação do representante do Poder Público para tratar sobre medida relativa à inserção da criança ou do adolescente resgatado do trabalho, com prioridade, em programa social adequado, como o PETI — Programa de Erradicação do Trabalho Infantil;

• verificação, se for o caso, da existência de creche na localidade — e seu regular funcionamento —, para recebimento da criança com idade compatível (até seis anos), devendo ser exigida, do Poder Público, a disponibilidade do serviço, na hipótese de sua omissão;

• observação da existência de escola em funcionamento ou vaga para a criança ou adolescente não matriculado, e respectiva cobrança do Poder Público, em caso negativo, inclusive porque "o não oferecimento do ensino obrigatório pelo Poder Público ou sua oferta irregular importa responsabilidade da autoridade competente" (art. 54, § 2º, do ECA);

• em caso de trabalho infantil em locais públicos (matadouros; lixões; feiras), deve ser requisitada ao Poder Público, sob pena de responsabilização e até de interdição do local ou atividade, a adoção de providências imediatas para impedir o acesso ou ingresso da criança e do adolescente em tais espaços, ou sua retirada, além de medidas complementares de natureza assistencial e educacional (inserção em programa social; ingresso em curso profissionalizante; encaminhamento a curso de aprendizagem);

• requisição de ação fiscal pelo órgão da vigilância sanitária, quando houver irregularidades ambientais nesta área, inclusive com possibilidade de interdição do estabelecimento ou local;

• requisição de instauração de inquérito policial, quando haja, no quadro em que se desenvolve o *trabalho infantil*, a verificação de práticas criminosas;

• em casos de tráfico de drogas, exploração sexual comercial ou pornografia, deve ser requisitado o auxílio da polícia (civil, militar, rodoviária), objetivando a identificação da cadeia de responsáveis (donos de bares, de boates, de postos de gasolina, cafetinas, clientes) e a responsabilização criminal;

• nas situações em que a ocorrência ou perpetuação do *trabalho infantil* decorra de omissão, inércia ou ineficiência do Poder Público no cumprimento das ações administrativas que se lhe impõe, por dever constitucional, deve ser cobrada a realização de política pública adequada para solução do problema.

Piores Formas de Trabalho Infantil. Exploração Sexual Comercial de Crianças e Adolescentes

Maurício Correia de Mello(*)

1. Introdução

"A exploração Sexual Comercial de Crianças é uma violação fundamental dos seus direitos. Constitui-se em uma forma de coerção e violência contra as crianças, que pode implicar em trabalho forçado e formas contemporâneas de escravidão."
Agenda de Ação de Estocolmo, 1996

Na Agenda de Ação de Estocolmo (1996) consolidou-se o conceito de exploração sexual comercial infantil como todo tipo de atividade em que as redes e/ou pessoas usam o corpo de uma criança ou adolescente para tirar vantagem ou proveito de caráter sexual, com base numa relação de exploração comercial e de poder.

Pretende-se, com este novo conceito, substituir o de prostituição infanto-juvenil, pois que a palavra prostituição traz consigo a ideia de consentimento informado, o que coloca as crianças e os adolescentes prostituídos na situação de agentes, não de vítimas. É preciso diferenciar a exploração sexual comercial do abuso sexual que não abrange o aspecto comercial.

A Convenção n. 182 da OIT, de 1999, classifica entre as piores formas de trabalho infantil a utilização, recrutamento ou oferta de crianças para a prostituição, ou seja, a exploração sexual comercial de crianças e, também, de adolescentes, pois as normas internacionais não fazem tal distinção.

Em se tratando de crianças e adolescentes não há que se falar no consentimento. Mas em algumas situações a violência que obriga as ou os adolescentes a terem seus

(*) Procurador Regional do Trabalho.

corpos usados sexualmente é tão dissimulada que leva à equivocada impressão de que houve destas ou destes consentimento. Tal aparente consentimento levanta algumas questões, que trataremos a seguir.

2. *Exploração sexual comercial de crianças e adolescentes e a cultura do consumo*

Segundo a Agenda de Ação de Estocolmo:

> São vários os fatores que contribuem para a exploração sexual comercial de crianças, dentre os mais complexos temos as disparidades econômicas; as estruturas socioeconômicas injustas; a desintegração familiar; a questão da educação, consumismo; a migração rural-urbana; a discriminação de gênero; a conduta sexual masculina irresponsável; as práticas tradicionais nocivas e o tráfico de crianças. Portanto, a pobreza não pode ser considerada como o único fator determinante do fenômeno. Todos esses fatores aumentam a vulnerabilidade de meninas e meninos, frente àqueles que buscam utilizá-los para fins de exploração sexual comercial.
>
> Existem também fatores adicionais que conduzem direta ou indiretamente à exploração sexual comercial de crianças, como: corrupção, ausência de leis ou a existência de leis inadequadas, o descumprimento da lei e a limitada sensibilidade da pessoa encarregada da aplicação dessas leis sobre os efeitos nocivos nas crianças. Isso favorece a exploração sexual comercial pelas redes criminais, por indivíduos e famílias.
>
> A exploração sexual de crianças é um fenômeno transversal, atingindo todas as classes sociais e grupos na Sociedade, os quais podem contribuir para a exploração, através da indiferença, o desconhecimento das consequências nocivas sofridas pelas crianças e **pelos valores que consideram crianças como mercadorias**.

Precisamos nos deter sobre a questão da influência da cultura do consumo, porque ela pode embaçar a percepção subjetiva da gravidade da exploração, trazendo uma superficial e enganosa noção de que a exploração beneficiaria a vítima, o que descaracterizaria a exploração. Este pensamento equivocado é revelado no trecho de um julgamento, em que se comparou a situação de adolescentes vítimas de exploração sexual com a de adolescentes estupradas:

> (...) uma das questões a ser observada são os antecedentes da vítima, e que esta é que pode ter dado causa à prática do crime, consentindo no ato sexual, por ter capacidade de discernimento suficiente para esse fim.

Esse falso consentimento, ou esta falta de percepção de que se trata de exploração, é compartilhada por membros do judiciário experientes, como os que proferiram a decisão acima mencionada, a qual voltará a ser discutida mais adiante, e por meninas vítimas da exploração, que não tem consciência da violência que estão sofrendo, como se vê neste trecho de um estudo patrocinado pela Organização Internacional do Trabalho:

> A dificuldade de identificação da situação de exploração pelo adolescente explorado já foi apontada por trabalhos anteriores. Em pesquisa realizada por Durand, Santos, Rocha e Kassar (2003), verificou-se que, muitas vezes, não havia a identificação dos jovens explorados sexualmente com a imagem da exploração sexual. Em outras palavras, muitos jovens não se percebiam como explorados, muito menos "vitimados". Alguns viam o dinheiro ou o objeto, fruto da exploração, como um "presente" do encontro, ou algo semelhante.

Na revista Newsweek, de 11 de agosto de 2003, na sua versão para a América Latina, foi veiculada uma reportagem com o título " This Could Be Your Kid" (Poderia Ser Sua Filha), da jornalista Suzanne Smalley. O título traz uma discriminação oculta. A matéria é sobre a exploração sexual de adolescentes nos EUA, mas o que causa espanto à jornalista é que adolescentes de classe média estavam aceitando serem exploradas sexualmente. Há ênfase neste ponto, não se trata de adolescentes pobres, que moram em bairros pobres ou que são imigrantes ilegais. São adolescentes de classe média. A revista sabe que seu público é de classe média para cima, daí porque diz que "poderia ser sua filha".

No Brasil, um estudo realizado pela Organização Internacional do Trabalho em Foz do Iguaçu também identifica quatro níveis de exploração sexual, do mais desorganizado e ligado à situação de miséria das vítimas, envolvendo meninos e meninas que vivem nas ruas, até a exploração de adolescentes de classe média, organizada por agenciadores, em que os clientes são ricos:

> (...) crianças e adolescentes de classe média que são exploradas sexualmente em boates, grandes casas de prostituição, hotéis de médio e grande porte. São aliciadas a partir de agências de modelo e de fotografia. São solicitadas por meio de *books* fotográficos ou a partir de desfile para clientes. Nem chegam a saber quem realmente fez o contato com o cliente. Não há o indício de um local de agenciamento. Apenas o *book* concentra todas as adolescentes. Há indicação de que traficam drogas para a Europa. Seus documentos são alterados para atingirem a maioridade.
>
> (...) Observa-se que se trata de um fenômeno complexo, de causas socioeconômicas e histórico-culturais. Dentre as principais causas socioeconômicas está a desigual distribuição de renda, a pobreza, a migração, o rápido avanço do processo de urbanização, a debilidade das políticas sociais.
>
> Em relação às causas histórico-culturais identifica-se a visão de criança como objeto da dominação ou mercadoria, a nova estrutura familiar e suas consequências, o consumismo, a ideologia pós-moderna do subjetivismo e do prazer, a cultura da impunidade.

É possível afirmar que, tanto nos EUA quanto no Brasil, existem duas situações que levam à exploração sexual. Existem adolescentes de famílias tão pobres que seus pais permitem ou mesmo favorecem que sejam explorados sexualmente, para que essa atividade seja uma fonte de renda que amenize a miséria absoluta em que estão. Mas existe também a situação de adolescentes que, em busca de autonomia financeira, são levados a sua própria exploração, mesmo porque comumente já houve uma desintegração familiar e os pais não são mais referências. Como dito anteriormente, não há que se falar em consentimento destes adolescentes. Mas podemos dizer que não há, muitas vezes, resistência inicial a esta forma de violência. Ao contrário, os/as adolescentes aceitam vender seus próprios corpos sob a promessa de terem acesso a bens essenciais, como alimentação, e bens simbólicos, como roupas de marca e celulares.

Aparentemente, as roupas caras que cobrem seus corpos valem mais do que seus próprios corpos. Assim, o que se quer dizer é que não é apenas a miséria absoluta e a falta de acesso a bens básicos como alimentação e moradia, por exemplo, que levam estes ou estas adolescentes a uma aparente complacência na própria exploração. É preciso destacar que esta complacência inicial muitas vezes acaba resultando em violência expressa quando o ou a adolescente resolve deixar de participar da atividade. Mas o que leva a esta complacência? Será que as roupas valem mesmo mais que o próprio corpo que as veste?

Podemos encontrar algumas respostas na forma que a nossa sociedade está estruturada, fundamentada no consumo. O sociólogo americano Don Slater afirma que a "cultura do consumo é singular e específica: é o modo dominante de reprodução cultural desenvolvido no Ocidente durante a Modernidade". O sociólogo acrescenta que a cultura do consumo tem um alcance prático e uma profundidade ideológica que lhe permite estruturar e subordinar amplamente todas as outras. Prossegue Slater: "embora saibamos que o acesso às mercadorias é restringido pelo acesso ao dinheiro, o consumo de mercadorias é tratado, em princípio, como uma atividade da população inteira." Assim, completa, "embora a cultura do consumo pareça universal por ser retratada como um território de liberdade onde todos podem ser consumidores, ela também é vista como universal porque todos devem ser consumidores: essa liberdade peculiar é compulsória. De modo geral, é através das mercadorias que a vida cotidiana, assim como as identidades e relações sociais que nela vivemos, são sustentadas e reproduzidas."

O que acontece então se o consumo é atividade de todos, que devem consumir, no caso de países de profundas desigualdades sociais onde muitos não podem consumir? A resposta é a criação de uma tensão social, que frequentemente resulta em violência, tanto real quanto simbólica. Uma das formas de violência é a exploração sexual de crianças e de adolescentes. É preciso ter claro que a cultura do consumo não está baseada apenas no consumo de bens essenciais, como a alimentação. Vai muito além, permeando todos as relações sociais e interferindo na própria identidade das pessoas. Em última instância, o consumo está ligado ao direito à própria felicidade e à igualdade. Está também ligado à ideia de aceitação e de liberdade, apelos irresistíveis para os adolescentes.

O professor Mario Frota, Presidente do Centro de Estudos do Direito do Consumidor de Coimbra, em entrevista à revista Carta Capital, em outubro de 2003, também nos dá algumas pistas ao afirmar que "a publicidade deseja fidelizar o consumidor desde a tenra idade, ou seja, fazer do homem um escravo do consumo, já que nos condiciona a existência e a felicidade ao ato de consumir."

No estudo *Crianças no narcotráfico, um diagnóstico rápido*, patrocinado pela OIT, tratou-se dessa questão, em relação às crianças e adolescentes no narcotráfico:

> Pode ser visto como estranho que tantos jovens estejam entrando no narcotráfico simplesmente para possuírem roupas caras e coisas similares, entretanto, é importante entender que em uma sociedade de consumo, que dá mais importância ao que alguém 'possui' do que ao que alguém "é", roupas ou produtos equivalentes adquirem novo significado. Tornam-se um símbolo de poder e posses, representam uma forma importante de distinção, conforme definido por Pierre Bordieu (1994). A ilusão do consumo confere a estes adolescentes uma sensação de força; possuem algo que a desigualdade, intrínseca para a sociedade brasileira, limita.

A professora Maria Lúcia Pinto Leal trata especificamente da exploração sexual comercial de crianças e adolescentes e sua relação com o consumo:

> Essas crianças terminam virando presas fáceis para o mercado do crime das redes de exploração sexual. Recrutadas e aliciadas pelos exploradores, deixam-se enganar por falsas promessas e artigos de consumo, dirigidos aos desejos da infância e da adolescência. Essas crianças e adolescentes aceitam se submeterem a uma ordem perversa de trabalho, já não só pela necessidade material, mas por desejos de consumo imputados pelos meios de comunicação e pela lógica consumista da sociedade capitalista, reproduzida pelo seu grupo de pertencimento.

A exploração sexual comercial de adolescentes está relacionada ao desejo de consumir. Não só por parte destes, mas também dos que exploram esta pior forma de trabalho infantil. Recorro novamente à reflexão de Slater:

> (...), da mesma forma, se não há um princípio restringindo quem pode consumir o quê, também não há uma restrição de princípio sobre o quê pode ser consumido: todas as atividades, objetos e relações sociais podem, em princípio, ser trocados como mercadorias."(...) "Esse potencial que todas as coisas, atividades ou experiências têm de se tornarem mercadoria, ou serem substituídos por mercadorias, coloca perpetuamente o mundo íntimo da vida cotidiana no mundo impessoal do mercado e de seus valores.

A professora Maria Lúcia Leal, por sua vez, afirma que "é da natureza do mercado construir estratégias de disponibilizar ao consumidor, através do comércio, uma variedade de produtos e bens de consumo, elaborados pela força de trabalho humano (seja assalariada/explorada ou escravizada) e pelo recrutamento forçado do trabalho infantil. Também disponibiliza a venda da prestação de serviços, inclusive os sexuais e, de acordo com as transformações do capital, o mercado expande-se e diversifica-se".

O que se vê é que a exploração sexual comercial de crianças e adolescentes está tão inserida na forma como a nossa sociedade se organiza, baseada na cultura do consumo, na intermediação do mercado, que parece naturalizada. Muitas pessoas, sejam vítimas, exploradores e mesmo autoridades, mostram-se anestesiados para a violência, como se os sentidos que lhes permitem a percepção da realidade estivessem entorpecidos.

3. Propostas para combater a exploração sexual de crianças e adolescentes com fins comerciais

Não é razoável nem eficaz propor uma total reestruturação da nossa sociedade para combater a exploração sexual comercial de crianças e adolescentes. Existem medidas, algumas paliativas, outras que atuam na essência do problema, que podem ajudar a combater este mal.

Por outro lado, certamente existem, além da cultura do consumo, muitos fatores que atraem e mantêm adolescentes nas piores formas de trabalho infantil, inclusive a violência não dissimulada, não simbólica. Mas se pretende mostrar que este fator, que não é menos importante, é de difícil intervenção pelo Estado ou mesmo diretamente pela sociedade.

O consumo é estimulado pela publicidade e por outras formas de interação humana. Mas, sem dúvida, a publicidade é um dos meios mais importantes. O professor Mário Frota, na entrevista já citada, revela a batalha legal contra a publicidade dirigida a crianças e adolescentes, trazendo exemplos de países como a Suécia, que proibiu a publicidade dirigida a menores de 12 anos, sendo seguido pela Dinamarca. Na Alemanha a propaganda de brinquedos é proibida e na Grécia a publicidade de brinquedos é proibida das 7 às 22 horas. Mas o próprio professor afirma que a publicidade não precisaria sofrer restrições se "desde a tenra idade, às crianças e adolescentes fosse proporcionada educação para a sociedade de consumo. Uma educação que lhes permitisse uma postura crítica perante a própria publicidade (...) A educação pró-consumo tem de ser uma realidade confortante para que, dentro de uma geração, possamos louvar-nos desse projeto grandioso de preparar articuladamente cidadãos, que possam sentir-se bem na própria pele e no mundo".

Embora eu compartilhe desta ideia, que é basicamente a transformação dos valores da sociedade por meio da educação, é preciso evitar que ela se transforme em uma educação discriminadora, que ensine ao pobre que ele não deve desejar consumir e ao rico o oposto, o que certamente apenas aumentará a desigualdade social. Como já disse anteriormente, na forma pela qual nossa sociedade está estruturada, o direito de consumir é legítimo e é geral. Se houver regras estabe-lecendo limites ao consumo, como, por exemplo, a fim de garantir sustentabilidade e preservação do meio ambiente, elas devem ser as mesmas para ricos e pobres.

Se os mecanismos inerentes ao mercado detectarem a existência de consumidores interessados em desfrutar de serviços sexuais prestados por adolescentes, o mercado, de forma subterrânea e às vezes de forma mais explícita que se supõe, oferecerá estes serviços, ou será produzido material pornográfico, que funciona como publicidade.

Assim, em primeiro lugar, este consumo e este desejo de consumir serviços sexuais de adolescentes, bem como toda publicidade que estimule este comportamento, devem ser reprimidos por meio da ação da polícia, do Ministério Público e do Poder Judiciário, punindo-se clientes e intermediadores. Quanto aos clientes é preciso que eles recebam, se quiserem e se for o caso, tratamento psicológico.

Os mecanismos legais de repressão à exploração sexual comercial de crianças e adolescentes serão analisados detalhadamente no próximo tópico. Mas a prática tem demonstrado que a repressão, isoladamente, não é eficiente.

Campanhas educativas e de conscientização são um caminho. Muitas pessoas, de diferentes classes sociais, não veem como moralmente reprovável a prática comercial de sexo com adolescentes. Apesar da importância destas campanhas, seria ingênuo supor que seriam também suficientes de forma isolada, considerando a natureza de certa forma patológica na conduta daqueles que possuem tais desejos de consumo. É que, embora perfeitamente inserida na cultura do consumo, a exploração sexual surge como subproduto desta.

Revela-se imprescindível a criação de alternativas dignas que permitam aos e às adolescentes ter acesso ao consumo ou pelo menos a perspectiva de que terão tal acesso de forma digna, de forma a serem menos vulneráveis ao induzimento ou aliciamento. A primeira alternativa é a escola pública de qualidade, acompanhada de programas como o bolsa-escola ou Programa de Erradicação do Trabalho Infantil — PETI, que permita aos adolescentes ao menos vislumbrar um futuro melhor.

Aqui cabe uma consideração sobre o PETI. Seriam necessárias adaptações para atender crianças e adolescentes em situação de exploração sexual comercial, as quais são bastante complexas. Não se deveria criar nenhum tipo de diferenciação no valor pago às famílias inscritas no programa. É que não se pode criar uma hierarquia econômica entre as diversas formas de trabalho infantil, com mais valor para umas que para outras. Ademais, também não se pode rotular as crianças e adolescentes pela forma de trabalho infantil que exercem. Mas, por outro lado, precisamos considerar que o PETI não foi idealizado para atender algumas das piores formas de trabalho infantil, como a exploração sexual e o tráfico de drogas, principalmente pela complexidade decorrente da relação destas formas de trabalho com a cultura do consumo. De qualquer forma, ainda que seja possível adaptar o programa, para muitos adolescentes essa opção parece inalcançável. Para estas ou estes adolescentes, que buscam uma certa autonomia financeira, o melhor talvez seja lhes assegurar o direito à formação profissional, previsto na Convenção da ONU sobre Direitos das Crianças.

A Lei n. 10.097/00, que reformulou o conceito de aprendizagem, apesar de críticas construtivas que se pode fazer, é uma alternativa viável para, de forma digna, permitir, de imediato, que adolescentes em busca de autonomia financeira possam acessar o consumo e cria-lhes, para mais além, a real perspectiva de um emprego digno.

Por fim, defendo a regulamentação da profissão de prestador de serviço sexual como uma forma de aumentar a fiscalização estatal sobre esta atividade e, em consequência, melhor reprimir a exploração de crianças e adolescentes. Reconheço o teor polêmico desta posição, a qual envolve aspectos morais, para muitos, incontornáveis. Minha análise, contudo, fundamenta-se principalmente no que seria melhor para as crianças e adolescentes.

É de se observar que a profissão de prestador de serviço sexual é reconhecida no Código de Ocupações Brasileiro, sob o título "Profissionais do Sexo".

4. Criminalização da Exploração Sexual Comercial de Crianças e Adolescentes

No já mencionado Congresso Mundial sobre Exploração Sexual de Crianças e Adolescentes, realizado em Estocolmo, em 1996, detectou-se como uma das causas da Exploração Sexual Comercial de Crianças e Adolescentes a ausência ou ineficiência das leis:

> Existem também fatores adicionais que conduzem direta ou indiretamente à exploração sexual comercial de crianças, como: corrupção, ausência de leis ou a existência de leis inadequadas, o descumprimento da lei e a limitada sensibilidade da pessoa encarregada da aplicação dessas leis sobre os efeitos nocivos nas crianças. Isso favorece a exploração sexual comercial pelas redes criminais, por indivíduos e famílias.
>
> Diante disso, no referido documento, propõe-se, entre outras tantas medidas:
>
> Examinar e Revisar, quando possível, a legislação, as políticas, os programas e as práticas vigentes com o intuito de eliminar a exploração sexual e comercial de crianças;
>
> Aplicar a legislação, as políticas e os programas para proteger as crianças diante da exploração sexual e comercial e reforçar a comunicação e cooperação entre as autoridades encarregadas da execução da lei;

Promover a adoção, implementação e disseminação das leis, políticas e programas com o apoio dos mecanismos pertinentes em nível local, nacional e regional, contra a exploração sexual e comercial de crianças.

A primeira tentativa no nosso país de tipificar e criminalizar especificamente a exploração sexual de crianças e adolescentes com fins comerciais materializou-se na modificação do Estatuto da Criança e do Adolescente, ao qual se acresceu o art. 244-A:

> Art. 244-A. Submeter criança ou adolescente, como tais definidos no *caput* do art. 2º desta lei, à prostituição ou exploração sexual:
>
> Pena — reclusão de quatro a dez anos, e multa.
>
> § 1º Incorrem nas mesmas penas o proprietário, o gerente ou o responsável pelo local em que se verifique a submissão de criança ou adolescente às práticas referidas no *caput* deste artigo.
>
> § 2º Constitui efeito obrigatório da condenação a cassação da licença de localização e de funcionamento do estabelecimento.

Este dispositivo legal, segundo nos conta Luciana Bergano Tchorbadjian, surgiu no seguinte contexto:

> O presente dispositivo legal foi acrescentado à Lei n. 8.069/90 (Estatuto da Criança e do Adolescente) pela Lei n. 9.975, de 23 de junho de 2000.
>
> O projeto de lei que deu origem à Lei n. 9.975/00, de autoria da Deputada Federal Luiza Erundina, foi fruto de debate travado entre diversas organizações da sociedade civil, durante a 27ª sessão do Tribunal Permanente dos Povos, ocorrida em São Paulo, no mês de março de 1999.
>
> O Tribunal Permanente dos Povos é uma entidade internacional que investiga, julga e propõe soluções para questões de caráter mundial, relacionadas à violação aos direitos humanos. Esse Tribunal está vinculado à Fundação Internacional Lélio Basso pelos Direitos e pela Libertação dos Povos, constituída na Itália, em 1976, pelo jurista que lhe deu o nome, e tem o reconhecimento da ONU — Organização das Nações Unidas.
>
> A sessão acima mencionada, segunda que teve como temática a infância e a juventude (a primeira ocorreu na Itália, em 1995), perseguiu dois objetivos principais: sensibilizar o Estado e a sociedade sobre a distância existente entre a realidade e as normas da Declaração Universal dos Direitos da Criança, da Constituição Federal e do Estatuto da Criança e do Adolescente e avaliar a vinculação desta última lei referida com as políticas públicas.
>
> Ainda na Câmara dos Deputados, o projeto de lei em questão foi enriquecido pelo substitutivo global apresentado pelos Deputados Dr. Hélio, Rita Camata, Geraldo Magela, João Fassarella, Jandira Feghali e Laura Carneiro.

Segundo consta do registro das discussões entabuladas por ocasião da apreciação deste projeto de lei por aquela casa legislativa, pretendia-se que o Congresso Nacional criasse um instrumento legal que punisse exemplarmente aqueles que direta ou indiretamente contribuíssem para explorar sexualmente crianças e adolescentes, efetivando o compromisso do Governo Brasileiro, que promulgou o Decreto n. 99.710, após aprovação do texto da Convenção sobre os Direitos da Criança, adotada pela Assembleia Geral das Nações Unidas, em 20 de novembro de 1989, pelo Decreto Legislativo n. 28, de 14 de setembro de 1990.

O art. 34 da citada Convenção declara que "os Estados-Partes se comprometem a proteger a criança contra todas as formas de exploração e abuso sexual. Nesse sentido, os Estados Partes tomarão, em especial, todas as medidas de caráter nacional, bilateral e multilateral que sejam necessárias para impedir: a) o incentivo ou a coação para que uma criança se dedique a qualquer atividade sexual ilegal; b) a exploração da criança na prostituição ou outras práticas sexuais ilegais; c) a exploração de crianças em espetáculos ou materiais pornográficos".

Não é demais lembrar, ainda que, no ano de 1994, foi instaurada, na Câmara dos Deputados, uma CPI — Comissão Parlamentar de Inquérito —, para investigar a prostituição Infanto-Juvenil no Brasil, ocasião em que se debateu amplamente a questão, avançando-se na compreensão e abordagem do tema.

O *bem jurídico* tutelado por este dispositivo legal é o respeito e o tratamento com dignidade a que têm direito a criança e o adolescente enquanto pessoas em condição peculiar de desenvolvimento. É a integridade física, psíquica e moral da criança e do adolescente.

Nos termos do art. 1º da Constituição Federal, a República Federativa do Brasil constitui-se em Estado Democrático de Direito e tem como um de seus fundamentos a dignidade da pessoa humana (inciso III).

A dignidade da pessoa humana é, portanto, bem ou princípio fundamental da ordem jurídica, social e política do país.

Especificamente no tocante à criança e ao adolescente, a Carta Magna, em seu art. 227, *caput*, afirma que "é dever da família, da sociedade e do Estado, assegurar à criança e ao adolescente, *com absoluta prioridade*, o direito a vida, à saúde, à alimentação, à educação, ao lazer, à profissionalização, à cultura, *à dignidade, ao respeito*, à liberdade e à convivência familiar e comunitária, além de colocá-los a salvo de toda forma de negligência, discriminação, *exploração*, violência, crueldade e opressão" (grifos nossos).

O § 4º deste artigo preceitua, ainda, que a "lei punirá severamente o abuso, a violência e a exploração sexual da criança e do adolescente".

Conclui-se, assim, que o presente crime tutela os especiais direitos à dignidade e ao respeito de que são titulares crianças e adolescentes, protegendo-lhes a integridade física, psíquica e moral.

Mas qual seria o alcance desta criminalização? O crime de exploração sexual comercial de crianças e adolescentes só pode ser praticado pelos agenciadores, pelos intermediários, ou o próprio beneficiado diretamente pelo serviço sexual, ou seja, o "cliente", também pratica este crime? Luciana Bergano Tchorbadjian esclarece:

> O *sujeito ativo* deste crime será qualquer pessoa que submeter a criança ou o adolescente à exploração sexual ou prostituição e o proprietário, gerente ou responsável por local em que se verificar essa submissão.
>
> O *sujeito passivo* será a criança ou o adolescente, tal como definidos no art. 2º, *caput*, da lei: criança é a pessoa até doze anos de idade incompletos e adolescente aquela entre doze e dezoito anos de idade.
>
> O *tipo objetivo* é a submissão da criança ou adolescente à exploração sexual ou prostituição.
>
> Comete o delito quem submete a criança ou o adolescente à exploração sexual ou à prostituição. Explorar significa tirar proveito, auferir vantagem. Pratica o crime aquele que se utiliza, diretamente, do corpo da criança ou do adolescente como produto de consumo, para práticas sexuais, bem como aquele que favorece, propicia, incentiva, induz, facilita ou promove a intermediação deste corpo em troca de dinheiro ou de qualquer outra vantagem. Incide nas penas previstas para este delito tanto aquele que mantém o contato sexual com criança ou adolescente, numa relação mercantilizada, como aquele que, embora não mantendo contato sexual direto com a criança ou o jovem, aufere vantagem com o contato destes com terceiro.
>
> Parece-nos que o conceito de exploração sexual, por ser mais amplo, abrange o de prostituição. Submeter a criança ou o adolescente à prostituição nada mais é do que explorá-los sexualmente.

Como se vê, pretendia-se punir tanto os intermediários da exploração (agenciadores, cafetões) como o explorador direto, aquele que utiliza crianças e adolescentes, mediante pagamento, para a satisfazer seus impulsos sexuais.

Todavia, apesar dos esforços da sociedade e do legislador, o Poder Judiciário continuou entendendo que estas crianças e adolescentes explorados perdem sua "inocência" ao serem iniciados na prestação de serviços sexuais, e que, não sendo a prostituição crime, os clientes desta não podem ser punidos, mesmo que a pessoa que vende a relação sexual seja uma criança ou adolescente. Bastante exemplificativa deste entendimento é a decisão proferida pelo Superior Tribunal de Justiça, em caso que envolveu um conhecido atleta brasileiro:

Recurso Especial n. 820.018 — MS (2006/0028401-0), publicado no DJ de 15.6.2009

Relator: Ministro Arnaldo Esteves Lima

Recorrente: Ministério Público do Estado de Mato Grosso do Sul

Recorrido: Lofda A

Advogado: Kátia Maria Souza Cardoso e Outro(s)

Recorrido: J L B

Advogado: Nelson Buganza Junior

PENAL. EXPLORAÇÃO SEXUAL. ART. 244-A DO ECA. RÉUS QUE SE APROVEITAM DOS SERVIÇOS PRESTADOS. VÍTIMAS JÁ INICIADAS NA PROSTITUIÇÃO. NÃO ENQUADRAMENTO NO TIPO PENAL. EXPLORAÇÃO POR PARTE DOS AGENTES NÃO CONFIGURADA. RECURSO ESPECIAL IMPROVIDO.

1. O Superior Tribunal de Justiça tem entendimento no sentido de que o crime previsto no art. 244-A do ECA não abrange a figura do cliente ocasional, diante da ausência de exploração sexual nos termos da definição legal. Exige-se a submissão do infante à prostituição ou à exploração sexual, o que não ocorreu no presente feito. REsp 884.333/SC, Rel. Min. GILSON DIPP, Quinta Turma, DJ 29.6.07. 2. Recurso especial improvido.

No acórdão é reproduzida decisão do Tribunal de Justiça do Mato Grosso do Sul integralmente confirmada pelo Superior Tribunal de Justiça:

> Antes de observar apenas o fato de uma adolescente ter se relacionado sexualmente com alguém, responsabilizando este último por um crime, é preciso observar os antecedentes dessa adolescente, uma vez que neste caso deve ser aplicada a mesma regra para o estupro e o atentado violento ao pudor praticado contra menores de 14 anos de idade, com violência presumida, onde uma das questões a ser observada são os antecedentes da vítima, e que esta é que pode ter dado causa à prática do crime, consentindo no ato sexual, por ter capacidade de discernimento suficiente para esse fim. O desconforto para o julgador quanto à condenação por crime desta natureza reside exatamente nessa questão dos antecedentes da ofendida, visto que quem deve responder pelo fato de uma adolescente ter se corrompido é o corruptor, não aquele que pratica fato posterior com ela, já que nesse momento pode ser a própria menor que o atraiu para essa relação sexual, e que as prostitutas esperam o cliente na rua e já não são mais pessoas que gozam de uma boa imagem perante a sociedade.
>
> Assim, toda vez que um homem for praticar uma relação sexual com uma menor e esta já for uma prostituta, torna-se imperioso reconhecer que apenas aderiu a uma conduta que hoje não pode ser considerada como crime, até porque prostituição é uma profissão tão antiga que é considerada no meio social apenas um desregramento moral, mas jamais uma ilegalidade penal.

Mas logo após esta decisão, que causou grande polêmica, tendo recebido atenção da mídia e dos movimentos de proteção dos direitos das crianças e adolescentes, foi sancionado um projeto de lei que tramitava há vários anos no Congresso Nacional, trazendo modificações mais profundas na legislação, inclusive no Código Penal. O projeto tinha a intenção de extinguir qualquer dúvida que ainda houvesse no sentido de que é crime a prática de sexo, mediante pagamento, com crianças e adolescentes. Esta intenção é explicitada no Relatório Final da Comissão Parlamentar Mista de Inquérito sobre Exploração Sexual de Crianças e Adolescentes:

Partindo dessa perspectiva, foi criado, em consórcio com a CPMI, um Grupo de Estudos de Análise Legislativa em reunião de setembro de 2003 da Comissão Intersetorial de Combate à Violência Sexual contra Crianças e Adolescentes, então coordenada pela Secretaria Nacional de Justiça, do Ministério da Justiça. Esse Grupo produziu anteprojeto, que culminou na presente proposição, e teve representantes dos seguintes órgãos e instituições: Ministério da Justiça, Secretaria Especial de Direitos Humanos, Ministério Público do Trabalho, Ministério Público Federal, Defensoria Pública da União, Comissão Parlamentar Mista de Inquérito sobre Exploração Sexual de Crianças e Adolescentes e Organização Internacional do Trabalho.

É importante frisar que, como a CPMI pretendeu combater especialmente redes de exploração sexual comercial, atenção foi dada à definição do crime de favorecimento à prostituição e outras formas de exploração sexual de vulneráveis. E, nesse sentido, amplia o art. 244-A do ECA, porquanto, além de "submeter", torna também "induzir" e "atrair à prostituição" núcleos do tipo penal. Outra atenção foi dada em relação ao cliente da prostituição infantil, acrescentando-se o art. 218-B, do qual deve constar parágrafo a dispor que incorre também no crime de favorecimento quem tem conjunção carnal ou pratica outro ato libidinoso com pessoa menor de 18 e maior de 14 anos. Vale lembrar que alguém que mantenha relações sexuais com pessoa menor de 14 anos cometeria estupro de vulneráveis (novo art. 217), em situação de prostituição ou não. Também incorre em crime quem induz pessoa menor de 14 a satisfazer a lascívia de outrem, imputado com reclusão e, se cometido para obter vantagem econômica, também com multa (art. 218).

Foram inseridos, então, novos artigos no Código Penal, com o objetivo acima mencionado:

Favorecimento da prostituição ou outra forma de exploração sexual de vulnerável. *(Incluído pela Lei n. 12.015, de 2009)*

Art. 218-B. Submeter, induzir ou atrair à prostituição ou outra forma de exploração sexual alguém menor de 18 (dezoito) anos ou que, por enfermidade ou deficiência mental, não tem o necessário discernimento para a prática do ato, facilitá-la, impedir ou dificultar que a abandone: *(Incluído pela Lei n. 12.015, de 2009)*

Pena — reclusão, de 4 (quatro) a 10 (dez) anos. *(Incluído pela Lei n. 12.015, de 2009)*

§ 1º Se o crime é praticado com o fim de obter vantagem econômica, aplica-se também multa. *(Incluído pela Lei n. 12.015, de 2009)*

§ 2º Incorre nas mesmas penas: *(Incluído pela Lei n. 12.015, de 2009)*

I — quem pratica conjunção carnal ou outro ato libidinoso com alguém menor de 18 (dezoito) e maior de 14 (catorze) anos na situação descrita no *caput* deste artigo; *(Incluído pela Lei n. 12.015, de 2009)*

II — o proprietário, o gerente ou o responsável pelo local em que se verifiquem as práticas referidas no *caput* deste artigo. *(Incluído pela Lei n. 12.015, de 2009)*

§ 3º Na hipótese do inciso II do § 2º, constitui efeito obrigatório da condenação a cassação da licença de localização e de funcionamento do estabelecimento. *(Incluído pela Lei n. 12.015, de 2009)*

Não cabe aqui tratar de todas as modificações produzidas pela Lei n. 12.015, de 2009. Mas é importante mencionar que a alteração mais profunda se deu com o bem jurídico que a lei tutelava. Antes da nova lei, o bem jurídico protegido era a moral e o costume, daí porque o raciocínio desenvolvido na doutrina e na jurisprudência é que, estando o patrimônio moral da vítima já "corrompido", não havia mais o que proteger, restando descaracterizado o crime. Foi essa a lógica que resultou no julgamento pelo STJ, mencionado acima, se bem que de forma equivocada, pois o crime de exploração sexual comercial infantil está inserido no ECA e não no Código Penal, e, portanto, mesmo antes da Lei n. 12.015/09 o bem jurídico tutelado ao se punir a exploração sexual de crianças e adolescentes já era a dignidade destas. Entretanto, a partir da edição da Lei n. 12.015/09, o bem jurídico tutelado no Código Penal também passou a ser a dignidade sexual, como revela o título VI, que antes era "dos crimes contra os costumes" e agora é "dos crimes contra a dignidade sexual".

A nova legislação já foi aplicada e tem-se a esperança de que ela resultará em punição dos exploradores sexuais. Decisão proferida em *Habeas Corpus* parece indicar esta direção:

HC 160295/ES

Habeas Corpus 2010/0012196-3

Relator(a) Ministro O. G. Fernandes (1139) Órgão Julgador T6 — Sexta Turma Data do Julgamento 25.5.2010 Data da Publicação/Fonte DJe 21.6.2010

Ementa: *HABEAS CORPUS*. EXPLORAÇÃO SEXUAL DE VULNERÁVEL, ESTUPRO DE VULNERÁVEL (ANTIGO ATENTADO VIOLENTO AO PUDOR COM PRESUNÇÃO DE VIOLÊNCIA), VIOLAÇÃO SEXUAL MEDIANTE FRAUDE (ANTIGO ATENTADO AO PUDOR MEDIANTE FRAUDE). PRISÃO PREVENTIVA. DECRETAÇÃO DA CUSTÓDIA FUNDAMENTADA. *MODUS OPERANDI* E PERICULOSIDADE SOCIAL DO PACIENTE. FUNDAMENTAÇÃO IDÔNEA. CONSTRANGIMENTO ILEGAL INEXISTENTE. PRISÃO DOMICILIAR. DESCABIMENTO.

1. Esta Corte tem afirmado que a prisão anterior à condenação transitada em julgado somente pode ser imposta por decisão concretamente fundamentada, mediante a demonstração explícita da sua necessidade, observado o art. 312 do Código de Processo Penal.

2. No caso concreto, a prisão do paciente se encontra devidamente justificada, principalmente pela forma em que praticados os delitos (*modus operandi*) e pela periculosidade social do paciente, evidenciada na sua propensão à pedofilia. Como visto, o paciente, utilizando-se de sua influência no meio artístico, é acusado de exploração sexual e estupro de várias adolescentes menores de idade.

Consciente da vulnerabilidade das menores, oferecia às vítimas ingressos de shows, além de presentes, como máquinas fotográficas, tênis e até drogas para, em troca, praticar abusos sexuais.

3. Diante da notícia de transferência do acusado para o Centro de Detenção Provisória de Viana II, onde há uma Unidade de Saúde Prisional, não há motivo para autorização da prisão domiciliar, que só é possível em casos excepcionais ou na falta de local apropriado para o cumprimento em prisão especial, o que não é o caso dos autos.

4. Conforme informações do Juiz de primeiro grau, a instrução processual encontra-se, praticamente, concluída, restando apenas o interrogatório do réu, o qual foi designado para o dia 16.6.2010 às 15:30 horas.

5. Ordem denegada.

Por outro lado, também a questão do consentimento recebeu interpretação mais adequada às normas de proteção das crianças e adolescentes, como se vê em julgamento posterior à Lei n. 12.015, de 2009:

REsp 1104802/RS

Recurso Especial 2008/0250701-3

Relator(a) Ministro Arnaldo Esteves Lima (1128)

Órgão Julgador T5 — Quinta Turma

Data do Julgamento 16.6.2009

Data da Publicação/Fonte DJe 3.8.2009

Ementa: PENAL. PROCESSUAL PENAL. RECURSO ESPECIAL. ART. 244-A DO ESTATUTO DA CRIANÇA E DO ADOLESCENTE. CONSENTIMENTO DA VÍTIMA. IRRELEVANTE. RECURSO CONHECIDO E PROVIDO.

1. Para a configuração do delito de exploração sexual de criança e adolescente, previsto no art. 244-A do ECA, basta a submissão da vítima à prostituição ou exploração sexual, sendo irrelevante o seu consentimento.

2. Recurso especial conhecido e provido para restabelecer a sentença condenatória.

A criminalização e a persecução penal não são, contudo, os únicos instrumentos que possuem o Estado e a Sociedade para reprimir a exploração sexual comercial de crianças e adolescentes. Os membros do Ministério Público do Trabalho já há algum tempo vêm defendendo que este ramo do Ministério Público tem legitimidade para combater tal forma de exploração e, bem assim, tem a Justiça do Trabalho competência para julgar demandas que envolvam o tema. Neste sentido, em 2008 foi editado documento, elaborado pela Coordenadoria Nacional de Combate à Exploração do Trabalho de Crianças e Adolescentes — Coordinfância, que se denominou Carta de Brasília.

5. Legitimidade do Ministério Público do Trabalho e competência material da Justiça do Trabalho para o combate à exploração sexual comercial de crianças e adolescentes

A análise da legitimidade do Ministério Público do Trabalho e competência material da Justiça do Trabalho para o combate à exploração sexual de crianças e adolescentes deve, necessariamente, ter início pela leitura do art. 114 da Constituição Federal:

Art. 114. Compete à Justiça do Trabalho processar e julgar:

I — as ações oriundas da relação de trabalho, abrangidos os entes de direito público externo e da administração pública direta e indireta da União, dos Estados, do Distrito Federal e dos Municípios; (grifo apócrifo)

...omissis...

IX — outras controvérsias decorrentes da relação de trabalho, na forma da lei.

A Emenda Constitucional n. 45, de 2004, com a exclusão das expressões "empregador" e "trabalhador" se deu na direção de consolidar a competência da Justiça do Trabalho para julgar quaisquer controvérsias decorrentes da relação de trabalho, seja qual for a sua natureza.

Há muito se percebeu o caráter multifacetado e complexo da exploração do trabalho de crianças e adolescentes e a necessidade de atuação, para o seu combate, em diversas frentes simultaneamente. O art. 227 da Constituição, ao estabelecer o dever do Estado de assegurar os direitos das crianças e adolescentes, não limita quais os setores estatais que têm tal obrigação. Pelo contrário, todos, de forma complementar, devem estar envolvidos na luta pela eficácia das garantias e direitos das crianças e adolescentes, estabelecidos na lei, na Constituição e nas normas internacionais. Entre as instituições que podem e, mais que isso, têm o dever de agir, estão o Ministério Público do Trabalho e a Justiça do Trabalho.

> A exploração Sexual Comercial de Crianças é uma violação fundamental dos seus direitos. Constitui-se em uma forma de coerção e violência contra as crianças, que pode implicar em trabalho forçado e formas contemporâneas de escravidão. (Agenda de Ação de Estocolmo, 1996)

A Convenção n. 182 da OIT, ratificada pelo Brasil, diz expressamente que a exploração sexual é uma das piores formas de trabalho infantil:

Art. 3º Para efeitos da presente Convenção, a expressão 'as piores formas de trabalho infantil' abrange:

...omissis...

b) a utilização, o recrutamento ou a oferta de crianças para a prostituição, a produção de pornografia ou atuações pornográficas. (ratificada pelo Decreto n. 3.597/00)

No que se refere à legitimidade do MPT para o combate à exploração sexual comercial de crianças e adolescentes, o art. 127 da Constituição estabelece que "o Ministério Público é instituição permanente, essencial à função jurisdicional do Estado, incumbindo-lhe a defesa da ordem jurídica, do regime democrático e dos interesses sociais e individuais indisponíveis".

A Lei Complementar do Ministério Público da União (LC n. 75/93) atribui ao Ministério Público do Trabalho a prerrogativa de promover a ação civil pública perante a Justiça do Trabalho (art. 83, inciso III).

O Ministério Público do Trabalho vem cumprindo sua missão constitucional e já obteve êxito na condenação ao pagamento de danos morais coletivos por exploradores sexuais pela Justiça do Trabalho de Mato Grosso e da Paraíba, esta em decisão confirmada pelo Tribunal Regional do Trabalho. Chama a atenção o fato de que a condenação em segunda instância na Justiça do Trabalho aconteceu antes que o processo fosse julgado em primeira instância no foro criminal.

Contudo, de forma a tornar ainda mais explícitas estas legitimidade e competência e diminuir a resistência a elas, tramita no Congresso Nacional o Projeto de Lei n. 6.938/10 de autoria dos ilustres deputados Paulo Henrique Lustosa (PMDB--CE) e Maria do Rosário (PT-RS) que "Dispõe sobre a reparação civil coletiva decorrente da exploração sexual de crianças e adolescentes para fins comerciais e dá outras disposições protetivas dos direitos das crianças e dos adolescentes". Com efeito, no projeto fica estabelecido que:

> Art. 4º Compete ao Ministério Público do Trabalho ajuizar as ações cabíveis para reparação dos danos, inclusive morais coletivos, decorrentes da exploração sexual de crianças e adolescentes para fins comerciais.
>
> Art. 5º Compete à Justiça do Trabalho processar e julgar as ações civis públicas decorrentes da exploração sexual de crianças e adolescentes para fins comerciais.

Mas alguns argumentam que, em face da ilicitude da exploração sexual comercial de crianças e adolescentes, a proteção no âmbito da Justiça do Trabalho é impossível. Segundo este entendimento, poder-se-ia perseguir exclusivamente a responsabilidade criminal dos exploradores e a responsabilidade civil estaria limitada ao que prevê o art. 387, IV, do Código de Processo Penal — CPP.

Ora, este entendimento considera um aspecto da exploração sexual, esquecendo-se do caráter de multidisciplinaridade intrínseca ao combate efetivo desta forma de violência. Fixar-se apenas no aspecto criminal é esquecer a amplitude dos direitos das crianças e adolescentes, alguns deles enumerados na Constituição:

> o direito à vida, à saúde, à alimentação, à educação, ao lazer, à profissionalização, à cultura, à dignidade, ao respeito, à liberdade e à convivência familiar e comunitária, além de colocá-los a salvo de toda forma de negligência, discriminação, exploração, violência, crueldade e opressão.

Pelo entendimento de que se trata de uma questão exclusivamente criminal, os direitos à saúde e à educação destas crianças e adolescentes explorados, inclusive o direito à formação profissional, que lhes permitissem uma perspectiva de acesso ao trabalho digno, não poderiam ser protegidos por iniciativa dos setores estatais competentes.

Além dos direitos das crianças e adolescentes enumerados na Constituição, existem aqueles constantes de normas internacionais, como a Convenção n. 182 da OIT, bem como a correlata Recomendação n. 190, ambas da Organização Internacional do Trabalho, em vigor no território nacional, por meio do Decreto Legislativo n. 178/99. Em tais normas, considera-se como uma das piores formas de trabalho infantil "a utilização, o recrutamento ou a oferta de crianças para a prostituição, a produção de pornografia ou atuações pornográficas".

Há uma enorme diferença entre a atuação do Estado na repressão ao trabalho ilícito no tráfico de armas, por exemplo, e a atuação na repressão à exploração do trabalho escravo ou à exploração sexual comercial de crianças e adolescentes. No primeiro caso, o bem jurídico tutelado, entre outros, é o direito à proteção da vida de toda a sociedade contra a ação criminosa daqueles que atuam no contrabando e comercialização de armas ilegais, sejam os líderes, sejam os que estão envolvidos diretamente nestas atividades. Estes são criminosos que merecem punição e para os quais não há qualquer tutela pelo Ministério Público do Trabalho.

No segundo caso, toda a sociedade e, principalmente, os próprios trabalhadores explorados, na qualidade de vítimas principais, merecem a proteção contra os que cometem estes crimes tipificados de exploração do trabalho escravo e de exploração sexual de crianças e adolescentes para fins comerciais. O bem jurídico tutelado é, primariamente, a dignidade do trabalhador, ameaçada pela exploração, e, de forma reflexa, a dignidade da sociedade como um todo. Em relação aos adolescentes e às crianças explorados sexualmente, o bem jurídico tutelado é a dignidade destes, e os direitos que compõem a dignidade, como o direito ao desenvolvimento sexual saudável, entre outros direitos próprios da infância. Assim, não faz o menor sentido restringir a competência da Justiça do Trabalho, como alguns defendem, e retirar a tutela coletiva e difusa destes direitos pelo Ministério Público do Trabalho, prejudicando quem merece proteção de todas as perspectivas, trabalhista, civil, penal, entre outras.

6. A obrigação de indenizar os danos morais decorrentes da exploração sexual comercial de crianças e adolescentes

Antes de abordar a questão específica, a violação da dignidade em decorrência da exploração sexual comercial de crianças e adolescentes, se faz necessário tratar de algumas questões mais gerais, como o conceito de dignidade do ser humano, a questão do reconhecimento do direito à dignidade, a responsabilidade civil e a consequente obrigação de reparar o dano moral em caso de violação deste direito.

O conceito de dignidade do ser humano não é facilmente obtido, nem há muito consenso na doutrina sobre este. José Cláudio Monteiro de Brito Filho afirma que "não é simples reduzir em palavras o significado da dignidade da pessoa humana. Como tantos outros conceitos, parece ser mais fácil identificar o que atenta contra a dignidade do que identificá-la em si mesma." Mas, evitando este estratagema, Brito Filho apresenta definição que, no seu entender, exprime de forma completa a ideia de dignidade da pessoa humana. É a apresentada por Ingo Wolfgang Sarlet, para quem dignidade é:

> (...) a qualidade intrínseca e distintiva de cada ser humano que o faz merecedor do mesmo respeito e consideração por parte do Estado e da comunidade, implicando, neste sentido, um complexo de direitos e deveres

> fundamentais que assegurem a pessoa tanto contra todo e qualquer ato de cunho degradante e desumano, como venham a lhe garantir as condições existenciais mínimas para uma vida saudável, além de propiciar e promover sua participação ativa e corresponsável nos destinos da própria existência e da vida em comunhão com os demais seres humanos.

Se o ser humano possui a dignidade como qualidade intrínseca, o problema, do ponto de vista jurídico, surge do não reconhecimento desta qualidade. Norberto Bobbio afirmou que "o problema fundamental em relação aos direitos do homem, hoje, não é tanto de justificá-los, mas o de protegê-los. Trata-se de um problema não filosófico, mas político". Parafraseando Bobbio, diria que o problema fundamental em relação aos direitos humanos é o seu reconhecimento, no sentido da sua admissão como legítimo e verdadeiro. A dignidade, portanto, estaria inserida neste processo de reconhecimento, eis que a palavra dignidade, por si só, nada significa. Lembremos que a dignidade, historicamente, era reconhecida apenas aos nobres. Depois, passou-se a reconhecer este direito em relação aos trabalhadores. Benjamim Franklin dizia que a dignidade decorria de acordar cedo e dormir tarde, jamais deixar uma dívida sem pagá-la. Este princípio moral atravessou séculos e fronteiras.

A expressão dignidade ganha relevo quando relacionada aos direitos humanos universalizados. A dignidade não é, portanto, um atributo do ser humano, mas um atributo dos seres humanos nas suas inter-relações. A dignidade é, portanto, a expressão do reconhecimento: reconheço em ti a plenitude de um ser humano digno, sujeito de direitos fundamentais exigíveis perante mim e perante o Estado. Não há nada mais fundamental que a necessidade de um ser humano ser reconhecido como tal por outro ser humano. Mas esse reconhecimento não vem de graça e não é permanente, ele surge de conflito e tensão e precisa ser reafirmado a cada segundo da existência humana, em cada ambiente de relacionamento humano.

É pertinente, portanto, tecer algumas considerações sobre a ação de indenização por danos morais, um dos mecanismos legais asseguradores da dignidade. Alguns autores afirmam que dano moral é todo aquele dano que não é patrimonial. Outros enumeram as possibilidades de dano moral, afirmando que é aquele que causa sofrimento, dor, tristeza. Buscando sintetizar tais conceitos.

Walmir Oliveira da Costa define danos morais como sendo "a lesão que alguém sofre em seus bens imateriais pela ação de outrem que lhe causa abalos a direitos personalíssimos".

Para nosso objetivo, consideramos dano moral aquele que atinge a dignidade, no sentido que tratamos anteriormente, ou seja, incorre em dano moral aquele que não reconhece a dignidade de outro ser humano. Para este fim, não é relevante se o ato causou efetivamente sofrimento, bastará que este ato atente contra a obrigação de reconhecimento da condição de ser humano. Neste sentido, leciona Xisto Tiago de Medeiros Neto:

> A responsabilidade, portanto, tratando-se de dano moral, decorre, em regra, do simples fato da violação (*damnum in re ipsia*), não se cogitando

analisar-se o traço subjetivo do ofensor ou se provar a existência do prejuízo extrapatrimonial, que, por si só, já é uma evidência do próprio fato (*ipso facto*), salientando-se, mais, a impossibilidade de, para tal fim, ingressar-se na esfera psíquica da vítima.

A ação, que afinal importará em indenização econômica ou outra forma de reparação, busca antes obrigar o reconhecimento da dignidade. Assim, a condenação econômica deve ser suficiente para reparar o dano, mas também para desestimular este ato atentatório à dignidade. Novamente recorremos a Medeiros Neto:

> Observa-se, com efeito, que se tem concebido como dupla a natureza e a finalidade da reparação do dano moral: a de satisfazer ou compensar o lesado, de um lado, e a de sancionar o lesante, em proporção exemplar, de outro lado.

A obrigação de reparar o dano moral decorre da responsabilidade civil em geral. Ou seja, é preciso que certa conduta cause uma lesão injusta a interesse alheio, que esta conduta efetivamente cause dano (material ou moral) e que haja um nexo causal entre a conduta e o dano. A questão da culpa do agente é, modernamente, uma questão secundária. O novo Código Civil, embora reitere a regra geral de que deve haver culpa do agente, também abre espaço para a teoria do risco, em que o agente, embora não tenha culpa, assume o risco de que sua conduta possa causar prejuízo.

Quando falamos da dignidade do ser humano sempre temos em mente o ser humano adulto. Mas, e as crianças e adolescentes? Lembremos que as crianças, historicamente, eram consideradas adultos pequenos, com direitos proporcionais. O valor que se dava às crianças era menor que o valor de um adulto. Apenas com a Declaração dos Direitos das Crianças e, muito recentemente, com a edição da Convenção dos Direitos da Criança, ratificada por quase todos os países integrantes da ONU, à exceção dos Estados Unidos da América e da Somália, é que as crianças passaram a gozar de um certo reconhecimento de sua dignidade.

Mas, o que afronta a dignidade de uma criança ou adolescente? As crianças, estas consideradas internacionalmente como todos aqueles que contam menos de dezoito anos de idade, possuem direitos humanos especiais, listados na Convenção da ONU sobre os Direitos das Crianças, de 1989, na nossa Constituição e no Estatuto da Criança e do Adolescente. Todos estes instrumentos reconhecem a condição das crianças de seres humanos em desenvolvimento. Tal desenvolvimento deve se dar em um ambiente de felicidade, amor e compreensão. Textualmente, diz o ECA que as crianças e adolescentes têm direito ao desenvolvimento sadio e harmonioso, em condições dignas de existência. Este conjunto de normas direcionadas a garantir o bem-estar das crianças e adolescentes está contido no "princípio da proteção integral".

Assim, para o reconhecimento da dignidade das crianças e adolescentes, deve-se levar em consideração esta condição especial de ser humano em processo de formação e a obrigação da família, da sociedade e do Estado de promoverem a proteção integral das crianças e dos adolescentes. Em outras palavras, o reconhecimento da dignidade da criança e do adolescente deve abranger estas especificidades. Ao se analisar a configuração de danos morais, em razão de uma conduta antijurídica praticada contra crianças e adolescentes, tem-se que ter em conta estes princípios e normas. Um mesmo ato pode ter cunho meramente econômico, material, quando praticado contra os direitos de um adulto e configurar dano moral quando praticado contra uma criança ou adolescente.

Para exemplificar, submeter um adulto a uma jornada de trabalho excessiva pode levar a uma obrigação do pagamento de horas extras. Mas, em se tratando de criança, esta mesma prática pode levar não só à obrigação de pagar horas extras mas também de indenizar o dano moral sofrido pela frustração de outros direitos, como o direito à educação e à convivência familiar. O direito de frequentar a escola é um exemplo claro de direito de natureza moral. O direito de frequentar a escola é uma condição para a igualdade de acesso às oportunidades profissionais. Assim, não há como quantificar o prejuízo material que a frustração deste direito causa na vida profissional da criança quando esta se tornar adulta. Mas, sem dúvida, é possível vislumbrar o prejuízo moral.

Não há, portanto, que se confundir a obrigação de reparar o prejuízo causado pela eventual não observância dos direitos trabalhistas, com os reflexos desta relação de trabalho na preservação da dignidade da criança e adolescente.

Em face da natureza das atividades consideradas piores formas de trabalho, o simples fato de submeter crianças e adolescentes a estas configura dano moral, merecedor de reparo.

Conclusão

Por tudo isso, há de se concluir que:

a) a Exploração sexual de crianças e adolescentes, para fins comerciais, é uma relação de trabalho proibido, indecente, indigna e pior forma de trabalho, conforme a Convenção n. 182 e o Decreto n. 6.481/08;

b) tal prática ofende a sociedade brasileira e atinge em especial a dignidade das crianças e adolescentes. Assim, além da responsabilidade criminal já definida em lei própria, incumbe ao Ministério Público do Trabalho, perante a Justiça do Trabalho, propor ação civil pública objetivando a declaração da ilicitude desta relação de trabalho e a condenação dos responsáveis em obrigações de fazer, de não fazer e de pagar os danos morais coletivos causados à sociedade brasileira;

c) as normas internacionais, a Constituição e a legislação infraconstitucional já consagram a legitimidade do Ministério Público do Trabalho, para propor ação civil pública contra a exploração sexual comercial de crianças e adolescentes, e a competência da Justiça do Trabalho para julgar estas ações.

d) a atuação do Ministério Público do Trabalho e da Justiça do Trabalho na repressão à exploração sexual comercial de crianças e adolescentes atende aos compromissos firmados pelo Brasil ao ratificar normas internacionais protetoras das crianças e adolescentes e está em consonância com as disposições constitucionais e infraconstitucionais que tratam dos direitos das crianças e adolescentes. Mas, acima de tudo, é mais uma ferramenta na incansável luta pelo reconhecimento da dignidade da infância.

Bibliografia

BOBBIO, Norberto. *A era dos direitos*. Rio de Janeiro: Campus,1992.

BRITO FILHO, José Cláudio Monteiro. *Trabalho decente:* análise jurídica da exploração, trabalho forçado e outras formas de trabalho indigno. São Paulo: LTr, 2004.

COSTA, Walmir Oliveira. *Dano moral nas relações laborais*. 2. ed. Curitiba: Juruá, 2007.

HAUG, Wolfgang Fritz. *Crítica da estética da mercadoria*. São Paulo: UNESP, 1996.

KASSAR, Mônica de Carvalho Magalhães; SILVA, Anamaria Santana da; SENNA, Ester (orgs.) *et al. Exploração sexual comercial de crianças e adolescentes e tráfico para os mesmos fins.* contribuições para o enfrentamento a partir de experiências em Corumbá. Brasília: OIT, 2005.

______. *Aspectos subjetivos da percepção da exploração sexual comercial de crianças e adolescentes em Corumbá*. Brasília: OIT, 2005.

LEAL, Maria Lúcia Pinto. *Globalização e exploração sexual comercial de crianças e adolescentes*. Rio de Janeiro: Save de Children, 2003.

MEDEIROS NETO, Xisto Tiago. *Dano moral coletivo:* fundamentos, características e sistema de reparação. Dissertação de Mestrado apresentada perante a Universidade Federal do Rio Grande do Norte, 2002.

______. *Estatuto da Criança e do Adolescente comentado*. 4. ed. Coordenadores Munir Cury, Antonio Fernando do Amaral e Silva e Emílio Garcia Mendes. São Paulo: Malheiros, 2002.

SLATER, Don. *Cultura do consumo e modernidade*. São Paulo: Nobel, 2002.

______. *Crianças no narcotráfico:* um diagnóstico rápido. Coordenadores Jailson de Souza e Silva; André Urani. Brasília: Organização Internacional do Trabalho; Ministério do Trabalho e Emprego.

Instrumentos de Proteção

Ações do Ministério Público do Trabalho na Prevenção e Repressão ao Trabalho Infantil. Atuação e Instrumentos Processuais

Rafael Dias Marques(*)

1. Considerações iniciais: o trabalho digno e decente e o enfrentamento do trabalho infantil

Desde a promulgação da Emenda Constitucional n. 45/04, presencia-se, na ordem jurídica pátria, um movimento de alargamento de competência do Sistema de Justiça Especial do Trabalho, do qual fazem parte, indissociavelmente, Justiça do Trabalho e Ministério Público do Trabalho.

Com efeito, abandonou-se o foco restrito nas relações de emprego para alcançar-se novos horizontes de competência, desta feita, as relações de trabalho em sentido amplo. Nesse diapasão, o Sistema de Justiça Especial do Trabalho passou a ser responsável pela tutela jurídica do bem trabalho, em todas as suas acepções, protegendo todos os valores de decência e dignidade a ele inerentes, segundo previsões de ordem constitucional.

Assim, protege-se o valor social do trabalho, o trabalho digno e decente, cuja compostura jurídica não pode, jamais, tolerar práticas laborais envolvendo crianças e adolescentes antes da idade mínima fixada no art. 7º, XXXIII da Constituição da República.

Aliás, as próprias Convenções ns. 138 e 182 da Organização Internacional do Trabalho, ambas ratificadas pelo Estado brasileiro, cujos conteúdos obrigacionais jazem na seara da proibição do trabalho infantil, traduzem, indeclinavelmente, o

(*) Procurador do Trabalho da PRT/8ª Região e Coordenador Nacional da Coordenadoria de Combate à Exploração do Trabalho de Crianças e Adolescentes, do Ministério Público do Trabalho. Ex-Juiz Federal do Trabalho substituto do TRT/8ª Região. Ex-Procurador do Banco Central do Brasil.

núcleo duro e inalienável do paradigma do trabalho decente, na medida em que integram o conjunto de normas ditas fundamentais do Sistema Normativo Transnacional de Tutela do Trabalho.

Daí que, por via de corolário, é por demais caro ao Ministério Público do Trabalho, como pilar integrante daquele sistema de justiça, o enfrentamento do trabalho infantil, seja na óptica da prevenção, seja no viés da repressão, como também a proteção do trabalho do adolescente, pois, em havendo um e/ou outro, acaba-se por fazer ruir qualquer arremedo de trabalho digno e decente, com o que não se pode compadecer.

Nesse sentido e por considerar que qualquer valor de dignidade no trabalho não pode conviver com a prática perversa do trabalho infantil, criou, o Parquet trabalhista, uma Coordenadoria Nacional de Combate à Exploração do Trabalho de Crianças e Adolescentes. Tal aparato tem a finalidade precípua de, no âmbito das atribuições do Ministério Público do Trabalho, integrar as Procuradorias Regionais do Trabalho em uma atuação uniforme e coordenada de combate ao trabalho infantil e de regularização do trabalho do adolescente, assim como fomentar a troca de experiências e discussões sobre a temática.

É, pois, sob pálio de referida Coordenadoria, que são gestadas, coordenadas e executadas as principais ações nacionais do Ministério Público do Trabalho, para prevenção e repressão do trabalho infantil e proteção do trabalho do adolescente, objetos estes a serem sempre perseguidos pelos membros do *Parquet*, com vistas à consecução da finalidade maior daquele Sistema de Justiça, qual seja, o valor social do trabalho digno e decente, na forma do que preceitua o art. 1º, IV, da Constituição da República.

2. Da atuação preventiva e repressiva do Ministério Público no enfrentamento ao trabalho infantil e proteção do trabalho do adolescente

A problemática do trabalho infantil e proteção do trabalho do adolescente é multifacetada e complexa, de modo que transborda o aspecto meramente jurídico, para atingir, entre outras, questões sociais, econômicas, consumeristas, antropológicas e culturais.

Ora, essa amplitude da problemática está a exigir respostas amplas e coordenadas, que contemplem aquelas múltiplas facetas; atuações que traduzam, pois, repercussões não apenas no mundo do direito, mas, sobretudo, no mundo dos pensamentos, no mundo dos fatos, no mundo da economia, no mundo do consumo etc.

Ademais, todas essas atuações não podem ser pensadas de modo isolado, de modo que, sempre que possível, devem integrar família, sociedade e Estado, sob pena de se tornarem ineficazes.

Destarte, antevendo estes pressupostos de atuação, e mesmo para bem desempenhar seu mister constitucional (art. 127 da Constituição Federal) e legal (art. 83 da Lei Orgânica do Ministério Público da União), o Ministério Público do Trabalho criou estruturas administrativas e concebeu programas de atuação nacional, todos concertados sob a finalidade maior de prevenção e erradicação do trabalho infantil e proteção do trabalho do adolescente.

Nessa esteira e para os propósitos do presente artigo, pode ser destacada, como estrutura administrativa, a Coordenadoria Nacional de Combate à Exploração do Trabalho de Crianças e Adolescentes, sobre cujo funcionamento discorrer-se-á no tópico seguinte.

Em atinência aos programas de atuação nacional, tais podem se inserir sob um viés de prevenção, conscientização e sensibilização, numa atuação promocional, por excelência. Como exemplo, podem ser destacados, dentre outros, a realização de audiências públicas, a confecção de campanhas publicitárias, o fomento a Fóruns de Discussão (a exemplo do Fórum Nacional de Prevenção e Erradicação do Trabalho Infantil), a participação em Comissões Temáticas organizadas pela sociedade civil e em órgãos consultivos do Poder Público (a exemplo da Comissão Nacional de Prevenção e Erradicação do Trabalho Infantil, do Ministério do Trabalho e Emprego).

Tal viés preventivo tenciona focar no aspecto cultural da permissibilidade do trabalho infantil, ainda bastante enraizado no seio social. Com efeito, não raro, presenciam-se, entre o senso comum, mitos segundo os quais "o trabalho é formativo, uma escola de vida que torna o homem mais digno"; ou "o trabalho tem que ser considerado um fator positivo no caso de crianças que, dada sua situação econômica e social, vivem em condições de pobreza e de risco social"; ou "trabalhar educa o caráter da criança; o trabalho é um valor ético e moral"; ou "é melhor a criança trabalhar ou ficar na rua exposta aos crimes e maus costumes"; ou "'é uma questão de necessidade a criança ajudar na economia da família, ajudando-a a sobreviver" etc.

Desse modo, a atuação preventiva do MPT visa a desconstruir tais mitos, em ordem a possibilitar que a sociedade venha a assimilar as verdades que se encontram sob tais assertivas perversas e excludentes, de maneira a torná-la consciente, sensível e denunciadora quanto à problemática.

Assim, são veiculadas contraideias a referidos mitos, dentre as quais podem ser citadas: "o trabalho precoce é deformador da infância; as longas jornadas de trabalho, as ferramentas, os utensílios e o próprio maquinário inadequado à idade resultam em vários problemas de saúde e elevação de índices de mortalidade"; "a permissibilidade do trabalho infantil implica perpetuação da pobreza daquela família, além de discriminação escancarada"; "crianças e adolescentes que trabalham em condições desfavoráveis pagam com o próprio corpo, quando carregam pesos excessivos, são submetidos a ambientes nocivos à saúde, vivem nas ruas ou se entregam à exploração sexual"; "a infância é tempo de formação física e psicológica; tempo de brincar e aprender. O trabalho precoce impede a frequência escolar e prejudica a formação física, psíquica e profissional"; "quando a família se torna incapaz de prover seu próprio sustento, cabe ao Estado apoiá-la, e não à criança".

Por outro lado, o Ministério Público do Trabalho também desenvolve programas de atuação repressiva, cujo foco é a correção de ilicitudes, já extravasadas no mundo fático, seja por ato comissivo, seja por ato omissivo, promovendo as devidas responsabilidades, através de tutelas inibitórias (via imposição de deveres de conduta positivos e/ou negativos), ou de tutelas reparatórias, (via condenação por danos morais coletivos); corolários esses ativados por instrumentos processuais diversos, entre os quais se destacam os Inquéritos Civis Públicos, os Termos de Compromissos de Ajustamento de Conduta e as Ações Civis Públicas.

Nos tópicos seguintes, então, serão expostas, em suas conformações gerais, dada a limitação de espaço que incide sobre o presente artigo, estas linhas de atuação preventiva e repressiva, dentro das quais, no campo finalístico da atuação ministerial, assinalam-se o programa "MPT nas Escolas", no campo da prevenção, conscientização e sensibilização, bem como os programas "MPT e Orçamento/Políticas Públicas" e "MPT e Aprendizagem Profissional", já na província da repressão.

2.1. Da estrutura administrativa: a Coordenadoria Nacional de Combate à Exploração do Trabalho de Crianças e Adolescentes, do Ministério Público do Trabalho

Nesse contexto de promoção do trabalho digno e decente, pelo viés da proibição do trabalho infantil e proteção do trabalho do adolescente, a Coordenadoria Nacional de Combate à Exploração do Trabalho de Crianças e Adolescentes — Coordinfância, do Ministério Público do Trabalho, assume papel estratégico, podendo ser considerada como atuação originária, da qual têm decorrido as principais ações ministeriais na seara ora em análise.

Tal iniciativa foi criada pela Portaria PGT n. 299, de 10 de novembro de 2000, com o objetivo de promover, supervisionar e coordenar ações contra as variadas formas de exploração do trabalho de crianças e adolescentes, dando tratamento uniforme e coordenado ao referido tema no âmbito do *Parquet* trabalhista.

A Coordenadoria Nacional está diretamente ligada ao Gabinete do Procurador-Geral do Trabalho, ao qual compete designar o Coordenador nacional e o Vice-Coordenador nacional.

É composta por 2 (dois) Membros, titular e suplente, dentre os Membros em atuação junto à Procuradoria Geral do Trabalho; 2 (dois) Membros, titular e suplente, indicados pelas Procuradorias Regionais do Trabalho e 2 (dois) Membros, titular e suplente, dos Ofícios estabelecidos em Macapá/AP, Palmas/TO, Boa Vista/RR e Rio Branco/AC, tendo em vista que estes se encontram em Capitais, mas são vinculados às Procuradorias Regionais do Trabalho sediadas em Estados diversos de onde situados.

Os Membros que compõem a Coordinfância reúnem-se duas vezes por ano. As conclusões da Coordenadoria, precedidas de ampla consulta e discussão junto aos seus membros, são deliberadas naquelas reuniões, por maioria simples, e servirão de parâmetro para a atuação institucional, coordenada e uniforme, observado o princípio da unidade em cotejo com a independência funcional.

No âmbito da Coordinfância, podem ser destacadas as seguintes atribuições: I — discutir e deliberar sobre questões e temas relativos ao trabalho da criança e do adolescente, para que a atuação da instituição se dê de forma articulada, integrada e uniforme; II — encaminhar aos órgãos competentes as questões e temas que não forem do âmbito de atuação da Instituição; III — articular ações com os demais ramos do Ministério Público, órgãos governamentais, entidades não governamentais e Organismos Internacionais, para um trabalho em parceria, formalizando, sempre que possível, convênio para esse fim; IV — realizar estudos, seminários e encontros sobre a temática; V — formalizar publicações sobre o tema para utilização interna e externa; VI — apoiar e subsidiar, com informações, estudos e publicações científicas, a atuação dos membros do Ministério Público do Trabalho, no combate à exploração do trabalho de crianças e adolescentes; VII — propor, após estudos e ampla oportunidade para participação dos membros do Ministério Público do Trabalho, textos de anteprojetos de leis e demais atos normativos, nas áreas afetas à Coordenadoria; VIII — acompanhar a tramitação de projetos de lei e de outras normas nas áreas pertinentes à atuação da Coordenadoria, efetuar sugestões, divulgar amplamente e compartilhar as informações com os membros da Instituição; IX — organizar e coordenar atuações concentradas, incluindo forças-tarefas, quando necessárias, a fim de agilizar e facilitar a atuação institucional; X — articular-se com as demais Coordenadorias Nacionais do Ministério Público do Trabalho, quando houver assunto de interesse comum.

As principais discussões jurídicas travadas nas reuniões e enfrentadas nos Tribunais pela Coordinfância continuam sendo as vinculadas à promoção de políticas públicas para a prevenção e erradicação do trabalho infantil informal, a questão da efetivação da aprendizagem, atletas de futebol, guardas mirins, dentre outras.

Além destas, também são discutidas as formas de atuação e estratégias de enfrentamento em outros campos de exploração do trabalho de crianças e adolescentes, dentre os quais podem ser citados: a) trabalho em ambiente insalubre ou perigoso; b) acidente de trabalho com crianças e adolescentes; c) atividades ilícitas; d) exploração sexual comercial; e) tráfico de drogas; f) autorizações judiciais para o trabalho de adolescentes de até 16 anos; g) estágio; h)trabalho artístico; i) trabalho na catação do lixo; j) trabalho infantil doméstico; l) trabalho educativo; m) trabalho nas ruas; n) trabalho rural, por atividade econômica e em regime de economia familiar, além de outros casos de trabalho protegido em razão da idade.

Portanto, a Coordinfância tem se mostrado salutar para que o Ministério Público do Trabalho possa bem desempenhar sua incumbência constitucional e legal de combate à exploração do trabalho de crianças e adolescentes, pois é justo nela onde são gestadas e coordenadas as principais estratégias de atuação quanto à problemática, conforme detalhes de funcionamento adrede registrados, seja em forma de programas de atuação nacional, seja em forma de forças-tarefas, para combater focos específicos de trabalho infantil.

2.2. Dos programas de atuação nacional

2.2.1. *Da prevenção, conscientização e sensibilização: o programa MPT na escola*

2.2.1.1. *Apresentação*

Consiste num conjunto de ações voltadas para a promoção de debates, nas escolas de ensino fundamental, dos temas relativos aos direitos da criança e do adolescente, especialmente a erradicação do trabalho infantil e a proteção ao trabalhador adolescente.

Para a execução do programa, estabelecem-se, em todas as Unidades da Federação, parcerias entre o Ministério Público do Trabalho e as Secretarias Municipais de Educação, com vistas à realização de oficinas de capacitação e sensibilização dos profissionais de educação sobre os temas acima mencionados.

O objetivo é que os educadores capacitados atuem como multiplicadores, abordando os referidos temas em sala de aula, podendo, ainda, realizar eventos escolares que permitam ampliar o debate para toda a comunidade escolar.

Busca-se, assim, intensificar o processo de conscientização da sociedade com vistas à erradicação do trabalho infantil, rompendo as barreiras culturais que dificultam a efetivação dos direitos da criança e do adolescente.

2.2.1.2. *Contextualização e justificativa*

A Pesquisa Nacional por Amostra de Domicílios — PNAD, realizada, anualmente, pelo Instituto Brasileiro de Geografia e Estatística — IBGE, tem demonstrado que, apesar da gradativa redução, ainda é grande o número de crianças e adolescentes, em situação de trabalho no Brasil, especialmente na agricultura familiar, no trabalho doméstico e nas atividades urbanas informais.

Com efeito, naqueles campos, a atuação dos órgãos de fiscalização é bastante limitada, sendo mais eficazes as ações de prevenção, como políticas públicas de atendimento à criança e ao adolescente e a conscientização da sociedade.

Aliás, um dos fatores que dificultam a erradicação do trabalho infantil no Brasil é o fato de uma parte da sociedade ainda não conceber o trabalho precoce como um problema social.

De fato, existem muitas pessoas que defendem o trabalho precoce. Acreditam elas que, diante da falta de políticas públicas, deve-se permitir que crianças e adolescentes ajudem a complementar a renda das famílias que se encontram em situação de vulnerabilidade social; outros justificam a prática como um meio de ocupar a criança e o adolescente, evitando que se "marginalizem". Além dessas, muitas outras justificativas são apontadas pelos que toleram o trabalho infantil.

Em 1988, o nosso Ordenamento Jurídico abraçou a doutrina da proteção integral (CF, art. 227), passando a conceber a criança e o adolescente enquanto sujeitos de direitos. O Estatuto da Criança e do Adolescente — ECA, aprovado em 1990, também consagrou essa doutrina. Abandonou-se, assim, a chamada doutrina da "situação irregular", que orientava a legislação até então vigente.

O ECA, além de prescrever os direitos da criança e do adolescente, criou mecanismos para a sua efetivação. Do referido estatuto, extraiu-se o que se convencionou chamar de Sistema de Garantia de Direitos, consistente num conjunto de instrumentos, mecanismos e estratégias postos à disposição das pessoas, dos órgãos e entidades, do poder público e da sociedade civil, com atribuições legais para a efetivação dos direitos da criança e do adolescente.

Essas duas décadas, porém, não foram suficientes para que a sociedade passasse a conceber a criança e o adolescente como sujeitos de direito. Ainda não se conseguiu destruir todos os mitos construídos ao longo dos anos em que vigorou a doutrina da "situação irregular". Alguns desses mitos permeiam, ainda hoje, o imaginário popular, e funcionam como barreiras culturais, que dificultam a efetivação dos direitos da criança e adolescente.

Diante desse contexto, resta evidente que a erradicação do trabalho infantil perpassa por um processo constante de conscientização da sociedade. Para esse processo, a melhor estratégia é investir na formação dos futuros cidadãos, tornando-os conscientes e comprometidos com uma sociedade sem exploração de crianças e adolescentes. Nessa missão, a escola é o caminho mais adequado.

Com efeito, dentre os atores do Sistema de Garantia de Direitos, os educadores ocupam, então, situação de destaque, por serem os profissionais que mais estão presentes no dia a dia da criança e do adolescente. Os profissionais da assistência social lidam com os que se encontram em situação de vulnerabilidade social; os profissionais da saúde lidam com os que estão em situação de saúde vulnerável; os profissionais da educação, entretanto, lidam, todos os dias, com todas as crianças e adolescentes, independentemente da classe social.

Por outro lado, os educadores são os profissionais que possuem as melhores condições de identificar os casos de trabalho infantil, pois, na maioria das vezes, o trabalho precoce é a principal causa do baixo rendimento ou do abandono escolar.

Assim, a escola pode e deve colaborar com a prevenção do trabalho infantil. Para isso se faz necessário capacitar e sensibilizar professores, coordenadores e demais profissionais da educação para que atuem como multiplicadores, promovendo debates com os alunos e os pais, para romper as barreiras culturais que dificultam a efetivação dos direitos da criança e do adolescente.

2.2.1.3. Objetivos

Desse modo, podem ser apontados como principais objetivos do programa: a) intensificar o processo de conscientização da sociedade com vistas à erradicação do trabalho infantil e à proteção ao adolescente trabalhador; b) romper as barreiras culturais que dificultam a efetivação dos direitos da criança e do adolescente; c) fortalecer o Sistema de Garantia de Direitos, com vistas à ampliação, quantitativa e qualitativa, das políticas públicas de atendimento à criança e ao adolescente; d) capacitar e sensibilizar professores, coordenadores pedagógicos e demais profissionais do ensino fundamental para que atuem como multiplicadores no processo de conscientização dos alunos, da comunidade escolar e da sociedade em geral, em prol da erradicação do trabalho infantil e à proteção ao trabalhador adolescente; e) realizar debates e palestras, em sala de aula, sobre o Estatuto da Criança e do Adolescente, enfatizando a erradicação do trabalho infantil e a proteção ao adolescente trabalhador; f) envolver a comunidade escolar e a sociedade em geral nos programas, projetos e ações de erradicação do trabalho infantil e proteção ao adolescente trabalhador.

2.2.1.4. Operacionalização do programa

a) Parcerias

Para a execução do programa, os Coordenadores Regionais da Coordinfância têm articulado, em todas as Unidades da Federação, parcerias com as Secretarias Municipais de Educação, eleitas mediante critérios objetivos.

As parcerias têm sido formalizadas por meio de Acordos de Cooperação Técnica, cabendo às Coordenações Regionais da Coordinfância as seguintes tarefas: a) realizar a Oficina de Formação dos Coordenadores Municipais do Projeto; b) fornecer, para cada escola participante do Projeto, o material de apoio pedagógico sobre o tema trabalho infantil; c) acompanhar e avaliar a execução do Projeto com base nos Relatórios e imagens (fotos e/ou vídeos) enviados pela Secretaria Municipal de Educação.

Como contrapartida, as Secretarias Municipais de Educação têm assumido as seguintes obrigações: a) designar 1 (um) Técnico(a) de Educação da área pedagógica, com vínculo efetivo, para atuar como Coordenador(a) Municipal do Projeto, proporcionando-lhe todos os meios necessários para participar da Oficina de Formação dos Coordenadores Municipais do Projeto; b) planejar e realizar a Oficina de Formação dos Coordenadores Escolares; c) acompanhar a Execução do Programa nas Escolas; d) selecionar as Escolas que participarão do Projeto, proporcionando--lhes todos os meios necessários à realização das atividades propostas; e) elaborar relatório apontando todas as atividades do Projeto, realizadas no âmbito do Município, e registrando as principais imagens em fotos e/ou vídeos

b) Metodologia

A operacionalização do presente programa tem se dado por meio de parcerias firmadas com as Secretarias Municipais de Educação para que o tema relacionado aos direitos e deveres da criança e do adolescente seja incluído na proposta pedagógica e no currículo escolar, bem como seja efetivamente abordado nas escolas de ensino fundamental.

Na execução do programa, tem sido observada a metodologia da multiplicação do saber: inicialmente, é capacitado um(a) Técnico(a) da Secretaria Municipal para atuar como Coordenador(a) Municipal do Projeto, depois são capacitados os Coordenadores Pedagógicos das Escolas selecionadas para participar do Projeto, os quais têm repassado as orientações pedagógicas aos Professores que, por sua vez, têm feito a abordagem dos temas propostos para os Alunos, em salas de aula, incentivando-lhes a realizar tarefas escolares que permitam a avaliação da eficácia do programa.

O programa tem sido realizado em cinco etapas a seguir dispostas: a) Oficinas de Formação de Coordenadores Municipais; b) Oficinas de Formação dos Coordenadores Pedagógicos; c) Orientações Pedagógicas sobre trabalho infantil; d) Abordagem do Tema Trabalho Infantil em Sala de Aula; e, e) Produção e Avaliação de Tarefas Escolares.

2.2.1.5. Resultados

Após a execuçao dos atos planejados e com vistas a exercer o controle de gestão do Ministério Público do Trabalho sobre os resultados práticos decorrentes daquelas ações, a Coordinfância tem realizado a compilação de dados que servirão tanto como vetores de avaliação da eficácia e eficiência do programa de atuação ministerial ora apresentado, como também variáveis importantes do Relatório Anual da Coordenadoria.

Nesta tarefa de gestão de controle de resultados, em pouco mais de 8 meses de execução, o programa já foi desenvolvido em 171 municípios brasileiros, atingindo 2.636 escolas, 13.354 educadores e 453.989 alunos.

2.2.2. Dos programas de atuação repressiva

2.2.2.1. Orçamento e políticas públicas de prevenção e erradicação do trabalho infantil e proteção do adolescente trabalhador

2.2.2.1.1. Apresentação

Trata-se de um esforço institucional concentrado, voltado à efetivação das ações do Ministério Público do Trabalho na área de combate à exploração do trabalho de crianças e adolescentes.

Pode ser visualizado a partir do planejamento de gestões institucionais do Ministério Público do Trabalho, junto ao Executivo e Legislativo municipais, estaduais e federal, a fim de que sejam garantidas, nas Leis Orçamentárias, diretrizes e rubricas suficientes para a promoção de políticas públicas de prevenção e erradicação do trabalho infantil e proteção do trabalho do adolescente, bem como e, após, a efetiva implementação de programas, atividades e projetos nelas encartadas.

Compreende atuações extrajudiciais e judiciais que se estendem desde a expedição de notificações recomendatórias e visitas à respectiva Chefia do Legislativo e Executivo, até eventual propositura de ações civis públicas, perpassando por todas as tratativas extrajudiciais de solução da questão.

Constitui, destarte, atuação do Ministério Público do Trabalho junto aos Poderes Públicos a promoção dos deveres constitucionais que lhes são imputados na área da infância e da juventude, todos decorrentes da cláusula constitucional da proteção integral e prioridade absoluta (art. 7º, XXXIII, art. 129, e 227 CF/88).

2.2.2.1.2. Contextualização e justificativa

Desde o ano de 2000, o Ministério Público do Trabalho elegeu, como uma de suas metas institucionais de ação, o combate ao trabalho infantil e a regularização do trabalho do adolescente, criando uma Coordenadoria específica para a temática, em homenagem à sua própria atribuição legal constante do art. 83 da Lei Complementar n. 75/93.

Isto porque se viu premido por uma realidade instigante, retratada por números preocupantes, constantes de estatísticas oficiais lançadas pelo IBGE, sobre o trabalho infanto-juvenil, em total violação à ordem jurídica internacional — consubstanciada em normas internacionais emanadas da ONU e da OIT das quais o Brasil havia se tornado parte signatária — e à ordem interna, seja constitucional, seja infraconstitucional (ECA e CLT).

Realmente, a análise dos últimos dados da PNAD/IBGE, em sua série histórica, demonstra que o vetor de decréscimo do trabalho proibido de crianças e adolescentes vem se mitigando, de modo que os resultados têm se revelado pouco efetivos.

Tal realidade sombria consubstancia, pois, o contexto oportuno para que se planejem ações ministeriais efetivas e concentradas, voltadas ao processo de elaboração orçamentária do Poder Público, de modo a garantir que as diretrizes e rubricas previstas nos instrumentos de orçamento sirvam ao cumprimento das cláusulas constitucionais da proteção integral e prioridade absoluta da infância e da juventude, bem como preencham a obrigação legal de preferência na formulação e na execução das políticas sociais públicas e destinação privilegiada de recursos públicos nas áreas relacionadas com a proteção à infância e à juventude, na forma do art. 4º do ECA.

Em outras palavras, tal quadro fático de renitência de violação dos direitos humanos da infância e da juventude — especialmente no setor informal da economia — atingidas no seu direito fundamental ao não trabalho, impõe ao Ministério Público do Trabalho, a intensificação de atuação junto à Administração Pública, a fim de que seja garantido respaldo orçamentário suficiente para o desenvolvimento de políticas públicas de prevenção e erradicação do trabalho infantil e proteção do trabalho adolescente, bem como a própria implementação destas.

Tal atuação ministerial revela, realmente, um dever de ação, considerando que, nos termos do art. 129, II da Constituição, incumbe ao Parquet o controle dos Poderes Públicos, de modo que se ativem em conformidade com a ordem jurídica.

Por outro lado, o próprio Conselho Nacional dos Direitos da Criança e do Adolescente — Conanda — em plenário, na I Conferência Nacional dos Direitos da Criança e do Adolescente, já acenou para a obrigatoriedade de se garantir um mínimo de 5% do Orçamento Público para a promoção dos direitos da infância e da juventude, como piso a ser observado pela Administração e condição para resguardo dos princípios constitucionais da proteção integral e prioridade absoluta.

E não é só: naquela mesma Conferência, decidiu-se, como condição *sine qua non* para uma defesa mínima dos direitos das crianças e dos adolescentes, a destinação de, pelo menos, 2% do Fundo de Participação dos Municípios ao Fundo Municipal dos Direitos das Crianças e Adolescentes.

Assim, a atuação do Ministério Público do Trabalho na verificação de tais orçamentos públicos, bem como acompanhamento das políticas públicas correlatas, indica ação estratégica a ser desenvolvida pela Coordinfância, considerando que o combate ao trabalho infantil na atualidade perpassa, necessariamente, pela criação e execução de políticas públicas eficazes, para o que se exige prévia e suficiente diretriz e previsão orçamentárias, a espelhar as garantias de prioridade absoluta e proteção integral, previstas no art. 227 da Constituição Federal, bem como no art. 4º, alíneas *c* e *d* do Estatuto da Criança e do Adolescente.

2.2.2.1.3. Objetivos

Referida província de atuação apresenta os seguintes objetivos a serem perseguidos: a) identificar, averiguar, influir e colaborar no processo legislativo de criação das Leis Orçamentárias, de maneira a assegurar diretrizes e rubricas orçamentárias suficientes para a promoção prioritária e absoluta de políticas públicas de prevenção e erradicação do trabalho infantil e proteção do trabalho do adolescente, na forma do art. 227 da CF e art. 4º do ECA; b) assegurar, extrajudicial ou judicialmente, a implementação de políticas públicas de prevenção e erradicação do trabalho infantil, bem como de proteção do adolescente trabalhador; c) imputar as devidas responsabilidades jurídicas, seja por meio de termos de compromissos de ajustamento de conduta, seja por intermédio de ações civis, às entidades públicas que se revelarem omissas na garantia de orçamentos que atendam ao comando constitucional da proteção integral e prioridade absoluta, e/ou na execução das políticas públicas correlatas.

2.2.2.1.4. Operacionalização

A operacionalização da atuação ministerial ocorre mediante a realização das seguintes etapas:

a) Etapa da notificação recomendatória

Neste etapa, procede-se à expedição de Notificação Recomendatória a todos os Municípios que estejam sob as atribuições ministeriais de uma dada Regional. Recomenda-se que o ente público observe, primeiramente em relação à aprovação dos Planos Plurianuais (e, em seguida e, no momento oportuno, às demais Leis Orçamentárias) o dever constitucional de formulação prioritária de políticas públicas de erradicação e combate ao trabalho infantil e proteção do trabalho do adolescente. Isto deverá ser feito a partir da consagração de diretriz orçamentária voltada especificamente ao custeio de tal espécie de políticas.

A notificação é dirigida tanto ao Chefe do Poder Executivo Municipal, na condição de autor do projetos de leis orçamentárias, como ao Chefe do Poder Legislativo Municipal, na condição de presidente da Casa Parlamentar onde se dará a aprovação do projeto de lei.

Após a finalização do processo legislativo e de posse da lei orçamentária, o membro do Ministério Público do Trabalho tem procedido, então, ao monitoramento, seja extrajudicial ou judicialmente, das políticas públicas correlatas.

Tal tarefa é executada somente quanto entes políticos em relação aos quais haja um histórico de omissão e criticidade na promoção de políticas públicas de prevenção e erradicação do trabalho infantil e profissionalização de adolescentes; ou, ainda, àqueles que se revelem estratégicos numa dada realidade regional socioeconômica, especialmente onde se verifique o desenvolvimento de cadeias produtivas que incorporem trabalho proibido de crianças e adolescentes, como sói acontecer com o fumo, biodiesel, ceasas etc.

b) Etapa de sensibilização dos conselhos municipais de direitos da criança e do adolescente

Em seguida e visando a ativar o papel da sociedade civil na formulação e acompanhamento da execução das leis orçamentárias, tem se encaminhado ofício aos presidentes dos Conselhos Municipais de Direitos da Criança e do Adolescente, a fim de noticiar-lhes sobre a expedição da notificação recomendatória referida no item anterior.

O ofício contém mensagem de sensibilização e alerta quanto ao dever legal dos Conselhos em participar e acompanhar a execução das leis orçamentárias, devendo informar ao Ministério Público do Trabalho eventual notícia de desvirtua-mento ou omissão ou, ainda, contingenciamento de rubricas orçamentárias relacionadas à prevenção e erradicação do trabalho infantil e proteção do trabalho do adolescente, para as providências legais cabíveis.

c) Etapa de abertura de procedimentos investigatórios

Após a tarefa promocional inicial, e a partir da análise das leis orçamentárias e do contexto fático, o membro do Ministério Público tem procedido à instauração de procedimentos investigatórios (procedimentos preparatórios ou inquéritos civis públicos), acaso constate que, nas leis encaminhadas ou na realidade fática considerada, não houve — ou se revelou insuficiente — a consagração de rubrica e/ou diretriz orçamentária específica para a prevenção e erradicação do trabalho infantil, proteção do trabalho do adolescente e promoção do direito à profissionalização, de maneira a se firmar um quadro de omissão e negligência estatal e, por via corolário, o surgimento de uma ilicitude constitucional.

d) Etapa de proposição de termo de compromisso de ajustamento de conduta e/ou ajuizamento de ação civil pública na justiça do trabalho

Assim, o procedimento instaurado desemboca em controle de criação e execução de políticas públicas eficazes, na área de combate à exploração do trabalho de crianças e adolescentes, seja a partir da celebração de Termos de Compromisso de Ajustamento de Conduta ou do ajuizamento de Ações Civis Públicas, voltadas à imputação de tutela específica de fazer e não fazer, mediante cominação de multa.

2.2.2.2. A profissionalização de adolescentes: a aprendizagem

2.2.2.2.1. Apresentação

Apresenta-se como um esforço institucional concentrado, voltado à efetivação das Leis ns. 10.097/00 e 11.180/05, que preveem cotas obrigatórias para a contratação de adolescentes e jovens aprendizes.

Pode ser visualizado, em uma primeira análise, a partir da constituição de ações ministeriais coordenadas nacionalmente, cujas atuações incidirão sobre determinado grupo de empresas, a partir de uma variável comum de tempo e lugar.

Compreende, pois, atividades concentradas em um dado espaço de tempo, que se estenderão desde a identificação e seleção de áreas críticas de atuação, até a propositura de ações civis públicas, perpassando por todas as tratativas extrajudiciais de solução da questão.

Destarte, é um conjunto coordenado de atuações, voltadas à averiguação, constatação, proteção e correção de situações ilícitas em que se verifique inadimplemento do dever legal de contratação de adolescentes e jovens aprendizes, de modo a efetivar a aplicação eficaz da Lei de Aprendizagem Profissional e, assim, garantir a satisfação do direito constitucional da profissionalização juvenil, previsto no art. 227 da CF/88, cuja defesa incumbe ao Ministério Público do Trabalho, por força dos arts. 227 e seguintes da Constituição Federal de 1988.

2.2.2.2. Contextualização e justificativa

Desde o ano de 2000, o Ministério Público do Trabalho elegeu, como uma de suas metas institucionais de ação, o combate ao trabalho infantil e a regularização do trabalho do adolescente, criando uma Coordenadoria específica para a temática, em homenagem à sua própria atribuição legal constante do art. 83 da Lei Complementar n. 75/93.

No mesmo ano, o Estado brasileiro editou a Lei n. 10.097/00, que, alterando alguns artigos da Consolidação das Leis do Trabalho, reformulou o instituto da Aprendizagem, prevendo obrigação legal, dirigida às pessoas jurídicas e voltada à contratação de percentual mínimo de adolescentes aprendizes.

Em verdade, criou novel disciplina jurídica do instituto a fim de aguçar a responsabilidade social das empresas, na promoção do direito à profissionalização de adolescentes, imputando-lhe o dever de fornecer, em situações certas e delimitadas, formação técnico-profissional metódica, paralelamente a um regramento mínimo de consagração e proteção dos direitos trabalhistas de adolescentes.

Tal arquétipo normativo foi novamente alterado em 2005, a partir da edição da Lei n. 11.180/05 que apenas alargou aquele dever jurídico, a fim de franquear o instituto da aprendizagem a jovens de 18 a 24 anos de idade.

Sucede que, passados mais de oito anos, desde a promulgação do primeiro instrumento normativo, a aprendizagem profissional ainda está a carecer de uma aplicabilidade mais efetiva e eficaz perante a sociedade brasileira, seja porque se verifica renitência de algumas pessoas jurídicas em cumprir a lei de cotas, seja diante da insuficiência de vagas em Municípios do interior, seja, ainda, por oferta limitada de vagas nas instituições que compõem o Sistema "S", e/ou instituições sem fins lucrativos, dentre outros óbices que impedem a plena eficácia do instituto.

Realmente, considerando, de um lado, o número de mão de obra formalmente empregada na economia pátria e, de outro, a percentagem de adolescentes e jovens aprendizes contratados, chega-se à conclusão de que existe um enorme espaço para aplicação da Lei de Aprendizagem, a ser preenchido, com vistas ao resgate da cidadania de milhares de jovens e adolescentes que, desqualificados, sujeitam-se ao perverso mundo do subemprego.

Tal realidade consubstancia, pois, o contexto oportuno para que se planejem ações ministeriais mais efetivas e concentradas, em certos setores da economia, em ordem a realçar a eficácia da Lei de Aprendizagem, cuja materialização efetiva é componente fundamental para o aperfeiçoamento do paradigma normativo do trabalho decente.

2.2.2.2.3. Objetivos

Dentre os objetivos, podem ser destacados: a) identificar, averiguar e combater entraves na aplicabilidade da Lei de Aprendizagem e, assim, tornar mais efetivo o preenchimento do dever legal de contratação de uma cota mínima de adolescentes e jovens aprendizes; b) concentrar, numa determinada área e vetor de tempo, ações concretas voltadas à efetivação da aprendizagem profissional, seja atuando em face do Sistema "S", e/ou das próprias empresas; c) promover a inserção de adolescentes e jovens em programas de aprendizagem, seja por meio de tratativas extrajudiciais, por meio da celebração de termos de compromisso de ajustamento de conduta, seja por intermédio do ajuizamento de ações civis públicas, com vistas à devida imputação de tutela específica de fazer e, ainda, tutela ressarcitória por meio de indenização por dano moral coletivo.

2.2.2.2.4. Operacionalização

A operacionalização da atuação pressupõe quatro etapas, subsequentes e interligadas, a seguir dispostas, todas elas a serem dirigidas a duas espécies de grupos, isto é, às pessoas obrigadas por lei à contratação de aprendizes e às entidades responsáveis pelo fornecimento dos programas de aprendizagem.

a) Coleta de dados e identificação

Nesta etapa, faz-se, por meio de cada Procuradoria Regional do Trabalho, um levantamento de dados, a servir como critérios de eleição dos atores que figurarão em cada um dos pés daquela díade e que, por via de corolário, serão alvo de atuação mais incisiva, coordenada e concentrada do Ministério Público do Trabalho.

Trata-se, pois, nesta etapa, de tarefa voltada à escolha dos atores sociais sobre os quais incidirão as ações ministeriais, mesmo porque uma ação concentrada e eficaz pressupõe eleição de um campo delimitado de observação.

Assim, sob o pálio do primeiro grupo de pessoas, isto é, daquelas que se encontram, por lei, obrigadas a contratar aprendizes, tem se expedido ofício à Superintendência Regional do Trabalho em cada Estado correspectivo (e/ou Federação de Indústrias dos Estados, e/ou Federação de Comércio dos Estados, e/ou respectivas Secretarias de Fazenda), a fim de que informe as 100 maiores empresas em número de empregados. Tal dado tem sido, por igual, buscado por meio da CAGED.

Paralelamente e, agora, já sob o contexto do segundo pé daquela díade, tem se notificado cada uma das gerências estaduais das instituições que compõem o Sistema "S", a fim de que informem, dentre outros, os seguintes dados: a) quais os cursos de aprendizagem ofertados, com respectiva estrutura curricular; b) quantas vagas são ofertadas em cada um deles e no total; c) turnos em que são ministrados; d) os Municípios onde são oferecidos aqueles programas; e) o orçamento anual daquela entidade; f) a percentagem daquele orçamento destinada ao custeio dos cursos de aprendizagem; g) garantia da gratuidade na oferta de vagas; h) quantidade de adolescentes e jovens matriculados nos programas de aprendizagem, que estejam inseridos nas empresas em geral.

Colhidas estas informações preliminares, descortina-se, então, a segunda etapa da atuação.

b) Planejamento e execução

b.1) Empresas

Focando-se na primeira parte da díade acima declinada e de posse das 100 maiores empresas em números de empregados, tem-se procedido à autuação, de ofício, de representações/procedimentos, no bojo dos quais se apuram a quantidade de aprendizes contratados e a quantidade e especificação de funções que demandem formação profissional no quadro de funções da empresa para, ao final, constatar-se o cumprimento, ou não, das cotas mínimas de contratação de aprendizes.

Daí, então, tem-se expedido duas espécies de juízo de decisão:

a) acaso constatado o cumprimento das cotas legais, procede-se ao arquivamento do feito;

b) ao reverso, em não sendo observado o mínimo legal, prossegue-se no procedimento ministerial, visando ao adimplemento dos parâmetros de contratação fixados na Lei de Aprendizagem, adotando-se, sucessivamente, as seguintes condutas:

b.1) solução do ilícito por meio de celebração de termo de compromisso de ajustamento de conduta;

b.2) proposição de ação civil pública para imposição de tutela específica de contratação de aprendizes cumulada com tutela ressarcitória por dano moral coletivo.

b.2) Sisitema "S"

Após a instauração dos procedimentos ministeriais acima referidos, e já sob o segundo grupo de atores sociais, o membro do Ministério Público tem avaliado se a oferta de cursos de aprendizagem e vagas pelas gerências estaduais das instituições componentes do Sistema "S" está suprindo a respectiva demanda ou, ao contrário, encontra-se aquém das necessidades das empresas.

No primeiro caso, encerra-se o procedimento, pois a entidade estará cumprindo seu dever legal de fornecimento satisfatório de cursos e vagas de aprendizagem profissional. Na hipótese reversa, tem-se iniciado as tratativas a fim de que a oferta de cursos e vagas de aprendizagem sejam aumentadas paulatinamente, de maneira a se buscar o pleno atendimento da demanda social. Tais tratativas, a critério do membro oficiante, tem sido buscada por meio de termo de compromisso de conduta, termo de cooperação técnica ou mediante ajuizamento de ação civil pública.

Conclusões

O paradigma do trabalho decente e digno, construído a partir do Sistema de Normas Internacionais do Trabalho e da Constituição da República, pressupõe, indissociavelmente, a proscrição da exploração do trabalho de crianças e adolescentes.

Nesse sentido, o enfrentamento do trabalho infantil deve ser foco prioritário do conjunto de atores sociais que compõe o Sistema de Justiça Trabalhista, em especial, do Ministério Público do Trabalho e da Justiça do Trabalho, cuja função primordial, em última análise, é promover o valor social do trabalho.

Todavia, tal mister tem se revelado especialmente complexo, considerando que o fenômeno da exploração do trabalho de crianças e adolescentes é polifacético, dotado de causas e corolários que tocam vários setores do pensamento humano. Isto leva à constatação de que os remédios ortodoxos do Direito não têm se revelado de todo eficazes no combate a tal forma de violação de direitos humanos do homem trabalhador.

É dizer: muitas vezes, a atuação extraprocessual produz frutos de enfrentamento mais vigorosos do que as fórmulas tradicionais do processo judicial; outras tantas, as novéis formas de ativismo judicial, no viés da judicialização das políticas públicas de prevenção e erradicação do trabalho infantil e profissionalização do adolescente, têm se mostrado mais eficazes do que as fórmulas tradicionais e individuais dos clássicos processos judiciais.

Nesse contexto, portanto, ganham força as atuações de sensibilização e conscientização da sociedade, de modo a se desconstruir mitos de permissibilidade e aceitação da prática laboral de crianças e adolescentes, nas quais se inserem o programa MPT nas Escolas, a participação em Fóruns e Comitês Temáticos de discussão, a realização de audiências públicas e seminários, nos quais a presença do membro do Judiciário trabalhista e o do Ministério Público, tem se mostrado salutar.

Por outro lado, é preciso se alargar o espaço de atuação do Poder Judiciário, de modo a se propiciar o ativismo judicial, na via da judicialização de políticas públicas, todas as vezes em que o Estado for omisso, negligente e/ou insuficiente na garantia das prioridades constitucionais de ação, como sói acontecer no caso de exploração do trabalho infantil (art. 227 da CF).

Superar as amarras do processo individual e incorporar as vicissitudes prementes do processo coletivo faz parte da evolução e aperfeiçoamento da tutela de crianças e adolescentes, vilipendiadas no seu direito essencial ao não trabalho antes da idade mínima estabelecida. Aqui se encartam as atuações ministeriais de promoção de ações civis públicas no Judiciário trabalhista, a fim de que este imponha ao Poder Público comando obrigacional, por meio de tutela específica, reforçada com astreinte e responsabilidade pessoal do gestor público, dirigindo-se tal imputação judicial à criação e implementação de políticas públicas de enfrentamento ao trabalho infantil.

Na outra ponta e em paralelo às ações de proibição do trabalho infantil, tem merecido destaque a promoção do direito à profissionalização, com qualidade, de adolescentes. Com efeito, proibir sem oferecer alternativas é ação tacanha, que não alcançará efetividade, acaso não se forneçam outros caminhos para que o adolescente, em idade para o trabalho, possa qualificar-se e ingressar ativamente no mercado de trabalho. Nesse contexto, a implantação da aprendizagem profissional deve ser luta intransigente.

Disto tudo, percebe-se que a realidade está sempre a influir sobre a inteligência do Direito, reinventando seu arcabouço de direitos e formas de garantia da fruição dos bens da vida que lhe são correlatos.

No caso do enfrentamento à exploração do trabalho de crianças e adolescentes, os instrumentos jurídicos aí estão postos: alargamento da competência do Sistema de Justiça Trabalhista, a ação civil pública e o processo coletivo, as tutelas inibitórias e reparatórias coletivas, via dano social genérico ou dano moral coletivo, dentre outros, todos a apontar novas formas de atuar para facear aquela grave ilicitude. Falta, apenas, que as pessoas os operem sob essa nova perspectiva, sob esse novo horizonte: o Direito se transformando para garantir uma Ordem Jurídico-Trabalhista digna, justa e decente, sem trabalho infantil.

É, pois, justamente nisto que se inserem as atuações do MPT aqui pensadas e prospectadas; bem como o papel dos magistrados trabalhistas na entrega da prestação jurisdicional, tanto mais eficaz quanto mais se reconhecerem as novas fronteiras de incidência do Direito, em face de problemáticas sociais cada vez mais desafiadoras.

Bibliografia

ARAÚJO, Eduardo José Silva de. O papel da justiça social e a pugna pelos direitos humanos das crianças e adolescentes. In: *Revista do Ministério Público do Trabalho na Paraíba*, n. 1, jun. 2005.

COLUCCI, Viviane. O comunitarismo e as soluções para o combate ao trabalho infantil. In: *Revista do Ministério Público do Trabalho*, ano XV, n. 30, set. 2005.

CORREA, Lélio Bentes; VIDOTTI, Tárcio José (coords.). *Trabalho infantil e direitos humanos*: homenagem a Oris de Oliveira. São Paulo: LTr, 2005.

CURLEY, Ligia Maio Gagliardi. A proteção internacional dos direitos humanos e o trabalho infantil. In: *Revista do Ministério Público do Trabalho*, ano XV, n. 29, mar. 2005.

DUTRA, Maria Zuíla Lima. *Meninas domésticas, infâncias destruídas*: legislação e realidade social. São Paulo: LTr, 2007.

MEDEIROS NETO, Xisto Tiago de. A CLT e as normas de proteção trabalhista à criança e ao adolescente. In: *Revista do Ministério Público do Trabalho do Rio Grande do Norte*, n. 3, nov. 2000.

MELLO, Maurício Correa de. Reflexões sobre a exploração sexual de adolescentes e a cultura do consumo. In: *Revista do Ministério Público do Trabalho*, ano XIV, n. 28, set. 2005.

MINHARRO, Erotilde Ribeiro dos Santos. *A criança e o adolescente no direito do trabalho*. São Paulo: LTr, 2003.

MINISTÉRIO PÚBLICO DO TRABALHO. *Coordenadorias temáticas*. Organização Ricardo José Macedo de Britto Pereira. Texto de abertura: Sandra Lia Simón. Brasília: ESMPU, 2006.

MORAES, Antonio Carlos Flores de. *Trabalho do adolescente:* proteção e profissionalização. 2. ed. rev. e atual. Belo Horizonte: Del Rey, 2002.

NASCIMENTO, Nilson de Oliveira. *Manual do trabalho do menor*. São Paulo: LTr, 2003.

OLIVA, José Roberto Dantas. *O princípio da proteção integral e o trabalho da criança e do adolescente no Brasil*. São Paulo: LTr, 2006.

TEREBINTO, Cínara Graeff. Alternativa ao trabalho infantil: educação. In: *Revista do Ministério Público do Trabalho do Rio Grande do Norte*, n. 5, abr. 2005.

VIDOTTI, Tárcio José. Anomalias brasileiras: a chaga do trabalho infantil. In: PAIXÃO, Cristiano; RODRIGUES, Douglas Alencar; CALDAS, Roberto Figueiredo (coords.). *Os novos horizontes do direito do trabalho*: homenagem ao Ministro José Luciano de Castilho Pereira. São Paulo: LTr, 2005.

Violência Sexual contra a Criança e o Adolescente no Marco da Precarização das Relações de Trabalho(*)

Guilherme Guimarães Feliciano(**)

Sumário: 1. Introdução. Violência e relações de trabalho. 2. Trabalho infanto-juvenil: violência, exploração e abuso sexual. 3. Ação e reação institucional: tutela civil, trabalhista e penal. 4. O problema do trabalho infanto-juvenil doméstico. Um caso concreto. Conclusões. Bibliografia.

1. Introdução. Violência e relações de trabalho

Já tive ocasião de explorar o tema da *violência nas relações de trabalho* em obra própria, com ênfase no escopo de sistematização e compreensão dinâmico-panorâmica do problema(1). Neste artigo, circunscrevo-me à questão da *exploração sexual da pessoa em formação* (modalidade de exploração compreendida entre as *piores formas de trabalho infantil*, segundo o art. 3º, *b*, da Convenção n. 182 da OIT). Nada obstante, sendo por si evidente a gravidade e a virulência da exploração sexual infanto-juvenil — *violência* malsã perpetrada contra as atuais e as futuras gerações (logo, de caráter

(*) Artigo desenvolvido em 2009 a partir de parte dos apontamentos originais do Autor para palestra proferida no dia 17.09.2003, em Brasília, por ocasião do *I Seminário Nacional sobre Tráfico e Exploração Sexual de Crianças e Adolescentes* (auditório do Superior Tribunal de Justiça). Os dados mais relevantes foram devidamente atualizados.

(**) Juiz do Trabalho Titular da 1ª Vara do Trabalho de Taubaté e Professor Associado do Departamento de Direito do Trabalho e da Seguridade Social da Faculdade de Direito da Universidade de São Paulo. Livre Docente em Direito do Trabalho e Doutor em Direito Penal pela FDUSP. Professor Assistente Doutor do Departamento de Ciências Jurídicas da Universidade de Taubaté (licenciado). Membro do Conselho Editorial da *Revista Anamatra-Forense Direito e Processo* e do Conselho Editorial da Ematra XV (Escola de Magistratura do Tribunal Regional do Trabalho da 15ª Região) para a Revista do Tribunal Regional do Trabalho da Décima Quinta Região. Vice-Presidente da Associação dos Magistrados da Justiça do Trabalho da Décima Quinta Região (Amatra XV).

(1) Cf. FELICIANO, Guilherme Guimarães. *Tópicos avançados de direito material do trabalho:* abordagens multidisciplinares. São Paulo: Damásio de Jesus, 2006. v. II, p. 27-88.

intergeracional) —, calhará bem recordar alguns elementos que esclarecem a **etiologia da violência.** Faço-o agora, à guisa de introdução.

Alhures, definimos **violência** como **toda forma de sujeição antijurídica que predispõe a vítima ao sofrimento físico, psíquico ou moral.** E pontuamos, com Hannah Arendt(2), que vários "mitos" sobre a violência soçobraram no limiar do século XXI. Pensava-se que a violência era *biologicamente inerente* ao ser humano; que o sentido de violência era a "causa" (= sujeito eficiente) de mazelas sociais como o armamentismo, a criminalidade, o belicismo e a exploração do homem pelo homem, e que a violência era necessariamente um comportamento irracional, impensado e despregado de fins, a exemplo da ira. Estaria mais próxima das feras do que dos homens.

Mirando o mais notório e desconcertante palco de violências do século XX — o Holocausto judeu —, Arendt desmistificou tais crenças, convencendo que, ao revés, a violência *não é natural ou biológica* (e contrapondo, aqui, nomes como Nietzche e Bergson, que baseavam a tese da "naturalidade" da violência na necessidade interna de crescer); antes, é um *aspecto cultural* das sociedades (e, para o tipo de violência que hoje se descortina nas cidades e nos campos, um aspecto muito particular da sociedade pós-industrial). A isso se denominou a "desnaturalização da violência", no sentido de que o comportamento violento não pode alçar foros de "normalidade" social, tornando-se objeto de contemplação impassível numa espécie de amortecimento coletivo que empalidece as reações sociais contrárias e fortalece a dominação violenta. Ainda para Arendt, a violência não seria *sujeito* ou *fim* de qualquer coisa; seria, sempre, *instrumento* para se alcançar determinados fins. A violência *dramatiza queixas*, mas não produz causas — e a isso se chamou a "despersonalização da violência". A violência não seria, enfim, *irracional* ou *bestial*: possuiria, ao revés, uma *racionalidade* própria, que ora repousa em *fatores econômicos* (quando, *e.g.*, a violência se revela como instrumento de mobilidade social em sociedades que padecem de desigualdades sociorregionais e de má distribuição da renda, ou ainda como instrumento de otimização da acumulação capitalista(3)), ora em *fatores culturais* (quando a violência é percebida como *fator de afirmação social*, sem qualquer vinculação com bens da vida — como, por exemplo, na violência das torcidas uniformizadas, das gangues juvenis ou na própria submissão sexual da mulher). Nesse sentido, a racionalidade da violência está na sua **eficácia** para a consecução dos fins a que se destina(4).

---

(2) *Sobre a violência.* Trad. André Duarte. Rio de Janeiro: Relume-Dumará, 1994. p. 48-60.

(3) Exemplo eloquente disso, sempre citado, é a *Fazenda Vale do Rio Cristalino* (sul do Pará), de propriedade da Volkswagen do Brasil: trabalhadores que fugiram da fazenda denunciaram que, a despeito do uso da mais alta tecnologia (inclusive transistores de computadores implantados em cada animal para controlar o cruzamento e a reprodução), financiada com subsídios do Governo Federal, havia ali o "gato" e o rurícola escravizado.

(4) Nesse sentido, recorde-se a advertência de Elio Gaspari, quanto à *tortura* e o seu uso institucional (*A ditadura escancarada.* São Paulo: Companhia das Letras, 2002. p. 37): "O que torna a tortura atraente é que ela de fato funciona. O preso não quer falar, apanha e fala. É sobre essa simples constatação que se edifica a complexa justificativa da tortura pela funcionalidade. O QUE HÁ DE TERRÍVEL NELA É A SUA VERDADE".

Já no marco *das relações de trabalho*, a violência assume uma fisionomia mais ou menos característica, com três elementos estatísticos que, reunidos, permitem particularizá-la em relação às formas de violência perpetradas nas demais esferas de sociabilidade humana. Vejamos.

[1] A violência no trabalho baseia-se em **relações de poder** que frequentemente envolvem e polarizam *integrados* e *marginalizados* (outrora ditos, no jargão marxista, "proletários"[(5)]). Isso explica porque os mais elevados índices de trabalho infanto-juvenil proibido concentram-se nas regiões socioeconômicas de maior carestia ou desigualdade[(6)]. E diga-se, bem a propósito, que essas mesmas microrrelações de poder também oportunizam, em larga medida, uma outra forma de violência contra a criança, a **pedofilia**[(7)].

---

(5) Atente-se, porém, para o fato de que a *marginalização* e a *protomarginalização socioeconômica* não são fenômenos adstritos à realidade urbano-industrial, como a expressão poderia sugerir, em sua acepção mais restrita ou usual. Aliás, tampouco é essa a acepção mais fidedigna para aquela expressão, tomando-se em conta o conjunto do pensamento anarco-marxista. Anarquistas e marxistas referiam-se ao "proletariado" (do latim *proles*, i.e., "filho", "progênie") para definir uma classe *antagônica à classe capitalista*. A expressão original vem de Roma, quando o rei Servius Tullius (578-535 a.C.) empregou o termo *proletarii* para designar o conjunto dos cidadãos de classe mais baixa, que não tinham propriedades, não pagavam impostos e cuja única utilidade para o Estado era gerar proles (filhos), engrossando as fileiras dos exércitos. Marx e os anarquistas diferenciavam, porém, os *proletários* dos meros *trabalhadores*, porque estes poderiam vender o *produto do seu trabalho*, enquanto os proletários não teriam nada além da sua própria *força de trabalho* (bem que, embora eticamente *extracommercium*, esteve no centro do tráfico jurídico-econômico que deu origem ao Direito do Trabalho e, nesse contexto, tornou-se plenamente vendável). Em outras palavras: no modo de produção capitalista, o proletário *vive apenas de sua capacidade de trabalhar* (diversamente, *e.g.*, dos trabalhadores nas antigas corporações de ofício, que negociavam livremente o produto de seu trabalho). Dessa forma, todos os produtos de seu trabalho e o seu próprio trabalho já não lhe pertencem, mas àqueles que compram sua força de trabalho e lhe pagam, por isso, um salário. Assim entendida, sem um necessário vínculo semântico com a Revolução Industrial, evidentemente a expressão permite abrigar tanto os proletários da cidade quanto os proletários do campo.

(6) Para o caso brasileiro, confira-se (dados da Agência Brasil): "O coordenador da Organização Internacional do Trabalho — OIT, Renato Mendes, explica que existem dois tipos de *ranking* do trabalho infantil no Brasil — um que apresenta os números absolutos de casos de exploração de crianças e adolescentes e outro que apresenta percentuais comparados aos dados regionais e nacionais. *O Nordeste é líder em ambos os casos.* [...] A preocupação maior, segundo Mendes, é a Bahia. O Estado responde por cerca de 10% do total de crianças trabalhando em todo o país e a 45% dos casos registrados na Região Nordeste. Maranhão e Piauí também são apontados pela OIT como destaques negativos. A cada 100 crianças que vivem nesses Estados, cerca de 17 trabalham e não conseguem alcançar sucesso escolar por questões relacionadas à exploração" (Disponível em: <http://www.fomezero.gov.br/noticias/nordeste-lidera-trabalho-infantil> Acesso em: 12.6.2008/24.12.2009). Como bem se sabe, o Nordeste brasileiro é a região geopolítica *mais pobre* do país, com os piores indicadores socioeconômicos (inclusive IDH). É o que nos revela, ademais, a chaga do **trabalho infantil indígena**: "Segundo a OIT, na América Latina, pelas *condições de marginalização e exclusão* dos povos indígenas, *as crianças indígenas são mais afetadas pelas piores formas de trabalho infantil.* Assim, é necessário 'dar um enfoque específico para combater tais situações de exploração econômica em que se encontra esse setor da população'" (Disponível em: <http://www.adital.com.br/site/noticia.asp?lang=PT&cod=32599> Acesso em: 24.12.2009 — g. n.).

(7) Para praticar seus abusos, o pedófilo geralmente se vale de relações de poder e ascendência que lhe valem o respeito, a confiança e a obediência do menor. Leia-se, por todos: "O pedófilo procura, frequentemente, a situação de exercer a função de substituto paternal para ter a condição de praticar sua perversão. Seu distúrbio mental é compulsivo: ele vai repetir e repetir seu comportamento abusivo, como o mais forte dos vícios. Nenhuma promessa de mudança de seu comportamento pode ser cumprida por ele,

[2] A violência no trabalho pressupõe amiúde um modo de **apropriação do trabalho alheio** estribado pelo **desvalor subjetivo da ação juridicamente esperada** (i.e., da *ação de atitude jurídica*)[8]. Isso significa dizer que, nos contextos de violência laboral, *oprimir* e *abusar* são atitudes razoáveis aos olhos do opressor, notadamente quando se processam sob a égide de acordos ou convenções leoninas e utilitaristas, que conduzem à *reificação* (= "tornar coisa") do ser humano trabalhador. Tenha-se em conta, à guisa de ilustração, os inúmeros casos de escravidão contemporânea que se descobrem todo ano no Brasil, nas zonas rurais e nos grandes centros: ali, não há exatamente *trabalho forçado* (*ut* art. 2º da Convenção n. 29 da OIT), porque os trabalhadores geralmente *aceitam* — e, mais que isso, *desejam* — trabalhar sob condições degradantes ou análogas a de escravo[9]. Na percepção subjetiva desses trabalhadores, a *ação de atitude jurídica* — que implica a formalização do contrato de trabalho, o registro em CTPS, os recolhimentos previdenciários, a quitação dos direitos trabalhistas etc. (*a contrario* dos arts. 149, 203, 297, § 4º e 337-A, III, do Código Penal, entre outros) — é *desvaliosa*, porque traduz desemprego e repulsa à mão de obra barata (a se observar a legislação, o empresário preferirá sempre contratar brasileiros). Evidentemente, esse modo de ver o mundo *facilita* a exploração e a violência laboral, já que *a própria vítima* é esquiva à ação do Estado. Por vezes, o *desvalor subjetivo da ação de atitude jurídica* está impregnado no próprio substrato cultural de certos grupos sociais; é o que se dá, no caso do trabalho infantil, com os *curumins* e o convencimento das tribos de que as atividades laboriosas (pesca, caça, lavoura) são essenciais para torná-lo um adulto pleno em suas potencialidades[10].

pois ele é dependente do abuso. Ele tem consciência do que pratica, portanto deve ser responsabilizado criminalmente, sem atenuantes" (IENCARELLI, Ana Maria Brayner. Disponível em: <http:://www.portaldopsicologo.com.br/publicacoes/publicacoes_10.htm> Acesso em: 16.9.2003). A autora é psicanalista de crianças e adolescentes.

(8) Valho-me, aqui, das noções que o penalista alemão Hans Welzel cunhou para o problema da *conduta desvaliosa em Direito Penal*, na perspectiva ético-jurídica (i.e., *objetiva*); mas *inverto-a*, para meus propósitos, concentrando-me na ideia de *desvalor subjetivo* da ação (que a Welzel, em sua perspectiva original, evidentemente não interessava). Cf. WELZEL, Hans. *Direito penal*. Trad. Afonso Celso Rezende. Campinas: Romana, 2003. p. 27-35 e 75-84.

(9) Para o específico caso do trabalho boliviano na produção têxtil paulistana, v. FELICIANO, Guilherme Guimarães. Sobre os caminhos institucionais para o combate ao trabalho escravo contemporâneo no âmbito dos municípios. In: *Revista de Direito do Trabalho*, São Paulo: Revista dos Tribunais, v. 30, n. 116, p. 77-90, out./dez. 2004.

(10) Chama a atenção, nesse sentido, a intervenção do curumim pataxó Ubiraí, de 17 anos, por ocasião da *8ª Conferência Nacional dos Direitos da Criança e do Adolescente* (Brasília, 7 a 10.12.2009). O adolescente, oriundo de tribo estabelecida no município de Coroa Vermelha (BA), pontuou que "a cultura indígena é diferente. Pintamos e fazemos artesanato desde cedo. São fontes de renda, mas também expressão de arte. O trabalho não é propriamente infantil: é familiar. Isso ocorre com os índios, com os quilombolas e outras comunidades tradicionais que precisam ser compreendidas e preservadas" (Disponível em: <http://www.direitosdacrianca.org.br/midia/sala-de-imprensa/ sugestoes-de-pauta/meninos-indigenas-atuantes-na-8a.-> Acesso em: 24.12.2009). Esse é, com efeito, um dos grandes dilemas que o Ministério Público do Trabalho enfrenta, hoje, no combate ao trabalho infanto-juvenil proibido brasileiro.

[3] A violência no trabalho campeia mais vigorosamente nas **áreas de ausência do Estado** (e essa talvez seja, das três características, a mais *comum*, vez que geralmente encontradiça nas outras formas de violência[(11)]). No mundo do trabalho, porém, a ausência do Estado *aprofunda* a segunda característica (desvalor subjetivo da ação de atitude jurídica), combinando *indulgência, leniência* e *conivência* com a mais recorrente força-motriz da criminalidade: a **impunidade**. Aqui, volverei às lições de Hannah Arendt para assertar que a *violência*, como *modo* "institucionalizado" *de domínio social* (a exemplo do que se passa, na cidade do Rio de Janeiro, com as ações de traficantes e de milícias), contrapõe-se sociologicamente aos *mecanismos públicos de poder*. Onde a violência domina absolutamente, o poder (público) está ausente.

Compreendida, assim, a etiologia da violência (e, particularmente, da violência nas relações de trabalho), resta sinalizar soluções, num primeiro esboço de ideias.

Dentro de uma perspectiva de *ordem*, o equacionamento do problema passa pela **restauração** e pela **ampliação da eficácia das leis do Estado** (mais do que pela *inflação legislativa*, de feitio burocrático e simbólico, que merece sempre censura[(12)]), prevenindo e coibindo severamente os atos de violência. A *sanção jurídica consumada* (civil *stricto sensu*, administrativa ou penal), mais que a sua cominação *in abstracto*, **comunica** ao agressor e à sociedade que os valores éticos sob a guarida da norma jurídica (= *ação de atitude jurídica*) seguem vigentes. Sinaliza, pois, a *garantia de vigência real dos valores de ação de atitude jurídica*. Em Direito Penal, essa concepção foi denominada **teoria da prevenção geral positiva fundamentadora** (H. WELZEL e G. JAKOBS[(13)]). A prevenção da violência pressupõe, portanto, uma **resposta institucional** austera, imperativa **e** certa. Eis o primeiro e judicioso passo.

---

(11) Quanto a isso, cf., por todos, PIMENTA, Carlos Alberto Máximo. *Torcidas organizadas de futebol:* violência e autoafirmação: aspectos da construção das novas relações sociais. Taubaté: Vogal, 1997. p. 27--29. *Vide* ainda WEFFORT, Francisco. *Qual democracia?* São Paulo: Companhia das Letras, 1994. *passim*.

(12) O "direito penal *simbólico*" é uma *deformidade*, por representar, a um tempo, "instrumento oportunista para lograr dividendos políticos" e "fenômeno de politização interna do direito penal", bastando-se na legitimação pela aparência. Cf., *mutatis mutandi*, MONSALVE, Julio César Rodas. La protección penal del ambiente y función simbólica del derecho penal. In: Derecho penal y criminología. *Revista del Instituto de Ciencias Penales y Criminologicas*, Bogotá: [s.e.], n. 51, sept./dic. 1993, v. XV, p.166.

(13) Cf., por todos, BITENCOURT, Cezar Roberto. *Manual de direito penal*. 6. ed. São Paulo: Saraiva, 2000. v. 1. p. 84-90. *In verbis*: "A teoria da prevenção geral positiva apresenta duas subdivisões: prevenção geral positiva fundamentadora e prevenção geral positiva limitadora. [...] Welzel e Jacobs [*sic*], dentre outros, podem ser considerados como representantes da teoria da prevenção geral positiva fundamentadora. [...] Na concepção de Welzel, o Direito Penal cumpre uma função ético-social para a qual, mais importante que a proteção de bens jurídicos, é a garantia de vigência real dos valores de ação da atitude jurídica. A proteção de bens jurídicos constitui somente uma função de prevenção negativa. [...] Destacamos Jacobs [*sic*] como um dos representantes da teoria fundamentadora. [...] Embora coincida com Welzel em buscar na coletividade sua manutenção fiel aos mandamentos do Direito, nega que com isso se queira proteger determinados valores de ações e bens jurídicos. [...] Ao Direito Penal, segundo Jacobs [*sic*], corresponde garantir a função orientadora das normas jurídicas. [...] Quando ocorre a infração de uma norma (...) convém deixar claro que esta continua a existir, mantendo sua vigência, apesar da infração. Caso contrário, abalaria a confiança na norma e sua função orientadora". Para a correlação entre a teoria fundamentadora e o conceito jurídico-penal de ação, Cf. também JAKOBS, Günther. *Estúdios de derecho penal*. Trad. Enrique Peñaranda Ramos, Carlos J. Suárez Gonzáles, Manuel Cancio Meliá. Madrid: UAM/Civitas, 1997. p. 101-125.

Como, porém, mais precisamente, a violência afeta a *criança* e o *adolescente* nas relações de trabalho? E sob quais contextos se convola em *violência sexual*?

II. Trabalho infanto-juvenil: violência, exploração e abuso sexual

Iniciemos pela tessitura normativa *de iure constituto* que hoje rege a matéria.

Pela lei brasileira em vigor (Lei n. 8.069/90 — Estatuto da Criança e do Adolescente), são crianças as pessoas com até doze anos incompletos, enquanto adolescentes são as pessoas que têm entre doze e dezoito anos incompletos (art. 2º). Tais definições coadunam-se com aquela estampada no art. 402, *caput*, da Consolidação das Leis do Trabalho, pela qual "considera-se menor para os efeitos desta Consolidação o trabalhador de quatorze até dezoito anos" (redação da Lei n. 10.097/00) — a não ser, é claro, pelo uso da expressão "menor", há muitos anos abolida propositalmente da legislação tuitiva, por remeter ao arcaísmo do paradigma do "menor infrator" que inspirou o Código de Menores (Lei n. 6.697/79) e os textos legislativos anteriores.

O art. 7º, XXXIII, da Constituição Federal *proíbe* o trabalho noturno, perigoso ou insalubre a menores de *dezoito anos*. Proíbe, ademais, *qualquer trabalho* a pessoas menores de *dezesseis anos*, exceto nas hipóteses de *aprendizagem*, praticada com finalidade eminentemente educativa (*educação profissional*), e somente a partir de *catorze anos*. Logo, a **criança** não pode trabalhar, sob quaisquer circunstâncias (sequer como aprendiz). A aprendizagem é regida, na CLT, entre os arts. 424 a 433.

O art. 227, *caput*, da CRFB, por sua vez, dispõe que é *dever* da família, da sociedade e do Estado assegurar à criança e ao adolescente, com *absoluta prioridade*, o direito à vida, à saúde, à alimentação, à educação, ao lazer, à profissionalização (e não ao "trabalho" em si mesmo, o que perfaz a distinção essencial entre os *contratos de aprendizagem* e os *contratos de trabalho* comuns), à cultura, à dignidade, ao respeito, à liberdade e à convivência familiar e comunitária, além de colocá-los a salvo de toda forma de negligência, discriminação, *exploração* (inclusive a dos próprios pais), *violência*, crueldade e opressão. Isso inclui, por óbvio, manter a criança e o adolescente a salvo de toda e qualquer *exploração sexual*.

Deve-se reconhecer, portanto, que tanto o *princípio da proteção integral* como o *princípio da (absoluta) prioridade* detêm inderrogável *status* constitucional. Essa constatação é particularmente importante em tempos de ativismo judicial e hermenêutica pós-positivista: a partir do reconhecimento do assento constitucional desses princípios, poder-se-á engendrar a *releitura* ou mesmo a *rejeição* de normas-regras legais que, votadas pelo Parlamento e sancionadas pelo Presidente da República, atentem flagrantemente contra aqueles princípios, dotados que são de imutabilidade e intangibilidade constitucional (*ut* art. 60, § 4º, IV, da CRFB).

Pelo quanto exposto até aqui, e também com fulcro no quanto disposto entre os arts. 402 a 423 da CLT, conclui-se que a legislação brasileira proíbe, em geral, o trabalho de crianças; já os adolescentes não podem trabalhar sob as seguintes condições:

- trabalho noturno (entre 22h00 e 5h00, **ut** art. 73, § 2º, da CLT);
- trabalho perigoso, insalubre ou penoso;
- trabalho em locais prejudiciais à sua formação e ao seu desenvolvimento;
- trabalho em horário e local que impeçam a frequência à escola.

Na prática, porém, crianças e adolescentes são extensamente arregimentados para essas modalidades de trabalho, à luz do dia e sob os narizes das autoridades públicas. A questão se entrelaça, portanto, com a omissão estrutural do Poder Público (o que reconduz ao item anterior, quanto à problemática da **ausência de Estado** como elemento indutor de violência) e com doses generosas de hipocrisia político-burocrática. Se o leitor já tentou, por contato telefônico ou eletrônico, mobilizar os aparatos de Estado (polícia repressiva, conselhos tutelares, ofícios do Ministério Público etc.) para coibir flagrantes de exploração do trabalho de crianças em semáforos das grandes cidades saberá bem do que estou a falar. A eficiência das "operações" e das "forças-tarefas" contrasta com a ineficiência das repressões no "varejo" (= exploração socialmente diluída).

E as estatísticas demonstram que, no Brasil, os atentados contra o ser humano em formação não são poucos, nem localizados, nem tampouco sazonais. Passemos por elas, ainda que brevemente, no curso desta década.

No início da década, a situação era alarmante. Segundo estimativas da PNAD 2000, havia entre nós, no ano 2000, 7,5 milhões de crianças e adolescentes, entre 10 e 17 anos, a prestar trabalho regularmente, sendo que 3,3 milhões tinham menos de 14 anos (a despeito da proibição constitucional do art. 7º, XXXIII, da CRFB). Desse contingente, 1,9 milhões de crianças não eram remuneradas pelo seu trabalho (i.e., ativavam-se em condição análoga à de escravos). Das crianças remuneradas, 88,8% ganhavam até um salário mínimo, com carga horária média de 26,5 horas semanais[14].

Felizmente, esses números foram controlados e iniciaram uma queda contínua e significativa, notadamente em razão da intensificação das ações repressivas do Estado brasileiro contra os focos multitudinários de trabalho infanto-juvenil proibido. A isso se associaram, no último lustro, os programas de transferência de renda e a consequente melhoria das condições socioeconômicas das populações brasileiras mais carentes (minando aquelas *relações de poder* que subjugam o economicamente desfavorecido e o predispõem à violência, como visto *supra*). Vejamos os números mais recentes, revelados pela última Pesquisa Nacional por Amostragem de Domicílio, divulgada pelo IBGE no dia 18.9.2009 (PNAD/IBGE 2008).

---

(14) Dados do Sistema Federal de Inspeção do Trabalho (SFIT/MTE) e da Pesquisa Nacional por Amostragem de Domicílio (PNAD/IBGE).

Consoante a PNAD 2008, o número de crianças e adolescentes trabalhadores na faixa etária entre 5 e 13 anos caiu de 1,2 milhão em 2007 para 993 mil em 2008 (menos de um milhão), materializando uma queda de 19,2%. Ainda trabalham, no Brasil, cerca de 4,5 milhões de pessoas com idade entre 5 e 17 anos. Mas, em 2008, eram 4,8 milhões as crianças e os jovens dessa faixa etária que efetivamente trabalhavam (queda de 7,6%). Entre as crianças com idade entre 5 e 9 anos, o trabalho propriamente *infantil* caiu 10,7%, pois em 2008 havia 141 mil trabalhadores mirins, contra 158 mil em 2007 — e é de todo interesse que, no cotejo entre as taxas por faixa etária de redução do trabalho infanto-juvenil proibido, as mais acentuadas se verifiquem justamente entre as pessoas mais jovens (crianças). Na faixa de idade entre 10 e 13 anos, a redução foi de 20,4%. Os 4,5 milhões de jovens e crianças entre 5 e 17 anos ocupadas em 2008 equivalem a 10,2% das pessoas com essa faixa etária, sendo 0,7% menor do que no ano anterior. Outro dado sensível é o de que a maioria dos jovens trabalhadores está empregada em trabalhos domésticos (51,6%). Outros 35,5% trabalhavam em área agrícola.

Para o mais, veja-se:

Trabalho Infanto-juvenil no Brasil

Faixa etária	N. de pessoas ocupadas em 2007	N. de pessoas ocupadas em 2008	Diminuição
5 a 17 anos	4,8 milhões	4,4 milhões	7,6%
5 a 13 anos	1,2 milhão	993 mil	19,2%
5 a 9 anos	158 mil	141 mil	10,7%
10 a 13 anos	1 milhão	852 mil	20,4%

Fonte: IBGE (PNAD, 2008).

Em síntese: a chaga prossegue, conquanto melhor contida.

Mas não se trata de um privilégio da sociedade brasileira. No mundo — e em especial nos países em desenvolvimento —, a exploração laboral infanto-juvenil também é lugar-comum. Segundo Horita[15], fiando-se em dados de 2000-2002,

> O trabalho de crianças e adolescentes menores de 14 anos é um fenômeno social existente em todo o mundo, rico ou pobre. Varia apenas de intensidade e gravidade. No entanto, é nos países do Terceiro Mundo que ele se apresenta de forma brutal. Dados da Organização Internacional do Trabalho — OIT indicam que **95% do contingente de crianças e adolescentes trabalhadores entre 10 a 17 anos estão nesses países.**

---

(15) Cf. HORITA, Fernando. *A questão do trabalho infantil no Brasil.* (Disponível em: <http:://fge.if.usp.br/~fhorita/Menor.htm> Acesso em: 16.9.2003).

Os fatos mostram que pobreza e trabalho infantil precoce são faces da mesma moeda. No Brasil, 54% do total de menores de 17 anos convivem em famílias com **renda per capita** de até meio SM. Ao contrário do que se pensa, é um fenômeno em expansão. Atualiza-se historicamente como resultado da degradação do nível de vida das famílias, que necessitam do trabalho dos filhos para sobreviver e dos empregadores que se utilizam dessa mão de obra com vantagens e lucro.

A desigualdade entre os sexos reproduz-se neste caso. **Às meninas pré--adolescentes fica reservado o trabalho doméstico não remunerado,** sendo que a maioria substitui a mãe trabalhadora nos afazeres domésticos. **Aos meninos, é destinado o trabalho remunerado no mercado formal ou informal,** como maneira de ajudar na renda familiar ou na sua própria manutenção.

Ademais, pelas especiais condições em que ocorre, o trabalho infanto-juvenil tem multiplicado **efeitos sociais** no mínimo inquietantes[16] (sobretudo na perspectiva intergeracional):

- inclusão cada vez mais precoce no mercado de trabalho, com prejuízo ao processo de escolarização e profissionalização;
- danos ao desenvolvimento físico, intelectual, afetivo e moral da pessoa em formação (= desvios de desenvolvimento);
- aumento dos índices de prostituição infantil e de participação de menores nas redes de narcotráfico (= cooptação progressiva de mão de obra para o desempenho de atividades catalogadas entre as piores formas de trabalho infanto-juvenil);
- maior incidência, nas grandes cidades, de condutas antissociais perpetradas por adultos contra crianças/adolescentes e vice-versa (= recrudescimento dos conflitos etários);
- desqualificação paulatina da mão de obra (inserção precoce + déficit de escolaridade = trabalho desqualificado);
- dificuldades crescentes de inserção dos jovens no mercado formal de trabalho (= aumento das taxas de informalidade laboral).

Nos países em desenvolvimento, no início da década, eram 250 milhões de crianças e adolescentes entre 5 e 14 anos a trabalhar nas mais diversas atividades econômicas[17]; para a metade desses (120 milhões), o trabalho era realizado em *tempo integral*, enquanto os demais conseguiam conciliar o trabalho com a frequência à

(16) *Idem* (com acréscimos meus).

(17) Apenas a título de comparação, no "Ano Internacional da Criança" (1979), era de "apenas" 50 milhões o número de crianças e adolescentes entre 5e 14 anos a trabalhar regularmente.

escola ou com outras atividades quaisquer (não econômicas). No grupo das crianças e adolescentes que frequentavam a escola, 33% entre os homens e 42% (mais de dois quintos) entre as mulheres trabalham em meio período. No total, havia mais *meninos* ou *rapazes* trabalhando (na proporção de três homens para duas mulheres, em média). Mas presumia-se subestimado número de *meninas*, por conta do fenômeno da subnotificação (pense-se, *e. g.*, no caso das "filhas de ocasião", i.e., meninas órfãs ou abandonadas mantidas informalmente em lares substitutos para a prestação de trabalhos domésticos: em tais casos, não há notificação — as famílias supõem que o trabalho oferecido perfaz um grande bem —, sendo desse modo "acolhidas", como regra, crianças do sexo *feminino*)[18].

Volvendo à condição brasileira no início desta década, mas agora à luz dos dados da UNICEF[19], eram oito milhões de crianças/adolescentes trabalhadores (entre 5 e 17 anos) no ano 2000. Os dados do IBGE apontavam 7,5 milhões (entre 10 e 17), como já visto. Dessas, 3,3 milhões tinham menos de catorze anos (embora a Constituição Federal proibisse esse trabalho, ainda antes da EC 20/1998, que elevou a idade mínima para 16 anos). Dessas, 1,9 milhões realizam trabalho não remunerado (situação análoga à de escravo), enquanto 88,8% recebiam até um salário mínimo (isto é, a esmagadora maioria encontrava-se em condições *precárias* de remuneração). O recorte local comprovava a informação estatística: nas fábricas de farinha de mandioca do interior de Sergipe, crianças recebiam 60 centavos por 60 kg de mandioca moída (sob fumaça de forno e pó de farinha). Na região de Santo Antônio do Monte e Lagoa da Prata (MG), eram R$ 10,00 por quilo de pólvora transformada em fogos de artifício (em média, os trabalhadores mirins produziam 4 kg/dia). No interior do Ceará, 10 baldes de pedra quebrada valiam, para a criança curvada, R$ 10,00. No Vale dos Sinos (RS), descortinou-se uma verdadeira "terceiri-zação domiciliar" em marcha na indústria de calçados: operários chefes de família foram estimulados a transformar suas casas em *pequenas unidades produtivas* e assim produzirem às empresas do setor calçadista sem vínculo de emprego (amiúde sob a forma de *cooperativas*, ao amparo do malsinado art. 442, parágrafo único, da CLT — a rigor, rematadas **fraudes**); desse modo, o empresariado local externalizava uma ou mais etapas do seu processo produtivo, deslocando-as para *fora* das dependências da fábrica, onde eram tendencialmente menores as suas responsabilidades. A consequência mais funesta, a par da precarização das relações de emprego e da sonegação de direitos trabalhistas, foi a *juvenilização* da mão de obra: uma vez que o novo regime remuneratório previa pagamentos por peças ou tarefas, a maneira óbvia e previsível de se aumentar os ganhos, em cada núcleo familiar, foi a *arregimentação de meias-forças* nas próprias casas (incluídas, aí, as esposas e os filhos dos novos "autônomos").

---

(18) Dados da OIT (1995), *apud* GRUNSPUN, Haim. *Trabalho das crianças e dos adolescentes.* São Paulo: LTr, 2000. p. 16 e ss. O autor é médico, psicólogo clínico, bacharel em Direito e professor da PUC/SP.

(19) Coteje-se com aqueles da PNAD 2000, acima dispostos, e obter-se-á boa margem de coincidência (a reforçar a fidedignidade da informação).

Dados do IBGE para 2001 revelavam que o trabalho infanto-juvenil brasileiro era predominantemente masculino (87,4%) e pardo (o que é, de resto, um reflexo da discriminação racial histórica do negro/pardo). Quase a metade dos trabalhadores infanto-juvenis havia frequentado a escola por menos de quatro anos (46,3%). Estavam na região Nordeste, segundo aquele levantamento, 800.000 trabalhadores infanto-juvenis (de 5 a 17 anos). Como visto (*supra*, nota n. 6), essa condição não se alterou significativamente, de lá para cá: a maior concentração de trabalho infanto-juvenil ainda está no Nordeste.

Para o mais, confira-se:

Exploração Infanto-Juvenil no Brasil

Estados	Atividades
Goiás	Tomate
Paraná	Mandioca, cana-de-açúcar, feijão, algodão, café
Mato Grosso do Sul	Carvoaria, erva-mate
Minas Gerais	Café, carvoarias
São Paulo	Laranja
Amazonas	Pesca, prostituição
Pará e Tocantins	Madeira, pecuária
Espírito Santo	Café, carvão
Pernambuco	Cana-de-açúcar, gesso, fruticultura
Alagoas	Cana-de-açúcar, sal
Paraíba	Cana-de-açúcar
Piauí	Bambu
Bahia	Sisal e quebra de pedras
Acre	Seringais
Rio de Janeiro	Cana-de-açúcar
Rio Grande do Norte	Cana-de-açúcar, fruticultura
Santa Catarina	Fumo
Rondônia	Exploração sexual

Saúde em Perigo		
Atividade	**Local**	**Risco**
Colheita da laranja	SP, SE, PE	Intoxicação, problemas de coluna, mordidas de animais peçonhentos
Cerâmica	CE, PB, RN, PE, PI, SE, MA, RS, SC E PR	Lesões de ouvido, inflamação nos tendões, problemas de coluna
Cultura de sisal	BA	Cortes e mutilações por uso de facão e lesões de ouvido
Pedreiras	PE, AL, BA, RN, PB e GO	Cortes, perda de audição e visão, fadiga, lombardia e problemas respiratórios.
Cana-de-açúcar	SE, AL, PE, BA, PI, MA, RN, PB, CE, SC e PR	Intoxicação por agrotóxicos, umidade, mutilações e ferimentos
Extração de sal	CE, PI e RN	Queimaduras e problemas de coluna
Cultura de laranja	RS e PR	Exposições a agrotóxicos e lesões
Produção de seda	SC e PR	Problemas de coluna, exposição a agrotóxicos, picadas de inseto
Catadores de lixo	MT e DF	Intoxicação por alimentos deteriorados e substâncias químicas, ferimentos, problemas de coluna
Seringais	MT	Contaminação por agrotóxicos, doenças respiratórias, malária e dengue
Carvoaria	GO, MT, MG e MS	Problemas respiratórios, queimaduras, mutilação com motosserra
Olaria	GO, MT, MG e MS	Jornada excessiva

Fonte: Ministério do Trabalho e Emprego (2003).

E quanto à exploração sexual propriamente dita?

Outra vez, façamos breve menção ao direito posto para, em seguida, vislumbrar a realidade empírica e estatística.

O Brasil é signatário da Convenção n. 182 da OIT (promulgada pelo Decreto n. 3.597/00), que dispõe sobre as *piores formas de trabalho infantil e a ação imediata para sua eliminação* (Genebra, 1999). Seu texto foi aprovado, para efeitos internos, pelo Decreto Legislativo n. 178, de 14 de dezembro de 1999, e em seguida promulgado pelo Decreto n. 3.597, de 12 de setembro de 2000, do Poder Executivo Federal. Já a lista brasileira das piores formas de trabalho infantil ("lista TIP") foi implementada bem mais recentemente, com a edição do Decreto n. 6.481, de 12 de junho de 2008[20], no segundo mandato do Presidente Lula da Silva.

Na Convenção n. 182, o art. 3º define, em linhas gerais, as piores formas de trabalho infantil (dir-se-á melhor, entre nós, piores formas de trabalho infanto-juvenil[21]). Todas elas são encontradiças, em percentuais apreciáveis, no Brasil. Veja-se:

---

(20) O Decreto n. 6.481/08, nos termos do art. 84, IV, 2ª parte, da CRFB, "regulamenta os arts. 3º, alínea *d*, e 4º da Convenção n. 182 da Organização Internacional do Trabalho — OIT que trata da proibição das piores formas de trabalho infantil e ação imediata para sua eliminação, aprovada pelo Decreto Legislativo n. 178, de 14 de dezembro de 1999, e promulgada pelo Decreto n. 3.597, de 12 de setembro de 2000, e dá outras providências". Sua exegese e crítica merecem um estudo à parte, inconciliável com as dimensões deste trabalho. Mas diga-se, por oportuno, que a Lista TIP foi pouco específica quanto à exploração sexual, valendo-se dos lugares comuns de sempre (*e.g.*, inclui entre as piores formas os trabalhos "prestados de qualquer modo em prostíbulos, boates, bares, cabarés, danceterias, casas de massagem, saunas, motéis, salas ou lugares de espetáculos obscenos" e aqueles "com exposição a abusos físicos, psicológicos ou sexuais", o que é o óbvio ululante); mas não podia ser diferente, já que o seu propósito é regulamentar a alínea *d* do art. 3º da Convenção (e não a alínea *b*). Por outro lado, tem passagens polêmicas, a suscitar o debate doutrinário; assim, por exemplo, discrimina o **trabalho doméstico** entre as piores formas de trabalho infantil, indicando os seus *prováveis riscos ocupacionais* ("Esforços físicos intensos; isolamento; abuso físico, psicológico e sexual; longas jornadas de trabalho; trabalho noturno; calor; exposição ao fogo, posições antiergonômicas e movimentos repetitivos; tracionamento da coluna vertebral; sobrecarga muscular e queda de nível") e as respectivas repercussões para a saúde do menor ("Afecções músculo-esqueléticas [...]; contusões; fraturas; ferimentos; queimaduras; ansiedade; alterações na vida familiar; transtornos do ciclo vigília-sono; DORT/LER; deformidades da coluna vertebral [...]; síndrome do esgotamento profissional e neurose profissional; traumatismos; tonturas e fobias"), sem maiores discrimes. Não tenho dúvidas de que o trabalho doméstico nada acrescenta à criança ou ao adolescente, podendo bem ser *banido* por lei nessa faixa etária. Mas, do ponto de vista legal-positivo, pode o decreto considerar "pior forma de trabalho infantil" o que a lei federal nem sequer proíbe, textualmente, à pessoa entre 16 e 18 anos (sendo certo dispor o art. 4º da Convenção 182 que a Lista TIP determina-se "pela legislação nacional ou pela autoridade competente")? E, do ponto de vista jurídico-axiológico, pode-se entender como "pior forma de trabalho infantil" — equiparável à prostituição e ao tráfico de drogas — o trabalho prestado por jovem de 17 anos, no âmbito doméstico, com registro em CTPS, respeito aos direitos trabalhistas e sem prejuízo ao horário escolar? Eis, posta, a discussão, que não pretendo exaurir aqui. Medite o leitor.

(21) Inapropriadamente, o arcabouço legislativo brasileiro termina por suscitar desnecessária controvérsia quanto ao que se deva entender, entre nós, como "trabalho infantil". Assim, p. ex. o *Plano Nacional de Prevenção e Erradicação do Trabalho Infantil e Proteção ao Trabalhador Adolescente* (MTE, 2004) define como "trabalho infantil" as "atividades econômicas e/ou atividades de sobrevivência, com ou sem finalidade de lucro, remuneradas ou não, realizadas por crianças ou adolescentes *em idade inferior a 16 (dezesseis) anos*, ressalvada a condição de aprendiz a partir dos 14 (quatorze) anos, independentemente da sua condição ocupacional. Para efeitos de proteção ao trabalhador adolescente, será considerado todo trabalho desempenhado por pessoa com idade entre 16 e 18 anos incompletos e, na condição de aprendiz, de 14 a 18 anos incompletos" (g. n.). Mas, logo adiante, reconhece que "a legislação brasileira, de maneira distinta das convenções internacionais que definem criança como todo aquele com idade inferior a 18, considera *criança a pessoa com idade até 12 anos e adolescente a que tem idade entre 12 e 18 anos incompletos.* Optou-se pela utilização do termo "trabalho infantil" para facilitar a distinção do trabalho dos adolescentes com a idade na qual o trabalho é permitido, desde que não comprometa seu processo de formação e desenvolvimento físico, psíquico, moral e social, nem prejudique sua frequência à escola" (Disponível em: <http://www.fnpeti.org.br/publicacoes/parceiros/arquivos-das-publicacoes/plano_nacional.pdf> Acesso em: 6.1.2010 — g. n.). Noutras palavras, a autoridade administrativa **reconhece dois marcos terminológicos**, a saber, o do ECA (preexistente na legislação nacional, a definir "criança" como toda pessoa com até 12 anos incompletos) e o da própria OIT (que entende "criança" como toda pessoa menor de 18). Com efeito, a Recomendação n. 190 (item II.4), num dos idiomas originais, assim dispõe: *"For the types of work referred to under* Article 3(d) of the Convention and Paragraph 3 above, national laws or regulations or the competent authority could,

(a) a exploração do trabalho escravo infanto-juvenil ou de práticas análogas à escravidão (art. 3º, *a*): tomem-se, como exemplos, a venda e o tráfico de crianças, a servidão por dívidas e o recrutamento forçado ou obrigatório de crianças em conflitos armados (como, *e.g.*, no caso de Uganda); no Brasil, a arregimentação compulsória de crianças e adolescentes para atividades em milícias e bandos armados ou mesmo em movimentos sociais que radicalizem ocupações com ações violentas e/ou armadas podem configurar a hipótese;

(b) a **prostituição e a pornografia infanto-juvenil** (art. 3º, *b*): no caso brasileiro, o chamado "turismo sexual", que por muito tempo se desenvolveu em diversas cidades litorâneas do Nordeste[(22)], configura esta modalidade (alcançou notoriedade, pela cobertura jornalística, o caso da Praia da Boa Viagem, em Recife/PE) e as atividades análogas (*e.g.*, participação em obras pornográficas);

(c) o **trabalho ilícito** (art. 3º, *c*): é o típico caso do recrutamento de crianças e adolescentes para as atividades ligadas diretamente ao *tráfico ilícito de drogas* (pense-se, *e. g.*, na condição dos menores convertidos em "soldados" do tráfico fluminense[(23)]);

(d) os **trabalhos prejudiciais à saúde, à segurança ou à moral** (art. 3º, *d*): esses, talvez, sejam os mais *comuns* no contexto brasileiro: extração de sisal, manipulação de pólvora e cola de sapateiro, olarias e pedreiras, canaviais etc.

---

after consultation with the workers' and employers' organizations concerned, authorize employment or work *as from the age of 16* on condition that the health, safety and morals of *the children concerned* are fully protected, and that the children have received adequate specific instruction or vocational training in the relevant branch of activity" (g. n.). Como a expressão *children concerned* refere-se às pessoas entre 16 e 18 anos incompletos (*from the age of 16*), está claro que a Recomendação — assim como a própria Convenção n. 182 — considera como "criança" (*children*) **até mesmo o maior de 16 anos** (o que, na perspectiva legal--positiva brasileira, já configuraria um equívoco terminológico). Ora, um dos papéis fundamentais do *método científico* (e essa é uma das poucas razões que autorizam afirmar ser o Direito uma Ciência) é o de subministrar *linguagem universal* para o tratamento dos seus objetos. Neste caso, porém, sem nenhuma razão verdadeiramente útil, o MTE, reconhecendo *expressamente* a existência de dois marcos conceituais anteriores (o nacional e o internacional), optou por construir um *terceiro*, fora das convenções e da legislação em vigor, provavelmente por influência do antigo art. 403 da CLT (depois alterado pela Lei n. 10.097/00, para se adequar à EC n. 20/98). Ao invés de *pacificar* a controvérsia, alimentou-a. Agora, pelo critério da FNPETI, o trabalho do *adolescente* que tenha entre 12 e 16 anos é conceitualmente "trabalho infantil", não "trabalho de adolescente" (dir-se-ia melhor *juvenil*, para se opor a *infantil*). Algo que soa, intrassistematicamente, a *contraditio in terminis*. E a confusão alastra-se mais com a tradução recorrente do texto da Convenção n. 182 ("piores formas de trabalho *infantil*"): embora convenção e recomendação expressamente se refiram ao *menor de dezoito anos* (como visto há pouco), uma leitura desavisada, à luz das definições da FNPETI, levaria à equivocada conclusão de que a norma de proteção restringe-se aos trabalhadores com até 16 anos incompletos... Daí, em síntese, a opção deste texto pela locução "trabalho infanto-juvenil", sempre que se esteja a abranger pessoas com 12 anos completos ou mais (art. 2º do ECA).

(22) Lia-se a respeito, na época. Disponível em: <http://www.crpsp.org.br/a_acerv/jornal_crp/103/frames/fr_comportamento.htm> Acesso em: 30.9.2003.

(23) Disponível em: <http://www.educacional.com.br/reportagens/criancasdobrasil/infancia_trafico_soldados.asp> Acesso em: 24.12.2009.

Está claro, portanto, que a **prostituição** configura uma das *piores formas de trabalho infanto-juvenil* a teor do art. 3º, *b*, da Convenção OIT n. 182, independentemente do tipo de exploração que se concretize na prática. Poderá haver "recrutamento", como se dá nas boates e nas casas de tolerância cujos cafetões admitem menores para os serviços da casa. Poderá haver mera "oferta", como nos odiosos ensejos de pais e responsáveis que agenciam os próprios filhos ou enteados para encontros libidinosos. Poderá haver, enfim, "utilização", episódica ou habitual, como expressão genérica de toda negociação entre adultos envolvendo crianças e adolescentes para efeito de prostituição, com ou sem o consentimento dessas; ou ainda, em interpretação mais dilargada, até mesmo a "utilização" agenciada diretamente pelo menor, que aborda o adulto interessado. Em todo caso, estaremos diante de **trabalho** — inclusive na acepção ontológica do art. 114, I, da CRFB, conquanto em modalidade deontologicamente *ilícita*.

E, nesse particular, a despeito do sentido comum de gravidade, os números são nebulosos.

No Brasil, não havia, até há pouco tempo, dados consolidados. Os dados eram setoriais, não raro subministrados por ONGs de escopos afins (a ABRAPIA[(24)], os CEDECAs[(25)], a *World Childhood Foundation* etc.). Daí já se pode atinar para o *papel fundamental* que os organismos do **terceiro setor** (ONGs e entidades civis)[(26)] desempenham nesse campo.

Do universo de dados setoriais, elegemos, para nortear o leitor, aqueles tratados e classificados pelo chamado "Sistema Nacional de Combate ao Abuso e à Exploração Sexual Infanto-Juvenil". São, porém, meramente ilustrativos, dado o reduzido espaço amostral. Vamos a eles.

De um total de 3.328 denúncias de abuso e exploração sexual infanto-juvenil recebidas pela Abrapia entre fevereiro de 1997 e janeiro de 2003, 69% (a maioria) referiam-se à prostituição infantil; 25% referiam-se a abusos pela Internet; 3% referiam-se a "turismo sexual"; 2% referiam-se à confecção e venda de material pornográfico com objeto infanto-juvenil; 1%, enfim, referia-se ao tráfico de pessoas com finalidade sexual. São, em geral, situações que envolvem o jogo trabalho *vs.* remuneração (= consentimento da vítima + finalidade econômica) e que, por isso, subsumem-se bem às piores formas de trabalho infanto-juvenil elencadas no art. 3º, *b*, da Convenção n. 182. Daquele total, por fim, 11,50% referiam-se à exploração sexual infanto-juvenil sob o *jugo familiar*, sendo que, em 8,50% dos casos, o agente explorador era a própria mãe.

---

(24) Associação Brasileira Multiprofissional de Proteção à Infância e à Adolescência.

(25) Centros de Defesa da Criança e do Adolescente.

(26) **Terceiro setor** é expressão que congrega "as instituições [privadas] com preocupações e práticas sociais, sem fins lucrativos, que geram bens e serviços de caráter público, tais como: ONGs, instituições religiosas, clubes de serviços, entidades beneficentes, centros sociais, organizações de voluntariado etc.". Disponível em: <http://www.terceirosetor. org.br> Acesso em: 28.8.2003.

Como se vê, a noção de "exploração sexual" vai além do mero abuso ou da própria prostituição infanto-juvenil (o que explica os termos mais gerais — "prostituição, produção de pornografia ou atuações pornagráficas" — utilizados pelo art. 3º, *b*, da Convenção n. 182 da OIT). A Recomendação OIT n. 190 ("sobre a proibição das piores formas de trabalho infantil e ação imediata para sua eliminação"), aprovada no Brasil pelo mesmo Decreto Legislativo n. 178/99, vai algo além e se vale de *cláusulas gerais* para considerar como **perigosos** (art. 3º, *d*, da Convenção n. 182) todos os trabalhos que exponham o menor a "**abuso** físico, psicológico ou **sexual**" (art. 3º, *a*). Logo, as práticas laborais relacionadas à exploração sexual de crianças e adolescentes tanto podem ser subsumidas ao art. 3º, *b*, quanto — pela via da Recomendação n. 190 — ao próprio art. 3º, *d*, da Convenção n. 182 (estando ao alcance desta última norma todo o largo espectro de modos de exploração sexual infanto-juvenil que não se descreve pelas ideias de prostituição, de produção ou de atuação pornográficas).

Por outro lado, extremam-se aqui os conceitos teórico-operacionais para se reconhecer, por um lado, a figura da **exploração sexual** (esta etiologicamente ligada à ideia de *trabalho* e sempre reconduzível, por isso mesmo, aos rigores da Convenção n. 182 da OIT) e, por outro, a figura do **abuso sexual** (que prescinde da relação de trabalho — logo, do elemento *exploração econômica* — e subsiste independentemente dela, mas que *pode ser reconduzida* à hipótese do art. 3º, *d*, da Convenção n. 182, desde que seja *oportunizado* por uma relação de trabalho de qualquer espécie).

Para um breve panorama acerca do abuso sexual *a se*, releva dizer que, naquele mesmo intervalo amostral (entre fevereiro de 1997 e janeiro de 2003), a Abrapia havia registrado 1.565 denúncias de abuso sexual infanto-juvenil (i.e., situações envolvendo, na forma tentada ou consumada, conjunções carnais ou atos libidinosos diversos da conjunção carnal, sempre entre adultos e crianças ou adolescentes). Desse total, constatou-se que, em 58% das vezes (a maioria), operou-se o abuso sexual *intrafamiliar* (na maior parte das vezes pelo pai — 23% — ou padastro — 14%); no restante das vezes (42%), houve abuso sexual *extrafamiliar* (inclusive ao ensejo de uma relação de trabalho).

Quanto às populações mais suscetíveis, interessa ressaltar a estimativa etária *e a* estimativa por regiões.

Do ponto de vista *pessoal*, dados do "SOS CRIANÇA" sugerem que a faixa etária mais atingida pelo abuso sexual é a que está entre 7 e 12 anos. Tal estimativa guarda certa discrepância com os dados da própria ABRAPIA, a apontar como mais suscetível a faixa etária que está entre 2 e 5 anos. De todo modo, prevaleça uma ou outra estimativa, é certo que as maiores vítimas de abusos sexuais ainda são *crianças* na acepção jurídica do termo (i.e., pessoas de dois a doze anos); e, em sua maioria, do sexo *feminino*.

Já do ponto de vista *geográfico*, estudos do Ministério do Trabalho e Emprego revelam, que, no princípio da década, a exploração sexual infanto-juvenil brasileira tinha seus maiores índices nos Estados do Amazonas (onde rivalizava percentualmente com o trabalho infanto-juvenil no setor de pesca) e de Rondônia, ambos na Região Norte. As principais vítimas são as crianças que migram do interior para as cidades maiores. Já nos Estados do Sudeste, prevalecia a exploração em atividades produtivas lícitas (*vide* tabela *supra* — amiúde com risco à saúde e à integridade da pessoa em formação): em São Paulo, com a lavoura da laranja; no Espírito Santo e em Minas Gerais, com o café e o carvão; no Rio de Janeiro, com a lavoura de cana-de-açúcar. Os dados mais recentes revelam que, de modo geral, esse estado de coisas não sofreu alterações significativas.

III. Ação e reação institucional: tutela civil, trabalhista e penal

Não é preciso dizer que a legislação brasileira avançou sensivelmente no combate ao trabalho infanto-juvenil proibido e, em particular, no combate à *exploração sexual infantil* (que, insista-se, está entre as piores formas de trabalho infantil). Veja-se, recentemente, a alteração da Lei n. 8.069/90 (ECA) pela Lei n. 11.829, de 25 de novembro de 2008[27] (que "altera a Lei n. 8.069, de 13 de julho de 1990 — Estatuto da Criança e do Adolescente, para aprimorar o combate à produção, venda e distribuição de pornografia infantil, bem como criminalizar a aquisição e a posse de tal material e outras condutas relacionadas à pedofilia na internet"). Entretanto, todos os esforços legislativos no campo da *repressão* não bastam, por si sós. A grande dificuldade, ao mais das vezes, é conferir **efetividade** às normas jurídicas já em vigor. Afinal, como antecipei alhures, a *impunidade* está entre as mais poderosas forças-motrizes da criminalidade. Eis aí, pois, o primeiro grande desafio. Voltaremos a ele adiante.

---

(27) Que alguns chegaram a julgar draconiana, por criminalizar condutas como "adquirir, possuir ou armazenar, por qualquer meio, fotografia, vídeo ou outra forma de registro que contenha cena de sexo explícito ou pornográfica envolvendo criança ou adolescente" (reclusão, de 1 a 4 anos, e multa), ou ainda como "simular a participação de criança ou adolescente em cena de sexo explícito ou pornográfica por meio de adulteração, montagem ou modificação de fotografia, vídeo ou qualquer outra forma de representação visual" (reclusão, de 1 a 3 anos, e multa). Alguns especialistas esgrimiram, com efeito, a controvertida tese de que a possibilidade de se "simular" ou "fabricar" imagens eróticas com (falsos) menores ou mediante computação gráfica serviria antes como *recurso de extravasão psicoimagética* para tantos quantos, portadores de desvios psicológicos, a elas recorressem (prevenindo-se assim, pela "válvula de escape" virtual, atos *reais* de violência). Não é como nos parece. Dizíamos alhures que "os efeitos de tal liberação seriam mais perniciosos — estímulo à conformação do erotismo doentio — que benéficos; não por outra razão, proibiu-se no Brasil a comercialização de game eletrônico em que o jogador fazia as vezes de motorista enlouquecido que marcava pontos à medida que atropelasse mais e mais pedestres (vicejasse a tese da 'válvula de escape', e tais games haveriam de ser liberados também, por prevenirem mortes no trânsito pelas mãos de motoristas potencialmente suicidas...)" (cf., de nossa lavra, *Informática e criminalidade: primeiras linhas.* Ribeirão Preto: Nacional de Direito, 2001. p. 84-86). Ademais, quanto ao caráter supostamente "draconiano" de alguns dos novos tipos penais, bastará à Magistratura julgar com bom senso os casos que lhe forem apresentados, especialmente quanto à identificação do *elemento subjetivo do tipo* (o *dolo*, tanto no art. 241-B quanto no art. 241-C do ECA), que deve abranger, inclusive, a *consciência* de ter em registro certa imagem e/ou a *ciência* — pelo critério do *homo medius*, porque não haverá outro — da idade provável da(o) modelo; e também quanto ao *princípio da insignificância*, parcialmente recepcionado pela própria lei, no novel art. 241-B, § 1º, do ECA (mas, no plano jurídico-positivo, apenas como causa de diminuição de pena).

Mas, a par da superação do déficit de efetividade das normas jurídicas de repressão e recomposição dos danos, pode-se — e *deve-se* — avançar mais. Senão no campo legislativo, ao menos no campo hermenêutico.

A esse propósito, temos sustentado, mercê do arcabouço constitucional e legal que rege a matéria (e, em especial, do art. 227, *caput*, c.c. art. 37, § 6º, todos da CRFB), a tese de que há, em tese e princípio, **responsabilidade civil do Estado** por todos os casos de **crianças e adolescentes** *acidentados no trabalho, cooptados por redes de exploração sexual*[28] ou de algum modo **vitimados com** *lesão relevante* **imputável à inação do Estado** (inclusive em termos de *nutrição* e *educação*)[29].

Com efeito, para esses casos, demonstrados os pressupostos gerais da responsabilidade civil (ação ou omissão, dano, nexo causal ou normativo — porque não há propriamente "causalidade" a partir das condutas omissivas[30] — e inexistência de causas excludentes objetivas) — e sem prejuízo da **responsabilidade civil e trabalhista** dos próprios *empregadores* ou *tomadores de serviços*[31] —, as vítimas fazem jus a uma **indenização civil** pelas lesões experimentadas e suas repercussões, lastreada na *responsabilidade civil objetiva do Estado brasileiro*, nos termos do art. 227, *caput*, c.c. art. 37, § 6º, da CRFB (*socializando*, entre os contribuintes, o dano pessoal das crianças e adolescentes). Tal indenização deve compreender, para efeito de *restituição* e *compensação integral*, o pagamento pelos *danos materiais* — i.e., pelos *danos emergentes* (gastos com hospital, próteses e órteses, cirurgias corretivas e estéticas, tratamentos psicológicos e psiquiátricos etc.) e pelos *lucros cessantes* (em especial a *perda econômica presumida*, derivada de fatores como o analfabetismo ou a alfabetização tardia e os traumas que reduzem ou anulam a capacidade de trabalho e de aprendizado); por *danos morais* (i.e., pela sujeição às piores formas de trabalho, pelo próprio abuso sexual[32], pelas perdas orgânico-funcionais etc.); e, ainda, pelos

(28) Caso da criança Alex, no sertão de Sergipe (onde é comum a existência de fábricas caseiras de farinha de mandioca, com seus respectivos *moedores*). Alex perdeu o dedo polegar no moedor e hoje tem grandes dificuldades para firmar a caneta e treinar a escrita (*Globo Repórter*, 15.7.2003). Caso, também, da adolescente Ana, prostituída desde criança, que, com dezoito anos, "comemorou" junto à reportagem local a perda da menoridade, porque escaparia da condição legal de "vítima" e passaria a poder fechar "contratos de luxo" com seus clientes, faturando até *R$ 10 mil por mês*, contra R$ 300,00 da época em que era balconista (*Revista Época*, 23/10, p. 62-71, 10/00). Vítima para uma vida toda, como se vê.

(29) Cf. *Tópicos avançados...*, v. II, p. 83-84.

(30) "É equivocada a ideia de que a omissão desencadeia, do ponto de vista fenomenológico, algum tipo de relação causal. Não há, em suma, a decantada 'omissão causal', senão como ficção jurídica [...]", ou em acepção psicológica (Frank). Cf. FELICIANO, Guilherme Guimarães. *Teoria da imputação objetiva no direito penal ambiental brasileiro*. São Paulo: LTr, 2000. p. 155-159.

(31) Que é *de per se* evidente, podendo inclusive ser sindicada em caráter *solidário* com aquela do Estado (*ut* artigo 942 do NCC). Sobre a responsabilidade do **explorador**, pontificou a Coordinfância do Ministério Público do Trabalho (Orientação n. 6): "**Exploração Sexual Comercial de Crianças e Adolescentes. Responsabilidade dos exploradores.** *O cliente e/ou o tomador dos serviços sexuais prestados por crianças e adolescentes, bem como o respectivo intermediador e quaisquer pessoas que venham a favorecer tais práticas, são responsáveis solidariamente por todos os danos, materiais e morais, individuais e coletivos*, decorrentes de sua conduta lesiva, nos termos do art. 942, parágrafo único, do Código Civil, art. 4º, II do Decreto n. 6.481/08, sobre piores formas de trabalho infantil, c/c art. 8º da Consolidação das Leis do Trabalho" (g. n.). Mas não há, aqui, grande novidade.

(32) "As pessoas vitimizadas, por sua vez, são traumatizadas pelo medo, pela vergonha, pelo terror. Elas reprimem falar do assunto, mas sofrem de depressão, descontrole, anorexia, dificuldades nos estudos,

eventuais *danos estéticos* (se restar sequela visível, apesar das intervenções médicas). Diga-se, a propósito, que o C.STJ tem reconhecido a possibilidade jurídica de se **cumularem** pedidos de indenizações por danos materiais, morais (*subjetivos* e *sociossubjetivos*) e estéticos (*i.e.*, o aspecto mais contundente do dano moral *social*, em face da diferenciação natural que a pessoa experimentará perante seu entorno social)[33].

O **fundamento jurídico** daquela responsabilidade pode ser extraído do arcabouço *principiológico* de tutela da criança e do adolescente, mercê do *princípio da proteção integral* (art. 227, *caput*, da CRFB, e art. 3º do ECA), como do próprio *princípio da absoluta prioridade*, em sua feição legal-positiva, naquilo em que prioriza a proteção e o *socorro* da criança e do adolescente em qualquer circunstância, como também naquilo em que estatui a *destinação privilegiada de recursos públicos* para a proteção da infância e da juventude (art. 4º, parágrafo único, *a* e *d*, do ECA) — o que não pode significar apenas *investimentos de prevenção*, mas também *despesas de reparação*. Já no âmbito das *regras jurídicas*, como visto, identifica-se o fundamento jurídico da responsabilidade civil objetiva do Estado pelas lesões sofridas por crianças e adolescentes em razão do trabalho no art. 7º, XXXIII, e 227, *caput*, c.c. art. 37, § 6º, todos da Constituição Federal: se ao Estado cabe *assegurar* à criança e ao adolescente o direito à vida, à saúde, à alimentação, à educação, à profissionalização, à cultura, à dignidade, ao respeito, à liberdade e à convivência familiar e comunitária, deixando a pessoa em formação *a salvo* de toda forma de negligência, discriminação, exploração, violência, crueldade e opressão (art. 227); e se, mais, a *Lex Legum* proíbe terminantemente qualquer trabalho noturno, perigoso ou insalubre a menores de dezoito e de qualquer trabalho a menores de dezesseis anos, salvo na condição de aprendiz, a partir de quatorze anos (art. 7º, XXXIII), a *exploração de mão de obra infanto-juvenil em tais circunstâncias consubstancia* **omissão do Estado brasileiro**, para os efeitos do art. 37, § 6º, da CRFB, já não importando, neste primeiro momento, perquirir culpas (o porquê da ineficiência da fiscalização do trabalho ou da atuação dos conselhos tutelares, as razões e as culpas estruturais e/ou conjunturais da inefetividade da tutela à infância e à adolescência naquele específico contexto etc.). Logo, se dessa omissão advier **lesão** material, moral e/ou estética (= **dano**), parece-me de meridiana clareza que o **Estado** — e, por ele, *toda a sociedade civil* (como manda o próprio art. 227/CRFB) — há de ser **responsabilizado**, ao menos em parte, por essa lesão. Com efeito, dispõe o art. 37, § 6º, da CRFB que "as pessoas jurídicas de direito público e

---

problemas de concentração, digestivos, fobias, sensação de estar sujo. Há tentativas de suicídio ligadas ao trauma. Acontece até a proibição, pelo abusador, para que o vitimizado não use o sobrenome da família, pelo estigma de homossexual após ter sido abusado pelo pai e pelo tio. *A pessoa vitimizada é que é punida e revitimizada"* (FALEIROS, Vicente de Paula. Redes de exploração e abuso sexual e redes de proteção. In: *9º Congresso Brasileiro de Assistentes Sociais*, Goiânia, [s.e.], jul. 1998, Anais, v. 1, p. 267-271 — g. n.).

(33) Para a possibilidade de cumulação de pedidos de indenização por danos morais **e** estéticos, veja-se a Súmula n. 387 do C.STJ ("É lícita a cumulação das indenizações de dano estético e dano moral"). E, quanto à cumulação de pedidos de indenização por danos materiais e morais, já fora de qualquer dúvida, veja-se a Súmula n. 37 do STJ ("São cumuláveis as indenizações por dano material e dano moral oriundos do mesmo fato").

as de direito privado prestadoras de serviços públicos *responderão* pelos *danos* que seus agentes, nessa qualidade, *causarem a terceiros*, assegurado o direito de regresso contra o responsável nos casos de dolo ou culpa" (g. n.). Ora, a expressão "causar" deve aqui ser compreendida, *mutatis mutandi* (porque se trata de responsabilidade pelo *risco integral*, não de mera responsabilidade civil aquiliana[(34)]), em cotejo e consonância com a norma do art. 186 do Novo Código Civil (Lei n. 10.406/02): trata-se de **responsabilizar o Estado-Administração** por toda ação ou **omissão** de certo agente público a ele vinculado (o que inclui os auditores-fiscais do trabalho, os procuradores do trabalho, os membros dos conselhos tutelares e das polícias militar e judiciária etc.) que implicar em *violação a direito*, com *dano efetivo* à criança e/ou ao adolescente no âmbito das relações de trabalho (ainda que exclusivamente *moral*). Só não interessará saber, nesse momento, se a omissão foi *voluntária* — e, caso voluntária, qual o seu conteúdo subjetivo-volitivo (dolo, negligência, imprudência, imperícia) —, porque se trata de responsabilidade **objetiva**. Perquirir-se-ão responsabilidades *pessoais* dos agentes de Estado envolvidos, por omissão dolosa ou culposa, *si te quando* a respectiva Administração entender cabível, mediante ajuizamento de ação de regresso[(35)].

Em geral, tais ações reparatórias haverão de ser propostas em face da **União**, considerando-se que em matéria de *fiscalização do trabalho*, a competência material é genuinamente *federal*, nos termos do art. 21, XXIV, da CRFB ("organizar, manter e executar a inspeção do trabalho"); logo, toda omissão nessa matéria lhe diz apriorístico respeito. Episodicamente, porém, quando se revelarem ações ou omissões imputáveis ao rol de competências e responsabilidades dos Estados (*e.g.*, quanto à execução de medidas socioeducativas que envolvam práticas laborais) e/ou dos Municípios (*e.g.*, quanto à organização dos conselhos tutelares, *ut* art. 139 do ECA), também essas entidades públicas poderão ser inseridas no polo passivo da demanda. E nem sequer caberá admitir, nesses processos, a *denunciação da lide* ao agente público supostamente omisso ou responsável (*ex vi* do art. 70, III, do CPC), porque esse incidente processual retiraria, na prática, a garantia cidadã de o prejudicado ver-se ressarcido *indepen-*

(34) O que, ademais, não *impede* a leitura conjunta do art. 37, § 6º, da CRFB com o art. 186 do NCC, na medida em que *todas as hipóteses de responsabilidade civil objetiva* são mesmo encaminhadas a esse cotejo e a essa consonância, nos termos do art. 927, *caput* e parágrafo único, do NCC.

(35) Em sentido contrário, entendendo que a responsabilidade do Estado por **omissão** é sempre "subjetiva", cf. MELLO, Celso Antonio Bandeira de. *Curso de direito administrativo*. 14. ed. São Paulo: Malheiros, 2002. p. 855. O argumento central é o de que "se o **Estado** não agiu, não pode, logicamente, ser ele o autor do dano. E, se não foi o autor, só cabe responsabilizá-lo caso esteja obrigado a impedir o dano. Isto é: só faz sentido responsabilizá-lo se descumpriu dever legal que lhe impunha obstar ao evento lesivo". No mesmo sentido, ademais, Cf. STJ, REsp. n. 549.812/CE, 2ª T., rel. Min. Franciulli Netto, j. 6.5.2004. No sentido oposto, porém, admitindo (bem mais recentemente) a **responsabilidade civil objetiva por omissão do Estado,** cf. STJ, REsp n. 958.466/RS, 1ª T., rel. Min. Luiz Fux, j. 23.9.2008. Ademais, seguindo o próprio escólio de Bandeira de Mello, não parece certo afirmar que a evidência do "descumprimento de dever legal" (= *omissão*, que tem a ver com a *imputação normativa* da lesão, i.e., com a "causalidade normativa" em jogo) *confunda-se* com a evidência da *culpa lato sensu* do agente público (i.e., dolo, imprudência, negligência ou imperícia). A rigor, poderá o Estado descumprir um seu dever legal ou constitucional por insuficiência orçamentária, sem que por isso se possa atribuir "culpa", em sentido subjetivo, a quem quer que seja; ainda assim, poderá haver, em tese, a sua responsabilização civil, nos termos do art. 37, § 6º, da CRFB.

dentemente de prova de dolo ou culpa. Logo, eventual responsabilidade civil em regresso haverá mesmo de ser perquirida em ação e foro próprios, como dito acima.

Qual o foro próprio, entretanto, para a **ação reparatória principal**, i.e., a que se ajuíza em face da pessoa jurídica de direito público, pela omissão quanto aos deveres constitucionais defluídos dos arts. 7º, XXXIII, e 227, *caput*, da CRFB, c.c. arts. 3º e 4º do ECA? A meu sentir, a questão não demanda grandes indagações: tratando-se de *ação oriunda de uma relação de trabalho em sentido lato* (seja ou não de natureza empregatícia), em cujo bojo se deu a lesão em detrimento da criança ou do adolescente, por omissão dos órgãos de fiscalização e controle do Estado — e aí já não importa se os danos foram sofridos em razão de trabalho perigoso, insalubre ou penoso, ou de exploração sexual, ou mesmo se derivou dos baixos riscos inerentes a certo trabalho lícito *a se*, mas desempenhado por menor de dezesseis anos —, **a competência será da Justiça do Trabalho**. É que, em tais casos (e não, p. ex., nos supostos de abuso sexual intrafamiliar, sem relação de trabalho subjacente[(36)]), será a precisa hipótese do art. 114, I, da CRFB, que consagra a competência da Justiça do Trabalho para "as ações oriundas da relação de trabalho, abrangidos os entes de direito público externo e da administração pública direta e indireta da União, dos Estados, do Distrito Federal e dos Municípios". Note-se, aliás, que para a fixação da competência constitucional da Justiça do Trabalho já não se exige, desde o advento da Emenda Constitucional n. 45/04, que nos polos da ação judicial figurem necessariamente *trabalhador* e *empregador*; e não por outra razão, *mutatis mutandi*, o Excelso Pretório tem assentado a competência da Justiça do Trabalho para "apreciar e julgar *pedido de indenização por danos morais e patrimoniais, decorrentes de acidente do trabalho*, nos termos da redação originária do art. 114 c/c inciso I do art. 109 da Lei Maior [...] *ainda quando a ação é ajuizada ou assumida pelos dependentes do trabalhador falecido*, pois a causa do pedido de indenização continua sendo o acidente sofrido pelo trabalhador" (STF, 1ª T., RE-AgR 503043/SP, rel. Min. Ayres Britto, DJ 1º.6.2007 — g. n.). Haverá de ser o caso, também aqui, quando estiver no polo ativo o trabalhador ou seus sucessores/dependentes e, do outro lado (polo passivo), o próprio Estado e/ ou o ex-empregador ou tomador de serviços. Nesse último sentido, aliás, assentou a Coordenadoria Nacional de Combate à Exploração do Trabalho de Crianças e Adolescentes — Coordinfância do Ministério Público do Trabalho (Orientação n. 7):

> **Exploração Sexual Comercial de Crianças e Adolescentes. Legitimidade do Ministério Público do Trabalho. Nos termos dos arts. 114, I, 127 e 129 da CF/88, do art. 83, V da LC n. 75/93 e do art. 1º da Lei n. 7.347/85, cabe ao Ministério**

---

(36) Embora nos pareça que, também nesses casos, possa-se discutir *em tese* a responsabilidade civil objetiva do Estado, *ex vi* do art. 37, § 6º, da CRFB. A dificuldade, aqui, seria demonstrar a *omissão do Estado*, se não há meios adequados para se fiscalizar o que se passa no imo dos lares, mercê da inviolabilidade das casas (art. 5º, XI, da CRFB) e da garantia da intimidade e da vida privada (art. 5º, X, da CRFB). O mesmo se aplica, outrossim (e por semelhantes razões), aos abusos sexuais e acidentes ou doenças ocupacionais relacionadas ao **trabalho infanto-juvenil doméstico.** Mas, superada a dificuldade argumentativo-probatória, não vejo maiores obstáculos à aplicação da norma do art. 37, § 6º, da CF, combinada com os arts. 227/CF e 3º e 4º da ECA; abstenho-me, porém, de desenvolver tais ideias, que não compõem o objeto do presente estudo.

Público do Trabalho a investigação e o ajuizamento de ações em relação às questões decorrentes do trabalho sexual ilícito de crianças e adolescentes junto à Justiça do Trabalho. (g. n.)

É como deve ser.

Acresça-se que, se há jurisprudência consolidada a respeito da *responsabilidade civil objetiva do Estado* em caso de danos materiais provocados, *e.g.*, por buracos em estradas que não se pavimentam em tempo razoável[37] (i.e., por *omissão* do Estado), não existe qualquer argumento filosófico, ético ou positivo minimamente razoável para se sustentar que, em relação a aspecto muito mais relevante para a sociedade brasileira (a saber, a sua *infância e juventude*), a omissão estatal não possa ser sindicada em juízo, no regime jurídico próprio do art. 37, § 6º, da CRFB. Daí porque entendo *desnecessária*, do ponto de vista jurídico-positivo, a gestação de qualquer outra norma para operacionalizar o tipo de responsabilidade que ora se propõe. Nada obstante, para efeitos pedagógicos e sociológicos, não seria mal a **positivação** dessa espécie de responsabilidade civil no próprio Estatuto da Criança e do Adolescente. *Medida profilática*, mesmo, para que os mandatários do povo, uma vez à frente da gestão dos

(37) Cf., por todos, a ementa integral do quanto julgado no precitado Recurso Especial n. 958.466/RS: "PROCESSUAL **CIVIL. ADMINISTRATIVO. INDENIZAÇÃO POR ACIDENTE DE VEÍCULO. BURACO NA ESTRADA.** VIOLAÇÃO AO ART. 535 DO CPC. INOCORRÊNCIA. **RESPONSABILIDADE OBJETIVA DO ESTADO.** INVERSÃO DO *ONUS PROBANDI*. IMPOSSIBILIDADE DE REVISÃO. SÚMULA N. 7/STJ. JURISPRUDÊNCIA DO STJ. **1.** Ação indenizatória com pedido de ressarcimento por danos materiais decorrentes de acidente ocorrido em razão de *buraco na avenida*, com fulcro na **Responsabilidade Civil** do **Estado**. **2.** *In casu*, o Tribunal *a quo* entendeu que, no caso em apreço, restou comprovado, sim, por meio dos documentos carreados aos autos, *o nexo de causalidade entre a omissão da autarquia (má conservação da rodovia em que ocorreu o sinistro/buraco) e o dano causado ao requerente (danos materiais)*, pois, como fartamente demonstrado ao longo da instrução, havia, na pista de rolamento da BR--116, no local do acidente, um *buraco de tamanho considerável, além de desnível de até 15 cm* [...], tendo o requerente ali perdido o controle do veículo, vindo a tombar. Portanto, é de ser mantida a condenação aos danos materiais assim como pedida. **3.** *É obrigação do Estado manter as estradas em boas condições para tráfego.* **4.** O Recurso Especial não é servil ao exame de questões que demandam o revolvimento do contexto fático-probatório dos autos, em face do óbice contido na Súmula n. 7/STJ. **5.** Inexiste ofensa ao art. 535, I e II, CPC, quando o Tribunal de origem pronuncia-se de forma clara e suficiente sobre a questão posta nos autos, cujo *decisum* revela-se devidamente fundamentado. Ademais, o magistrado não está obrigado a rebater, um a um, os argumentos trazidos pela parte, desde que os fundamentos utilizados tenham sido suficientes para embasar a decisão. **6.** A conclusão do Tribunal de origem, *in casu*, restou fundada no conjunto probatório carreado nos autos, afirmando a *existência de relação entre o prejuízo experimentado pelo particular e o ato omissivo ou comissivo da pessoa jurídica de direito público*. Consectariamente, analisar a existência de ofensa ao art. 333, inc. I, do Código de Processo **Civil** implicaria o revolvimento de matéria fática-probatória, o que é interditado a esta Corte Superior. 7. *A marca da responsabilidade objetiva é a desnecessidade de o lesado pela conduta estatal provar a existência da culpa do agente ou do serviço.* **8.** Recurso especial não conhecido" (STJ, 1ª T., rel. Min. Luiz Fux, j. 23.9.2008 — g. n.). Ainda: "PROCESSUAL **CIVIL.** ADMINISTRATIVO. **INDENIZAÇÃO POR ACIDENTE DE VEÍCULO. BURACO NA ESTRADA.** AUSÊNCIA DE PREQUESTIONAMENTO. SÚMULAS NS. 282 E 356 DO STF. IMPOSSIBILIDADE DE REVISÃO. SÚMULA N. 7/STJ. CORREÇÃO MONETÁRIA. PEDIDO IMPLÍCITO. APLICAÇÃO DE JUROS. JURISPRUDÊNCIA DO STJ" (STJ, AgRg no REsp 905.603/RJ, 1ª T., rel. Min. Luiz Fux, j. 9.9.2008 — g. n.). Aliás, mesmo no Recurso Especial n. 549.812/CE (*supra*), **reconhecia-se a responsabilidade civil do Estado** (DNER) **por acidente de trânsito fatal havido em rodovia federal, em razão de buracos na pista**; a única diferença é que a indenização por danos morais conferida ao cônjuge supérstite, fixada em 300 salários mínimos, basear-se-ia na "culpa" do Estado (i.e., em suposta responsabilidade civil *aquiliana*, sem que se indicasse, nos autos, qual teria sido, concreta e subjetivamente, a conduta humana dolosa, negligente, imprudente ou imperita).

orçamentos públicos da Federação (União, Estados, Distrito Federal, Municípios), levassem algo mais a sério, na engenharia dos planos plurianuais e das leis orçamentárias anuais, o *princípio da absoluta prioridade* (art. 4º do ECA), a bem da infância e da juventude brasileiras.

Afora a reparação/compensação civil, ademais, é mister fazer valer, para todas as crianças e adolescentes, os rigores da legislação civil e trabalhista em vigor.

Assim, para as crianças e para os adolescentes menores de dezesseis anos que tenham trabalhado em caráter pessoal, subordinado, não eventual e oneroso (i.e., com *expectativa* de ganhos econômicos ou exprimíveis em valores monetários) — logo, *empregados* para os efeitos do art. 3º da CLT (mercê do próprio *princípio da primazia da realidade*) —, será de rigor a **anotação em CTPS,** por ordem judicial, com a devida ressalva no sentido de que novos contratos só se celebrem a partir dos dezesseis anos, para atividades normais, ou dos dezoito, para atividades noturnas, insalubres ou perigosas. Tudo, ademais, *sem quaisquer referências desairosas* à pessoa do menor. Assim, *e. g.*, convirá registrar como "garçonete" ou "atendente" menina que tenha servido durante anos em casa de prostituição, vendendo-se em troca de comida, dinheiro e/ou moradia (e não apenas porque se trata de ocupação não regulamentada no Brasil[38] — ao contrário do que se dá, p. ex., na Suíça[39] —, mas sobretudo porque a referência "realística" carreará à menor mais preconceitos e mais segregação).

---

(38) Nada obstante, a *Classificação Brasileira de Ocupações* (MTE) contém índice próprio para os "profissionais do sexo" (CBO n. 5198), a abranger as seguintes ocupações: "Garota de programa, Garoto de programa, Meretriz, Messalina, Michê, Mulher da vida, Prostituta, Trabalhador do sexo". Segundo a descrição sumária oficial, tais ocupações são desempenhadas por aqueles que "buscam programas sexuais; atendem e acompanham clientes; participam em ações educativas no campo da sexualidade. As atividades são exercidas seguindo normas e procedimentos que minimizam a vulnerabilidade da profissão". A definição administrativa ainda esclarece quais as necessárias "competências" para o profissional do sexo ("demonstrar capacidade de persuasão; demonstrar capacidade de comunicação; demonstrar capacidade de realizar fantasias sexuais; demonstrar paciência; planejar o futuro; demonstrar solidariedade aos colegas de profissão; demonstrar capacidade de ouvir; demonstrar capacidade lúdica; demonstrar sensualidade; reconhecer o potencial do cliente; cuidar da higiene pessoal; manter sigilo profissional") e, bem assim, quais os respectivos "recursos de trabalho" ("guarda-roupa de trabalho; preservativos; cartões de visita; documentos de identificação; gel à base de água; papel higiênico; lenços umedecidos; acessórios; maquilagem; álcool; celular; agenda"), em um interessante esforço descritivo (cf. http://www.mtecbo.gov.br/cbosite/pages/home.jsf> Acesso em: 6.1.2010). Tratando-se de *classificação de Estado*, instituída pela Portaria Ministerial n. 397/02 com o declarado escopo de identificar as ocupações no mercado de trabalho para fins classificatórios junto aos registros administrativos e domiciliares, dir-se-ia haver, aqui, o **reconhecimento oficial** da ocupação. Não há, todavia, regulamentação pela via adequada (a **lei**). É de se indagar, ademais, qual empresário arriscaria lançar, na CTPS do(a) empregado(a), o código n. 5198, se o Código Penal pune, com reclusão de dois a cinco anos e multa, a conduta de "manter, por conta própria ou de terceiro, estabelecimento em que ocorra exploração sexual" (art. 229), como também a conduta de "tirar proveito da prostituição alheia, participando diretamente de seus lucros", agora com pena reclusiva de um a quatro anos e multa (art. 230). Eis outro exemplo categórico do que tenho designado como "esquizofrenia legislativa" brasileira: reconhece--se oficialmente a "ocupação", mas se pune criminalmente quem pretenda organizá-la ou formalizá-la. Disso resulta a absurda informalidade que reina na categoria, dominada pelas "agências de acompanhantes" e que tais. Voltaremos a isso logo adiante.

(39) Cuja regulamentação chega a ser, para muitos, excessivamente **permissiva**, a ponto de autorizar a prática da prostituição a partir dos *16 (dezesseis) anos*, que é a idade legalmente prevista para a maioridade sexual (além de geralmente se admitir, para mais, quaisquer relações sexuais entre pessoas cuja diferença de idade seja de três anos ou menos). Por isso, recentemente (2008), a *Associação Suíça de Proteção à Criança*

Não é preciso dizer, ademais, que o menor terá direito ao *pagamento de todos os direitos trabalhistas* (salários, reflexos, FGTS, verbas rescisórias, multas, indenizações de praxe etc.). Com efeito, ainda que *nulo* o contrato de trabalho (por impossibilidade jurídica *ad personam*), não se poderá restituir ao trabalhador menor o *status quo ante* (i.e., a *força de trabalho* despendida), razão pela qual **devem ser proporcionados todos os consectários pecuniários do contrato de trabalho.** É o que geralmente se dá quando se trata de **trabalho proibido** (i.e., de contrato de trabalho com objeto juridicamente impossível), que não se confunde com o **trabalho ilícito** (i.e., de contrato de trabalho com objeto ilícito). Na lição da doutrina autorizada,

> As diferenças entre as nulidades absolutas e as relativas são as seguintes: [...] Ambas, quando declaradas, exigem a reposição das partes ao *status quo ante.* [...] Contudo, esse último efeito só se aplica ao contrato de trabalho *cum grano salis:* **se a nulidade é derivada de defeito dos atos jurídicos ou de ato proibido, o empregado deve receber normalmente os seus direitos até a data em que venha a ser reconhecida**; se a nulidade provém de ato ilícito, nenhuma das partes tem direito a fazer qualquer reclamação" (g. n.)[40]

Ou, nas palavras de Jorge M. Angulo (citado por Bueno Magano):

> Si la nulidad es por el objeto ilicito o inmoral, ninguna de las partes tiene derecho a reclamo alguno. Hay una nulidad absoluta, como si no hubiera ningún pacto o acuerdo. Esto es enteramente logico. De un hecho o acto inmoral, nadie puede sacar ningún provecho. Pero si **la nulidad proviene porqué el objeto es ilegal**, es decir, se trata de trabajo prohibido por la ley, o sea, de lo que se llama "trabajo ilegal", **la nulidade sólo surte sus consecuencias a partir de la fecha en que se deja sin efecto el acuerdo para prestar un trabajo ilegal, y existe derecho por parte del trabajador para exigir sus salarios y demás beneficios.**[41]

Daí porque, a despeito da nulidade absoluta do contrato (*ut* art. 7º, XXXIII, da CRFB), **pagam-se todos os direitos decorrentes da legislação do trabalho,** como se nulidade não houvesse. Cremos dever ser assim **inclusive quando se tratar de** *exploração sexual infanto-juvenil,* desde que presentes aqueles elementos *supra* (pessoalidade, subordinação, não eventualidade, onerosidade); e de regra *estarão,* desde que se verifique a *não eventualidade* (os outros tendem a vir a reboque, podendo-

---

denunciou, na mídia helvética, que cada vez mais adolescentes suíças se prostituem para ter acesso a artigos de luxo, como roupas caras ou outros objetos de consumo restrito (prática que recebeu a irônica denominação de "sexo por marcas"). Reivindicou-se, por conseguinte, o *aumento da idade legal mínima de prostituição,* de 16 para 18 anos. Cf., STEPHENS, Thomas. Suíça como "eldorado" da prostituição juvenil. In: *Swissinfo,* 29.10.2008. Disponível em: <http://www.swissinfo.ch/por/capa/Especialistas_alertam_para_o_perigo_da_prostituicao_de_adolescentes.html?siteSect=105&sid=9898970&cKey=1225264591000&ty=st> Acesso em: 28.12.2009.

(40) MAGANO, Octavio Bueno. *Direito individual do trabalho.* 4. ed. São Paulo: LTr, 1993. p.202.

(41) *Idem* (extraído de Nulidad del contrato de trabajo. In: *Estudios sobre derecho individual de trabajo*: en homenage al prof. Mario L. Deveali, p. 384).

-se mesmo *presumi-los*, se não eventuais os "serviços", mercê da *praesumptio hominis* que decorre da norma do art. 335 do CPC[42]). E nem se diga que, nesta espécie, o objeto seria **ilícito** (e não meramente proibido): o "objeto" do contrato de emprego, aqui, terá sido a odiosa *prestação de serviços sexuais*, que — abstraída a questão da idade (como em geral se abstrai, ademais, para as questões do trabalho infantil) — não é por si mesmo ilícita. Com efeito, se é certo que a profissão de *trottoir* não é regulamentada no Brasil, é igualmente certo que a prostituição *a se* não configura nem crime, nem contravenção penal (superando-se há muito, ademais, a tese de que tal atividade configuraria contravenção de vadiagem, *ut* art. 59 da LCP[43])[44] — desde que, é claro, haja *consentimento* e *mínima capacidade psíquica de discernimento*. Crime, na verdade, é a *exploração econômica da prostituição*, como se dá no lenocínio (art. 228 do CP), no rufianismo (art. 230 do CP) ou na manutenção de casa de prostituição (art. 229 do CP); mas por isso tudo responderá o explorador/empregador, jamais a vítima. Logo, se em tese é possível reconhecer-se o vínculo empregatício entre certa prostituta e a casa de tolerância que a abriga e a explora economicamente, também haverá de sê-lo — **apenas** para o efeito de proporcionar-lhe a *restitutio in integrum* — em relação ao menor de dezoito anos *capaz de consentir* e *de entender*; e, em todo caso, atentando-se para **dois fatores** (à conta de *pressupostos* desse decreto judicial): **(a)** a absoluta *preservação moral* da criança ou adolescente (registrando-se em CTPS e/ou nos bancos de dados da Previdência Social tempo de serviço e contribuição — às expensas do empregador, *ut* art. 33, § 5º, da Lei n. 8.212/91 — em função que não lhe comprometa a imagem, como visto acima); **(b)** a absoluta *preservação psicológica* da criança ou adolescente (evitando a sua exposição, p. ex., ao tempo da produção de provas orais).

---

(42) "Em falta de normas jurídicas particulares, o juiz aplicará as *regras de experiência comum subministradas pela observação do que ordinariamente acontece* e ainda as regras da experiência técnica, ressalvado, quanto a esta, o exame pericial" (g.n.).

(43) A ponto de já haver casos de deferimento judicial de *ordens de salvo conduto* (= *habeas corpus* preventivo) em favor de profissionais da noite, para que possam circular livremente e exercitar o *trottoir*, como imperativo de seu direito fundamental à liberdade ambulatorial (art. 5º, *caput* e LXVIII, da CRFB), em situações nas quais se viam nisso ameaçados por policiais ou agentes municipais. Cf., por todos, no Excelso Pretório (ainda sob a vigência da Constituição anterior): "*HABEAS CORPUS* PREVENTIVO. *TROTTOIR*. PROSTITUTAS AMEAÇADAS DE PRISÃO PELA POLICIA PAULISTA. FATO NOTÓRIO. RECURSO PROVIDO, PARA DEFERIR SALVO-CONDUTO, A FIM DE QUE AS PACIENTES NÃO SEJAM PRESAS FORA DAS HIPÓTESES E NA FORMA PREVISTA NO ART. 153, § 12, DA CONSTITUIÇÃO FEDERAL" (STF, RHC n. 58974/SP, 1ª T., rel. Min. Soares Munoz, j. 29.9.1981 — g. n.).

(44) Em sentido aparentemente *contrário* a essa ideia, reconhecendo como **trabalho ilícito** (e não meramente *proibido*) a exploração comercial de crianças e adolescentes, veja-se a Orientação n. 5 da Coordinfância do Ministério Público do Trabalho: "**Exploração Sexual Comercial de Crianças e Adolescentes. Relação de trabalho ilícita e degradante. Responsabilização por dano moral.** A exploração sexual comercial de crianças e adolescentes é relação de trabalho ilícita e degradante e constitui, na forma da Convenção n. 182 da OIT e do Decreto n. 6.481/08, uma das piores formas de trabalho infantil, que ofende não somente a direitos individuais do lesado, mas também e, fundamentalmente, aos interesses difusos de toda a sociedade brasileira. Constitui-se como grave violação da dignidade da pessoa humana e do patrimônio ético-moral da sociedade, autorizando a celebração de Termos de Ajuste de Conduta e propositura de Ações Civis Públicas, pelo Ministério Público do Trabalho, para ressarcimento do dano individual indisponível e metaindividual dela decorrente". Quanto às consequências, porém, a distinção entre trabalho *ilícito* e *proibido* não carreia quaisquer discrepâncias: o **dano moral coletivo indenizável** estará sempre perpetrado.

Alfim, interessa fazer breves apontamentos sobre as *subsunções típico-penais* possíveis, em relação a pais e terceiros que promovam, copatrocinem ou oportunizem a exploração econômica de menores (inclusive a sexual). E, também aqui, caberá realçar uma vez mais a necessidade de que as normas penais sejam aplicadas com o maior grau de *efetividade* possível — o que não significa pregar a formação de uma jurisprudência paleorrepressiva: bastará, para combater a sensação de impunidade, *promover a persecução penal* em cada caso oficialmente relatado de exploração penalmente ilícita, *assegurando alguma solução jurídico-penal* (ainda que, ao final, aquela solução se resuma aos substitutivos penais de praxe: composição civil, transação penal, suspensão condicional do processo ou da pena etc.). O mesmo vale, guardadas as devidas proporções, para as *subsunções típico-administrativas (que geralmente se estabelecem a partir de tipos mais abertos)*.

Nessa linha, o tomador do trabalho infanto-juvenil (i.e., o agente subordinante), seja ou não parente, poderá responder, nas hipóteses mais agressivas, pelo crime de *redução do menor a condição análoga à de escravo* (art. 149 do CP). Assim será, por exemplo, se o trabalho do menor, de caráter degradante ou exaustivo, não for sequer remunerado (o que é *frequente* no emprego doméstico de meninas órfãs ou nos casos de cooptação de meninas e meninos em redes de prostituição).

Com efeito, a definição do **trabalho escravo contemporâneo** é ainda vacilante em doutrina, mesmo após o advento da Lei n. 10.803/03 e a nova redação dada ao art. 149 do Código Penal (que terminou *confundindo*, para efeitos penais, as noções de *trabalho escravo* e de *trabalho degradante*, com certa atecnia e quiçá com pouca sensibilidade político-criminal). No campo forense, a caracterização do trabalho escravo contemporâneo tem geralmente considerado os seguintes indícios: **(a)** a falta de pagamento de salários; **(b)** o alojamento em condições subumanas (*e. g.*, barracos de lona); **(c)** a inexistência de acomodações indevassadas para homens, mulheres e crianças (= convivência promíscua); **(d)** a inexistência de instalações sanitárias adequadas e precárias condições de saúde e higiene (*e.g.*, falta de material de primeiros socorros); **(e)** a falta de água potável e a alimentação parca; **(f)** o aliciamento de uma localidade para outra do território nacional (o que configura, ademais, tipo penal próprio, previsto no art. 207 do CP, com pena de um a três anos e multa); **(g)** o *truck-system* (o chamado "sistema de barracão", que corresponde ao renascimento da *servidão por dívidas* — como já reconheceu a OIT para o caso brasileiro — e que pode admitir subsunção típica autônoma à norma do art. 203, § 1º, I, do CP; por esse sistema, as fazendas mantêm "cantinas" e afins para venda de artigos aos trabalhadores, que terminam mantidos em regime perpétuo de trabalho forçado por conta das dívidas ilegalmente contraídas nesses estabelecimentos); **(h)** a inexistência de refeitório adequado para os trabalhadores e/ou de cozinha adequada para o preparo de alimentos; **(i)** a ausência de equipamentos de proteção individual e/ou coletiva; **(j)** o meio ambiente de trabalho nocivo (selva, chão batido, animais peçonhentos, umidade etc.); **(k)** a coação moral; **(l)** o cerceamento à liberdade ambulatorial (i. e., o ir e vir limitado pela distância e pela precariedade de acesso);

(**m**) a falta de assistência média; (**n**) a vigilância armada e/ou presença de armas na fazenda; (**o**) e, por fim, ausência de registro em CTPS.

Temos sustentado que, presentes esses elementos indiciários (e muito particularmente a *ausência de remuneração* e o *cerceamento relativo de liberdade*), na *totalidade* ou em *maioria*, haverá conceitualmente a figura do **trabalho escravo contemporâneo**(45) (que, para efeitos penais, deve evidentemente subsumir-se à descrição do art. 149 do CP, *caput* ou § 1º; mas, vê-se bem, tudo o que ali se descreve pode ser reconhecido em um ou mais dos fatores indiciários acima apontados, a não ser quanto à *jornada exaustiva*, que diz mais com a figura do trabalho degradante). E, com efeito, a análise detida das circunstâncias inerentes às redes de exploração sexual e prostituição infanto-juvenil revelam, não raro, *diversos* desses elementos indiciários: *trabalho sem remuneração em dinheiro, cerceamento à liberdade de ir e vir, falta de assistência, ausência de registro, alojamentos em cômodos devassados e insalubres, aliciamento para atividades fora da região de origem* etc. Em tais contextos, terminam se reunindo, sob mesmo contexto fático, *duas* das piores formas de trabalho infantil de Convenção n. 182: a exploração sexual e o próprio trabalho escravo infanto-juvenil.

O *terceiro colaborador*, por sua vez, pode sempre responder como partícipe nos crimes praticados pelos pais. E os pais têm, ademais, *dever especial de cuidado*, nos termos do art. 13, § 2º, *a*, do Código Penal, em relação a seus filhos; logo, podem responder inclusive por **omissão** — nos ditos *crimes omissivos impróprios* ou *comissivos por omissão* —, sempre que a sua conivência ou o seu descaso contribuírem para resultados penalmente típicos em detrimento do menor (admitindo-se, inclusive, a figura tentada). Outrossim, omissos ou coniventes, devem ainda responder pela infração administrativa capitulada no art. 249 do ECA ("descumprir, dolosa ou culposamente, os deveres inerentes ao pátrio poder").

De outra parte, pais que constrangem filhos a trabalharem para terceiros, contra a vontade dos menores ou com exposição vexaminosa (como, *e.g.*, em certas "encenações" muito comuns em semáforos), podem responder pelo crime do art. 232 do ECA ("Submeter criança ou adolescente sob sua autoridade, guarda ou vigilância a vexame ou a constrangimento. Pena: detenção de 6 meses a dois anos"). Se, porém, a atividade para a qual o menor for impelido envolver favores sexuais em troca de dinheiro ou outros ganhos econômicos, haverá mesmo **prostituição**(46), nos termos do art. 3º, *b*, da Convenção n. 182 da OIT, com subsunção da conduta à hipótese do art. 244-A do ECA ("Submeter criança ou adolescente, como tais definidos no *caput* do art. 2º desta Lei, à prostituição ou à exploração sexual"(47)), sujeitando os

---

(45) Cf. FELICIANO, Guilherme Guimarães. Trabalho escravo: redução à condição análoga à de escravo, na redação da Lei n. 10.803/03. In: *Revista de Direito do Trabalho*, São Paulo: Revista dos Tribunais, v. 30, n. 114, p. 81-93, abr./jun. 2004.

(46) Como visto *supra*, do total de casos de exploração sexual infanto-juvenil registrados pela Abrapia entre 2.1997 e 1.2003, **11,50%** tinham como agente explorador um membro da própria família (em **8,50%** dos casos, a própria mãe).

(47) Na redação da Lei n. 9.975/00.

responsáveis a penas de reclusão de quatro a dez anos e multa. E nas redes organizadas, o proprietário, gerente ou responsável pelo local onde se verificar a submissão do menor às práticas de prostituição poderá responder pelas mesmas penas, às quais acrescerá, como efeito obrigatório da sentença, a cassação da licença de localização ou de funcionamento do estabelecimento (art. 244-A, §§ 1º e 2º, do ECA).

Já os pais que deixam os filhos à mercê de possíveis aliciadores (inclusive em redes de exploração sexual), sem todavia deterem conhecimento direto das atividades para as quais os menores são cooptados, devem responder pelo crime do art. 245 do Código Penal ("Entregar filho menor de 18 (dezoito) anos a pessoa em cuja companhia saiba ou deva saber que o menor fica moral ou materialmente em perigo. Pena: detenção, de um a dois anos"). O art. 245 do CP perfaz *crime contra a assistência familiar* e funcionará, aqui, como tipo penal subsidiário àquele do art. 244-A do ECA (em regime de *subsidiariedade implícita*), desde que os pais desconheçam o propósito de prostituição e tampouco assumam conscientemente este risco (= dolo eventual), mas ainda assim entreguem filhos a pessoas de reputação consabidamente duvidosa. A hipótese pressupõe, entretanto, *renúncia deliberada* — ainda que *tácita* — de poderes-deveres ínsitos ao poder familiar (art. 1.634 do NCC).

Se, por outro lado, não se configurar tal renúncia, mas ainda assim se permitir o convívio com pessoa viciosa ou de má vida, os atos de mendicância e/ou a frequência a casas mal afamadas ou a espetáculos ofensivos ao pudor, configurar-se-á o ilícito do art. 247 do Código Penal, que é modalidade de *abandono intelectual*. Veja-se que o inciso III do art. 247 chega a referir a condição de se *residir* ou *trabalhar em casa de prostituição*; deve-se, porém, compreender esse tipo penal em sede de interpretação lógico-sistemática (até porque a pena, aqui, é de mera detenção, de um a três meses, ou multa): a norma em testilha é igualmente subsidiária em relação àquela do art. 244-A do ECA, servindo exclusivamente para os casos em que o menor resida em casa de prostituição, com a permissão expressa ou tácita dos pais, sem todavia se prostituir; ou, ainda, para os casos em que o menor ali *desenvolva atividades laborais comuns* (varrição, arrumação, atendimento etc.), diversas da prostituição. Se, porém, a atividade desenvolvida pelo menor na casa de prostituição for a própria venda de favores sexuais (de que tenham efetiva ciência genitores e afins), pais e responsáveis tendem mesmo a sujeitar-se às penas do art. 244-A do ECA, ora na condição de *coautores* (por omissão imprópria, *ut* art. 13, § 2º, *a*, do CP), ora na condição de *partícipes* (entendendo-se como tais, na acepção do art. 31 do CP, todos os que empreendam *ajuste, determinação, instigação* e/ou *auxílio* à prostituição de menores). Sob tais circunstâncias, competirá ao juiz criminal buscar o tênue limiar entre o "permitir" e o "instigar" ou "induzir" (inclusive por omissão); e, bem assim, perquirir se os pais podiam efetivamente evitar o resultado, para os efeitos do art. 13, § 2º, do CP (imagine-se, *e. g.*, a situação — não muito incomum — de mãe acamada ou doente que é inclusive *mantida* pelo filho adolescente que se prostitui...).

Os pais podem ainda responder pelo tipo básico de *abandono intelectual* (art. 246 do CP) todos os pais que permitem ou estimulam o trabalho regular de seus filhos menores (trabalhos *comuns*, i.e., lícitos e sem escopo sexual), mas *com prejuízo à frequência escolar* ("Deixar, sem justa causa, de prover à instrução primária de filho em idade escolar. Pena: de quinze dias a um mês, e multa"). Episodicamente, órgãos do Ministério Público têm se valido dessa norma penal para patrocinar "choques de cultura", até com bons resultados, em cidades nas quais a evasão escolar com o fim de trabalho (ou não) é prática comum e corrente(48).

Atente-se para o fato de que a exploração do trabalho infanto-juvenil em atividades noturnas, perigosas ou insalubres, sobre ser proibida constitucionalmente (art. 7º, XXXIII, CRFB), *não desafia* sanções penais próprias (a não ser que se manifeste perigo concreto para a vida ou a incolumidade física do menor, caso em que poderá atrair a incidência das normas dos arts. 132 ou 136 do CP, ou de tipos penais ainda mais graves, se houver resultado danoso). Preocupa-se aparentemente mais com a integridade moral do menor (*ex vi* do art. 247, I a IV, do CP), do que com

(48) Confira-se, na Bahia: "Paripiranga, a 398 quilômetros de Salvador, é uma cidade pacata, de 26.600 habitantes, que vive do plantio de feijão e soja. A delegacia local não é muito agitada — há no máximo quatro homicídios por ano, quase todos em brigas de botequim. Mas o promotor de Justiça da região, Gildásio Rizério de Amorim, tem trabalho de sobra. Em vez de traficantes, ladrões de banco ou contrabandistas, ele se bate com os pais das crianças em idade escolar. Polêmico e temido, Amorim chegou a Paripiranga em 1996 e descobriu que a maioria dos menores da região era analfabeta. Não teve dúvidas. *Anunciou que processaria e prenderia os pais que não matriculassem os filhos, pelo crime de "abandono intelectual"*, previsto no artigo 246 do Código Penal. Ninguém deu muita bola, e o promotor mostrou que não estava para brincadeiras. Pôs no xadrez o agricultor João Manoel dos Santos, analfabeto, que se recusava a matricular os filhos — Rosilda, Roseane e John Lennon, na ocasião com 11, 9 e 7 anos. A mãe das crianças, Joilda Santana Nascimento, também foi para a cadeia" (*Revista Época* n. 215, 1º.7.2002. Disponível em: <http:://epoca.globo.com/edic/215/sociproma.htm> Acesso em: 29.12.2009 — g. n.). A "estratégia" do promotor de Paripiranga chegou a ser inclusive *recomendada* pela Corregedoria Geral do Ministério Público da Bahia (Ato n. 2/98), não propriamente quanto às prisões, mas ao menos quanto à *instauração das ações penais*. Ainda, mais recentemente (em São Paulo): "Esta edição do Jornal Nacional começa com um debate sobre a responsabilidade dos pais na educação das crianças e adolescentes. É que um promotor da Infância e da Juventude tem provocado muita discussão numa cidade do interior de São Paulo. Em menos de uma semana, quatro mães foram parar na delegacia. Elas ficaram algumas horas detidas e ouviram a explicação de que estavam lá porque os filhos faltaram à escola diversas vezes e foram flagrados pela Polícia Militar nas ruas de Mirassol. Depois de prestar depoimento, as mães foram liberadas. A decisão de levar os responsáveis para a delegacia foi da Promotoria da Infância e da Juventude, que fez um levantamento sobre o número de faltas dos alunos nas escolas. Os diretores enviaram para o Ministério Público relatórios com os históricos dos alunos que mais se ausentam das aulas. Segundo o promotor que determinou a detenção das mães, os documentos apontam que as faltas estão sempre acompanhadas de notas baixas e de mau comportamento. Ele diz que se baseou em dois artigos do Código Penal para determinar que as mães fossem procuradas para dar explicações. *'Inicialmente os pais cometem um crime chamado abandono intelectual. Todo pai e toda mãe tem que prover a instrução primária dos seus filhos.* O segundo crime é o de abandono de incapaz. É um crime grave porque o pai e a mãe permitem que seus filhos cheguem tarde em casa, fiquem de madrugada nas ruas', explicou o promotor José Heitor dos Santos. Para o presidente da Ordem dos Advogados do Brasil em Mirassol, Adauto Rodrigues, a medida é um exagero. 'O pai e a mãe têm que deixar o lar para trabalhar e, ele indo para a cadeia, consequentemente esse filho também será abandonado materialmente. E quando ele vai trabalhar, muitas vezes ele sabe que o filho saiu para ir à escola. Agora, se não chegou na escola, muitas vezes ele não sabe'. A Promotoria da Infância e da Juventude informou que vai chamar, para dar explicações, os pais de mais 200 menores que têm se ausentado das aulas no município de Mirassol" (*Jornal Nacional*, edição de 22.5.2009 — g. n.). Evidentemente, excessos paleorrepressivos devem ser sempre combatidos, como já se pontuou; mas fomentar o *sentido de vigência* da norma penal é essencial para que a conduta juridicamente valiosa se reproduza socialmente. É o que a prática tem demonstrado.

a sua própria *saúde* e *integridade física*. A meu sentir, tal lacuna legislativa parece contrariar, ao menos nas hipóteses materialmente mais nocivas de trabalho perverso, o quanto disposto no art. 13 da Recomendação n. 190 da OIT:

> Os Estados-membros deveriam velar por que sanções sejam impostas, *inclusive de natureza penal*, conforme o caso, a violações de disposições nacionais sobre proibição e eliminação de qualquer dos tipos de trabalho referidos no art. 3º (d) da Convenção. (g. n.)

No campo da exploração sexual da criança e do adolescente pela *indústria pornográfica* (hipótese do art. 3º, *b*, *in fine*, da Convenção n. 182 da OIT — "produção de pornografia ou atuações pornográficas"), houvera encarecido, no primeiro lustro desta década, a necessidade de **tipificação dos delitos informáticos** (*computer crimes*) para otimizar o combate eficaz à pornografia infanto-juvenil, à pedofilia e à exploração sexual de menores *por meio eletrônico ou virtual*. Sobre o tema, ainda, manifestei-me em obra especializada para o gênero(49). E, quanto aos delitos informáticos *in genere*(50), resistem ainda as exortações de outrora: o adequado tratamento da matéria continua a exigir **(a)** o **esforço legislativo de tipificação** (porque seguem raros os tipos penais adequados à realidade tecnológico-informacional, ante o pouco interesse no tratamento microssistemático do tema(51)); e **(b)** o **esforço hermenêutico de** ***interpretação histórico-evolutiva*** **dos tipos penais em vigor** (assim, *e. g.*, quanto aos crimes contra a honra, aos danos e à violação de segredo por meios digitais(52)), à falta de atualização legislativa.

Especificamente quanto à **pornografia infanto-juvenil captada ou divulgada por meio digital**, entretanto, houve sensível avanço legislativo. Mencionei há pouco as alterações que a Lei n. 11.829, de 25 de novembro de 2008, introduziu no Estatuto da Criança e do Adolescente, com o propósito de "aprimorar o combate à produção, venda e distribuição de pornografia infantil, bem como criminalizar a aquisição e a posse de tal material e outras condutas relacionadas à pedofilia na internet". Os acréscimos e modificações, no particular, foram oportunos (abstraída uma ou outra crítica localizada, a que já me reportei(53)). O art. 240 do ECA, que originalmente se limitava a coibir as condutas de "produzir ou dirigir representação teatral, televisiva

---

(49) *Informática e criminalidade...*, p. 38 e ss.

(50) Entendo como **delitos informáticos** as *"condutas típicas (donde a necessidade de* lei *ou do recurso à interpretação progressiva), antijurídicas e culpáveis em que o* objeto material *ou o* meio de execução *sejam* o objeto tecnológico informáticos, *assim entendido* todos os componentes artificiais de um sistema de computação (hardware, software, redes etc.), *e bem assim* os dados eletronicamente tratados" (*Informática e criminalidade...*, p.34).

(51) Na obra supracitada, fazia referência, entre outros, ao PL n. 1.173/96 e ao PL n. 84/99, ambos da Câmara dos Deputados (*Informática e criminalidade...*, p. 38-49). Ambos cuidavam da criminalidade informática; e ambos permanecem, ainda hoje, sem conversão legislativa. O último (PL n. 84/99) apresentou derradeiro andamento em março de 2009, quando retornou à Comissão de Constituição e Justiça e de Cidadania (CCJC) e foi devolvido ao Relator, Dep. Regis de Oliveira (PSC-SP), com pedido de realização de audiência pública; desde então, desconhecem-se outros andamentos oficiais.

(52) *Op. cit.*, p. 60-74 e 87-89.

(53) Cf., *supra*, nota n. 25.

ou película cinematográfica, utilizando-se de criança ou adolescente em cena de sexo explícito ou pornográfica" (esquecendo-se, portanto, da *realidade virtual*) — e que já havia sido parcialmente adequado por ocasião da Lei n. 10.764/03 —, atual-mente sanciona, mais abrangentemente, as condutas de "produzir, reproduzir, dirigir, fotografar, filmar ou registrar, *por qualquer meio*, cena de sexo explícito ou pornográfica, envolvendo criança ou adolescente" (g. n.), com pena de reclusão, de quatro a oito anos, e multa (em 1990, a pena reclusiva era de apenas um a quatro anos, passando depois, em 2003, para reclusão de dois a seis anos). O *aliciador* da mão de obra infanto-juvenil para tais "peças" — i.e., quem "agencia, facilita, recruta, coage, ou de qualquer modo intermedeia" — é equiparado ao próprio produtor, diretor, fotógrafo e/ou *videomaker* que vier a registrar as cenas (art. 240, § 1º). Da mesma forma, alterou-se o art. 241 do ECA, que originalmente se limitava às condutas de "fotografar ou publicar cena de sexo explícito ou pornográfica envolvendo criança ou adolescente"(54) — redação também elastecida já em 2003, com a Lei n. 10.764/03 —, para criminalizar todas as condutas que impliquem "vender ou expor à venda fotografia, vídeo ou outro registro que contenha cena de sexo explícito ou pornográfica envolvendo criança ou adolescente" (pena de reclusão, de quatro a oito anos, e multa).

Já as ofertas, trocas, disponibilidades, transmissões, distribuições, publicações e/ou divulgações de tais fotografias, vídeos ou registros — por qualquer meio, *inclusive por meio de sistema de informática ou telemática* — têm hoje previsão específica no art. 241-A, *caput*, do ECA, com pena cominada de três a seis anos de reclusão e multa. Mesmo as pessoas naturais responsáveis pelos *provedores de acesso* que asseguram os meios e serviços para o armazenamento daquelas imagens (art. 241-A, § 1º, I), e ainda as pessoas naturais que conscientemente *asseguram o acesso*, pela rede mundial de computadores, a tais imagens (art. 241-A, § 1º, II), podem responder pelas mesmas penas. Questiona-se, pois, se o proprietário de uma *lan house* em que se venha a acessar material de pedofilia poderia ser responsabilizado criminalmente por isso (donde as críticas *supra*, quanto ao caráter draconiano da lei); e a resposta, mercê da letra da lei, é *positiva*, desde que tal proprietário tenha *ciência* do uso habitual de seus equipamentos para tal gênero de acessos. Daí porque, a fim de evitar excessos paleorrepressivos, o legislador introduziu, para as hipóteses de equiparação típica do art. 241-A, § 1º, um **pressuposto objetivo de punibilidade**: agentes provedores, prestadores de serviços de acesso e similares só respondem criminalmente quando

(54) À época, propus a *interpretação histórico-evolutiva* do preceito, para alcançar também a *publicação virtual* de fotografias, vídeos ou outros registros contendo cenas de sexo explícito ou pornográficas com crianças e adolescentes (*Informática e criminalidade*..., p. 85-86). Hoje, tal esforço já não é sequer necessário, vez que a publicação virtual de tais imagens ora se subsume literalmente à hipótese do art. 241-A do ECA ("Oferecer, trocar, disponibilizar, transmitir, distribuir, publicar ou divulgar por qualquer meio, *inclusive por meio de sistema de informática ou telemático*, vídeo ou registro que contenha cena de sexo explícito ou pornográfica envolvendo criança ou adolescente"). A **reprodução** do art. 240, *caput*, do ECA já não alcança, portanto, a *publicação virtual*, mercê do princípio da especialidade (e da própria interpretação *pro reo*).

"o responsável legal pela prestação de serviço, oficialmente notificado, deixa de desabilitar o acesso ao conteúdo ilícito de que trata o *caput* deste artigo" (art. 241-A, § 2º). Mesmo aqui, portanto, andou bem o legislador.

Também a aquisição, a posse ou o armazenamento, por qualquer meio (inclusive informático ou telemático), de fotografias, cenas ou outra forma de registro que contenha cena de sexo explícito ou pornografia envolvendo criança e adolescente estão agora criminalizados: nos termos do art. 241-B, *caput*, do ECA, o adquirente ou possuidor responde por pena de reclusão, de um a quatro anos, e multa, com possibilidade de redução de pena se o material é de pequena quantidade (art. 241-B, § 1º) — o que, *a fortiori*, autoriza concluir que se possa também *absolver o réu por ausência de tipicidade material* se, do ponto de vista qualitativo ou quantitativo, a conduta for insignificante (= princípio da insignificância penal). Ademais, não há crime se a posse ou o armazenamento tiver a finalidade de comunicação às autoridades públicas, nas hipóteses do art. 241-B, § 2º, I a III (que, na realidade, perfazem casos de *estrito cumprimento de dever legal* ou de *exercício regular de direito*, para os efeitos do art. 23, III, do CP, afastando a própria ilicitude da conduta). Buscou-se, com essa norma penal, coibir o próprio *consumo* de pornografia infanto-juvenil (que, sabe-se bem, é o principal fator de fomento de *qualquer* tráfico ilícito).

As próprias *simulações* de atos libidinosos ou pornográficos envolvendo criança ou adolescente foram abolidas pelo art. 241-C, *caput*, do ECA, com pena de reclusão de um a três anos e multa, mesmo que a imagem se obtenha por adulteração, montagem ou modificação de fotografia, vídeo ou outra forma de representação visual. Entretanto, o tipo penal aparentemente não cobre as hipóteses de simulações que *não se obtenham* por adulteração, montagem ou modificação de registros (como, *e. g.*, simulações envolvendo modelos adultos que se fazem passar por menores), o que nos parece um contrassenso. Faria sentido punir *todas* as formas de simulação, visando à eliminação dos estímulos visuais à tara; ou, então, *liberar* as simulações inóxias (i.e., sem a participação de menores), como forma de promover a catarse dos desvios. Causa espécie, porém, *liberá-las* em certos casos e *proibi-las* noutros, exclusivamente em razão do *modus operandi* (supondo-os todos inóxios). A jurisprudência terá de resolver esse dilema (o que tenderá a um tratamento desigual entre simuladores, favorecendo o primado da taxatividade penal, mas combalindo o sentido de isonomia constitucional).

Também o assédio, a instigação, o constrangimento e o aliciamento sexual de menores pela rede mundial de computadores, tão comuns nos últimos anos, mereceu tipificação própria e autônoma no art. 241-D do ECA, com pena de reclusão de um a três anos e multa (isso se não houver crime mais grave — *e.g.*, a violação sexual do novel art. 213 do CP[55], ou mesmo a do art. 217-A do

(55) Designada de **estupro**, *ut* Lei n. 12.015/09, mas hoje abrangente das condutas que até então se distribuíam entre os tipos de estupro e de atentado violento ao pudor (que já não existe). Lê-se no atual art. 213: "Constranger alguém, mediante violência ou grave ameaça, a ter conjunção carnal ou a praticar ou permitir que com ele se pratique outro ato libidinoso: Pena — reclusão, de 6 (seis) a 10 (dez) anos".

CP[56] — de que o aliciamento ou assédio seja crime-meio; em tal hipótese, mercê do princípio da consunção, o delinquente só responderá pelo crime-fim[57]). O novo tipo tanto valerá para as ações individuais de assédio e aliciamento como — e com maior razão — para as ações coletivas ou organizadas. Assim, *e.g.*, na operação de redes virtuais de aliciamento destinadas à prostituição infantil (art. 3º, *b*, da Convenção n. 182).

O próprio *conceito* de "cena de sexo explícito ou pornográfica" foi precisado pelo legislador (art. 241-E do ECA). Pela norma penal explicativa, compreendem-se na expressão "qualquer situação que envolva criança ou adolescente em atividades sexuais explícitas, reais ou simuladas, ou exibição dos órgãos genitais de uma criança ou adolescente para fins primordialmente sexuais". Logo, quanto à "cena pornográfica", a própria configuração do objeto material do delito exigirá o exame do elemento subjetivo do injusto (= dolo específico): com que *intenção* se exibe a genitália? Coisas de um Direito Penal que já sente visíveis dificuldades em lidar com os mais baixos opróbrios da condição humana, cuja criatividade não conhece limites (para o bem ou para o mal).

Por fim, e em arremate, vale aqui reforçar, uma última vez, a advertência que fizera no início, à guisa de introdução, e que retomei no início deste tópico. Nesta matéria, mais do que legislar, é importante *conferir eficácia plena* às normas penais vigentes (observadas as particularidades de cada caso), com vistas a **afirmar** o sentido de **desvalor** da exploração do menor, sexual ou não sexual (sentido esse *deficitário*, sobretudo nas famílias de menor renda e de pouca instrução). Com isso, elide-se um dos principais fatores conducentes à criminalidade (a sensação de impunidade) e resgata-se o sentido de vigência da norma de direito material, estabelecendo um círculo virtuoso de revalidação sociológica dos valores de atitude jurídica (i.e., prevenção geral positiva fundamentadora). Discursos de direito penal mínimo, de reforma econômico-distributiva ou de reinserção social de vítimas que *desconheçam* esse aspecto não serão muito mais que ensaios de boas intenções.

IV. O problema do trabalho infanto-juvenil doméstico. Um caso concreto

No tema em voga, tem particular importância a questão do trabalho infanto-juvenil doméstico. As estatísticas demonstram que, no Brasil, a **exploração doméstica do trabalho infanto-juvenil** é especialmente grave; e, sintomaticamente, é também no ambiente doméstico onde se perpetram boa parte dos *abusos sexuais* contra crianças e adolescentes (não raro sob mesmas condições de *subordinação moral*

(56) Trata-se de um novo delito, designado como **estupro de vulnerável** (Lei n. 12.015/09), com os seguintes dizeres (tipo básico): "Ter conjunção carnal ou praticar outro ato libidinoso com menor de 14 (catorze) anos. Pena — reclusão, de 8 (oito) a 15 (quinze) anos".

(57) O legislador penal poderia ter **ressalvado** a hipótese, impondo legalmente o concurso material de crimes (i.e., *a soma das penas*), como se vê em inúmeros outros casos. Aqui, porém, assim não se fez.

e *temor reverencial* que induzem ao trabalho). A inviolabilidade do lar facilita superlativamente tanto a exploração quanto o abuso.

Estatísticas do final da década passada apontavam, entre 1997 e 1998, a existência de *800 mil meninas* entre 10 e 17 anos de idade trabalhando como empregadas domésticas[58]. Nesse tipo de emprego (*doméstico*), são visíveis os indícios de *exclusão social pregressa*: eram ao todo *cinco milhões de mulheres* (o que evidencia a *discriminação* no mercado de trabalho formal), que na maioria tinham apenas o *primeiro grau* completo (72,7%). Daquele total de trabalhadoras domésticas, também a maioria (56%) era formada por *não brancas* (negras, pardas e outras). Percebiam em torno de *R$ 130,00* em média (o salário mínimo de antanho), para jornadas frequentemente *extenuantes*. Somente **18%** possuíam carteira assinada — sendo que, entre os menores de *dezoito anos*, esse índice **caía** assustadoramente[59]. Em suma: trabalho frequentemente **precário** (a par da sua natureza *constitucionalmente* desprestigiada, mercê do art. 7º, parágrafo único, da CRFB, que limitou sensivelmente os direitos trabalhistas dos domésticos em relação aos demais trabalhadores urbanos e rurais[60]).

Como asseriu Grunspun[61],

> "Nessa atividade acontece um tipo de exploração que não se vê, ou não se considera, por se tratar, para muitos, de uma *atividade tradicional*. A exploração da mão de obra dessas meninas acontece nos *lares de classe média e de alta renda*, que são os grandes empregadores. Nestes locais *não há como ocorrer nenhum tipo de fiscalização por parte do Ministério do Trabalho nem dos Conselhos Tutelares*. [...] Em geral, muitas dessas meninas são trazidas do interior para as grandes cidades devido à fome e à miséria das famílias. Ao chegarem, *muitas trabalham até por um prato de comida*. Em muitos dos casos *essas meninas sofrem abuso sexual e acabam se prostituindo* como forma de sobrevivência."

A narrativa evidencia bem os vínculos estreitos entre o trabalho doméstico infanto-juvenil e o abuso sexual. É o que pretendi realçar.

Nas contas da Abrapia, sobre uma realidade amostral de 1.169 denúncias de *violência doméstica infanto-juvenil* entre janeiro de 1998 e junho de 1999 (logo, a envolver não apenas menores trabalhadores, mas toda sorte de menores sob poder familiar, guarda ou tutela), houve *violência física* em 65% dos casos (maioria), *violência*

---

(58) Dados do Instituto de Economia Aplicada (IPEA), jun. 1998.

(59) Cf. GRUNSPUN, Haim. *Op. cit.*, p. 44 (g. n.).

(60) Discrepância que — faça-se justiça — foi em parte debelada pelo advento da Lei n. 11.324/06, já no Governo Lula, que "altera dispositivos das Leis ns. 9.250, de 26 de dezembro de 1995; 8.212, de 24 de julho de 1991; 8.213, de 24 de julho de 1991; e 5.859, de 11 de dezembro de 1972; e revoga dispositivo da Lei n. 605, de 5 de janeiro de 1949". Entre outras medidas, *uniformizou* o direito a férias (30 dias corridos para todos — e não como antes, quando legalmente os domésticos tinham direito a apenas 20 dias úteis), vedou quaisquer descontos do salário dos empregados domésticos em função do fornecimento de alimentação, vestuário, higiene ou moradia, e ainda estendeu às domésticas a estabilidade da gestante, nos mesmos termos do art. 10, II, *b*, do ADCT.

(61) *Op. cit.*, p. 44-45.

psicológica em 51%, *negligência* em 49% e *abuso sexual* em 13%. Em 90% das vezes, o agressor sexual é do sexo masculino. Expandindo-se as linhas de tendência, a Abrapia estimava, para o Brasil dos anos noventa (final), serem vítimas de várias formas de violência doméstica *600 mil crianças ou adolescentes por ano* (i.e., 68 vítimas por hora; pouco mais de uma vítima por minuto)[62]. Nos EUA, sob o pálio de pesquisas estatísticas mais consistentes, cogitava-se que *1%* da população infanto-juvenil fosse maltratado todos os anos. No Brasil, a valer o dado estimativo da Abrapia — e considerando-se a população bruta do início da década (cerca de 170 milhões)[63] —, estaríamos já em 0,35% da população vitimados por violência doméstica. Mas esse número está certamente subestimado.

No exercício da judicatura, em 2002, presidindo as sessões da Vara do Trabalho de Guaratinguetá, julguei reclamação trabalhista em que uma senhora negra alegava ter trabalhado em casa de família de maio de 1970 a janeiro de 2002 (i.e., desde os *sete anos* de idade), sem jamais receber salário[64]. Após casar-se, acabou se desligando da família, em clima de desentendimento, sem qualquer direito ou indenização. Analfabeta, doente e sem qualquer habilitação profissional, casada com homem de iguais condições (que lhe fora "arrumado" pela ex-patroa), viu-se arrastada à miséria em menos de dois anos. Ajuizou, então, a ação trabalhista, pedindo mais de *trinta anos* de vínculo empregatício (o que lhe garantiria, com folga, a aposentadoria por tempo de contribuição, *ut* art. 52 da Lei 8.213/91, se acaso houvesse contribuído). A defesa alegou que a trabalhadora *jamais havia sido remunerada*; logo, como só se julga empregado quem trabalha "mediante salário" (art. 3º, *caput, in fine*, da CLT), não fora empregada, mas *"filha"* (ou quase-filha)[65]. A isso denominei "filhas de ocasião".

A instrução processual demonstrou que a reclamante, quando criança, já órfã e sem contatos familiares, fora entregue pelo *"comissário de menores"* da época aos cuidados da reclamada, uma senhora de classe média, já idosa (que houvera anunciado, no final dos anos sessenta, querer uma *"menina"* como acompanhante e para os serviços domésticos). Em seu depoimento, disse a ré sobre a reclamante: "deram ela para mim, criei e fiz casar".

---

(62) Disponível em: <http://www.abrapia.org.br/homepage/dados_sobre_violencia/dados_sobre_violencia_domestica.html> Acesso em: 29.12.2009.

(63) No ano de 2010, segundo as séries estatísticas do IBGE, chegaremos à monta de 193.252.604 habitantes. Disponível em: <http://www.ibge.gov.br/series_estatisticas/exibedados.php?idnivel=BR&idserie=POP300> Acesso em: 29.12.2009.

(64) Autos do Processo n. 527/02-7 (não sujeito a sigilo judiciário).

(65) Observe-se, a propósito, que o art. 1º da Lei n. 5.859/72, que rege o trabalho doméstico subordinado no Brasil, *não refere expressamente* o elemento salarial: "Ao empregado doméstico, assim considerado aquele que presta serviços de natureza contínua e de finalidade não lucrativa à pessoa ou à família no âmbito residencial destas, aplica-se o disposto nesta lei". Ademais, a boa doutrina reconhece, na expressão "mediante salário", o pressuposto *sinalagmático* do contrato de trabalho, aquilo que o torna *oneroso*, i.e., a *expectativa de contrapartidas econômicas* (sejam em espécie, sejam *in natura*: alimentos, habitação, vestuário etc.). Do contrário, os escravos contemporâneos — que não raro passam meses a fio sem nada receber, porque todo o seu "crédito" é consumido nos barracões (*truck-system*) — jamais poderiam ser reconhecidos como *empregados* de seus patrões.

Eis a *reificação* da pessoa humana, tornada *objeto* em uma relação social (como de resto se dá em todos os contextos de violência). Sem dúvida, pesou a ambiência sociocultural e o fato de que, naquele tempo, tais "acolhidas" informais eram muito comuns. Não se trata, pois, de "demonizar" a ré; trata-se de reconhecer objetivamente a crueldade de um sistema socioeconômico gerador de desigualdades, exclusões e desalentos, a que se associou a inércia do Estado e cuja resultante terminou impondo aquele estado de coisas (a desafiar, no limite, reparações junto ao próprio Estado, mercê do quanto exposto no tópico anterior).

No caso concreto, porém, a ação havia sido movida em face da ex-tomadora de serviços; e nem sequer havia pedido de indenização por danos morais ou sociais (incomuns naquele tempo). Em sentença, reconheceu-se o vínculo empregatício de 1º.5.1970 a 10.1.2002, com condenação estimada em R$ 12.500,00 (já descontados títulos e contribuições prescritas). Restaram-lhe, na verdade, basicamente os direitos previdenciários — que decorreriam do reconhecimento do vínculo, do recolhimento das contribuições sociais e da injunção judicial do INSS (na linha da infeliz inteligência da Súmula n. 368 do C.TST[(66)]) — e alguns parcos direitos trabalhistas[(67)].

As evidências dos autos apontavam apenas para exploração de tipo não sexual, no sentido de que, por anos a fio, prestou serviços à mesma família, qual empregada doméstica (mas à míngua de qualquer remuneração), sem frequentar a escola por um ano sequer (afirmou-se que a reclamante não manifestou desejo de estudar), em fainas repetitivas que, após trinta anos de labuta, valeram-lhe apenas algumas sequelas no sistema osteomuscular. Já na meia idade, negra, obesa, doente e analfabeta, a família que tão bem a recebera nos anos de vigor simplesmente a desconheceu, lavando as mãos. Eis o exemplo patético de como o trabalho infantil doméstico — ainda que imbuído das melhores intenções, sem quaisquer agressões de ordem física ou sexual — pode ser pernicioso para a pessoa em formação.

Conclusões

Pelas ideias destrinçadas até aqui, pode-se desde logo sugerir, *de iure condendo*, a concepção de *redes de proteção social* aptas a alcançar todos os ambientes onde a pessoa em formação habitualmente interaja, o que **inclui** as residências e domicílios.

---

(66) A que se tem seguido, como imperativo lógico, diversos julgados do C.TST pontificando *não caber à Justiça do Trabalho* determinar ao INSS a averbação desse tempo de serviço e de contribuição, a despeito do que dita o art. 114, I, da CRFB e da exceção expressa do art. 109, I, da mesma Carta. Ver, por todos, TST, RR n. 226/2005-034-15-40.3, 4ª T., rel. Min. Maria de Assis Calsing, j. 25.11.2009). Assim, conquanto o juiz constitucionalmente competente diga que o trabalhador foi efetivamente um *empregado* (logo, *segurado obrigatório* da Previdência Social), para se ver assim reconhecido perante a Autarquia, deverá ele buscar a "confirmação" da primeira sentença nos juízos da Justiça Federal comum.

(67) Por muito antiga a sentença, não se logrou verificar, no sítio do Tribunal Regional do Trabalho da 15ª Região (Disponível em: <http://www.trt15.jus.br>), se fora ela confirmada ou não em segundo grau de jurisdição.

Para esse mister (e com particular atenção ao problema do trabalho — e dos abusos — no âmbito doméstico), vim de sugerir, no ano de 2003, o estabelecimento de **sistemas legais de monitoramento periódico**, com expedientes de *visitas consensuais regulares* (psicólogos, assistentes sociais, promotores de justiça e agentes públicos em geral) e *relatórios periódicos*, a alcançar todos os lares onde houvesse *histórico* ou *fundadas suspeitas* de abuso ou exploração (sexual ou não sexual) de crianças e adolescentes. O sistema poderia contar com a participação integrada do Ministério Público, dos conselhos tutelares e das guardas municipais (com o devido treinamento).

Na messe hermenêutica, há também novidades que com grande proveito se podem alvitrar. Inovação de especial relevo será, por exemplo, o desenvolvimento de doutrina e jurisprudência sensíveis à **responsabilidade civil do Estado** nos casos de exploração, discriminação, violência, crueldade ou opressão praticadas contra crianças e adolescentes, vez que estão todos sob a estrita tutela do Poder Público (art. 227, *caput*, c.c. art. 37, § 6º, da CRFB). Nas hipóteses de exploração econômica de trabalho infanto-juvenil proibido, com lesão física ou psicológica às vítimas, tais ações haverão de se ajuizar na Justiça do Trabalho (art. 114, I, da CRFB). E, volvendo às proposições *de lege ferenda*, não será mal que, a par daquelas construções teoréticas, faça-se inserir um *capítulo específico* sobre a responsabilidade civil do Estado no próprio Estatuto da Criança e do Adolescente, lançando-se pá-de-cal sobre toda dúvida.

Outrossim, para além dos mecanismos fiscalizatórios, compensatórios e socioeconômicos de praxe (redistribuição e transferência de renda, educação continuada, formação profissional etc.), deve-se encarecer que a prevenção da exploração econômica de crianças e adolescentes no trabalho hoje diz muito pouco com a *atividade legiferante* (porque a lei, uma vez inefetiva, favorece mais a delinquência e a transgressão do que os valores éticos e sociais que pretendia afiançar). Antes mesmo do que legislar, é preciso *incrementar o grau de efetividade* das normas jurídicas já postas para a tutela da infância e da juventude e para a repressão do trabalho infanto-juvenil proibido. Isso é particularmente verdadeiro nos contextos de exploração e de abuso sexual, sinalizando o caminho a seguir para que se colham bons frutos da Lei n. 11.829, de 25 de novembro de 2008 (que avançou na repressão penal à exploração sexual infanto-juvenil por via de produção de pornografia e de atuações pornográficas) e da recém-aprovada Lei n. 12.015, de 7 de agosto de 2009 (no que diz com o tipo penal de *estupro de pessoa vulnerável*).

Enfim, viu-se bem que, em tratamento mais judicioso dos temas ligados à *exploração sexual de crianças e adolescentes*, elementos de Direito Penal e de Direito do Trabalho acabam por se amalgamar de um modo quase indissociável. Seria mais fácil — e atenderia melhor à nossa cultura (leiga e jurídica) — extremar esses campos, vendo na exploração sexual de menores **apenas** o crime, para olvidar o aspecto laboral. Se o fizéssemos, porém, privaríamos as vítimas de seus direitos sociais fundamentais, conquanto muitas delas percam décadas de suas vidas em esquemas de prostituição (sem educação, sem segurança social e sem quaisquer direitos trabalhistas). Talvez por isso, a própria Organização Internacional do Trabalho não os tenha extremado; antes, recepcionou, sob os seus cuidados, o fenômeno da exploração sexual infantil (entre as *piores formas de trabalho infantil* — art. 3º, *b*, da Convenção n. 182). Melhor será, pois, trazer às balizas da lei *todo o fenômeno*, na sua inteireza, apesar do imenso desconforto que isso nos possa trazer em foros não penais; e, com todo o holismo que a questão pede, promover a *reparação integral* (campos cível e trabalhista), para quem possa entender e consentir minimamente, a par das reprimendas penais e administrativas que acaso caibam. Há cânceres que cheiram mal. Nem por isso, deixa-se de tratá-los.

Por fim, aos operadores do Direito — e, com particular relevância, aos operadores do Direito do Trabalho e do Direito Penal (porque aí, justamente, escancaram-se os contextos de exploração baseados na subordinação jurídica e social de crianças e adolescentes) — cabe zelar para que a sociedade brasileira recupere (construa?) a consciência social do desvalor da exploração infanto-juvenil, sexual e não sexual. É tarefa hercúlea, a demandar muitos anos; mas terá de ser feita, a bem das futuras gerações, senão pelo mais comezinho imperativo ético. O que nos recorda, inexoravelmente, o Evangelho de São Mateus:

> E quem transviar um desses pequeninos, que creem em mim, mas lhe valia que lhe pendurassem ao pescoço uma pedra de moinho e o jogassem no fundo do mar. (Mt 18:6)

Que doravante o Direito triunfe, onde a Fé e a Palavra não triunfaram.

Bibliografia

ARENDT, Hannah. *Sobre a violência*. Trad. André Duarte. Rio de Janeiro: Relume-Dumará, 1994.

BITENCOURT, Cezar Roberto. *Manual de direito penal*. 6. ed. São Paulo: Saraiva, 2000. v. 1.

FALEIROS, Vicente de Paula. Redes de exploração e abuso sexual e redes de proteção. In: *9º Congresso Brasileiro de Assistentes Sociais*, Goiânia, [s.e.], jul. 1998, Anais, v.1.

FELICIANO, Guilherme Guimarães. Trabalho escravo: redução à condição análoga à de escravo, na redação da Lei n. 10.803/03. In: *Revista de Direito do Trabalho*, São Paulo: Revista dos Tribunais, v. 30, n. 114, abr./jun. 2004.

______. *Informática e criminalidade*: primeiras linhas. Ribeirão Preto: Nacional de Direito, 2001.

______. *Teoria da imputação objetiva no direito penal ambiental brasileiro*. São Paulo: LTr, 2000.

______. *Tópicos avançados de direito material do trabalho*: abordagens multidisciplinares. São Paulo: Damásio de Jesus, 2006. v. II.

______. Sobre os caminhos institucionais para o combate ao trabalho escravo contemporâneo no âmbito dos municípios. In: *Revista de Direito do Trabalho*, São Paulo: Revista dos Tribunais, v. 30, n. 116, out./dez. 2004.

GASPARI, Elio. *A ditadura escancarada.* São Paulo: Companhia das Letras, 2002.

GRUNSPUN, Haim. *Trabalho das crianças e dos adolescentes.* São Paulo: LTr, 2000.

HORITA, Fernando. *A questão do trabalho infantil no Brasil.* Disponível em: <http://fge.if.usp.br/~fhorita/Menor.htm> Acesso em: 16.9.2003.

JAKOBS, Gunther. *Estudios de derecho penal.* Trad. Enrique Peñaranda Ramos, Carlos J. Suárez Gonzáles, Manuel Cancio Meliá. Madrid: UAM/Civitas, 1997.

MAGANO, Octavio Bueno. *Direito individual do trabalho.* 4. ed. São Paulo: LTr, 1993.

MELLO, Celso Antonio Bandeira de. *Curso de direito administrativo.* 14. ed. São Paulo: Malheiros, 2002.

MONSALVE, Julio César Rodas. La protección penal del ambiente y función simbólica del derecho penal. In: *Derecho penal y criminología: revista del instituto de ciencias penales y criminologicas,* Bogotá, n. 51, sep./dic. 1993, v. XV.

PIMENTA, Carlos Alberto Máximo. *Torcidas organizadas de futebol:* violência e autoafirmação: aspectos da construção das novas relações sociais. Taubaté: Vogal, 1997.

STEPHENS, Thomas. Suíça como "eldorado" da prostituição juvenil. In: *Swissinfo,* 29.10.2008. Disponível em: <http://www.swissinfo.ch/por/capa/Especialistas_alertam_para_o_perigo_da_prostituicao_de_adolescentes.html? siteSect=105&sid=9898970&cKey=1225264591000&ty=st> Acesso em: 28.12.2009.

WEFFORT, Francisco. *Qual democracia?* São Paulo: Companhia das Letras, 1994.

WELZEL, Hans. *Direito penal.* Trad. Afonso Celso Rezende. Campinas: Romana, 2003.

Gênese e Atualidade da Proteção ao Trabalho Infantil nas Normas Internacionais: Trabalho Infantil como Violação aos Direitos Humanos

Flávia Piovesan(*)
Gabriela de Luca(**)

"As crianças abandonadas nas ruas, as crianças tragadas pela delinquência, o trabalho infantil, a prostituição infantil forçada, o tráfico de crianças para venda de órgãos, as crianças involucradas em conflitos armados, as crianças refugiadas, deslocadas e apátridas, são aspectos do quotidiano da tragédia contemporânea de um mundo aparentemente sem futuro (...) Todo meio social deve, assim, estar atento à condição humana. O meio social que se descuida de suas crianças não tem futuro (...)."
(CANÇADO, A. A. Trindade. Opinião Consultiva n. 17 da Corte Interamericana de Direitos Humanos, a respeito da "Condição Jurídica e Direitos Humanos da Criança", §§ 2º e 5º)[1]

1. Introdução

Como o trabalho infantil é enfrentado pela ordem normativa internacional? Qual é o alcance dos parâmetros protetivos mínimos adotados pela ONU e pela OIT

(*) Professora doutora em Direito Constitucional e Direitos Humanos da Pontifícia Universidade Católica de São Paulo, Professora de Direitos Humanos dos Programas de Pós-graduação da Pontifícia Universidade Católica de São Paulo, da Pontifícia Universidade Católica do Paraná e da Universidade Pablo de Olavide (Sevilha, Espanha); visiting fellow do Human Rights Program da Harvard Law School (1995 e 2000), visiting fellow do Centre for Brazilian Studies da University of Oxford (2005), visiting fellow do Max Planck Institute for Comparative Public Law and International Law (Heidelberg — 2007 e 2008), sendo atualmente Humboldt Foundation Georg Forster Research Fellow no Max Planck Institute (Heidelberg — 2009-2011); procuradora do Estado de São Paulo, membro do CLADEM (Comitê Latino-Americano e do Caribe para a Defesa dos Direitos da Mulher), membro do Conselho Nacional de Defesa dos Direitos da Pessoa Humana, e da SUR — Human Rights University Network.
(**) Advogada atuante na área de Direitos Humanos com bacharelado na PUC/SP e pesquisadora do Centro de Pesquisa em Direito Sanitário — CEPEDISA da Faculdade de Saúde Pública da USP.
(1) Opinião Consultiva n. 17 da Corte Interamericana. *A condição jurídica e direitos humanos da criança.* Disponível em: <www.crin.org/docs/advisory-opinion17.pdf> Acesso em: 12.12.2009.

visando à erradicação do trabalho infantil? Qual tem sido a resposta dos sistemas regionais de proteção dos direitos humanos, nos âmbitos europeu, interamericano e africano, no combate ao trabalho infantil? Como tem se desenvolvido a jurisprudência regional sobre o tema? À luz dos parâmetros internacionais e regionais, como compreender a normatividade interna voltada ao combate ao trabalho infantil?

São estas as questões centrais que inspiram este estudo, que tem como maior objetivo enfocar a normatividade internacional e interna concernente ao combate do trabalho infantil. Ao simbolizar uma grave violação aos direitos humanos, o trabalho infantil nega o direito fundamental à infância, em afronta ao direito da criança e a ser criança, na qualidade de sujeito de direito em peculiar condição de desenvolvimento, a merecer absoluta prioridade e primazia. Do direito da criança de não ser submetida ao trabalho decorrem, consequentemente, deveres dos Estados em prevenir, coibir e erradicar o trabalho infantil.

A prática do trabalho infantil é reflexo da desigualdade social e a perpetua, em um perverso ciclo vicioso, ao impedir que crianças alcancem pleno desenvolvimento físico, mental e social, além de predestiná-las a tornarem-se adultos com reduzida qualificação e precário grau de inserção no mercado de trabalho.

De acordo com o Fundo das Nações Unidas para a Infância — UNICEF, o trabalho é prejudicial ao desenvolvimento de crianças e adolescentes nas seguintes condições: (I) aquele realizado em tempo integral, em idade muito jovem; (II) o de longas jornadas; (III) o que conduza a situações de estresse físico, social ou psicológico; (IV) o que seja prejudicial ao pleno desenvolvimento psicossocial; (V) o exercido nas ruas em condições de risco para a saúde e a integridade física e moral das crianças; (VI) aquele incompatível com a frequência à escola; (VII) o que exija responsabilidades excessivas para a idade; (VIII) o que comprometa e ameace a dignidade e a autoestima da criança, em particular quando relacionado com trabalho forçado e com exploração sexual; e (IX) trabalhos sub-remunerados[(2)].

A atual definição de trabalho infantil utilizada pela UNICEF estabelece critérios específicos para diferentes faixas etárias:

> (I) na faixa etária de 5 a 11 anos de idade, toda atividade empregatícia que ultrapasse 1 hora ou o trabalho doméstico que ultrapasse 28 horas por semana;
>
> (II) na faixa etária de 12 a 14 anos de idade, toda atividade empregatícia que ultrapasse 14 horas ou o trabalho doméstico que ultrapasse 28 horas por semana;
>
> (III) na faixa etária de 15 a 17 anos de idade, toda atividade empregatícia ou doméstica que ultrapasse 43 horas por semana[(3)].

---

(2) *Situação mundial da infância*. UNICEF, 1997. p. 24 (The State of the World's Children, 1997). Disponível em: <http://www.unicef.org/sowc97/> Acesso em: 17.12.2009.

(3) Sítio eletrônico da UNICEF <http://www.unicef.org/protection/index_childlabour.html> Acesso em: 10.12.2009.

O relatório *Progress for Children 2009* da UNICEF[4] indica que, durante os últimos dez anos, houve significativo aumento de informações estatísticas sobre trabalho infantil no mundo. Porém, o maior desafio ainda é tornar essas informações consistentes e comparáveis, pois são utilizados diferentes critérios e definições para documentar dados sobre trabalho infantil.

Nesse contexto, a 18ª Conferência Internacional de Estatísticas do Trabalho da Organização Internacional do Trabalho — OIT de 2008[5] adotou a Resolução II, que estabeleceu uma nova definição de trabalho infantil. A definição inclui tanto atividades econômicas, como atividades domésticas (inclusive atividades domésticas não remuneradas). Nos termos da Resolução, "trabalho infantil" refere-se: (I) às piores formas de trabalho infantil, incluindo trabalho escravo, prostituição e pornografia, atividades ilícitas e atividades que apresentam riscos à saúde, segurança ou integridade moral, conforme a Convenção n. 182 da OIT; (II) todas as atividades empregatícias realizadas por menores de 15 anos de idade, conforme a Convenção n. 138 da OIT; e (III) atividades domésticas, incluindo afazeres domésticos realizados por longo período de horas, em ambiente insalubre, em localizações perigosas, ou com uso de equipamentos perigosos ou pesados[6].

De acordo com o último relatório da UNICEF "Progress for Children 2009"[7], estima-se em 150 milhões o número de crianças entre 5 e 14 anos de idade envolvidas em trabalho infantil. Os locais mais comuns para o trabalho infantil são pedreiras, plantações de café e de cana-de-açúcar, mineradoras, mercados de rua e residências — sendo que o trabalho doméstico é realizado especialmente por meninas.

Os dados indicam que o trabalho infantil é mais presente na região da África Subsaariana, que concentra mais de um terço do trabalho infantil do mundo, mas também prevalece em alguns países da Ásia. Os menores índices são encontrados nos países do Centro e Leste Europeu e países da Comunidade dos Estados Independentes — CEI, que concentram apenas 6% do trabalho infantil do mundo.

O relatório revela que 11% do trabalho infantil mundial ocorre na região da América Latina e do Caribe. Contudo, destaca que alguns países apresentaram grande redução nos índices de trabalho infantil ao longo dos últimos anos, mencionando particularmente o Brasil e o México.

---

(4) *Progress for children*. UNICEF, 2009. Disponível em: <http://www.unicef.org/publications/index_50921.html> Acesso em: 10.12.2009.

(5) *18ª Conferência Internacional de Estatísticas Laborais da OIT*. Disponível em: <http://www2.ilo.org/global/What_we_do/Statistics/events/icls/lang—en/docName—WCMS_092024/index.htm> Acesso em: 10.12.2009.

(6) Anteriormente, as estatísticas internacionais de trabalho infantil veiculadas pela OIT e pela Organização das Nações Unidas — ONU refletiam apenas a definição econômica de trabalho. Tal definição excluía o trabalho doméstico não remunerado como, por exemplo, o trabalho realizado por crianças que cuidam de seus irmãos mais novos ou dos idosos da família, e que também limita ou impede o acesso à escola.

(7) *Progress for children*. UNICEF, 2009. p. 15. Disponível em: <http://www.unicef.org/publications/index_50921.html> Acesso em: 10.12.2009.

Em contrapartida, um estudo do Departamento de Trabalho dos Estados Unidos divulgado em setembro de 2009[8] aponta o Brasil como o terceiro país, ao lado de Bangladesh, com maior número de setores com produtos feitos a partir de trabalho infantil. Segundo o documento americano, a exploração existe em 11 setores da economia brasileira (como o de calçados, algodão e tabaco), sendo que em dois deles (gado e carvão) o trabalho infantil é cumulado com trabalho forçado. Países como a China, a Argentina e o México estão em posições ligeiramente melhores que o Brasil, enquanto piores classificações só foram atingidas pela Índia, com 19 setores envolvidos no trabalho infantil, e por Burma, com 14.

Transita-se, assim, ao estudo da normatividade internacional adotada no âmbito da ONU e da OIT a respeito do combate e da erradicação do trabalho infantil.

2. Normatividade internacional

2.1. Instrumentos da Organização das Nações Unidas — ONU

Um dos primeiros instrumentos internacionais a reconhecer que as crianças devem ser objeto de medidas especiais de proteção foi a Declaração de Genebra dos Direitos da Criança, adotada pela Liga das Nações em 1924. A declaração não enuncia direitos, mas invoca princípios que os Estados devem adotar para garantir o pleno desenvolvimento das crianças[9]. Elaborada a partir de proposta preliminar da organização *Save the Children*, a Declaração de Genebra dos Direitos da Criança articulou cinco princípios básicos, destacando que a criança deve ter acesso aos meios necessários para seu desenvolvimento material e espiritual; à ajuda em situação de fome, doença, incapacidade, orfandade ou delinquência; à prioridade no alívio em situações de risco; à proteção contra a exploração; e a uma formação orientada para a vida em sociedade[10].

Já a Declaração Universal dos Direitos Humanos, proclamada pela Assembleia Geral das Nações Unidas em 1948, reconheceu que à criança devem ser assegurados direitos específicos. O item 2 do art. XXV da Declaração Universal consagra que "a maternidade e a infância têm direito a cuidados e assistência especial. Todas as crianças, nascidas dentro ou fora do matrimônio, gozarão da mesma proteção social".

Em 1959, a Assembleia Geral das Nações Unidas aprovou a "Declaração dos Direitos da Criança", que se tornou referência para a atuação nacional e internacional em prol da criança[11]. A Declaração é integrada por dez princípios, merecendo menção

---

(8) Estudo na íntegra disponível em: <http://www.dol.gov/ilab/programs/ocft/PDF/2009TVPRA.pdf> Acesso em: 8.12.2009.

(9) *Declaração de Genebra dos Direitos da Criança de 1924*. Disponível em: <http://www.un-documents.net/gdrc1924.htm> Acesso em: 12.12.2009.

(10) *Situação mundial da infância*. Edição Especial, UNICEF, 2009. p. 4. Disponível em: <http://www.unicef.pt/artigo.php?mid=18101114&m=5&sid=1810111414&cid=4347> Acesso em: 12.12.2009.

(11) *Declaration of the rights of the child*. Disponível em: <http://www.un.org/cyberschoolbus/humanrights/resources/plainchild.asp> Acesso em: 10.12.2009.

o direito da criança à proteção especial para seu desenvolvimento físico, mental e social; à nacionalidade e a um nome; à utilização dos benefícios relativos à seguridade social; à educação e à proteção contra todas as formas de abandono, crueldade e exploração. O 9º princípio da Declaração refere-se especificamente ao direito da criança de ser protegida contra a exploração no trabalho: "Não se deverá permitir que a criança trabalhe antes de uma idade mínima adequada; em caso algum será permitido que a criança dedique-se, ou a ela se imponha, qualquer ocupação ou emprego que possa prejudicar sua saúde ou sua educação, ou impedir seu desenvolvimento físico, mental ou moral". Esta Declaração enfatizou a necessidade de se conferir especial proteção aos direitos da criança, não mais restritos à proteção genérica no marco do amplo espectro de instrumentos internacionais de direitos humanos.

A proteção especial aos direitos da criança passou a ser incorporada pelos diversos instrumentos internacionais da ONU, como o Pacto Internacional de Direitos Civis e Políticos de 1966, que, em seu art. 24.1 estabelece que "toda criança terá direito, sem discriminação alguma por motivo de cor, sexo, língua, religião, origem nacional ou social, situação econômica ou nascimento, às medidas de proteção que a sua condição de menor requer por parte de sua família, da sociedade e do Estado"(12).

No mesmo sentido, o Pacto Internacional dos Direitos Econômicos, Sociais e Culturais de 1966(13), em seu art. 10.3, determina que os Estados-partes do Pacto devem adotar medidas especiais de proteção para crianças e adolescentes, dentre as quais o estabelecimento de limites de idade para atividade laboral: "Deve-se adotar medidas especiais de proteção e assistência em prol de todas as crianças e adolescentes, sem distinção alguma por motivo de filiação ou qualquer outra condição. Deve-se proteger as crianças e adolescentes contra a exploração econômica e social. O emprego de crianças e adolescentes, em trabalho que lhes seja nocivo à moral e à saúde, ou que lhes faça correr perigo de vida, ou ainda que lhes venha prejudicar o desenvolvimento normal, será punido por lei. Os Estados devem, também, estabelecer limites de idade, sob os quais fique proibido e punido por lei o emprego assalariado da mão de obra infantil"(14).

---

(12) Pacto Internacional dos Direitos Civis e Políticos, promulgado no Brasil pelo Decreto Presidencial n. 592, de 6 de julho de 1992. Disponível em: <http://www2.mre.gov.br/dai/m_592_1992.htm> Acesso em: 12.12.2009.

(13) *Pacto Internacional dos Direitos Econômicos, Sociais e Culturais*, promulgado no Brasil pelo Decreto Presidencial n. 591, de 6 de julho de 1992. Disponível em: <http://www2.mre.gov.br/dai/m_591_1992.htm> Acesso em: 10.12.2009.

(14) Em maio de 2009, o Comitê de Direitos Econômicos, Sociais e Culturais da ONU (DESC/ONU) publicou suas observações finais sobre a implementação do Pacto Internacional sobre Direitos Econômicos, Sociais e Culturais no Brasil. De acordo com o relatório, o Comitê considerou preocupante que o trabalho infantil ainda persista de forma disseminada no país, apesar das medidas tomadas e da grande redução no grupo etário de 5-9 anos. As recomendações foram para que o Brasil intensificasse os esforços de combate, garantindo que o trabalho infantil seja efetivamente investigado e adotando medidas para reabilitar as vítimas de trabalho infantil. Relatório do DESC/ONU sobre o Brasil, *E/C.12/BRA/CO/2*. Disponível em: <http://www2.ohchr.org/english/bodies/cescr/cescrs42.htm> Acesso em: 10.12.2009.

Finalmente, em 1989, a Assembleia Geral adotou a Convenção sobre os Direitos da Criança[15] que é o tratado internacional mais ratificado em toda a história do sistema internacional de proteção aos direitos humanos, atualmente com 193 Estados--Partes[16]. A Convenção completou 20 anos de existência em 2009 e é o documento mais abrangente de todos os tratados de direitos humanos e instrumentos legais em favor da promoção e da proteção dos direitos da criança. A Convenção foi a primeira a reconhecer explicitamente que a criança é um ator social e sujeito ativo de seus próprios direitos, além de ser pioneira em articular de forma holística e integral os direitos que são relevantes para a criança — econômicos, sociais, culturais, civis e políticos. A Convenção adotou a "doutrina da proteção integral da criança", demonstrando que a garantia de direitos exige interdisciplinaridade e não pode se dar de forma restrita[17].

A Convenção determinou a proteção da criança contra a exploração econômica e contra a realização de qualquer trabalho que possa ser perigoso ou interferir em sua educação, ou que seja nocivo para sua saúde ou para seu desenvolvimento físico, mental, espiritual, moral ou social. Adicionou que os países devem definir uma idade mínima para admissão em empregos, bem como horários e condições específicas para as atividades laborais realizadas por crianças e adolescentes. O art. 32 da Convenção consagra: "Os Estados-partes adotarão medidas legislativas, administrativas, sociais e educacionais com vistas a assegurar a aplicação do presente artigo. Com tal propósito, e levando em consideração as disposições pertinentes de outros instru-mentos internacionais, os Estados-partes, deverão, em particular: a) estabelecer uma idade ou idades mínimas para a admissão em empregos; b) estabelecer regu-lamentação apropriada relativa a horários e condições de emprego; c) estabelecer penalidades ou outras sanções apropriadas a fim de assegurar o cumprimento efetivo do presente artigo".

Em 2000 foram adotados dois protocolos facultativos à Convenção sobre os Direitos da Criança: o Protocolo relativo ao Envolvimento de Crianças em Conflitos Armados[18] e o Protocolo relativo à Venda de Crianças, Prostituição e Pornografia Infantis[19]. O Protocolo Facultativo relativo ao Envolvimento de Crianças em Conflitos Armados exige que os Estados signatários proíbam o recrutamento de

---

(15) Convenção Internacional sobre os Direitos da Criança, promulgada no Brasil pelo Decreto Presidencial n. 99.710, de 21 de novembro de 1990. Disponível em: <http://www.onu-brasil.org.br/doc_crianca.php> Acesso em: 9.12.2009.

(16) Os únicos dois países que não ratificaram a Convenção são os Estados Unidos e a Somália.

(17) O primeiro relatório sobre a implementação da Convenção sobre os Direitos da Criança no país deveria ter sido apresentado pelo governo brasileiro em 1992, seguido de outros dois em 1997 e em 2002. No entanto, o primeiro só foi apresentado em novembro de 2003 e o segundo relatório ainda não foi apresentado.

(18) Protocolo Facultativo à Convenção sobre os Direitos da Criança relativo ao Envolvimento de Crianças em Conflitos Armados, promulgado no Brasil pelo Decreto Presidencial n. 5.006, de 8 de março de 2004. Disponível em: <http://www2.mre.gov.br/dai/m_5006_2004.htm> Acesso em: 9.12.2009.

(19) Protocolo Facultativo à Convenção sobre os Direitos da Criança relativo à venda de crianças, prostituição e pornografia infantis, promulgado no Brasil pelo Decreto Presidencial n. 5.007, de 8 de março de 2004. Disponível em: <http://www2.mre.gov.br/dai/m_5007_2004.htm> Acesso em: 9.12.2009.

menores de 18 anos de idade para as forças armadas, que adotem todas as medidas necessárias para garantir que soldados menores de 18 anos alistados voluntariamente não entrem em combate, e que criminalizem o recrutamento de crianças até essa idade por parte de grupos rebeldes. O Protocolo Facultativo relativo à Venda de Crianças, Prostituição e Pornografia Infantis inclui dispositivos sobre a criminalização dessas práticas, apelos para cooperação internacional em relação ao tráfico e para a condenação dos infratores, procedimentos para proteção e assistência a vítimas crianças, e, ainda, apelos para a conscientização pública.

No encerramento da sessão especial "World Fit for Children +5", em dezembro de 2007, a Assembleia Geral das Nações Unidas firmou uma nova "Declaração sobre a Criança", adotada por mais de 140 países. Esta última declaração reconhece os progressos realizados em direção ao cumprimento dos direitos da criança desde 2002 e os desafios que ainda restam, reafirmando o compromisso com a Convenção sobre os Direitos da Criança e seus Protocolos Facultativos[20].

2.2. Instrumentos da Organização Internacional do Trabalho — OIT

No âmbito da Organização Internacional do Trabalho — OIT, a Convenção n. 138 relativa à Idade Mínima para Admissão ao Emprego, de 1973, em seu art. 2º, item 3, fixa como 16 anos a idade mínima recomendada para o trabalho. Porém, no caso dos países considerados muito pobres, a Convenção admite que seja fixada inicialmente uma idade mínima de 14 anos. A mesma Convenção recomenda a idade mínima de 18 anos para os trabalhos que possam colocar em risco a saúde, a segurança ou a moralidade do trabalhador.

A Recomendação n. 146 da OIT relativa à Idade Mínima para Admissão ao Emprego sugere linhas de atuação para a plena consecução dos objetivos da Convenção n. 138 e prevê, em seu art. 1º, que: "Para assegurar o sucesso da política nacional prevista no art. 1º da Convenção sobre a Idade Mínima, de 1973, as políticas e os programas nacionais de desenvolvimento devem atribuir uma alta prioridade às medidas de provisão das necessidades das crianças e dos adolescentes, às providências a serem tomadas para responder a essas necessidades, bem como à extensão progressiva e coordenada das diversas medidas consideradas importantes para garantir às crianças e adolescentes, as melhores condições para seu desenvolvimento físico e mental"[21].

A Declaração sobre os Princípios e Direitos Fundamentais no Trabalho, adotada pela OIT em 1998, estabelece as garantias mínimas e os direitos fundamentais

(20) *Declaration of the commemorative high-level plenary meeting devoted to the follow-up to the outcome of the special session on children.* 13.12. 2007. Disponível em: <http://www.unicef.org/media/media_42201.html> Acesso em: 9.12.2009.

(21) *Convenção n. 138 e Recomendação n. 146 da OIT sobre Idade mínima de admissão ao emprego,* promulgadas pelo Decreto Presidencial n. 4.134, de 15 de fevereiro de 2002. Disponível em: <http://www.mte.gov.br/trab_infantil/leg_convencoes.asp> Acesso em: 8.12.2009.

dos trabalhadores, dentre os quais destaca a necessidade da efetiva abolição do trabalho infantil (art. 2º, *c*)[22].

Em 1999, a OIT lançou a Convenção n. 182 relativa às Piores Formas de Trabalho Infantil, juntamente com a Recomendação n. 190 que trata da implementação dos dispositivos da Convenção. A Convenção n. 182 foi criada como instrumento complementar à Convenção sobre os Direitos da Criança, para lidar especificamente com as piores formas de trabalho infantil.

Fazendo referência direta à Convenção sobre os Direitos da Criança da ONU em seu preâmbulo, a Convenção n. 182 da OIT abriu o precedente de regulamentar um instrumento internacional. Especificamente em seu art. 32, a Convenção sobre os Direitos da Criança reconhece o direito da criança de ser protegida contra "a exploração econômica e contra o desempenho de qualquer trabalho que possa ser perigoso ou interferir em sua educação, ou que seja nocivo para sua saúde ou para seu desenvolvimento físico, mental, espiritual, moral ou social". Assim, a Convenção da OIT exige que todos os Estados signatários adotem medidas para eliminar progressivamente todas as formas de trabalho infantil, que "por sua natureza ou pelas circunstâncias em que são executados, são suscetíveis de prejudicar a saúde, a segurança e a moral da criança", incluindo todas as formas de escravidão ou práticas análogas à escravidão, a prostituição e produção de material pornográfico, e a utilização de crianças para atividades ilícitas como o tráfico de drogas. A Convenção n. 182 da OIT reconhece que a realidade das piores formas de trabalho é definida por circunstâncias e não pela atividade laboral específica, reconhecendo que existem categorias diferentes de trabalho infantil[23].

3. Normatividade Regional

3.1. Sistema interamericano de proteção aos direitos humanos

A Convenção Americana de Direitos Humanos (Pacto de San José da Costa Rica), adotada em 1969[24], em seu art. 19 trata dos direitos da criança e destaca que "toda criança tem direito às medidas de proteção que a sua condição de menor requer por parte da sua família, da sociedade e do Estado".

O Protocolo Adicional à Convenção Americana sobre Direitos Humanos em matéria de Direitos Econômicos, Sociais e Culturais (Protocolo de San Salvador), de

---

(22) *Declaração da OIT sobre os Princípios e Direitos Fundamentais no Trabalho de 1998.* Disponível em: <http://www.ilo.org/public/portugue/region/ampro/brasilia/normas_princip_dir.htm> Acesso em: 10.12.2009.
(23) *Convenção n. 182 e a Recomendação n. 190 da OIT sobre a proibição das Piores Formas de Trabalho Infantil e a Ação Imediata para sua Eliminação,* promulgadas pelo Decreto Presidencial n. 3.597, de 12 de agosto de 2000. Disponível em: <http://www.mte.gov.br/trab_infantil/leg_convencoes.asp> Acesso em: 8.12.2009.
(24) *Convenção Americana de Direitos Humanos, promulgada pelo Decreto Presidencial n. 678, de 6 de novembro de 1992.* Disponível em: <http://www.cidh.oas.org/Basicos/Portugues/c.Convencao_Americana.htm> Acesso em: 9.12.2009.

1988[25], também trata dos direitos da criança e, no art. 7º-f, aborda especificamente a questão do trabalho de crianças e adolescentes: "Proibição de trabalho noturno ou em atividades insalubres e perigosas para os menores de 18 anos e, em geral, de todo trabalho que possa pôr em perigo sua saúde, segurança ou moral. Quando se tratar de menores de 16 anos, a jornada de trabalho deverá subordinar-se às disposições sobre ensino obrigatório e, em nenhum caso, poderá constituir impedimento à assistência escolar ou limitação para beneficiar-se da instrução recebida".

Na Resolução AG/Res. n. 1.951[26] de 2003 sobre a "Promoção e Proteção dos Direitos Humanos das Crianças das Américas", a OEA reafirmou a importância fundamental da promoção e proteção dos direitos humanos da criança e instou os Estados-membros a ratificarem os tratados internacionais ou regionais que protegem os direitos humanos da criança, bem como que incorporem suas obrigações jurídicas internacionais sob a forma de leis, políticas e práticas nacionais[27]. Nesse sentido, a OEA também adotou a Resolução AG/Res. n. 1.709[28], de 2000, que urge aos Estados-membros que ratifiquem o Protocolo Facultativo à Convenção sobre os Direitos da Criança relativo ao Envolvimento de Crianças em Conflitos Armados e a Convenção n. 182 da OIT sobre a Proibição das Piores Formas de Trabalho Infantil (ambos já ratificados pelo Brasil). Ainda, a Resolução AG/Res. n. 2.432, de 2008[29] urge os Estados-membros que ratifiquem o Protocolo Facultativo à Convenção sobre os Direitos da Criança relativo à venda de crianças, prostituição e pornografia infantis.

Por meio da Declaração de Mar del Plata, resultado da Quarta Cúpula das Américas de Mar del Plata em 2005, os Estados americanos comprometeram-se a proteger crianças de exploração econômica e de quaisquer atividades que possam interferir em seu desenvolvimento, de acordo com o princípio da efetiva abolição do trabalho infantil contido na Declaração da OIT sobre os princípios e direitos fundamentais no trabalho de 1998, além de adotar medidas imediatas e efetivas para prevenir e erradicar as piores formas de trabalho infantil nos termos da Convenção

---

(25) *Protocolo de San Salvador, promulgado pelo Decreto Presidencial n. 3.321, de 30 de dezembro de 1999.* Disponível em: <http://www.oas.org/juridico/portuguese/treaties/A-52.htm> Acesso em: 9.12.2009.

(26) AG/RES. n. 1.951 (XXXIII-O/03) *Promotion and protection of the human rights of children in the Americas.* Disponível em: <http://www.oas.org/juridico/portuguese/ag03/agres1951.htm> Acesso em: 9.12.2009.

(27) Vale destacar que a Assembleia Geral da Organização dos Estados Americanos — OEA reconheceu, por meio da Resolução AG/Res. n. 1.522 XXVII-O de 1997, que "a infância constitui o setor mais desprotegido que necessita da urgente e impostergável intervenção do Estado e da sociedade civil (...) a perda da qualidade de vida nas cidades levou a que as vivências das ruas sejam a principal causa do aumento, em crianças com idades cada vez mais prematuras, da delinquência, alcoolismo, exploração sexual, prostituição, gravidez precoce e o trabalho infantil, entre outras situações de similar impacto negativo". AG/RES. n. 1.522 XXVII-O/97 *The inter-American children's institute and concerted action on behalf of children in the Americas.* Disponível em: <http://www.oas.org/juridico/english/ga-res97/Eres1522.htm> Acesso em: 9.12.2009.

(28) AG/RES. n. 1.709 (XXX-O/00). *Resolution on children and armed conflicts.* Disponível em: <http://www.oas.org/juridico/English/agres_1709_xxxo00.htm> Acesso em: 9.12.2009.

(29) AG/RES. n. 2.432 (XXXVIII-O/08) *Prevention and eradication of commercial sexual exploitation and smuggling of and trafficking in minors.* Disponível em: <http://www.oas.org/dil/AGRES_2432.doc> Acesso em: 9.12.2009.

n. 182 da OIT. No Plano de Ação de Mar del Plata, os Estados estabeleceram como 2020 a data limite para erradicar as piores formas de trabalho infantil e diminuir o número de crianças que trabalham em violação às leis nacionais[30].

Quanto à jurisprudência da Corte Interamericana de Direitos Humanos, no caso "Villagran Moralles e Outros *versus* Guatemala", em 19 de novembro de 1999[31], a Corte emitiu sua primeira sentença sobre a violação dos direitos das crianças e enfatizou o dever dos Estados-membros da OEA de promover proteção especial para crianças e adolescentes, fazendo referência à Convenção Americana de Direitos Humanos e à Convenção sobre os Direitos das Crianças da ONU. O caso tratava do sequestro, tortura e morte de crianças que moravam nas ruas da cidade de Guatemala. Os crimes foram cometidos pela Polícia Nacional de Guatemala, como parte de um padrão sistemático de violência contra "crianças de rua".

Em sua decisão, a Corte considerou que a violação do art. 19 da Convenção Americana pode ser determinada tão somente pela evidência de que as crianças estavam em situação de vulnerabilidade, falhando o Estado, por omissão, ao não adotar medidas para remediar essa situação[32]. A Corte estabeleceu, assim, a obrigação positiva do Estado em garantir uma vida digna às crianças, bem como em garantir seu desenvolvimento pleno e harmonioso:

> "As for the concept of a decent life, the Court established that the right to life includes not only the right to exist and not to be arbitrarily deprived of life, but also the right not to be impeded from access to conditions that ensure a decent existence or a life with dignity. In this way, the Court set an important jurisprudential precedent, in underlining the obligation of states to ensure the conditions necessary so that all human beings may enjoy and exercise this right. Since three of the victims in this case were children, the Court asserted that states need to adopt special measures for the protection and care of children and adolescents.
>
> (...)
>
> The Court described the situation of children and adolescents living in the streets as a 'situación de doble agresión' [situation involving a twofold violation of their rights]. In the first place, because the state did not

(30) Quarta Cúpula das Américas em Mar Del Plata, Argentina. Disponível em: <http://www.summit-americas.org/sisca/lab.html> Acesso em: 9.12.2009.

(31) *The rights of the cild in the Inter-American human rights system.* 2. ed. OEA/Ser.L/V/II.133, Doc. 34, 29.10.2008. Disponível em: <http://www.cidh.org/countryrep/infancia2eng/Infancia2Toc.eng.htm> Acesso em: 11.12.2009.

(32) Na Opinião Consultiva sobre a Condição Jurídica e os Direitos Humanos da Criança de 2002, a Corte Interamericana de Direitos Humanos sustenta que os Estados signatários da Convenção Americana de Direitos Humanos têm o dever de adotar todas as medidas positivas que assegurem a proteção das crianças contra maus-tratos, seja em suas relações com as autoridades públicas, seja nas relações interindividuais ou com entes não estatais. OC n. 17 da Corte Interamericana "A condição jurídica e direitos humanos da criança". Disponível em: <www.crin.org/docs/advisory-opinion17.pdf> Acesso em: 12.12.2009.

prevent these children from living in misery, thereby depriving them of the minimal conditions for a decent life and impeding their integral development. In this way, the state, by allowing this type of situation, denies all children their right to realize a project of life that should be tended to and fostered by the public authorities, so that it evolves to their benefit and to the benefit of the society in which they live. In the second place, because their physical and moral safety or well-being are at risk, as are their very lives."[33][34]

À luz de uma interpretação dinâmica e evolutiva, compreendendo a Convenção Americana como um *living instrument*, a Corte ainda afirmou que o direito à vida não pode ser concebido restritivamente. Introduziu a visão de que o direito à vida compreende não apenas uma dimensão negativa — o direito a não ser privado da vida arbitrariamente —, mas uma dimensão positiva, que demanda dos Estados medidas positivas apropriadas para proteger o direito à vida digna — o "direito a criar e desenvolver um projeto de vida". Esta interpretação lançou um importante horizonte para proteção dos direitos sociais.

No que concerne especificamente ao trabalho de crianças, a Corte Interamericana de Direitos Humanos já enfrentou o caso de recrutamento de crianças e adolescentes pelas forças armadas de seus países, previsto no art. 3º-A da Convenção n. 182 da OIT como uma das piores formas de trabalho infantil[35].

No caso "Gerardo Vargas Areco *versus* Paraguai"[36] — em que o jovem Gerardo Vargas Areco foi recrutado para as forças armadas do Paraguai com 15 anos de

(33) Corte Interamericana de Direitos Humanos, caso Villagrán Morales *et al.*, julgamento de 19 de novembro de 1999, Série C, n. 63, p. 144 e 193.

(34) A Corte Interamericana de Direitos Humanos também declarou, no julgamento do caso dos "Irmãos Gómez Paquiyauri *versus* Peru", em 8 de julho de 2004 — em que os irmãos de 14 e 17 anos foram detidos arbitrariamente e executados por autoridades policiais —, que todos os casos em que crianças são vítimas de violações de direitos humanos assumem especial gravidade, já que os direitos da criança estão previstos não apenas na Convenção Americana de Direitos Humanos, mas também em inúmeros outros instrumentos internacionais amplamente aceitos pela comunidade internacional, o que exige dos Estados o dever de adotar medidas especiais de proteção e assistência. Corte Interamericana de Direitos Humanos, Irmãos Gómez Paquiyauri *versus* Peru, julgamento de 8 de julho de 2004, p. 162 e 163. Disponível em: <http://www.cidh.org/ninez/gómez paquiyauri(45)/sentencia fondo, reparaciones julio 8, 2004eng.doc> Acesso em: 11.12.2009.

(35) O recrutamento de crianças pelas forças armadas tem sido de particular preocupação da OEA. No Relatório Anual da Comissão Interamericana de 1999, a Comissão emitiu recomendação geral para os Estados-membros referente à erradicação do recrutamento e da participação de crianças em conflitos armados, destacando a gravidade dessa forma de trabalho infantil. Dentre as recomendações, a Comissão pediu aos Estados-membros que revogassem qualquer instrumento normativo que permitisse o alistamento voluntário ou compulsório de crianças abaixo da idade mínima permitida por tratados internacionais. Relatório Anual da Comissão Interamericana de Direitos Humanos de 1999, Capítulo VI, Estudos Especiais, Recomendações aos Estados-membros. Disponível em: <http://www.cidh.oas.org/annualrep/99eng/Chapter6a.htm> Acesso em: 9.12.2009.

(36) Corte Interamericana de Direitos Humanos, Gerardo Vargas Areco vs. Paraguai, julgamento de 26 de setembro de 2006, caso 12.300. Texto disponível em: <http://www.cidh.org/ninez/vargas areco (84)/155 vargas areco paraguay.doc> Acesso em: 12.12.2009.

idade —, a Corte decidiu, em julgamento de 26 de setembro de 2006, que o Estado do Paraguai violou o art. 19 da Convenção Americana de Direitos Humanos no que se refere à obrigação de garantir medidas especiais de proteção para a criança. A Corte destacou que o Direito Internacional é contrário ao recrutamento de crianças e adolescentes menores de 18 anos de idade para as forças armadas e que instrumentos internacionais ratificados pelo Paraguai, como a Convenção n. 182 da OIT, definem que tal prática constitui uma das piores formas de trabalho infantil:

> "Pursuant to these considerations, art. 3º of Convention n. 182 of the International Labor Organization concerning the prohibition and immediate action for the elimination of the worst forms of child labor, sets forth that forced or compulsory recruitment of children for use in armed conflict will be considered a form of slavery or practice similar to slavery, which must be eradicated.
>
> (...)
>
> The foregoing considerations reflect a trend in international law to avoid the incorporation of minors under the age of 18 into the armed forces and to guarantee, in all circumstances, that minors under the age of 18 do not participate directly in hostilities."(37)(38)

Por fim, cabe adicionar que, não bastando o legado do sistema interamericano concernente ao combate ao trabalho infantil, no âmbito do Mercosul, a Resolução Mercosul/GMC EXT./Res. n. 36, de 2006(39) aprovou o Plano Regional para a Prevenção e Erradicação do Trabalho Infantil no Mercosul, com diretrizes e objetivos para o desenvolvimento de uma política regional para a prevenção e erradicação do trabalho infantil. O Plano Regional busca harmonizar a Declaração Sociolaboral do Mercosul de 1998(40) com as normas internacionais assumidas pelos Estados que

(37) *Ibidem*, p. 120 e 122.

(38)A Comissão Interamericana de Direitos Humanos também se manifestou sobre o trabalho infantil consistente no recrutamento de crianças e adolescentes pelas forças armadas no caso "Víctor Hugo Maciel *versus* Paraguai", em que o jovem foi recrutado pelas forças armadas do Paraguai com 15 anos de idade e faleceu durante treinamento militar. Na análise de mérito, a Comissão indica a Convenção 182 sobre as Piores Formas de Trabalho Infantil bem como o Protocolo Facultativo à Convenção sobre os Direitos das Crianças relativo ao Envolvimento de Crianças em Conflitos Armados. Em relatório de 8 de março de 2005, a Comissão Interamericana considerou que o Paraguai violou o direito "às medidas de proteção que a sua condição de menor requer por parte da sua família, da sociedade e do Estado", previsto no artigo 19 da Convenção Americana de Direitos Humanos e recomendou que o Estado tomasse as medidas necessárias para garantir a proibição do recrutamento de adolescentes pelas forças armadas. Comissão Interamericana de Direitos Humanos, Víctor Hugo Maciel *vs.* Paraguai, Relatório n. 85/09, caso 11.607. p. 138-141. Disponível em: <http://www.cidh.oas.org/annualrep/2009eng/Paraguay11607eng.htm#_ftn15> Acesso em: 11.12.2009.

(39) Resolução MERCOSUL/GMC EXT./RES. n. 36/06. Disponível em: <www.sice.org/trade/mrcsrs/resolutions/Res3606p.pdf> Acesso em: 12.12.2009.

(40) Declaração Sociolaboral do MERCOSUL de 1998. Disponível em: <http://www.sindicatomercosul.com.br/documento_texto.asp?noticia=11> Acesso em: 12.12.2009.

garantem os direitos da infância, assim como gerar os mecanismos de supervisão, controle e acompanhamento de tal normativa[41].

2. Sistema europeu de proteção aos direitos humanos

A Convenção Europeia para a Proteção dos Direitos do Homem e das Liberdades Fundamentais, ou Convenção Europeia de Direitos Humanos, foi adotada pelo Conselho da Europa em 1950. Apesar de não fazer referência direta aos direitos de crianças e adolescentes, a Convenção criou a Corte Europeia de Direitos Humanos, que exerce grande influência e impacto na jurisprudência internacional de direitos humanos, recorrendo, diversas vezes, aos instrumentos da ONU para fundamentar suas decisões.

A respeito da jurisprudência da Corte Europeia, merece menção o caso "Siliadin *versus* France"[42], envolvendo a jovem Siliadin, nacional do Togo, que chegou na França com 15 anos de idade, após ter firmado acordo com um casal de franceses. O casal havia prometido receber a jovem no país, regularizar sua situação de imigrante e arcar com as despesas para seus estudos enquanto ela trabalhasse para eles. Porém, Siliadin foi forçada a trabalhar como "empregada para qualquer serviço", sendo obrigada a cuidar de afazeres domésticos das sete horas da manhã às dez horas da noite, durante todos os dias da semana, sem qualquer remuneração. Ela viveu dessa forma por três anos, sem visto de permanência no país, e tendo seu passaporte retido pelo casal, com o temor de ser apreendida e com a promessa de seus empregadores de que sua situação seria regularizada dentro de pouco tempo.

No julgamento do caso, de 26 de julho de 2005, a Corte Europeia de Direitos Humanos mencionou a Convenção sobre os Direitos da Criança, arts. 19, 32, e 37[43] e decidiu que houve violação ao art. 4º da Convenção Europeia de Direitos Humanos (proibição da escravidão e trabalho forçado). A condenação levou em conta a exploração da vulnerabilidade e do estado de dependência da Sra. Siliadin, com o fim de

(41) A Declaração Sociolaboral do MERCOSUL de 1998 estabeleceu princípios a serem seguidos pelos Estados com respeito ao trabalho infantil. O art. 6º sobre "Trabalho Infantil e de Menores" determina que a idade mínima de admissão no trabalho não poderá ser inferior àquela em que cessa a escolaridade obrigatória. Do mesmo modo, estabelece que a idade mínima para trabalho realizado em ambiente insalubre, perigoso ou imoral não poderá ser inferior aos 18 anos.

(42) Corte Europeia de Direitos Humanos, caso "Siliadin *versus* France", Eur. Comm'n H.R., Section II, n. 16, Affaire Evans c. Royaume, Uni n. 6339/05, n. 73316/01; Caso de 2006 n. 17209/02. Disponível em: <http://www.echr.coe.int/Eng/Press/2005/July/ChamberJudgmentSiliadinvFrance260705.htm> Acesso em: 12.12.2009.

(43) Em outros dois casos, "A. *versus* United Kingdom" de 1998 e "Z and Others *versus* United Kingdom" de 2001, a Corte Europeia, fez referência aos artigos 19 e 37 da Convenção Sobre os Direitos da Criança e reconheceu que, se uma criança não recebe os devidos cuidados e proteção de sua família e suas necessidades sociais básicas não são satisfeitas, o Estado tem o dever de interferir para protegê-la, concluindo que o Estado tem o dever de adotar medidas positivas para proteger e promover os direitos das crianças. Corte Europeia de Direitos Humanos, caso "A *v.* The United Kingdom", julgamento de 23 de setembro de 1998, Relatório 1998-VI da Corte, para. 22.; caso "Z and others *v.* the United Kingdom", julgamento de 10 de maio de 2001, p. 73-75. Disponível em: <http://echr.coe.int/echr/en/hudoc> Acesso em: 12.12.2009.

obter dela a prestação de serviços não remunerados, bem como as condições indignas de vida a que ela foi submetida:

> In addition, with particular regard to children, art. 19 § 1 of the International Convention on the Rights of the Child of 20 november 1989, which came into force in respect of France on 6 september 1990, provides: "States Parties shall take all appropriate legislative, administrative, social and educational measures to protect the child from all forms of physical or mental violence, injury or abuse, ..., maltreatment or exploitation, including sexual abuse, while in the care of parent(s), legal guardian(s) or any other person who has the care of the child." Article 32 provides: "1. States Parties recognise the right of the child to be protected from economic exploitation and from performing any work that is likely to be hazardous or to interfere with the child's education, or to be harmful to the child's health or physical, mental, spiritual, moral or social development. 2. States Parties shall take legislative, administrative, social and educational measures to ensure the implementation of the present Article. (...) In those circumstances, the Court concludes that the applicant, a minor at the relevant time, was held in servitude within the meaning of art. 4 of the Convention. (...) The Court has previously stated that children and other vulnerable individuals, in particular, are entitled to State protection, in the form of effective deterrence, against such serious breaches of personal integrity (see, *mutatis mutandis*, X and Y v. the Netherlands, cited above, p. 11-13, §§ 21-27; Stubbings and Others, cited above, p. 1505, §§ 62-64; and A. v. the United Kingdom, cited above, p. 2699, § 22; and also the United Nations Convention on the Rights of the Child, Articles 19 and 37).(44)

A Carta Social Europeia adotada em 1961 pelo Conselho da Europa (revisada em 1996) também prevê proteção especial a crianças em seu art. 7º, que fixa critérios específicos com relação ao emprego de menores de 18 anos de idade e proíbe a admissão ao emprego de menores de 15 anos, dispondo: "a idade mínima para a admissão ao emprego deverá ser de 15 anos de idade, sujeita a exceções para crianças empregadas em atividades leves, que não prejudiquem sua saúde, moral ou educação"(45).

A primeira vez em que um caso de trabalho infantil foi submetido ao sistema europeu de proteção de direitos humanos foi em 1998, quando o Comitê Europeu dos Direitos Sociais examinou o caso "International Commission of Jurists *v* Portugal"(46). O caso baseou-se na denúncia apresentada pela *International Commission of Jurists* de que o Estado de Portugal foi omisso em fiscalizar a ocorrência de trabalho infantil no país e, assim, violou o art. 7º.1 da Carta Social Europeia. O caso foi importante para que Portugal adotasse novas medidas para combater o trabalho infantil e, como consequência, reformasse sua Constituição para proibir a admissão ao emprego de crianças em idade escolar e elevar a idade mínima para o trabalho, além de definir os termos em que menores de 18 anos de idade podem realizar atividades laborais (atividades leves ou *light work*):

---

(44) Corte Europeia de Direitos Humanos, caso Siliadin *versus* France, p. 87, 129 e 143.

(45) Carta Social Europeia (European Social Charter). Disponível em: <http://conventions.coe.int/treaty/EN/Treaties/Html/163.htm> Acesso em: 12.12.2009.

(46) Comitê Europeu dos Direitos Sociais, *International Commission of Jurists* v. *Portugal 1998*. Disponível em: <http://www.escr-net.org/caselaw/caselaw_show.htm?doc_id=400955> Acesso em: 12.12.2009.

"The Committee recalls the aim and scope of art. 7º, § 1º of the Charter as specified in its Conclusions in examining national reports.

This provision prohibits child labour under the age of fifteen, with certain exceptions. It aims to ensure the protection of children and adolescents against the risks associated in performing work which may have negative repercussions on their health, their moral welfare, their development and their education (...).

Finally, the Committee recalls that the aim and purpose of the Charter, being a human rights protection instrument, is to protect rights not merely theoretically, but also in fact. In this regard, it considers that the satisfactory application of art. 7º cannot be ensured solely by the operation of legislation if this is not effectively applied and rigorously supervised (...)..

However, the Committee observes from the evidence contained in the file that in Portugal, children under the age of fifteen actually perform work. It notes that the Government does not dispute this. In order to seek to establish the exact dimensions of this problem and its characteristics, it may take account of all information submitted by the parties, whatever the period it relates to. In the present case, it considers it sufficient to rely on the results of the 1998 survey which provides the most recent evidence and the validity of which is not disputed by the International Commission of Jurists, even if its interpretation of the results differs from that given by the Government."[47]

Além do legado do sistema regional europeu, importa destacar as diretivas da União Europeia no combate ao trabalho infantil. Ao tecer referência específica ao trabalho infantil, o Conselho da União Europeia adotou a Diretiva n. 94/33/EC em 1994, relativa à Proteção dos Jovens no Trabalho. A Diretiva urge aos Estados--membros que adotem uma idade mínima para a admissão ao emprego, não inferior a 15 anos de idade, porém admite que crianças acima de 14 anos trabalhem sob certas condições específicas que não apresentem riscos ao seu desenvolvimento físico e mental. A Diretiva também disciplina o número máximo de horas de trabalho, períodos de descanso, trabalho noturno e férias anuais no que concerne ao trabalho de menores de 18 anos de idade[48].

Ainda, a Carta dos Direitos Sociais Fundamentais dos Trabalhadores, adotada em 1989 pelos Estados-membros da União Europeia, estabeleceu princípios com o objetivo de assegurar o respeito à formação profissional, à proteção social, à igualdade de oportunidade e à saúde e segurança no trabalho. Os arts. 20 a 23 da Carta estabelecem a idade mínima para a admissão a empregos, esclarecendo que "não deve ser inferior à idade mínima para que a criança complete seus estudos e, em qualquer caso, não poderá ser inferior a 15 anos de idade"[49].

(47) *International Commission of Jurists* v. *Portugal* 1998, p. 25, 26, 32 e 34.

(48) Diretiva 94/33/CE da Comunidade Europeia relativa à Proteção dos Jovens no Trabalho. Disponível em: <http://eur-lex.europa.eu/LexUriServ/LexUriServ.do?uri=CELEX:31994L0033:PT:HTML> Acesso em: 12.12.2009.

(49) Carta dos Direitos Sociais Fundamentais dos Trabalhadores (Charter of the Fundamental Social Rights of Workers). Disponível em: <http://www.aedh.eu/The-Community-Charter-of.html> Acesso em: 12.12.2009.

Em 2000, a Carta dos Direitos Fundamentais da União Europeia incorporou boa parte dos dispositivos enunciados na Carta Social Europeia e na Carta dos Direitos Sociais Fundamentais dos Trabalhadores, fazendo referência a todos os direitos sociais, econômicos, culturais, civis e políticos a que todos os cidadãos europeus têm direito. Em seu art. 24, a Carta trata dos direitos das crianças, estabelecendo que as crianças "têm direito à proteção e aos cuidados necessários ao seu bem-estar", além de estabelecer que "todos os atos relativos às crianças, quer praticados por entidades públicas, quer por instituições privadas, terão principalmente em conta o interesse superior da criança"[50]. Em seu art. 32, a Carta também expressa claramente a proibição do trabalho infantil e a necessidade de proteção de jovens no trabalho: "É proibido o trabalho infantil. A idade mínima de admissão ao trabalho não pode ser inferior à idade em que cessa a escolaridade obrigatória, sem prejuízo de disposições mais favoráveis aos jovens e salvo derrogações bem delimitadas. Os jovens admitidos ao trabalho devem se beneficiar de condições de trabalho adaptadas à sua idade e de uma proteção contra a exploração econômica e contra todas as ativi-dades susceptíveis de prejudicar a sua segurança, saúde ou desenvolvimento físico, mental, moral ou social, ou ainda de pôr em causa a sua educação"[51]. A Carta dos Direitos Fundamentais foi essencial para a construção da proposta final do tratado que estabelece uma Constituição para a Europa.

3.3. Sistema africano de proteção aos direitos humanos

A Carta Africana dos Direitos Humanos e dos Povos (também conhecida como Carta de Banjul) foi adotada pelos Estados-membros da Organização de Unidade Africana em 26 de junho de 1981. O art. 18 da Carta visa a proteger a família, a mulher, a criança, os idosos e os deficientes, estabelecendo em seu inciso 3 que: "O Estado tem o dever de zelar pela eliminação de toda a discriminação contra a mulher e de assegurar a proteção dos direitos da mulher e da criança tais como estipulados nas declarações e convenções internacionais"[52][53].

A Organização de Unidade Africana é a única organização regional que apresenta um documento específico sobre direitos da criança, a Carta Africana de Direitos e Bem-Estar da Criança de 1990. A Carta foi inspirada na Convenção sobre os Direitos da Criança e apresenta conteúdo semelhante aos dispositivos da

(50) *Prohibition of Child Labour and Protection of Young People at Work.* Disponível em: <http://www.europarl.europa.eu/comparl/libe/elsj/charter/art32/default_en.htm> Acesso em: 12.12.2009.

(51) Carta dos Direitos Fundamentais da União Europeia (The Charter of Fundamental Rights of the European Union). Disponível em: <http://www.europarl.europa.eu/charter/default_en.htm> Acesso em: 12.12.2009.

(52) *Carta Africana dos Direitos Humanos e dos Povos.* Disponível em: <http://www.fd.uc.pt/hrc/enciclopedia/documentos/instrumentos_regionais/africa/carta_africana_dtos_dev_povos.pdf> Acesso em: 12.12.2009.

(53) A Corte Africana de Direitos Humanos, estabelecida em 1998 pela Organização de Unidade Africana, ainda não foi operacionalizada e, assim, nunca chegou a analisar casos referentes aos tratados regionais de direitos humanos.

convenção, porém incluindo referências específicas a questões regionais, como, por exemplo, o art. 26 sobre a proteção contra o apartheid e a discriminação.

A Carta Africana de Direitos e Bem-Estar da Criança estabelece que a criança ocupa uma posição única e privilegiada na sociedade. Em seu art. 15, a Carta trata do trabalho infantil e afirma que "Toda criança é protegida de toda a forma de exploração econômica e de executar todo o trabalho que for perigoso ou perturbar o desenvolvimento físico, mental, espiritual, moral, ou social da criança". O art. 15 também exige que os Estados-membros adotem todas as medidas legislativas e administrativas necessárias para assegurar a proteção à criança, por meio da previsão de sanções apropriadas para assegurar a aplicação do artigo e da promoção e difusão de informações sobre os riscos que o trabalho infantil comporta[(54)].

4. *Normatividade nacional*

O Brasil foi um dos primeiros países a ratificar a Convenção sobre os Direitos da Criança em 1990[(55)], além de ter ratificado seus dois Protocolos Facultativos sobre o Envolvimento de Crianças em Conflitos Armados e a Venda de Crianças, Prostituição e Pornografia Infantis[(56)] e as Convenções ns. 138 e 182 da OIT sobre Idade Mínima para Admissão ao Emprego e sobre as Piores Formas de Trabalho Infantil[(57)(58)].

A Constituição Federal de 1988 determina, em seu art. 227, que: "É dever da família, da sociedade e do Estado assegurar à criança e ao adolescente, com absoluta prioridade, o direito à vida, à saúde, à alimentação, à educação, ao lazer, à profissio-

---

(54) Carta Africana de Direitos e Bem-Estar da Criança de 1990 (African Charter on the Rights and Welfare of the Child, ACRWC). Disponível em: <http://www.un.org/children/conflict/keydocuments/english/africancharteron22.html> Acesso em: 12.12.2009.

(55) O Decreto Presidencial n. 99.710, de 21 de novembro de 1990, promulgou a Convenção Internacional sobre os Direitos da Criança. Disponível em: <http://www.onu-brasil.org.br/doc_crianca.php> Acesso em: 9.12.2009.

(56) O Decreto Presidencial n. 5.006, de 8 de março de 2004, promulgou o Protocolo Facultativo à Convenção sobre os Direitos da Criança relativo ao Envolvimento de Crianças em Conflitos Armados. Disponível em: <http://www2.mre.gov.br/dai/m_5006_2004.htm> Acesso em: 9.12.2009. O Decreto Presidencial n. 5.007, de 8 de março de 2004, promulgou o Protocolo Facultativo à Convenção sobre os Direitos da Criança relativo à venda de crianças, prostituição e pornografia infantis. Disponível em: <http://www2.mre.gov.br/dai/m_5007_2004.htm> Acesso em: 9.12.2009.

(57) O Decreto Presidencial n. 4.134, de 15 de fevereiro de 2002 promulgou a Convenção n. 138 da OIT sobre Idade Mínima de Admissão ao Emprego. Disponível em: <http://www.mte.gov.br/trab_infantil/leg_convencoes.asp> Acesso em: 8.12.2009. O Decreto Presidencial n. 3.597, de 12 de setembro de 2000 promulgou a Convenção n. 182 da OIT sobre a proibição das Piores de Trabalho Infantil e a Ação Imediata para sua Eliminação. Disponível em: <http://www.mte.gov.br/trab_infantil/leg_convencoes.asp> Acesso em: 8.12.2009.

(58) O Decreto n. 6.481, de 12 de junho de 2008 regulamenta os arts. 3º, alínea *d*, e 4º da Convenção n. 182 da Organização Internacional do Trabalho — OIT que trata da proibição das piores formas de trabalho infantil e ação imediata para sua eliminação, constando como proibidas 93 atividades para pessoas com idade inferior a 18 anos. Disponível em: <http://www.planalto.gov.br/ccivil_03/_Ato2007-2010/2008/Decreto/D6481.htm> Acesso em: 12.12.2009.

nalização, à cultura, à dignidade, ao respeito, à liberdade e à convivência familiar e comunitária, além de colocá-los a salvo de toda forma de negligência, discriminação, exploração, violência, crueldade e opressão".

Com a aprovação da Emenda Constitucional n. 20, de 15 de dezembro de 1998, a idade mínima para ingresso na situação de trabalho passou a ser 16 anos de idade, exceto na condição de aprendiz em que a idade mínima é 14 anos de idade[(59)], conforme disposto no art. 7º, XXXIII. O artigo também estabelece que, nos casos de trabalho noturno, perigoso ou insalubre, a idade mínima é de 18 anos: "São direitos dos trabalhadores urbanos e rurais, além de outros que visem à melhoria de sua condição social: (...) XXXIII — Proibição de trabalho noturno, perigoso ou insalubre a menores de dezoito e de qualquer trabalho a menores de dezesseis anos, salvo na condição de aprendiz, a partir de quatorze anos".

Além disso, a Consolidação das Leis do Trabalho (Decreto-Lei n. 5.452, de 1º de maio de 1943)[(60)], no Capítulo IV, Título III, elenca as possibilidades e condições de trabalho a que podem ser submetidas pessoas com idade inferior a 18 anos, garantindo ao trabalhador adolescente entre 14 e 18 anos uma série de proteções especiais. Entre elas, a proibição do trabalho em locais prejudiciais à sua formação, ao seu desenvolvimento físico, psíquico, moral e social, e em horários e locais que não permitam a frequência à escola.

O combate ao trabalho infantil ganhou destaque com a entrada em vigor do Estatuto da Criança e do Adolescente — ECA — Lei n. 8.069, de 13 de julho de 1990)[(61)]. O ECA reserva todo o seu capítulo V à regulação do trabalho de crianças e adolescentes e destaca, em seu art. 60, a proibição a qualquer trabalho a menores de 14 anos de idade, salvo na condição de aprendiz. O art. 67 também proíbe o trabalho noturno (realizado entre as vinte e duas horas de um dia e cinco horas do dia seguinte); o trabalho perigoso, insalubre ou penoso; realizado em locais prejudiciais à formação e ao desenvolvimento físico, psíquico, moral e social de crianças e adolescentes; e aquele realizado em horários e locais que não permitam a frequência à escola.

O trabalho infantil é considerado crime no Brasil, havendo previsão especial para as formas mais nocivas no ECA e no Código Penal. No ECA, a exploração da prostituição infantil, considerada pela Organização Internacional do Trabalho como uma das piores formas de trabalho infantil, é crime previsto no art. 244-A. A pornografia de menores é crime previsto nos arts. 240 e 241 e a venda ou o tráfico de menores constitui crime previsto no art. 239 do ECA. No Código Penal, o art.

---

(59) O Decreto n. 5.598, de 1º de dezembro de 2005 regulamenta a contratação de aprendizes conforme estabelecido pela Lei de Aprendizagem, Lei n. 10.097, de 19 de dezembro de 2000. Disponível em: <http://www.planalto.gov.br/ccivil_03/_Ato2004-2006/2005/Decreto/D5598.htm> Acesso em: 12.12.2009.

(60) Consolidação das Leis do Trabalho (Decreto-Lei n. 5.452, de 1º de maio de 1943). Disponível em: <http://www.planalto.gov.br/ccivil/Decreto-Lei/Del5452.htm> Acesso em: 13.12.2009.

(61) Estatuto da Criança e do Adolescente — ECA, Lei n. 8.069, de 13 de julho de 1990. Disponível em: <http://www.planalto.gov.br/ccivil/LEIS/L8069.htm> Acesso em: 13.12.2009.

149 trata da redução de trabalhador a condição análoga à de escravo, estabelecendo agravante quando se tratar de criança ou adolescente (§ 2º, I)[62]. O Código Penal também tipifica o crime de maus-tratos em seu art. 136, estabelecendo agravante se a vítima for menor de 14 anos[63].

No campo jurisprudencial, merece destaque decisão proferida pelo Tribunal Superior do Trabalho, em 10 de dezembro de 2008, ao reconhecer que o trabalho realizado por criança ou adolescente sem finalidade educativa incorre na definição de trabalho infantil e não configura contrato de estágio ou aprendizagem:

> (...) RECURSO DE REVISTA. TRABALHO DO MENOR. CONTRATOS DE APRENDIZAGEM, DE ESTÁGIO OU DE TRABALHO EDUCATIVO NÃO CONFIGURADOS. VÍNCULO EMPREGATÍCIO RECONHECIDO. A Constituição de 1988 estabeleceu uma tutela especial em favor das crianças e dos adolescentes, proibindo o trabalho das primeiras e assegurando — direitos previdenciários e trabalhistas — aos segundos (art. 227, § 3º, II, CF). O contrato de aprendizagem que o Texto Magno ressalva (art. 227, § 3º, I, combinado com o art. 7º, XXXIII, CF) é pacto formalístico trabalhista, regulado pela CLT (arts. 428 e seguintes da Consolidação), com diversos direitos laborativos. A outra ressalva existente (contrato de estágio) supõe manifesta vinculação programática do labor com a grade curricular do estudante, como efetiva complementação dos estudos escolares. Não há, desde 1988, espaço para a pura e simples utilização desprotegida da mão de obra do jovem brasileiro (art. 227, CF/88), não se prestando a tanto o art. 68 do Estatuto da Criança e do Adolescente, que tem de se amoldar às formas de trabalho educativo hoje autorizadas, o contrato de aprendizagem (art. 428 da CLT) e o contrato de estágio (antiga Lei n. 6.494/77), ou corresponder, como terceira ressalva, a um tipo jurídico que denote a manifesta prevalência da função pedagógica sobre a função produtiva (trabalho educativo). É incompatível com a nova ordem jurídica as soluções assistencialistas de pré-1988 (Programa Bom Menino e similares), em que se colocava o jovem em atividades essencialmente produtivas sem imbricação com a dinâmica escolar ou funções educacionais, destituído, ademais, de qualquer significativa proteção trabalhista. Recurso de revista provido.[64][65]

O julgado ressalta que a Constituição de 1988 e o Estatuto da Criança e do Adolescente estabelecem medidas especiais de proteção para crianças e adolescentes, exigindo que qualquer trabalho realizado por esse grupo observe critérios específicos e rigorosos. Em seu voto, o Ministro Relator Mauricio Godinho Delgado esclareceu que o trabalho de crianças e adolescentes é proibido e que "não há, portanto, desde

---

(62) A agravante foi introduzida pela Lei n. 10.803, de 11 de dezembro de 2003 e aumenta a pena em uma metade.

(63) A agravante foi introduzida pelo Estatuto da Criança e do Adolescente (Lei n. 8.069/90).

(64) TST-RR-1955/2000-038-01-00.0, Data de Julgamento: 10.12.2008, 6ª Turma. Disponível em: <https://aplicacao.tst.jus.br/consultaunificada2/inteiroTeor.do?action=printInteiroTeor&format =html&highlight =true&numeroFormatado=RR%20-%201955/2000-038-01-00.0&base= acordao&rowid=AAAdFEAAu AAAATUAAV&dataPublicacao=13/03/2009&query=> Acesso em: 12.12.2009.

(65) O TST também decidiu pela não configuração de contrato de estágio ou aprendizagem quando o trabalho prestado por adolescente não possui finalidade educativa no AIRR — 1001/1999-007-15-40.2, Data de Julgamento: 29.4.2009, 7ª Turma. Disponível em: <https://aplicacao.tst.jus.br/consultaunificada2/inteiroTeor.do?action=printInteiroTeor&format=html&highlight=true&numeroFormatado=AIRR%20-%201001/1999-007-15-40.2&base=acordao&rowid=AAAdFEAAxAAAAWXAAX&dataPublicacao=08/05/2009&query=> Acesso em: 12.12.2009.

1988, espaço para a pura e simples utilização desprotegida da mão de obra do jovem brasileiro". Destacou, ainda, que o Direito Internacional repudia o trabalho infantil e estabelece clara proibição a essa prática, notadamente na Convenção n. 138 da OIT sobre a Idade Mínima para Admissão ao Emprego:

> Insista-se que a Constituição de 1988 estabeleceu uma tutela especial em favor das crianças e dos adolescentes, proibindo o trabalho das primeiras e assegurando — direitos previdenciários e trabalhistas — aos segundos (art. 227, § 3º, II, CF). O contrato de aprendizagem que o Texto Magno ressalva (art. 227, § 3º, I, combinado com o art. 7º, XXXIII, CF) é pacto formalístico trabalhista, regulado pela CLT (arts. 428 e seguintes da Consolidação), com diversos direitos laborativos. A outra ressalva existente (contrato de estágio) supõe manifesta vinculação programática do labor com a grade curricular do estudante, como efetiva complementação dos estudos escolares. (...) Registre-se, à guisa de arrematação, que os padrões internacionais vigorantes indicam que o trabalho precoce consolida e reproduz a miséria, inviabilizando que a criança e o adolescente suplantem suas deficiências estruturais através do estudo. Por isso é que a Organização Internacional do Trabalho recomenda a proibição de qualquer trabalho anteriormente à idade de quinze anos (Convenção n. 138 da OIT).

Acrescente-se que um dos maiores marcos institucionais no combate à exploração da mão de obra da criança no Brasil foi a adesão do país ao Programa Internacional para a Eliminação do Trabalho Infantil — IPEC da OIT em 1992. A OIT selecionou um grupo de países para implantar o programa, que promoveu a integração de ações e políticas do setor público, do setor privado, do setor não governamental e do setor sindical. O programa introduziu um novo padrão na articulação institucional para a prevenção e o combate ao trabalho infantil, criando novas formas de mobilização social, além de novas estratégias de investigação e mapeamento(66). Dentre as ações adotadas pelo Brasil após a adesão ao IPEC, está a criação do Programa de Erradicação do Trabalho Infantil — PETI em 1996, iniciativa voltada para remediar situações de trabalho infantil, incluindo aquelas caracterizadas pelo abandono escolar precoce. O PETI possui como linha de ação básica a complementação de renda a famílias com crianças envolvidas em trabalho infantil, por meio de uma bolsa mensal. O programa também promove ações socioeducativas e iniciativas de qualificação profissional e geração de renda(67).

Os últimos dados estatísticos coletados pelo Instituto Brasileiro de Geografia e Estatística — IBGE, segundo levantamento da Pesquisa Nacional por Amostra de Domicílios — Pnad 2008, demonstram que o trabalho infantil está em queda no Brasil. O número de crianças e adolescentes entre 5 e 13 anos de idade que trabalham caiu de 1,2 milhão em 2007 para 993 mil em 2008, o que representa uma queda de 19,2%(68).

---

(66) Aspectos Qualitativos do Trabalho Infantil, Organização Internacional do Trabalho 2004, p. 34-35. Disponível em: <white.oit.org.pe/ipec/documentos/ti_cuali_br.pdf> Acesso em: 12.12.2009.

(67) Aspectos Qualitativos do Trabalho Infantil, Organização Internacional do Trabalho 2004, p. 41-51. Disponível em: <white.oit.org.pe/ipec/documentos/ti_cuali_br.pdf> Acesso em: 12.12.2009.

(68) IBGE, Diretoria de Pesquisas, Coordenação de Trabalho e Rendimento, Pesquisa Nacional por Amostra de Domicílios — Pnad 2008. Disponível em: <http://www.ibge.gov.br/home/estatistica/populacao/trabalhoerendimento/pnad2008/default.shtm> Acesso em: 2.12.2009.

Já na faixa etária mais ampla, de 5 a 17 anos de idade, cerca de 4,5 milhões de pessoas trabalhavam no Brasil segundo a Pnad 2008. Em 2007, o número era 4,8 milhões, o que indica uma queda de 7,6%. A Região Nordeste foi a que apresentou os maiores índices (1,7 milhão), e a Sudeste os menores (1,3 milhão). Dentre os homens, a proporção de pessoas ocupadas entre 5 e 17 anos de idade representa quase o dobro da proporção encontrada entre as mulheres (2,9 milhões para 1,5 milhão)[69].

Vale salientar que a maior parte do trabalho infantil no Brasil é "invisível", pois grande parte dessas atividades realizadas por crianças não são entendidas como trabalho pela sociedade ou mesmo pelas famílias. Um exemplo disso é o trabalho doméstico das crianças que "ajudam" com os afazeres de casa de formas variadas. De acordo com o Pnad, o trabalho doméstico representa 51,6% de todo o trabalho infantil, enquanto a segunda maior manifestação é a de trabalho na área agrícola, com 35,5%.

Conclusão

A normatividade internacional, regional e nacional é enfática ao considerar o trabalho infantil uma grave violação aos direitos humanos da criança. O trabalho infantil priva a criança do direito fundamental à infância. Nega a prioridade, a prevalência e o interesse superior da criança, na qualidade de sujeito de direito em peculiar condição de desenvolvimento. Obsta o direito da criança ao desenvolvimento pleno de suas potencialidades, bem como o direito à vida digna — o "direito a criar e desenvolver um projeto de vida", na expressão da Corte Interamericana de Direitos Humanos.

A Convenção dos Direitos da Criança é o tratado mais ratificado do sistema internacional de proteção aos direitos humanos e com maior influência na defesa dos direitos das crianças no âmbito global. Essa Convenção, juntamente com as Convenções da OIT sobre Idade Mínima para Admissão ao Emprego e sobre as Piores Formas de Trabalho Infantil, estabelece obrigações jurídicas aos Estados para prevenir e combater o trabalho infantil, adotando medidas especiais de proteção a crianças. A estes instrumentos internacionais somam-se os tratados regionais de direitos humanos, bem como a relevante jurisprudência desenvolvida pelas Cortes Interamericana e Europeia no combate ao trabalho infantil. Os avanços normativos e jurisprudenciais das arenas global e regional têm apresentado a força catalizadora de fomentar avanços no âmbito interno dos Estados — como exemplo, cite-se a experiência brasileira. O desafio é traduzir e implementar, com a maior eficácia

(69) Entre as crianças com idade entre 5 e 9 anos, o trabalho infantil caiu 10,7%, pois em 2008 havia 141 mil trabalhadores mirins, contra 158 mil em 2007. Na faixa de idade entre 10 e 13 anos a redução foi de 20,4%, pois o número de pessoas com esta idade que estavam ocupadas caiu de 1,07 milhão no ano passado para 852 mil em 2007.

possível, os ganhos internacionais na esfera doméstica dos Estados, de modo a impactar a elaboração de marcos jurídicos, a produção jurisprudencial e a formulação das políticas públicas guiadas pela prevalência dos direitos humanos das crianças.

O trabalho infantil simboliza uma violação a direitos humanos das crianças, sendo causa de outras tantas graves violações a direitos humanos, como o direito à educação (que, como direito de empoderamento, impacta o modo pelo qual os demais direitos são exercidos), dentre outros. É reflexo da exclusão social e da negação a direitos sociais básicos, concentrando-se notadamente nas regiões mais pobres (mais de um terço do trabalho infantil do mundo concentra-se na África Subsaariana). Tem, ainda, o perverso efeito de ser um fator perpetuador da exclusão, da pobreza e da miséria, em afronta ao direito a uma vida digna.

O direito da criança a não ser submetida ao trabalho infantil demanda dos Estados deveres, mediante a urgente adoção de políticas públicas voltadas à prevenção, ao combate e à erradicação do trabalho infantil, à luz dos parâmetros protetivos internacionais, regionais e internos. É fundamental assegurar à criança o direito a ser criança, o direito à infância e o direito a apropriar-se de suas potencialidades humanas, celebrando o direito a desenvolver um projeto de vida digna.

Entrevista

Entrevista com o Juiz do Trabalho Oris de Oliveira

"Você não erradica uma coisa sem oferecer alguma alternativa"

Mariana Monteiro e Viviane Dias(*)

Além dos vários anos dedicados à atividade judicante, o agora aposentado Juiz do Trabalho Oris de Oliveira acumulou, ao longo de sua trajetória, atuação marcante no combate ao trabalho infantil no Brasil, o que incluiu a participação na criação do Fórum Nacional de Prevenção e Erradicação do Trabalho Infantil (FNPETI) na década de 1990.

Nesta entrevista, concedida exclusivamente para esta publicação, o magistrado fala de como começou o combate ao trabalho infantil no Brasil e analisa os entraves à melhoria desse processo. Para Oris de Oliveira, a erradicação do trabalho infantil no Brasil demanda ações conjuntas e concretas, incluindo, em especial, políticas públicas eficientes e programas socioeducativos dirigidos às famílias mais carentes.

Acerca do Poder Judiciário, o magistrado defende um combate global ao problema, focado, em especial, nas ações coletivas. Sobre a competência para permitir o trabalho de jovens em casos pontuais, o magistrado analisa o tema sob uma visão não jurídica, e lança a questão: a Justiça do Trabalho tem pessoal e sede propositada para isso?

ANAMATRA — Como começou essa história de luta aqui no Brasil e como o senhor envolveu-se com o tema?

ORIS DE OLIVEIRA — Fui conselheiro da Abrinq até dois meses atrás. Agora não sou mais. Houve alguns problemas internos e eu me retirei. Participei de vários eventos na sede do Programa Internacional para a Eliminação do Trabalho Infantil

(*) Jornalistas, assessoras de imprensa da Associação Nacional dos Magistrados da Justiça do Trabalho (Anamatra).

(Ipec) em Brasília sobre diversos problemas. Participei da criação do Fórum Nacional de Combate ao Trabalho Infantil (FNPETI), que é de 1994, mas nesse momento já havia toda uma mobilização nesse sentido de trabalho infantil.

Na primeira fase que nós tivemos do debate, ele se caracterizou, sobretudo, como aspecto de denúncia. Encontramos uma relutância muito grande, porque primeiramente as pessoas não aceitavam que fosse algo que iria ser eliminado. Era coisa quase que natural o trabalho infantil. Naquele momento, para se causar mais impacto, deu-se mais importância àquelas situações que hoje chamamos de "piores sortes", mas naquele tempo não tinha esse nome — setor carvoeiro, setor de calçados e outros mais.

Naquele primeiro momento, houve a conjunção de alguns fatores interessantes. Quando o Ipec se instalou aqui no Brasil havia toda uma mobilização do Estatuto da Criança e do Adolescente (ECA). Isso sem falar do problema constitucional que estava presente ainda, a redemocratização, etc. Então foi um ambiente muito favorável, que tinha por exemplo os conselhos estaduais, municipais. Eu, por exemplo, percorri vários estados do Brasil em que esses conselhos estavam lidando com ênfase no trabalho infantil. O Ipec representou uma mobilização governamental e não governamental, mas houve uma certa resistência no começo em relação à estrutura estatal.

O Ministério do Trabalho deu uma colaboração importante, alguns ministérios também, como o da Previdência Social. E assim foi desencadeando. O que favoreceu também, em parte, foi o engajamento da Unicef. Aí se começou a perceber a complexidade do problema, que não era só problema do trabalho infantil, havia a escola, a renda familiar, etc. Mais tarde, curiosamente, ficou em segundo plano o trabalho infantil doméstico. Hoje isso já está incorporado ao problema do trabalho infantil, mas é um dos mais complicados para debater, em razão do princípio de não invasão do domicílio. As meninas colocadas lá dentro, sobretudo, não têm do que reclamar. Por exemplo, lá em Belém, ser colocada em casa de família na capital para trabalhar é ascensão social. Para ela e para os pais. Como você vai chegar e dizer que não pode?

Como o senhor avalia o desafio atual de combater o trabalho infantil no Brasil?

O problema do trabalho infantil é muito mais complicado do que se possa imaginar. Você não erradica alguma coisa sem oferecer alguma alternativa e essa é a parte fraca. Há vários desafios e o primeiro deles está, fundamentalmente, vinculado ao problema da concentração de renda. Enquanto a distribuição de renda não for até a base mesmo, vai ser difícil. Enquanto isso não for superado, o trabalho infantil vai continuar a existir. Nos últimos 10 anos ou mais, houve uma melhora econômica, o que refletiu em uma sensível diminuição no trabalho infantil.

O outro grande problema que estrangula e dificulta é o nível das famílias. Trabalho infantil é inquestionavelmente um mecanismo de sobrevivência. É muito complicado. Um dos maiores problemas que nós encontramos é o cultural. Como diz muito bem um rapaz lá de Minas Gerais, para uma sociedade onde o trabalho infantil era solução, fazer uma reversão disso é muito complicado.

Para a população carente aceitar que aquilo que era solução é problema, e não oferecer uma alternativa imediata, é muito complicado. Foi difícil conseguir mostrar que esse dilema é falso. Ele já diminuiu, mas ainda existe. Outro problema que tem veiculação muito grande com o trabalho infantil é o problema escolar. As estatísticas mostram muito bem. Hoje melhorou a presença da escola, mas não em qualidade. A educação é muito deficiente. O adolescente começa o ensino fundamental e não termina. Há um estrangulamento muito grande no ensino médio, abandono ou até mesmo não acesso.

Há também uma falta de programas socioeducativos, que é responsabilidade dos municípios, com alguma verba federal para isso. Muitos municípios ignoram, ou não tiveram interesse, ou dinheiro foi aplicado e não voltou. Isso sem contar com a insuficiência de políticas públicas compensatórias ou inexistentes. O que se dá está muito aquém da necessidade.

Outro problema é a falta de um programa de renda familiar para os pais. Toda a geração anterior tem uma dificuldade muito grande de encontrar alternativa de trabalho. São pessoas sem qualificação profissional nenhuma. O problema de fazer com que essas pessoas saiam do Bolsa Família não é tão fácil assim. Houve várias tentativas de primeiro emprego, frustraram-se algumas, agora houve uma remobilização desse programa. Acho que aí há um estrangulamento muito grande. Enquanto os pais não puderem sair dessa situação, o problema vai continuar. Acho que o trabalho deve ser continuado. Diria que temos ainda um desafio de dez anos pela frente, mas não digo isso em qualquer auditório, porque você pode desestimular.

E o problema da exploração sexual infantil?

Foi curioso como se começou a falar que a criança que estava trabalhando sexualmente estava trabalhando. Foi difícil passar essa mensagem, porque a pessoa tem noção da imoralidade do comportamento. A pessoa ver que aquilo é trabalho é contraditório. Na verdade tinha que mostrar para as pessoas que muitos adultos e também famílias fazem disso seu ganho de sobrevivência. Não digo que seja a única alternativa, tem toda uma história dos pais, problemas pessoais, etc. Isso está vinculado a um problema muito mais complicado, já que temos até a "honra" de ter um turismo sexual. Não é fácil contornar esse problema.

Eu não tenho acompanhado de bem perto toda a mobilização que se faz em relação ao combate ao trabalho de exploração sexual. Houve alteração ali de enfoque porque antigamente havia um aspecto meramente moral. Agora faz uma inversão: elas são exploradas. Quantas adolescentes de 16,17 anos são exploradas sexualmente? Há um trabalho intenso nesse sentido por parte de vários movimentos sociais, mas qual é o volume, qual é toda a mobilização em torno dele, eu não sei.

O senhor falou do problema social. O senhor acredita que o problema do trabalho infantil está mais enraizado nas classes mais baixas ou é uma coisa mais ampla?

O problema é o seguinte: a gente nota pelas pesquisas que o trabalho infantil se torna mais presente na baixa renda familiar. Cinco salários mínimos para baixo, porque daí para cima as pessoas têm outras alternativas sociais — escola disso, daquilo. Não se veem obrigadas a colocar o menino para ajudar na renda familiar.

E a atuação do Poder Judiciário no combate ao trabalho infantil? Vem evoluindo? Precisa melhorar?

Ao que eu sei, são pouquíssimas as ações judiciais trabalhistas. O Poder Judiciário na fase de conhecimento e execução é inexpressivo, mas não é culpa dele. O aspecto jurídico engloba, principalmente, as ações coletivas do Ministério Público. Tem que pegar o fenômeno na sua globalidade. Por exemplo: fazer uma ação para que as emissoras não explorem o trabalho da criança. SBT explora, Globo explora. Se uma pode, por que não a outra? Então é um problema jurídico que não se pode resolver pontualmente. Tem que ter uma visão mais global. O problema tem que ser trabalhado coletivamente, por exemplo, em temas dos direitos difusos.

Há algumas áreas, setores de profissão, onde exploram mais as crianças?

Bom, no setor rural sim. Ao que eu sei as grandes empresas, grandes empreendimentos, não. Nas linhas urbanas, nas linhas de serviços... O pequeno industrial — carpintaria, serralheria — mas não sei se tem muito espaço. Tenho a impressão que é mais na linha serviços. É o que se destacou em uma pesquisa feita há uns anos em Ribeirão Preto que mostrou grande contingente de adolescentes urbanos trabalhando em pequenos empreendimentos, com condições de insalubridade. O pequeno empresário é que absorve essa mão de obra.

Hoje em dia vemos muitas crianças trabalhando na televisão. O senhor acredita que isso pode ser considerado exploração de trabalho infantil tanto quanto estes outros trabalhos que o senhor disse? Existe algum limite aceitável para isso?

Quanto ao aspecto jurídico, tenho impressão de que se tem que dar o mesmo tratamento a todos os tipos de trabalho. Por que pode na televisão? Essa criança pode porque é rica e a pobre não pode? Tecnicamente a razão é a mesma. Não pode nem um, nem outro. Há uma discussão até acadêmica sobre isso. Eu acho que enquanto não se decide uma ação mais concreta em relação a essa questão, tem que se tomar ao menos uma providência, por exemplo, no sentido de elaborar uma regularização. É preciso ter uma regulamentação, por exemplo, para que a criança não perca a escolaridade. É uma questão complicada porque os próprios pais induzem porque é bonito ter um filho(a) ator (atriz). Então a minha resposta é: juridicamente está errado, mas socialmente é complicado. O Estatuto da Criança e do Adolescente (ECA) não permite especificamente a televisão. Ele fala de atividades artísticas. A partir daí entra o problema da lei.

Essa autorização é de competência da juiz da infância ou afeta mais a Justiça do Trabalho?

Aí temos uma discussão, um conflito. Agora a pergunta que eu faço, aqui entre nós, baixinho, é: a Justiça do Trabalho tem pessoal e sede propositada pra isso? Os juízes estão muito sobrecarregados, a carga é muito grande. Então, será que há condições, deixando de lado o aspecto jurídico, para a Justiça do Trabalho assumir essa incumbência? Porque é o seguinte: não pode ser cartorária — chega lá e "o senhor autoriza esta criança assumir um trabalho na TV das oito às tantas?" — e pronto. É preciso todo um pessoal para informar o juiz que não é aconselhável, etc. Tecnicamente nao sou contra. Mas acho o seguinte: tudo bem, até é tecnicamente justificável que seja juiz do trabalho que faça isso, mas tem que vencer uma relutância histórica que os juízes têm desde antes de 1927, quando o Código de Menores fundamentou juridicamente tudo na mão do juiz. Juízes acham que têm razão em relação a isso. Eu acho que esse problema da autorização é bastante complexo. Agora, não vejo razão para dar uma situação especial ao trabalho na televisão, que é uma relação de emprego — é irregular, mas é uma relação de emprego complexa por causa da aceitação cultural que tem. Tanto que o filho do Evaristo de Morais Filho acha que no Brasil isso é uma situação incômoda. Todos os países democráticos têm esta autorização, só o Brasil que não. Isso é verdade. Portugal tem, França tem. Por que o Brasil, por uma questão constitucional, impossibilita isso? Eu devolvo a pergunta.

E o esporte?

O esporte é um mecanismo mais cruel. Vi uma reportagem na televisão que mostrava que quem foi para a Europa e está se destacando hoje, chegou lá aos 12 anos. Quer dizer, o atleta é uma mercadoria que é vendida — às vezes por altos valores. Então, quando, por exemplo, uma entidade, como a do ex-jogador Raí, faz do esporte um processo educacional, aí tudo bem. O menino é mercadoria desse negócio hoje. Esse problema escapa um pouco da gente. O problema é que no imaginário o menino quer ser craque de futebol. E na TV ele quer ser artista. É um problema social muito complexo de abordar.

E no caso da exploração do trabalho infantil no ambiente familiar? O que pode ser considerado trabalho infantil?

As pessoas estarem na casa de terceiros para poder sobreviver é trabalho infantil como qualquer outro e deve ser erradicado. A dificuldade é muito grande porque é difícil penetrar no lar. Lembro-me de que acompanhei algumas pesquisas e a grande dificuldade é a seguinte: elas são promovidas para isso. Os pais estão no interior, conseguem picadinhos de sobrevivência, colocam a menina em Belém, e alguém vai dizer que não pode colocar essa menina lá? Vai levar essa menina de volta? Elas não querem, os pais não querem, mas elas também não têm muitas condições de reclamar. Ainda que sejam exploradas sexualmente ou quantitativamente. Outro aspecto é o trabalho no próprio lar. Aí há duas dimensões a serem examinadas. Quando, por exemplo, há uma participação razoável da criança nos afazeres domésticos — exemplo concreto: eu nasci numa família mineira em Franca (SP), desde pequeno nós participávamos todos dos afazeres da casa, então, era até educativo. É um processo educacional. Já nas camadas mais pobres, sobretudo, a menina fica presa como alternativa para a mãe que vai trabalhar fora. Aos 12, 13 anos, se tanto, assume responsabilidade de alimentação, de cuidado dos menores. Isso prejudica a escolaridade da criança — alguém que passou o dia todo cuidando de outro não vai aguentar ir para a escola à noite. Eu acho que o trabalho dentro de casa deve vir com essa nuança educativa, de razoavelmente... É trabalho, claro que é trabalho. Agora a linha divisória eu não sei.

O senhor falou do problema do Bolsa Família, em como isso vem sendo aplicado no combate ao trabalho infantil. Como o senhor avalia hoje o papel do Estado na erradicação do trabalho infantil — está adequado, pode melhorar?

Melhorar pode sempre. Exemplo: a atuação do Ministério do Trabalho é governamental e tem feito, digamos, um trabalho consistente ultimamente. Nas palestras que andei fazendo, até para fiscais do trabalho, eles aceitavam quase tudo como absolutamente normal. É uma nova geração agora que está recebendo orientações diferentes. Eu acredito, apesar de várias críticas ao Bolsa Família, que ele deve continuar para manter consistência. Há uma certa relutância no momento em que adentrou no Bolsa Família. No primeiro ano houve um retrocesso. Foi feito um trabalho junto ao Ministério da Previdência Social e parece que agora as coisas se acertaram. Porque uma coisa é chegar e dar apoio à família e outra coisa é tratar com absoluta prioridade o problema da criança não trabalhar. Isso estava desassociado. Tanto que houve casos, não pode generalizar, em que famílias recebiam o dinheiro, mas à tarde o menino ia trabalhar. O trabalho do Bolsa Família, sozinho, não resolve o problema. Tem que vir acompanhado de todo um programa socioeducativo, etc. O desafio que temos pela frente envolve, sobretudo, o Ministério do Trabalho nas ações de fiscalização e mobilização. E também do Ministério Público.

A gente vê muito nos órgãos públicos, nos bancos, estagiários, menores de idade que fazem serviços burocráticos. O senhor acredita que isso é adequado?

Se lá ele, efetivamente, como exige a lei, tenha alguém que o acompanhe no começo, meio e fim para que ele saia de lá profissionalizado, tudo bem, mas tenho sérias dúvidas de que isso aconteça. Nos bancos, por exemplo, há certos setores que a pessoa vai fazer o quê? Não é uma oportunidade objetiva. E essa é uma distorção que cabe ao Ministério do Trabalho não deixar fazer. A lei prevê que essa função seja de aprendizagem, mas o jovem chega a uma oficina e vira *office boy* qualificado. Ninguém acompanha aquilo ali. Mas é mais barato, se fosse caro pegaria adulto.

Quanto à lei do estágio, ela é bem feita, mas que há relação de emprego não resta a menor dúvida. O problema do estágio é a continuidade. Estágio escolar está vinculado à escolaridade, mas a lei veio com a chancela de que não há relação de trabalho, então acho que teria de purificar a lei ou fazer uma mobilização, que caberia ao Ministério Público. O Centro de Integração Empresa Escola (CIEE) faz um trabalho competente, eles trabalham seriamente. Só não posso responder se é o estágio como diz a lei, com início, meio e fim, se há acompanhamento pedagógico, porque a responsabilidade é da escola e não da empresa em que ele trabalha. Será que nossa escola está realmente engrenada nisso? Acho que não. Até mesmo em relação ao trabalho escravo é complicado fazer com que as professoras compreendam esse problema. Colocar o pedagogo sintonizado com isso em todos os níveis é outro trabalho. O professor é uma pessoa da sociedade e não há diferença de cultura.

Em relação ao estágio não sou capaz de responder se estão observando o espírito de lei, aí vou criar um problema aqui. O modelo proposto pela lei está no contexto de relação de emprego, certo? A pergunta é a seguinte: o que ele determina lá é só em relação ao emprego ou fora da relação de emprego? Por exemplo: há um entendimento de estender o modelo a todo e qualquer trabalho em qualquer lugar. Mas tenho impressão de que juridicamente não é isso. O legislador ordinário pode, dessa perspectiva, encontrar outras formas que não seja a relação de emprego? Ele tem essa faculdade de estabelecer uma norma que não esteja dentro do parâmetro da relação de emprego como acontece na França, por exemplo? Lá o contrato de trabalho é uma coisa, mas fora dele a lei permite um leque muito grande de estágios. Como o direito não está vinculado à constitucionalidade do texto, tem um grande leque fora de contrato de relação de trabalho. Então a pergunta: haveria fora da relação de emprego outras formas de trabalho ainda que haja uma subordinação? Eu responderia assim: há trabalho, objetivamente há relação de emprego. Mas vem a lei e diz que não. Como é que modifica isso? Uma reforma constitucional não vai acontecer. A inconstitucionalidade da lei ninguém fez, nem vai fazer. Pelo contrário, há uma aceitação. O estágio que estava morno, agora é uma atividade muito procurada. As pessoas procuram estágio que renda. Embora a lei não obrigue remuneração, a pessoa vai ser estagiário para poder ganhar um dinheirinho e poder pagar sua faculdade, pagar seu lazer, por aí afora.

VOCÊ ACREDITA QUE HOJE OS PROGRAMAS DE TRABALHO DESTINADOS À APRENDIZAGEM REALMENTE PREPARAM PARA O MERCADO DE TRABALHO OU SÃO UMA FORMA DE EXPLORAR O TRABALHO SEM COMPLICAÇÕES JUDICIAIS?

Eu diria o seguinte, embora eu faça algumas recessões ao trabalho, o Serviço Nacional de Aprendizagem Industrial (Senai) é sério. Quando eles são encaminhados para lá, tenho a impressão que se faz alguma coisa séria nesse sentido, porque há uma consciência. Há uma falta de mão de obra qualificada, então o empresário, por mais obscuro que seja, sabe que está preparando alguém, não necessariamente para ele, mas para conjunto da sociedade. Acho que do jeito que está na lei, tudo bem. Ao contrário do estágio, não há vinculação escolar ao problema.

O equipamento que temos para profissionalizar via aprendizagem da empresa é monumental. E um grande contingente não chega lá porque não tem vaga. Temos uma defasagem muito grande de adolescentes que precisam profissionalizar-se e que não encontram uma infraestrutura para isso. A lei da aprendizagem possibilitou escolas técnicas para ajudar a formação, mas não sei em quanto ficou isso, se estão ajudando ou não. O Estado ainda tem muito para dar. Agora quem é que policia isso para saber se está sendo bem feito?

Como é a questão do combate ao trabalho infantil no mundo?

Por exemplo, existe na França, mas não é problema, as pessoas não se voltam para isso. Lembro-me de que Portugal, quando eu passei lá a primeira vez, havia grandes cartazes convocando adolescentes para o trabalho. Não sei se chegou a ser um problema, porque se foi colocado em outdoor... O que sei é que os países em que há mais exploração são os mais pobres, onde a economia é praticamente pré-capitalista. Na África não há menor dúvida, na Ásia também, Bolívia, Argentina...

Procure perguntar para os pós-graduandos o que é trabalho infantil e terá as respostas mais díspares. É complicado passar essa mensagem porque as pessoas fazem confusão com a idade que está no ECA — 12 anos e 14 anos. Essas pessoas olham para os documentos internacionais e veem que o infantil vai de 0 a 18 anos. Então seria técnico *lato sensu* que trabalho infantil seria de 0 a 18 anos. Mas a própria convenção da OIT e o Brasil também permitem que parte dessa idade trabalhe regularmente, quando o trabalho é insalubre e perigoso. Então, ainda há necessidade de explicar o que de fato é trabalho infantil. Se é difícil no meio jurídico, imagine o leigo, ainda que engajado 100%, ver a nuança desse problema. Teria que responder, ainda que taxativamente, se é abaixo dos 18 é infantil, mas se for de aprendizagem, não é proibido. É um lance difícil de passar para o público em geral. No setor acadêmico tento passar.